Mit kleinem Geld auf grosse Fahrt

von Annie Hill
Illustrationen von John Blackburn

Badger, Grönland 1991. Es ist schwierig einen Eindruck von der Größe des Berges zu vermitteln aber Badger ist ziemlich weit vom Berg entfernt, um seinem Windschatten zu entfliehen.

HEEL

Deutsche Ausgabe:

Wintermühlenhof
53639 Königswinter
Tel.: 02223 / 9230-0
Fax: 02223 / 923026

Englische Originalausgabe:

an imprint of Airlife Publishing Ltd.
101 Longden Road, Shrewsbury
GB - Shropshire SY3 9EB
Englischer Originaltitel: Voyaging On A Small Income

Deutsche Übersetzung: Detlef Jens
Druck: Media Print Informationstechnologie, Paderborn

ISBN 3-89365-663-4

Danksagung

Die meisten Informationen in diesem Buch sind mir während vieler Jahre von Seglern übermittelt worden, die wir auf unseren Reisen getroffen haben und mit denen wir uns ausgetauscht haben und die immer bereit waren uns mit Rat und Tat zur Seite zu stehen. Vielen Dank an sie alle!

Vielen Dank auch an David Cox, Cornwalls Marineinspektor und Schiffsbauer; an Spring Electronic Company in Canton, Ohio; an Lesley und Chris Rowntree, die mich ermutigten weiterzumachen; an Tom Cunliff für seine Unterstützung und seine Ideen; an Tom Fake der Benford Design Group für seine Skizzen; und an John Blackburn für seine wundervollen Zeichnungen

Widmung

Für Pete, ohne ihn wäre es niemals geschehen.

Annie und Pete Hill während eines Picknicks in Mallorca, Februar 1991.

Inhalt

Vorwort . . . 6
Der Millionär mit 200 Pfund . . . 9
Für Euch Zwei mag das ja alles angehen, aber. . . . 13
Mäßigung in allen Dingen . . . 23
Die Arme-Leute-Luxusyacht . . . 27
Der Wind ist nicht immer umsonst . . . 31
Klar Schiff . . . 41
Nur nichts überstürzen . . . 45
Das Herz des Schiffes . . . 49
Sie bohrten ein Loch in den Rumpf . . . 53
Wasser Marsch . . . 57
Jedes Ding hat seinen Platz . . . 61
Wie ein König essen, wenn man keine Bohne hat . . . 69
Die inneren Werte . . . 77
Die äußeren Werte . . . 85
Alles nur heiße Luft . . . 89
Das Arbeitsboot . . . 95
Man kann nie zu viele Anker haben . . . 103
Mehr Aufwand als Nutzen . . . 111
Das eiserne Toppsegel . . . 117
Den Weg finden . . . 123
Ein gesparter Pfennig ist ein verdienter Pfennig . . . 129
Zuviel Absicherung? . . . 135
Die eigene Sicherheit . . . 141
Landfall . . . 149

Anhang I: Lebensmittel für eine Langfahrt vorbereiten und stauen . . . 153
Anhang II: Früchte für eine Langfahrt vorbereiten und stauen . . . 159
Anhang III: Gemüse für eine Langfahrt vorbereiten und stauen . . . 165
Anhang IV: Badger - Entworfen von Jay R. Benford . . . 173
Anhang V: Wylo II - Entworfen von Nick Skeates . . . 193
Anhang VI: Quellen . . . 196
Anhang VII: Der Millionär mit 200 Pfund - von Weston Matyr, 1932 . . . 198

VORWORT

VON TOM CUNLIFFE

Sofern Sie nicht bereits kreativ am äußersten Rand unserer westlichen Konsumgesellschaft leben, sollten Sie dieses Buch nur mit der größten Vorsicht genießen.
Das Werk in Ihren Händen enthält eine ganze Reihe von Tips und Hinweisen zu der Kunst, mit kleinem Geld auf große Fahrt zu gehen. Wenn Sie jedoch meinen, dies sei schon alles, sind Sie leider von einem recht unschuldig klingenden Titel in die Irre geführt worden. Was Sie auf den nun folgenden Seiten lesen werden, beschäftigt sich nicht nur mit allerlei Fragen zum Segeln im weitesten Sinne, sondern gibt auch tiefgehende Denkanstöße zu den wahren Prioritäten des Lebens als Langfahrtsegler. Falls Sie jetzt den Drang verspüren, das Buch wie ein heißes Ballasteisen fallenzulassen, keine Panik: Annie Hill und ihr Skipper Pete sind alles andere als altkluge Aussteiger, die leichtgläubigen Träumern halbgare Lebensweisheiten verkaufen wollen.

Die Segelyacht Badger in St. Michael, Maryland, im Dezember 1991. Pete und Annie besuchten die „Benford Design Group".

Beide sind Mitglieder des ehrwürdigen „Royal Cruising Club" und darüber hinaus die erfolgreichsten Kapitalisten, die ich persönlich kenne. Die Faszination der folgenden Kapitel liegt darin, daß in ihnen für die meisten von uns der Begriff „Erfolg" neu definiert wird.
Pete und Annie traf ich zuerst, als sich unsere Kurse 1975 auf den Kanarischen Inseln kreuzten. Meine Frau und ich waren unterwegs nach Brasilien, auf einem 32-Fuß Gaffelkutter. Ich kann mich kaum daran erinnern, ob wir überhaupt funktionierende Rettungswesten an Bord hatten, auf keinen Fall hatten wir eine Rettungsinsel. Ein Radioempfänger, sogar ein UKW-Sprechfunkgerät gehörten für uns ins Reich der Träume. Allerdings hatten wir ein tüchtiges Schiff. Unser Rigg war stark und einfach zu handhaben, die Plankennähte waren gut kalfatert und wir hatten eine reiche Auswahl schweren Ankergeschirrs an Bord, das unsere einzige Versicherungspolice darstellte. Die Hills, auf ihrem winzigen Katamaran Stormalong, hatten eine ähnlich rudimentäre Ausrüstung, ebenso übrigens wie die überwiegende Mehrzahl aus der damaligen internationalen Familie der Seewanderer. Die wenigsten von uns bekamen ernsthafte Probleme, und diejenigen, die Pech hatten, gingen auf eine Weise aus dem Leben, wie die meisten von uns es sich eines Tages wünschen würden.
Seither haben die Zeiten sich geändert. Erst kurzlich nahm ich an einem Seminar uber das Ozeansegeln teil, in dem der größte Teil des

Wochenendes nicht damit verbracht wurde, die wichtigen Fragen der Selbsthilfe zu diskutieren, oder wie man mit improvisierten Seekarten auskommt oder wie stark und zuverlässig die Passatwinde zu verschiedenen Jahreszeiten wehen - nein, sondern mit Themen wie man am besten seine Einkommenssteuer reduzieren und die Serienyacht versichern kann oder wie es sich mit der Abschreibung des Wertverlustes derselben verhält.

Mein eigener, kurzer Beitrag zu diesem Seminar wurde spontan auf der Rückseite des Programmheftes umgeschrieben und endete mit dem Satz: „Wo dein Schatz ist, da wird auch dein Herz sein."

Annie Hill packt uns sanft aber bestimmt am Kragen und führt uns von eingefahrenen Konsumgewohnheiten zurück zu den saftigen Weiden der Einfachheit. Dabei erhebt sie nie den mahnenden Zeigefinger, sondern bietet uns lediglich Ruhe- und Denkpausen in unserer stressigen Arbeitswelt an. Und je mehr wir uns drehen und wenden, um einen Fehler in ihrer Argumentation zu finden, desto mehr bemerken wir, daß es keinen solchen Fehler gibt. Diejenigen, die den Mut haben, ihr Leben und ihre Bedürfnisse noch einmal gründlich zu überdenken, bekommen durch dieses Buch einen Einblick in eine wirkliche Freiheit, wie sie nur von den allerwenigsten unserer Zeitgenossen erfahren wird - selbst unter vielen, die jetzt auf den Meeren der Erde unterwegs sind.

Überlegen Sie es sich also gut, bevor Sie sich in die folgenden Seiten vertiefen. Sie könnten Ihr Leben verändern, wie sich mein eigenes durch ein Vorwort von Weston Martyr änderte, dessen Werk auch in den ersten Absätzen des einführenden Kapitels zitiert wird. Martyr hat mich fasziniert, als ich als Dreizehnjähriger im mittelenglischen Binnenland lebte, indem er von den Irritationen durch die Belästigungen und Eintönigkeiten des Alltagslebens schrieb. Diese verglich er mit der Leistung von W.A. Robinson, der die kleine, unkomplizierte Sloop Svaap mit einem ans Nichts grenzenden Budget so erfolgreich um die Welt gesegelt hatte. Er beendete sein Buch mit wenigen Worten, die seither mein gesamtes weiteres Leben geprägt haben.

Jedem, der Robinsons Buch gelesen und genossen hat und von seinem Inhalt berührt wurde, bietet Weston Martyr nur den einzig möglichen Ratschlag:

„Um Himmels willen, gehe und tue es ihm nach."

Jetzt lesen Sie weiter. Annies Ideen scheinen so klar durch das verwirrte Denken unserer Zeit wie die Venus, die kurz vor Sonnenaufgang durch eine tiefhängende Bewölkung bricht.

Tom Cunliffe
Lotsenkutter Hirta
Falmouth, England

THE SMALLER THE BOAT THE GREATER THE....

Kapitel 1

Der Millionär mit 200 Pfund

1934 schrieb Weston Martyr ein Buch mit Kurzgeschichten. Die erste Geschichte gab dem Buch seinen Namen und hieß „Der Millionär mit 200 Pfund". Diese wunderbare kleine Geschichte, nur 24 Seiten lang, handelt vom Zusammentreffen eines Ehepaares auf einem Urlaubstörn in Holland mit einem älteren Gentleman. Der alte Knabe segelte seine kleine Sloop kreuz und quer durch Europa, mit einem Einkommen von nur 200 Pfund im Jahr. Selbst in jenen fernen Zeiten war das alles andere als eine königliche Summe. Er berichtete dem Urlaubspaar von seinen Abenteuern und Erfahrungen und der tiefen Zufriedenheit, die er durch seinen einfachen und unkomplizierten Lebensstil erlangte. Diese Unterhaltung war für das Paar eine Inspiration, ebenso wie für viele Leser der Geschichte, darunter auch keine geringeren als Peter und Anne Pye. Weston Martyr schaffte es, auf nur 24 Seiten die Persönlichkeit und den gesamten Lebensstil eines Mannes hervorzuzaubern. Bekanntlich ändern sich jedoch die Zeiten, und wer heute diese Geschichte liest, mag vielleicht glauben, daß dieser Lebensstil vor über 50 Jahren einmal möglich gewesen ist, nicht jedoch heute mehr. (Die Geschichte finden Sie im Anhang.)

Ich habe dieses Buch geschrieben in der Hoffnung, zeigen zu können, daß das Leben des Millionärs mit 200 Pfund immer noch möglich ist. Zugegeben, die Summe von 200 Pfund hat sich mittlerweile erhöht, doch die Kernaussage der Geschichte, daß man mit einem kleinen Einkommen ohne Probleme ein angenehmes und zivilisiertes Leben führen kann, gilt noch immer. Ich hoffe, mit diesem Buch Seglern zu helfen, die lange Reisen mit kleinem Budget unternehmen wollen. Ich habe mich bemüht, in diesen Seiten alle jene Informationen zu sammeln, die ich mir gewünscht hätte, als ich 1975 erstmals mit dem Langfahrtsegeln begann - als ein komplettes Greenhorn und völlig ohne eine Ahnung davon, wie man auf diese Weise segeln und leben kann.

Jeder Leser dieses Buches wird hoffentlich Ideen und Anregungen darin finden, die neu für ihn sind, und damit auch Wege beschreiten, um Dinge billiger zu gestalten als es vorher möglich erschien. Das Buch als solches bietet eine Lebensphilosophie, die Pete und ich während der Jahre, die wir nun schon gemeinsam segeln und leben, entwickelt haben. Viele Ideen sind miteinander verwoben, weil sie Teil dieses Ganzen sind, viele können jedoch auch individuellen Bedürfnissen angepaßt werden. Ich möchte nicht behaupten, daß diese Ideen für jedermann gut sind, oder daß jeder so glücklich damit leben kann, wie Pete und ich es tun. Was ich jedoch getrost sagen kann, ist, daß alles in diesem Buch auf selbst durchlebten Erfahrungen basiert, und daß diese Ideen daher in der Praxis auch tatsächlich funktionieren.

Der Titel dieses Buches, „Mit kleinem Geld auf große Fahrt", bezieht sich natürlich auf Seereisen, über die wir im weiteren Verlauf sprechen wollen. Alain Villiers hat einmal geschrieben, daß „eine Seereise ein Auslaufen aus einem Heimathafen mit einem späteren Zurückkehren dorthin ist, mit allen kleineren Etappen dazwischen als Passagen, jede davon ein Teil des Ganzen." Ich finde, daß dies eine hervorragende Definition ist. Selbst, wenn man keinen eigentlichen Heimathafen hat, so gibt es doch meist einen Ausgangspunkt für eine Reise, zu dem man wahrscheinlich irgendwann einmal zurückkehrt, oder einen Ort, wo die Reise geplant wurde und konkrete Formen annahm. Seereisen in diesem Sinne sind also gleichbedeutend mit Segeln als dauerhafter Lebensweise und nichts, was man nur ab und zu unternimmt. Die Umstände zwingen zwar zuweilen auch die Entschlossensten unter uns dazu, wochen-, monate- oder gar jahrelang an einem Ort zu bleiben, doch für uns Seereisende ist das eine traurige und bedauerliche Unterbrechung unserer wahren Lebensart - die Ozeane dieser Erde zu besegeln.

Das Lexikon beschreibt das Wort „Einkommen" als „periodische (meist jährliche) Einnahmen aus einem Geschäft, Ländereien,

Arbeit oder Investitionen." In diesem Buch dreht es sich um Seereisen, die durch ein Einkommen ermöglicht werden und daher kein Kapital verbrauchen. Die Notwendigkeit, verbrauchtes Kapital zu erneuern, hält uns ja gerade vom Reisen ab, es sei denn, man kann unterwegs an Bord Geld verdienen, während man tatsächlich unterwegs ist. Außerdem sind wir der Meinung, daß wir unsere Energien lieber darauf konzentrieren, wie wir segeln, als darauf, was es uns ermöglicht, zu segeln.

Ein kleines Einkommen - nun, jede Person hat vermutlich ganz eigene und unterschiedliche Vorstellungen davon, welche Summe darunter zu verstehen ist. Um einen Anhaltspunkt zu geben: Unser festes jährliches Einkommen, das es uns ermöglichte, unser Leben auf See zu verbringen, betrug 1993 1300 Pfund. Tatsächlich verfügen wir über weitere 300 Pfund extra im Jahr, doch die werden reinvestiert, um die Inflation auszugleichen, und zählen daher nicht wirklich.

Der Titel dieses Buches wurde auch inspiriert von Maurice Griffiths, der kurz vor dem Zweiten Weltkrieg ein Buch mit dem Titel „Segeln mit kleinem Geld" geschrieben hat (im Original Yachting on a small income). Wie er hoffe auch ich, Leute dazu zu bringen, die einfachen und ehrlichen Boote zu würdigen, die Maurice Griffiths entworfen und über die er so wunderbar geschrieben hat, ebenso wie den damit einhergehenden Stil zu segeln.

Der vielleicht wichtigste Teil unserer Philosophie liegt darin, daß wir uns ganz bewußt und aus freien Stücken dafür entschieden haben, mit einem kleinen Einkommen zu segeln, statt es aus der Notwendigkeit heraus zu tun. Wir genießen es, mit wenig Geld auszukommen und haben kein Bedürfnis, mehr auszugeben. Sehr oft kommen wir mit anderen Leuten über unsere Art zu segeln ins Gespräch und bekommen dann zu hören: „Wenn ich nicht im Restaurant essen kann oder meine Drinks in der Bar nehmen kann, verzichte ich lieber auf dieses Leben, vielen Dank!" Spontan mag man ihnen vielleicht recht geben, doch wenn man einmal darüber nachdenkt, wird diese Aussage absurd. Meinen diese Leute denn im Ernst, daß sie lieber weiterhin arbeiten wollen, statt auf den gelegentlichen Restaurant- oder Barbesuch zu verzichten? Sind diese Dinge denn wirklich so wichtig, daß man sie einem freien, selbstbestimmten Leben auf der eigenen Yacht vorzieht, in dem man ohne Zeitdruck zu fremden Orten segelt, mit der Muße, die Schönheiten dieser Erde auch angemessen zu würdigen? Wer denkt, daß er ohne seinen „Luxus" nicht auskommen kann, mag vielleicht wirklich lieber weiter träumen, als seinen Traum in die Realität umzusetzen. So viele von den Dingen, die etliche Leute heutzutage als selbstverständliche Notwendigkeiten des Lebens betrachten, waren noch vor 50 Jahren unbekannter Luxus. Die meisten von ihnen sind in Wahrheit nichts anderes als eine Kompensation, die von der Gesellschaft für die tägliche Arbeitsleistung angeboten wird. Wer jedoch sein Leben selbst in der Hand hat und die Freiheit besitzt, so zu leben, wie er möchte, benötigt derartige Kompensationen nicht.

Es lohnt sich, einmal die Bücher über die klassischen Seereisen zu lesen. Harry Pidgeon, Frank Wightman, Edward Allcard, Peter und Anne Pye, Annie van der Wiele, Erling Tambs und viele andere segelten bescheidene und einfache Boote auf außergewöhnlichen Reisen und haben sich dabei königlich amüsiert. Und wer, der Eric Hiscocks Bücher gelesen hat, denkt nicht, daß mit der großen Wanderer IV den Hiscocks sehr viel Freude am Segeln verlorenging? Wir leben in einer Konsumgesellschaft. Damit diese funktionieren kann, müssen ständig neue Objekte erdacht und eine Nachfrage nach diesen Dingen geweckt werden. Es ist sehr interessant, die frühen Seereisen unter dem Gesichtspunkt zu analysieren, wie viele der heute erhältlichen Ausrüstungsteile diese Reisen damals wirklich verbessert, erleichtert oder die Freude und Zufriedenheit der Segler erhöht hätten.

Ökonomen sprechen oft von einer Kosten-Nutzen-Rechnung, wonach die Kosten für ein Objekt dem tatsächlichen Nutzen, wenn man es sich kaufen würde, gegenübergestellt werden. Nehmen wir beispielsweise ein GPS-Gerät, dessen Anschaffung uns etwa zwei Drittel unseres jährlichen Einkommens kosten würde. Diese Geräte sollen es uns ermöglichen, bei Ozeanüberquerungen ständig zu wissen, wo genau wir uns gerade befinden. Allerdings haben wir nach 70.000 zurückgelegten Seemeilen noch niemals eine Situation erlebt, in der wir aufgrund einer unsicheren Position ernsthaft um einen Landfall besorgt waren. Darüber hinaus ist ein GPS von einer Stromversorgung und komplizierter Elektronik abhängig. Wer ein gewisses Maß an Aufwand und Geld investiert, kann ersteres Problem wohl lösen, doch es ist so gut wie unmöglich, daß der durchschnittliche Segler ein nicht funktionierendes GPS-Gerät selber reparieren kann. Wenn es also einmal ausfällt, womit jeder vernünftige Seefahrer rechnen sollte, muß man sowieso einen Sextanten und die entsprechenden nautischen Tafeln an Bord haben. Wie jedermann weiß, ist es die Übung, die es ermöglicht, genaue astronomische Standorte zu bekommen. Daher ist es notwendig, den Sextanten regelmäßig zu benutzen, wenn auch nur für den Fall, daß das GPS einmal ausfällt. Weiterhin müssen wir bedenken, daß wir in einer solchen Eventualität viele komplizierte Dinge tun müssen, um es repariert zu bekommen. Es muß ein größerer Hafen angelaufen werden, von wo aus das Gerät eingeschickt werden kann, dann müssen wir für die Reparatur bezahlen, es uns anschließend zurückschicken lassen, und es dabei durch den Zoll bekommen, ohne noch einmal kräftig geschröpft zu werden. All das kostet Zeit, Geld und Nerven, während das kaputte GPS in einer Ecke hängt, nichts tut, und das darin investierte Geld verschwendet ist.

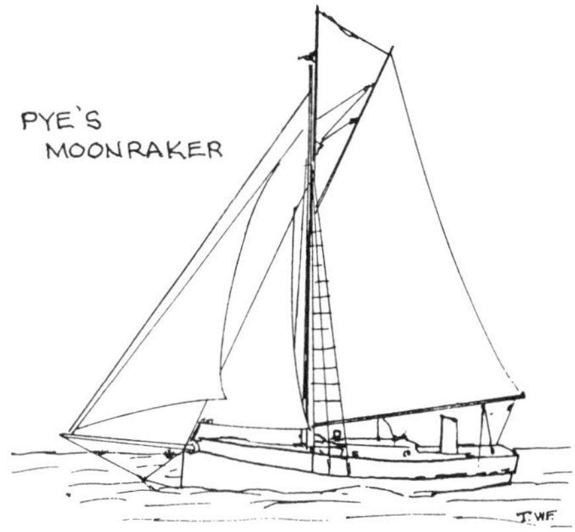

Wozu hat man dann also solch ein Gerät an Bord? Wenn wir uns Sorgen um einen unsicheren Landfall machen, können wir dann nicht einfach beidrehen, bis wir unsere Position bestimmt haben? An einigen Küsten ist das vielleicht nicht so ganz einfach, aber auch das gehört schließlich zur Herausforderung. Überdies ist es doch eine ganz besondere Befriedigung, wenn wir unseren Weg über den Ozean selbst finden können, dazu nicht auf andere

Leute angewiesen sind, und darauf, daß sie alle ihre Jobs fehlerfrei ausgeführt haben. Nachdem man die Vor- und Nachteile abgewägt hat, kann man entscheiden. Selbststeueranlagen beispielsweise sind sinnvoll. Dadurch gewinnt man nicht nur sehr viel freie Zeit an Bord, in denen man all die tausend Dinge erledigen kann, die auf einem Schiff immer anfallen; sie erlauben auch einer Zwei-Personen-Crew, genügend Schlaf zu finden. Modernes Tauwerk und Segeltuche machen Sinn, da sie länger halten. Moderne Dichtungsmittel sind unverzichtbar, denn immerhin halten sie das Schiff, und damit all unser Hab und Gut, trocken. Stets stellen wir jedoch eine Kosten-Nutzen-Rechnung an, egal ob wir einen Schokoriegel kaufen wollen oder ein Echolot.

Eine der größten Freuden, die wir bei unseren Seereisen empfinden, ist das Gefühl der völligen Unabhängigkeit. Diese Unabhängigkeit kann man am besten durch Einfachheit erlangen. Das fängt schon beim Schiff an. Eine technisch aufwendige Yacht mit viel Elektronik, Generatoren und anderer High-Tech-Ausrüstung reduziert die Unabhängigkeit durch die Anzahl der Geräte, die man nicht selber warten oder reparieren kann. Wer dazu einen Spezialisten braucht, muß erst einmal zu einem Hafen segeln, wo solche Spezialisten vorhanden sind, was wiederum die freie Auswahl der Reiseziele beeinträchtigt. Wartung hat an sich schon einen großen Einfluß auf die Art zu segeln.

Je weniger man sich damit abplagen muß, desto freier ist man. Gleiches gilt für die Finanzen. Zwar ist es recht wahrscheinlich, daß man höhere Erträge erzielt, wenn man an den internationalen Märkten spekuliert, anstatt sich auf eine einzige, sichere Investition zu verlassen. Andererseits bedeutet das aber auch, daß man ständig im Kontakt mit der Außenwelt stehen muß, was das Segeln an sich schon ganz erheblich verkomplizieren kann. Vermutlich wird man irgendein modernes Kommunikationssystem an Bord haben müssen, aber wo bleibt dann die Ruhe und der Frieden einer Ozeanüberquerung? Kurz gesagt: Je weniger Dinge Probleme bereiten können, desto weniger Sorgen braucht man sich darum zu machen, und desto mehr freie Zeit hat man zum Segeln. Und wenn es erst gar nichts gibt, was kaputtgehen kann, muß man anschließend auch kein Geld für die Reparatur ausgeben. Das Leben von einem kleinen Einkommen macht unglaublich viel Spaß. Da es zunächst viele „Opfer“ erfordert, sind die Belohnungen um so größer. Wer erst einmal gelernt hat, wie wenig man wirklich zum Leben braucht, wird schnell merken, daß alles andere der pure Luxus ist. Dank der Kosten-Nutzen-Rechnung ist man mit einem erstklassigen Schiff unterwegs, denn wer stets das Beste kauft, was er sich leisten kann, spart langfristig an Reparaturen und Neuanschaffungen. Weil das Schiff andererseits einfach ist, genießt man das Segeln um so mehr. Da man so unabhängig und selbstbestimmt wie nur möglich ist, stellt sich eine tiefe Zufriedenheit ein.

Bei Booten gilt der Satz „Small is beautiful“. Je kleiner das Schiff, desto größer der Spaß, sagt ein altes Sprichwort, und darin liegt eine Menge Wahrheit. Wozu braucht man eine große Yacht? Es gibt nur sehr wenige Yachten, die bei schwerem Wetter als komfortabel bezeichnet werden können, ungeachtet ihrer Größe. In den leichten Winden, die in so vielen Seegebieten vorherrschen, segeln kleine Schiffe dagegen eindeutig besser. Ein großes Schiff kostet in der Anschaffung sehr viel mehr - in all der Zeit, die man zum Verdienen dieses Geldes gearbeitet hat, hätte man auch schon segeln können. Ein großes Schiff verursacht erheblich mehr laufende Kosten sowie Arbeit zur Pflege und Wartung. Kleinere Boote werden schon längst wieder unterwegs sein, während die Crews der großen Yachten einen geeigneten Ort finden müssen, um ihren Riesen aufzuslippen, um dann eine Woche damit zu verbringen, den mächtigen Walbauch des Unterwasserschiffes zu antifoulen.

Wer mit einem kleinen Einkommen unterwegs ist, wird sich in fremden Ländern selten fehl am Platze fühlen - auch in den ärmeren Regionen dieser Erde. Mit einem einfachen, bescheidenen Schiff tritt man ja nicht wie das verwöhnte Kind einer reichen Nation auf, und man wird auch keinen Schnickschnack einkaufen, um die Langeweile zu bekämpfen. Statt dessen wird man, ebenso wie viele Menschen an Land, mit den Dingen, die man hat, so lange wie möglich auskommen. Und man wird das genießen. Ich denke ehrlich, daß das Reisen mit kleinem Geld sehr viel Sinn macht. Es ist unkompliziert, befriedigend, einfach und vor allem eine sehr fröhliche Lebensart.

Kapitel 2

Für euch zwei mag das ja alles angehen, aber....

Als ich Pete traf, war ich 18 und er 23. Ich war frisch von der Schule gekommen und arbeitete darauf hin, einmal eine Ausbildung zur Wertgutachterin zu absolvieren - der gleiche Beruf, den mein Vater ausübt. Meine Mutter war Lehrerin. Pete arbeitete mit einem zeitlich befristeten Vertrag im gleichen Büro wie ich. Er hatte ein Jahr an der Uni verbracht, war dann einige Jahre lang als Offiziersanwärter bei der Royal Navy gewesen und hatte kürzlich eine Computerschule besucht, um Programmierer zu werden. Was er jedoch wirklich wollte, war, segeln zu gehen. Sein Vater war Ingenieur in einem Autowerk, seine Mutter Beamtin. Petes Großvater und Urgroßvater waren jedoch Seeleute gewesen, und nur die angeborene Farbenblindheit hatte seinen Vater daran gehindert, den gleichen Weg zu gehen. Immerhin kann man sagen, daß er die See sozusagen im Blut hat.

Schon zu jener Zeit galt Petes besonderes Interesse der Einfachheit beim Segeln. Seit seinen Jugendjahren war er von so großartigen Autoren wie Joshua Slocum, Bernard Moitessier, James Wharram, Harry Pidgeon, Peter Pye und vielleicht am nachhaltigsten von Peter Tangvald inspiriert worden. So gesehen war sein Fall vermutlich hoffnungslos. Allerdings war ich damals noch jung und naiv und ahnte nichts von allen diesen Dingen. Als ich Pete traf, war er fast damit fertig, seinen 28-Fuß langen Wharram-Katamaran Stormalong zu bauen. Kurz zuvor war ihm jedoch das Geld ausgegangen, daher seine vorübergehende Arbeit in meinem Büro. Er hatte vorgehabt, den Katamaran fertig zu bauen und damit in die Karibik zu segeln - was er nicht geplant hatte, war, mich zu treffen. Schließlich überredete er mich entgegen meinem vernunftorientierten Gefühl, daß ich Segeln ganz toll finden würde, und brachte mich dazu, zu schleifen und zu lackieren und ihm bei der Fertigstellung seines Bootes zu helfen, währenddessen ich vor allem um meinen Nagellack besorgt war. Endlich war es dann soweit, Stormalong war fertig, wurde zu Wasser gelassen, und wir gingen segeln. Mit der für ihn typischen Galanterie schenkte er mir einen alten Satz bereits lange ausgemustertes Ölzeug, das an einem eklatanten Mangel an Knöpfen litt. Er hingegen machte es sich in seinem neuen Henri-Lloyd-Ölzeug bequem, das er sogar schließen konnte - bestimmt in dem festen Glauben, daß es mir sowieso nicht gepaßt hätte. Es spricht für den Mut der Teenager, daß ich nach dem ersten Törn mehr davon haben wollte.

In der Schule hatte Pete ziemlich viel mit Jollen gesegelt und in der Royal Navy dann Erfahrungen mit größeren Yachten gesammelt. Sein wichtigstes Erlebnis war es jedoch, als er einem Kumpel half, eine Yacht von Newport, Rhode Island, nach Alicante zu überführen. Sein Freund mußte in Alicante aussteigen und nach Hause fliegen, so daß Pete das Schiff alleine von dort nach Frankreich segelte. Diese Einhandreise hat ihm so viel Spaß gemacht, daß er sich anschließend mit neuem Enthusiasmus dem Bau von Stormalong widmete.

In dem Sommer, in dem Stormalong vom Stapel lief, verbrachten Pete und ich einen dreiwöchigen Sommerurlaub damit, von Morecambe Bay zur Isle of Man, zu den Isles of Scilly und wieder zurück zu segeln. Stormalong hatte weder eine Maschine noch ein Log, aber es fiel mir nie ein, daß dies irgendwie ungewöhnlich sein könnte - hier ist Unwissen ein Segen gewesen. Trotz des üblichen englischen „Sommers" war es ein erfolgreicher Urlaub. Im darauffolgenden Frühjahr sprachen wir dann darüber, was wir jetzt tun wollten. Irgendwann unterwegs hatten wir begriffen, daß wir zusammenbleiben würden, und wir überlegten uns relativ lustlos, wo wir denn nun leben wollten. Einen Abend saßen wir in einem Pub, und Pete sprach ohne jegliche Begeisterung davon, ein altes Haus in Fleetwood zu kaufen und zu renovieren, damit wir einen Ort hätten, an dem wir ein größeres Boot bauen könnten - Stormalong erschien uns als zu klein, um zu zweit darauf zu leben. Er schien über die ganze Geschichte ziemlich deprimiert zu sein.

„Was willst du also wirklich tun?", fragte ich.

„Ganz ehrlich, Annie, am liebsten würde ich an Bord gehen und sofort mit Stormalong in die Karibik segeln", erwiderte er.

„Ja, aber das ist blöd, denn sie ist ja zu klein für uns beide."

„Ich weiß", sagte er traurig. Dann ging er zur Bar, um zwei weitere Biere zu holen - meine Gin Tonics hatte er mir schon abgewöhnt, weil die zu teuer waren.

„Wenn wir mit Stormie segeln würden, wann müßten wir dann los?"

„So etwa Anfang August."

„Nun, dann bleiben uns noch drei Monate, um alles zu organisieren. Ach, und Mutter und Vater würden ausflippen, wenn wir 'in Sünde' davon segelten - wie lange dauert es, zu heiraten?"

„Keine Ahnung!"

Zusammen hatten wir weniger als 1000 Pfund. Petes Eltern, immer noch in der Illusion lebend, daß ich einen guten Einfluß auf ihn ausüben oder ihn sogar dazu bringen könnte, seßhaft zu werden, waren sehr für unsere Heirat; und ich glaube, sie hofften insgeheim, dieser Stormalong-Trip könnte sein letzter Ausflug sein. Mein Vater trug es mit Fassung, er mochte Pete und wollte, daß ich glücklich war, auch wenn ihn der Gedanke, mich in die blauen Weiten davonsegeln zu sehen, fast krank vor Sorge machte. Nachdem er mich beinahe zwanzig Jahre nicht danach gefragt hatte, stellte er jetzt Pete die Frage, ob er mir das Leben ermöglichen werde, das mir gefiele. Ohne mit der Wimper zu zucken, erwiderte er: „Ich hoffe es." Ich hatte keine Ahnung, daß es einer gehörigen Gehirnwäsche bedürfen würde, bevor ich das Leben genießen konnte, das Pete vorschwebte. Meine arme Mutter wollte zuerst überhaupt nichts von diesem Gedanken wissen - ihre Tochter war ihrer Meinung nach für sehr viel bessere Dinge bestimmt als einen langhaarigen, bärtigen Kerl zu heiraten, der weder Geld hatte, noch besonders viel von Arbeit hielt. Alles in allem war das Ganze ziemlich traumatisch.

Ich muß schon gestehen, daß wir diese Heirat als eine ziemlich teure Notwendigkeit ansahen - wir konnten die Anzahl der lächerlichen Dinge, die offenbar erforderlich waren, nicht glauben, und betrachteten besorgt unsere schwindenden Ressourcen. Wir mußten für die Reise Stormalong mit dem Proviant für ein ganzes Jahr eindecken, Karten kaufen, und so weiter. Ich hatte von all diesen Sachen keine Ahnung - ehrlich gesagt konnte ich noch nicht einmal kochen, trotz aller Anstrengungen meiner Mutter mich, wie sie sagte, „zu domestizieren". Pete meinte, daß Baked Beans und Soyaminze eine gute Basis für unsere Verpflegung wären. Irgendwie kauften wir dann allerlei ein und erzielten auch tatsächlich ein ganz passables Ergebnis, obwohl unsere Vorräte nie und nimmer für ein Jahr gereicht hätten. Seekarten schafften wir sehr gewissenhaft an und hatten, zum ersten und zum letzten Mal, alle Karten, die wir unterwegs auch nur eventuell brauchen könnten. Als wir ausliefen, hatten wir noch 400 Pfund in der Kasse und keine Aussichten auf frische Einnahmen. Petes Eltern gaben uns als Hochzeitsgeschenk ein Walker-Schlepplog, die meisten anderen Geschenke wurden bis zu unserer Rückkehr weggepackt, ausgenommen einen Wasserkessel, eine Pfanne und etwas Besteck.

Die Aussicht auf diese Reise hätte mich zu Tode ängstigen müssen. Tatsächlich machte ich mir keine Sorgen, da ich nicht wußte, worauf ich mich eingelassen hatte. Was alles passieren könnte, lag damals außerhalb meines Vorstellungsvermögens, und so konnte ich auch keine Angst haben. Mehr noch - jetzt werde ich es endlich zugeben -, nachdem ich aller Welt ver-

kündet hatte, daß wir zu den Westindischen Inseln segeln würden, mußte ich erst einen Blick in Vaters Atlas riskieren, um zu sehen, wo diese Inseln denn überhaupt waren. Und selbst das sagte mir noch nicht sehr viel.

Wir segelten Mitte August los und folgten der klassischen Atlantik-Rundroute - Nordspanien, Madeira, Kanaren, Barbados, die karibischen Inseln bis zu den Virgin Islands hoch und zurück über die Azoren nach England. Bermuda ließen wir aus, weil wir dort nur noch 15 Pfund übrig hatten und noch mindestens fünf Pfund für die Rückkehr nach England übrigbehalten wollten. Irgendwie waren wir immer chronisch pleite, was nur zeigt, wie schlecht wir uns damals managten. Nach heutiger Kaufkraft entsprachen die 400 Pfund, über die wir damals verfügten, wohl mindestens 1000 Pfund, und davon können wir heute gut leben, besonders wenn wir schon einen guten Grundvorrat an Proviant an Bord haben. Ich erinnere mich noch deutlich daran, wie ich einen Laden in St. Johns, Antigua, betrat, um einzukaufen. Ich habe vergessen, wie viele Dollars wir noch hatten, aber es gab dort keine sehr große Auswahl, und alles, was wir uns leisten konnten, waren Sardinen. Wir kauften 59 Büchsen davon. Ich kann mich an diese Zahl noch genau erinnern; ich vermute, daß wir für die 60. Dose kein Geld mehr hatten. Wenn wir nur damals schon gewußt hätten, was man aus Hülsenfrüchten alles machen kann, wäre es so viel einfacher gewesen.

Nach all diesen Jahren kann ich mich kaum entsinnen, wie ich mich damals wirklich gefühlt habe. Allerdings weiß ich, daß ich sehr oft mutlos und ängstlich war. Wir hatten unseren reellen Anteil an den üblichen Abenteuern. Zweimal verloren wir den Mast, glücklicherweise jedesmal beim Küstensegeln, und wetterten mehrere Stürme ab. Die meiste Zeit waren wir sehr naß. Am zweiten Tag nach den Kanaren schwappte eine große See quer übers Schiff, fand durch den Lüfter ihren Weg unter Deck und durchnäßte die einzige Koje, in der wir schlafen konnten, samt Schlafsack - die andere war mit allerlei Zeugs vollgestaut. Später wurde das Schanzkleid des gleichen Rumpfes durch eine weitere grobe See gebrochen, so daß der Lüfter immer wieder unter Wasser stand. Es dauerte mehrere Wochen, bis wir das endlich reparieren konnten, und viele Vorräte wurden durch das Seewasser verdorben. Wann immer die See auch nur etwas rauh war, fingen auch die Luken an zu lecken. In der Karibik konnten wir nicht an Deck schlafen, weil immer wieder heftige Schauer niedergingen, und unsere Persenning schon bald zu lecken begann. Unter Deck zu schlafen, gefiel uns allerdings auch nicht, da unsere „Doppelkoje" nicht gerade sehr geräumig war - mit einer Breite von gerade einmal 51 Zentimetern am Kopf und 30 Zentimetern am Fußende. Es gab keinen einigermaßen komfortablen Platz unter Deck, wo wir beide gleichzeitig sitzen konnten, und wenn wir bei geschlossener Luke kochen mußten, gab es einfach nicht genug Sauerstoff für den Primuskocher, Pete (rittlings hinter mir sitzend) und mich, so daß ich regelmäßig in Ohnmacht fiel. Allerdings kam ich immer wieder schnell zu mir, da tief unten offenbar mehr frische Luft vorhanden war.

Auf der anderen Seite entdeckte ich, daß eines der schönsten Dinge am Seereisen die anderen Menschen sind, die man unterwegs trifft. Wir haben immer noch Kontakt zu vielen, die wir in diesem ersten Jahr trafen. Mein Selbstvertrauen stärkte sich, da ich es lernte, die Angst zu überwinden, und mir neue Fertigkeiten aneignete, zum Beispiel Navigieren. Ich lernte, wie man mit augenscheinlichen Katastrophen fertig wird, die sich bei näherer Betrachtung lediglich als unangenehme Zwischenfälle entpuppten. Wir hatten unglaublich viel Spaß, sogen die Sonne in uns auf und besuchten viele faszinierende und wunderschöne Orte. Wir entschlossen uns also, zurück zu segeln und ein neues Boot zu bauen, damit wir wieder auf Reisen gehen konnten, dann aber mit etwas mehr Komfort. Für den Sommer 1980 hatten wir Norwegen eingeplant, danach wollten wir für den Winter nach Süden.

Wir kehrten in ein England mit hoher Arbeitslosenzahl und hoher Inflation zurück und erkannten, daß wir soviel Geld wie möglich sparen mußten. Ich befürchte, daß ich damals eine recht hoffnungslose Hausfrau war - wir hatten etwa 25 Pfund die Woche zum Leben und kamen damit nur gerade eben über die Runden, heute leben wir mit der gleichen Summe in vergleichbarem Luxus. Wir zogen in eine kleine Wohnung und Pete bekam einen Job als Programmierer. Sein Büro war recht weit von der Wohnung entfernt, so daß wir ein

Auto unterhalten mußten. (Heutzutage würden wir dort wohnen, wo die Arbeit ist, oder einen anderen Job suchen. Ein Auto zu betreiben, kostet unglaublich viel Geld, denn es gibt allerlei versteckte Kosten, die einem anfangs nicht bewußt werden.) Um für die Wohnung zu bezahlen, verdingte ich mich als Putzfrau, Pete spielte den Gärtner. Der große Vorteil war jedoch, daß wir hier einen Platz hatten, um das nächste Boot zu bauen. Wir verkauften Stormalong und hatten etwas Kapital, mit dem wir anfangen konnten.

Ich würde das nächste Kapitel über den Bau unseres zweiten Bootes gerne hinter einem diskreten Vorhang des Vergessens verschwinden lassen, kann es aber nicht. Weil es damals in England noch kein Epoxidharz gab, entschieden wir uns gegen Sperrholz als Baumaterial und wählten statt dessen GFK, das uns am billigsten erschien. Ich glaube jetzt, daß wir den Pflegeaufwand für ein Sperrholzboot überschätzten, selbst wenn es nicht mit Epoxidharz überzogen ist. Also bauten wir eine Negativform, was an sich schon ein Fehler war, und begannen im Juni unter einer Plastikplane mit dem Laminieren. Das Ganze war ein totaler Reinfall. Wann immer die Sonne herauskam, schoß die Temperatur in die Höhe, wenn sie verschwand, sank sie in den Keller. Als wir am Morgen des dritten Tages den Rumpf weiterlaminieren wollten, sahen wir zu unserem Entsetzen, daß die Form nach innen weggesackt war. Das einzige, was uns blieb, war, alles wegzuschmeißen und unseren Verlust irgendwie zu verschmerzen. Dann ging es zurück ans Zeichenbrett.

Einige Tage später, Pete hatte noch Urlaub, fuhren wir zu den Glasson Docks, um uns die Boote dort anzusehen - wenn auch nur, um uns selbst zu vergewissern, daß es solche Dinger noch gab. Wir wanderten zwischen den aufgelegten Yachten umher und entdeckten ein altes Boot, das zum Verkauf stand. In ihrer Blütezeit mußte sie wunderschön gewesen sein, jetzt war sie jedoch arg vernachlässigt. Mehr aus Neugierde fragten wir nach dem Schlüssel und sahen sie uns näher an. Das erste, was wir entdeckten, war, daß sie von der Herreshoff Mfg. Co. gebaut worden war. „Ein richtiger Klassiker", sagten wir, „welch ein Jammer, sie so verenden zu sehen." Unter Deck war sie sehr klein, vermutlich mit weniger Platz als ein Folkeboot,

wenn sie über alles auch immerhin 27 Fuß lang war. Trotzdem nahm sie uns irgendwie gefangen, und wir überlegten uns, ob es nicht eine gute Investition sei, sie wieder herzurichten und zu verkaufen, womit wir mehr Kapital für unser nächstes Boot bekämen. Wir ließen sie begutachten, machten ein Angebot, und damit kam Sheila in unser Leben.

Es hat, glaube ich, von da ab keinen Monat lang gedauert, bis wir erkannten, daß wir unmöglich weiterhin in einem Haus leben konnten. Wir beschlossen, an Bord zu ziehen, sobald wir die Einrichtung renoviert hatten. Mitte Februar war die Doppelkoje im Vorschiff eingebaut, und obwohl der Rest des Rumpfes noch vollkommen leer war, zogen wir gleich ein. Wie sonst hätten wir die Arbeit beenden können? Die Hälfte jedes Wochenendes ging für Petes Gärtnerarbeiten drauf, so daß wir mit der Arbeit am Schiff kaum weiterkamen. Wir dachten daher, wir würden besser vorankommen, wenn wir erst einmal an Bord lebten. In der Marina gab es eine Küche und einen Tagesraum, die wir benutzen konnten, bis unser Schiff ein wenig mehr eingerichtet war. Der Eigner der Marina hatte fast einen Anfall, als er erkannte, daß wir an Bord und damit praktisch in seinem Schuppen lebten, aber er brachte es nicht übers Herz, uns auf die Straße zu setzen.

Er ließ uns sogar eine Zeitlang auf einem Boot mit Zentralheizung leben, das zum Verkauf stand - um es zu lüften, wie er sagte, und das war nun wirklich anständig von ihm.

Da wir jetzt wieder ein Boot hatten, konnten wir neue Pläne schmieden. Sheila war alles andere als ideal, aber wir meinten, daß man mit ihr schon segeln könnte. In jenem Jahr machten wir einen Sommertörn zur Südküste, um uns in Southampton niederzulassen, wo ich einen Sekretariatskurs absolvieren wollte, um verkaufbare Fähigkeiten zu erlernen, während Pete sich wieder einen Job als Programmierer suchen würde. Dieser Teil verlief ganz nach Plan. Allerdings erkannten wir schnell, daß Sheila nicht das geeignete Boot für die Reisen war, die wir letztendlich unternehmen wollten. Wir hofften jedoch, mit ihr noch einmal nach Brasilien zu segeln, bevor wir das nächste Boot bauen würden. Pete hatte mich zu der Zeit schon davon überzeugt, daß unser nächstes Boot ein Dschunkenrigg haben würde. Auf der Southampton Boat Show sahen wir uns ein Modell dieses Riggs an, und ich war sofort davon überzeugt. Endlich eine Takelung, die selbst ein zu klein geratener Feigling wie ich auch alleine bedienen konnte!

Auf dem Hamble Fluß fanden wir keinen bezahlbaren Liegeplatz, also zogen wir in die East Cowes Marina auf die Isle of Wight. Es war der kälteste Winter seit ungefähr dreißig Jahren, und wie merkten schnell, daß unser Holzkohleofen keine gute Idee war, weil niemand im Winter Barbequekohle verkauft. Also bestellten wir einen Petroleumofen bei Taylors, der im April dann auch endlich geliefert wurde. Ich glaube nicht, daß ich denen das jemals vergeben habe. Wir ließen uns fast scheiden, weil Pete mit der Begründung, der Petroleumofen würde ja sehr bald geliefert werden, keinen elektrischen Ofen kaufen wollte. Am Ende kauften wir doch einen kleinen Heizofen, der allerdings nicht sehr effektiv war - er machte zwar viel heiße Luft, doch das Boot an sich blieb immer kalt. Es war ein recht harter Winter, aber an eine Sache erinnere ich mich mit Freude: Wir begannen, Bohnen aller Art zu essen.

Das hört sich nicht gerade nach einem besonders spektakulären Ereignis an, doch tatsächlich war es wohl der erste wirkliche Schritt dazu, von einem kleinen Einkommen leben zu können, statt damit nur so eben über die Runden zu kommen. Pete verdiente zwar endlich einmal einigermaßen gutes Geld, und ich hatte ein Stipendium, doch unsere Fahrtkosten zum Festland waren extrem hoch, und wir wollten für unsere nächste Reise sparen. Soweit es ging, versuchten wir, nur von meinem Stipendium zu leben, doch die Lebensmittelkosten kamen mir unverschämt vor. Ich bin in einem sehr fleischorientierten Haushalt groß geworden, und Pete und ich haben beide einen gesunden Appetit, so daß wir pro Mahlzeit ein Pfund Fleisch brauchten. Keiner von uns mag Innereien, und ich wußte auch nicht so recht, was ich aus den so oft propagierten, billigen Reststücken machen sollte. Ich vermute, daß die meisten Leute sich ein Buch über gute Haushaltsführung gekauft hätten, aber ich hatte schon verschiedentlich von Bohnen gehört und wollte endlich ökonomisch kochen. Ich kaufte ein entsprechendes amerikanisches Kochbuch, und obwohl die Rezepte darin nicht wirklich schlecht waren, ließen sie uns doch einigermaßen unbefriedigt - wir warfen hungrige Blicke auf die Schweinekoteletts in den Schlachterläden und kauften uns Huhn, wenn wir uns etwas gönnen wollten. Dann entdeckte ich „The Bean Book" von Rose Elliot, und plötzlich brachte ich köstliche Mahlzeiten zustande, die aus unglaublich billigen Zutaten gekocht wurden. Ich sparte mindestens drei Mark pro Mahlzeit, aber noch wichtiger war es, daß Bohnen geradezu dazu prädestiniert dazu waren, an Bord verstaut werden zu können. Sie nehmen kaum Platz weg und halten sich ohne weitere Behandlung sehr lange. Das war ein erster positiver Schritt nach vorne, weil wir nun kein Stück totes Tier mehr brauchten, wenn wir uns ein wirklich gutes Essen gönnen wollten.

Nachdem ich meinen Sekretariatskurs beendet hatte, machten wir Urlaub und beschlossen, um Irland herum zu segeln. Also kreuzten wir den ganzen Weg bis nach Cork, dann kreuzten wir die gesamte irische Südküste entlang - bis ich meuterte.

Also setzten wir uns hin und besprachen die Lage. Sheila war nicht das Boot, in dem wir, oder auf jeden Fall ich, lange Reisen unternehmen wollten. Sie war auf See einfach zu naß und im Hafen immer noch feucht, es gab für viele notwendige Dinge keinen vernünftigen Stauraum, sie hatte keine permanente Doppelkoje (die Koje im Vorschiff hatten wir schon lange aufgegeben, weil die Kondensation dort mehr als nur ein schlechter Scherz war), und es machte keinen Spaß, jeden Abend die Koje im Salon neu bauen zu müssen. Wir konnten nicht genügend Dinge mit an Bord nehmen, um wirklich unabhängig zu sein, Reffen und Segelwechsel waren ein Alptraum für mich und das Luk leckte. Gedanklich nahmen wir das arme alte Boot auseinander und kamen zu dem Schluß, daß wir endlich aufhören sollten, herumzuspielen und uns jetzt ernsthaft organisieren müßten. Sonst würden wir noch in zehn Jahren auf dem falschen Boot sitzen und die gleichen Gespräche wieder und wieder führen. Das einzige, was uns sinnvoll erschien, war, jetzt sofort das nächste Boot zu bauen. Wir konnten es uns nicht leisten, eines zu kaufen, das unseren Ansprüchen genügen würde, und wir hatten jetzt die Möglichkeit, einigermaßen Geld zu verdienen - wenn wir ersteinmal wieder unterwegs gewesen waren, würde es immer schwieriger werden, da Computerprogrammierer schnell den Anschluß an ihren Job verlieren, wenn sie ihn nicht ausüben. Wir konnten während der Bauphase auf Sheila leben und sie dann verkaufen, außerdem hatten wir schon etwas Geld gespart.

Wir segelten also zurück zu den Glasson Docks, wo wir damit begannen, das nächste Boot zu bauen - Badger. Wir wählten diesen Ort, weil wir dort einige Kontakte hatten und dicht bei unseren Eltern waren. In jenem Jahr, 1979, waren Jobs rar, doch nach etlichen Fehlschlägen fand ich einen, eine halbe Stelle für zweieinhalb Tage die Woche, aber nachdem ich ersteinmal meinen Fuß in der Tür hatte, ging es schnell weiter. Das Gehalt war nicht schlecht und der Job einfach. Pete konnte als Programmierer nichts finden, weil er dann weit hätte fahren müssen, und wir uns nicht wieder ein Auto anschaffen wollten - wir lernten allmählich -, aber er fand dann doch etwas, wenn auch sehr viel schlechter bezahlt, als Computertechniker in einem Lehrercollege. Das Gute daran war, daß er nur während der Semester angestellt war und daher lange Ferien zum Bootsbauen hatte.

Nach all unseren Rückschlägen waren wir um so entschlossener, endlich voranzukommen. Ursprünglich wollten wir schon im kommenden Jahr segeln, und dieses unerreichbare Ziel hielt uns auf Trab. Nachdem wir den Liegeplatz in der Marina für ein Jahr bezahlt hatten, blieb uns wenig über. Gemessen an dem, was wir in den vergangenen paar Jahren verdient hatten, blieb erschreckend wenig Geld. Ab jetzt nahmen wir uns vor, handfeste Resultate für all die Stunden hinter den Schreibtischen zu erzielen. In Zukunft wollten wir nicht mehr von unserem Kapital zehren, um nach einem Törn nicht wieder bei Null anfangen zu müssen. In der Zwischenzeit würde alles Geld, das Pete verdiente, ins Boot gesteckt, während wir von meinem Gehalt leben und soviel wie möglich sparen würden.

Missie Lee - „Je kleiner das Boot, desto größer der Spaß..."

Beim Baubeginn hatten wir die Alternative, entweder gute Elektrowerkzeuge zu kaufen und diese dann tatenlos anzustarren, oder für das gleiche Geld Holz einzukaufen und das, so gut es eben ging, manuell zu bearbeiten. Wir entschieden uns für gebrauchte Kiefer, die es in diesem Teil der Welt überall gab, allerdings nur als dicke Balken. Also brauchten wir eine anständige Säge und einen Hobel, um die Balken auseinanderzunehmen. Ansonsten benutzten wir hauptsächlich einfache Heimwerkerwerkzeuge, die uns langfristig teuer zu stehen kamen. Die Säge und den Hobel konnten wir gut verkaufen, nachdem wir Badger fertig gebaut hatten, doch daneben verbrauchten wir drei Bohrmaschinen, zwei Stichsägen und eine Tellerschleifmaschine. Wie die letztere solange hielt, ist mir ein Rätsel. Diese Erfahrung bestätigte uns darin, daß es besser ist, am Anfang etwas mehr für gute Qualität auszugeben, als am falschen Ende zu sparen. Wären wir allerdings nochmal in der gleichen Situation, würden wir wahrscheinlich wieder erst das Holz kaufen und anfangen.

Glasson Docks ist voller Träumer. Es tut mir weh, daran zu denken, wie viele Leute hier angefangen haben, Boote zu bauen, zu kaufen oder aufzuarbeiten, mit dem erklärten Ziel, einmal segeln zu gehen, es aber niemals geschafft haben. Etliche dieser Projekte wurden nie beendet. Einige von uns haben es geschafft, aber es gab an jeder Ecke Beispiele dafür, wie schnell derartige Aktivitäten versanden können. Das hat uns vermutlich in vielerlei Weise geholfen, und wann immer wir mit dem Gedanken an einen Urlaub spielten, mußten wir uns nur in der Marina umsehen, um uns dagegen zu entscheiden. Natürlich arbeiteten wir in Vollzeit-Jobs, und wenn wir nach Hause kamen, begann der zweite Vollzeit-Job des Bootsbaus. Ich glaube allerdings, daß dies die einzige Art war, es auch wirklich zu schaffen, vor allem, wenn wir in einigermaßen absehbarer Zeit wieder segeln wollten. Die Jahre, die wir mit Arbeit und Bootsbau verbrachten, waren Jahre, die wir nie zurück bekommen würden. Also wurden wir ganz manisch, was das Arbeiten anbetraf, und betrachteten es als komplette Zeitverschwendung. Noch immer denken wir, daß man seine Zeit weitaus besser verbringen kann, was unsere spätere Freiheit nur weiter unterstrichen hat. Nach zweieinhalb Jahren wurde ich arbeitslos und konzentrierte mich voll auf Badger. Wenig später hörte auch Pete mit seiner Arbeit auf, um Badger fertigzustellen. Das war der Zeitpunkt, zu dem wir wirklich lernten, den Gürtel enger zu schnallen. Das Problem war, daß die Bauzeit länger dauerte als wir angenommen hatten (das passiert immer), und nachdem wir nichts mehr verdienten, lebten wir von unseren Ersparnissen. Die Marinagebühren hatten wir bezahlt, ich hatte während meiner Arbeitszeit 3500 Pfund gespart, und für Sheila bekamen wir noch einmal 4000 Pfund. Gut angelegt ergab das eine Rendite von 15 Pfund pro Woche, und davon konnten wir leben. Es war zwar noch etwas Geld in der Bootsbaukasse, aber als Badger fertig war, war auch diese leer. Das Ganze war ein gutes Training, und unsere Unabhängigkeit machte uns zufrieden. Wir hätten beide wieder Arbeit finden können, aber wir zogen es vor, frei und arm zu sein, statt als Lohnsklaven zu arbeiten, was sich zwar abgedroschen anhört, aber dennoch wahr ist.

Als wir in Badger lossegelten, lebten wir zum ersten Mal von einem Einkommen anstelle von Kapital. Das Gefühl der Sicherheit und Freiheit, welches sich dadurch einstellte, war wunderbar. Wir hatten tatsächlich Geld auf der Bank für eventuelle Notfälle und konnten solange segeln, wie wir wollten, ohne anzuhalten und nach Arbeit suchen zu müssen. Wir nahmen uns vor, Arbeit anzunehmen, wo sie uns geboten wurde, solange sie erträglich war und uns nicht von unseren einmal gefaßten Plänen abhielt. Der Grund dafür war, glaube ich, purer Aberglauben, daß man gute Gelegenheiten nicht ungenutzt verstreichen lassen sollte. Seither sind wir mit dieser Einstellung sehr gut ausgekommen.

In den Virgin Islands konnten wir uns die Preise einfach nicht leisten und wollten dennoch länger bleiben. Pete wurde ein Job angeboten, und dann fand auch ich Arbeit, so daß wir eine Menge Geld verdienen und ansparen konnten. Dann bot uns ein Freund aus Amerika an, an einem Boot zu arbeiten, das er gerade aufarbeitete, so daß wir nicht nur etwas Geld verdienen, sondern einige Monate in einer Stadt im amerikanischen Mittelwesten leben würden, also etwas völlig Neues für uns. Seitdem haben wir beide hin und wieder gearbeitet, allerdings haben wir unsere wöchentliche Ration seit 1985 konstant gehalten. Wir sind damit zufrieden und sammeln das überschüssige

Geld an, um später einmal in ein etwas größeres Einkommen investieren zu können, sollte das jemals notwendig werden. Auch haben wir einiges Geld dafür ausgegeben, Badger weiter auszurüsten und zu optimieren: eine Maschine, teures Material für neue Segel, einen neuen Kiel, neue Blöcke und insgesamt bessere Ausrüstung. Die längste Zeit, die wir an einem Stück gearbeitet haben, betrug zwei Jahre in Falmouth. Der Hintergrund dazu war der, daß wir wegen eines Krankheitsfalles in der Familie nach England zurückgekehrt waren und uns überdies dazu entschlossen hatten, unseren bisherigen Ferrozement-Kiel gegen einen neuen eisernen Flügelkiel auszutauschen. Über die Krankheit wollten wir kein großes Getue machen, und jeder war gerne bereit zu glauben, daß wir tatsächlich arbeiten mußten, um Geld zu verdienen.

Während unserer Zeit in Falmouth kauften wir ein kleines, 20-Fuß langes Boot zum Herumspielen und hatten viel Freude daran, es mit einem neuen Dschunkenrigg zu versehen. Im Sommer 1989 verbrachten wir drei Monate damit, die kleinen Kanäle und Flüsse an der bretonischen Küste zu erforschen, etwas, was wir in Badger nie hätten tun können. Danach verkauften wir das Boot an gute Hände und machten noch einen Gewinn, den wir wiederum in einem gesonderten Konto anlegten, um Kapital für größere Ausgaben zu haben, falls wir beispielsweise einmal die Maschine erneuern müssen. Und so klappt am Ende alles bestens - wir haben nicht das Gefühl, übermäßig viel gearbeitet zu haben, und haben doch unser Kapital erheblich erhöht, ohne dabei unser Gefühl der Freiheit zu verlieren.

Es ist mir klar, daß in diesen Zeilen nur ein Teil unserer Philosophie herüberkommt, aber ich hoffe, daß der in den folgenden Kapiteln gegebene Hintergrund helfen wird und darüber hinaus andere Dinge klar werden, so daß sich ein komplettes Gesamtbild ergibt. Wenn Sie mit einem kleinen Einkommen auf große Fahrt gehen möchten, ist es meine Hoffnung, daß Sie Ideen in diesem Buch finden, die Ihnen dabei helfen, dies erfolgreich und, vor allem, auf angenehme Weise zu tun.

Um etwaiger Kritik gleich zuvor zu kommen, möchte ich hier und jetzt feststellen, daß dieses Buch von Ideen spricht und keine Fakten bieten will. Um sich über Seereisen als solche zu informieren, empfehle ich Bücher wie Eric Hiscocks „Voyaging under Sail", Bob Griffiths „Blue Water Sailor" oder Hal Roths „After 50.000 Miles". Pete und ich haben den überwiegenden Teil unserer Reisen in nur zwei Booten gemacht, in dem 28-Fuß langen Wharram-Katamaran Stormalong und dem von Joy Benford entworfenen 34-Fuß langen, dschunkengetakelten Monohull Badger. Ich schreibe also aus meiner Erfahrung mit diesen zwei Booten und den beiden anderen, die wir hatten, mit denen wir allerdings hauptsächlich Küstensegeln betrieben haben.

Viele meiner Anmerkungen sind kontrovers - vielleicht sogar radikal. Die Gründe dafür sind eigentlich ganz offensichtlich. Wir reisen in einer Art, die sich radikal von dem unterschiedet, was für die meisten Menschen die Norm ist. Ich muß allerdings gleich hinzufügen, daß sehr viele Leute, die als Lebensart Seereisen unternehmen, oft mit unseren Ansichten übereinstimmen. Sie können gerne mit vielen Dingen, die ich sage, nicht einverstanden sein - zumindest habe ich eine alternative Meinung dargeboten und einen Denkanstoß gegeben. Früher oder später werden die meisten Leser sagen: „Für euch zwei mag das ja alles angehen, aber bei mir ist das anders!" Dann denken Sie bitte daran, daß

- erstens dies ein Buch über Seereisen mit einem kleinen Einkommen ist,
- zweitens Pete und ich über 15 Jahre gebraucht haben, um zu diesen Ergebnissen zu kommen, während Sie das alles beim ersten Lesen aufnehmen wollen,
- drittens unsere Lebensart für uns gut funktioniert und unsere Ideen sich alle in der Praxis bewährt haben - es sind keine halbgaren Theorien, die an Land geboren wurden, und
- viertens das, was für uns funktioniert, für andere nicht gelten muß - obwohl ich nicht glaube, daß wir gar so exzentrisch sind!

Nachdem all dies gesagt ist, hoffe ich, daß Sie auch dann weiterlesen, wenn etwas in diesem Buch nicht mit Ihrer Zustimmung bedacht wird. Es mag einfacher für Sie sein, dies zu tun, nachdem ich erklärt habe, wie wir zu unserer Philosophie gekommen sind.

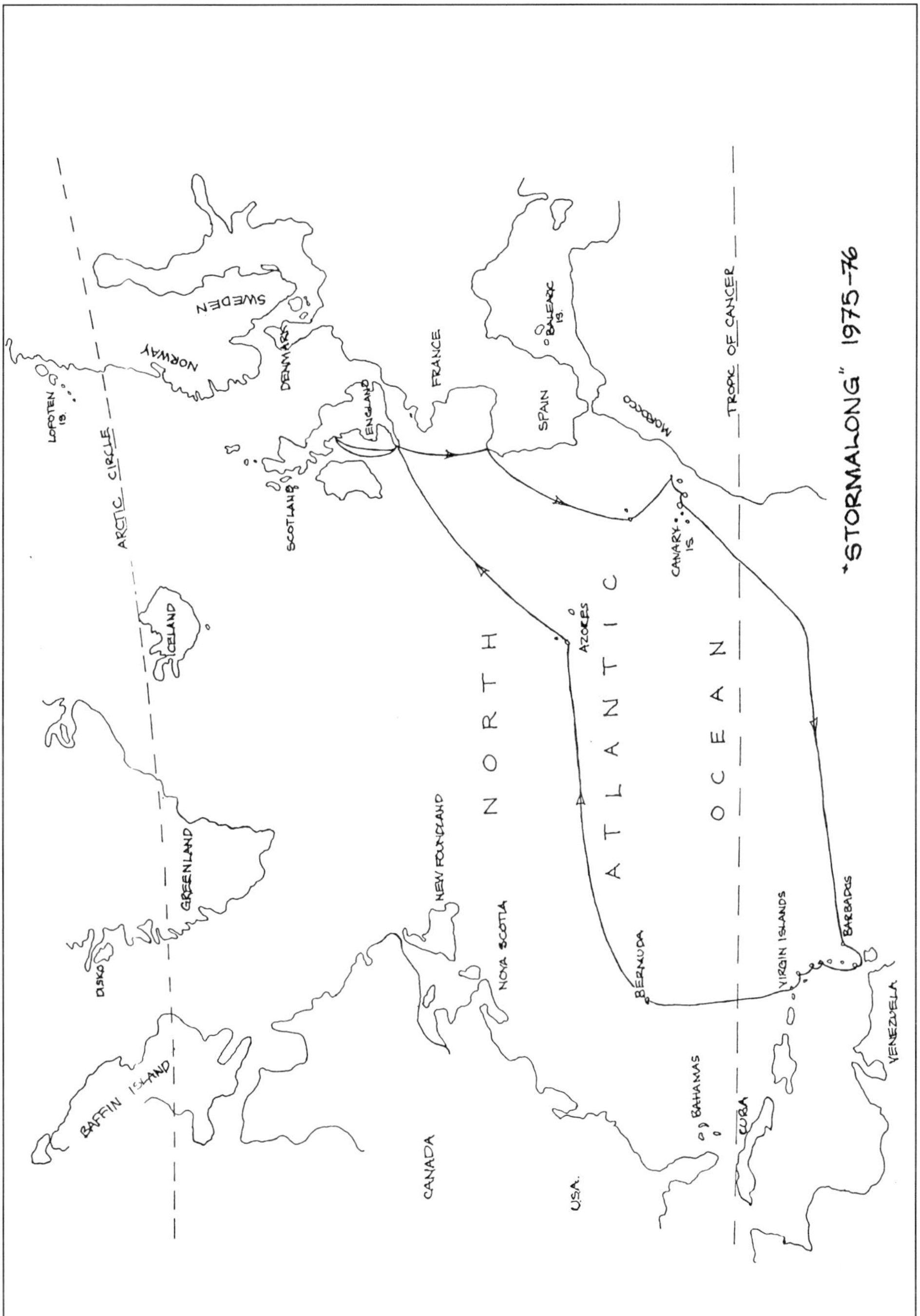
"STORMALONG" 1975–76
NORTH
ATLANTIC
OCEAN
ARCTIC CIRCLE
TROPIC OF CANCER
BAFFIN ISLAND
DISKO
GREENLAND
ICELAND
LOFOTEN IS.
NORWAY
SWEDEN
DENMARK
SCOTLAND
ENGLAND
FRANCE
SPAIN
BALEARIC IS.
MOROCCO
CANARY IS.
AZORES
NEW FOUNDLAND
NOVA SCOTIA
CANADA
U.S.A.
BAHAMAS
CUBA
BERMUDA
VIRGIN ISLANDS
BARBADOS
VENEZUELA

FOR SALE
FOR SALE
FOR SALE
MODERATION IN ALL THINGS

KAPITEL 3

MÄSSIGUNG IN ALLEN DINGEN

Die richtige Größe einer Yacht zu wählen, mit der man auf Reisen gehen möchte, ist ein Kompromiß, wie alles andere auch. Idealerweise sollte das Schiff in seinen Abmessungen variabel sein: groß und schnell auf See, winzig im Hafen, dennoch mit einer großzügigen Einrichtung und unerschöpflicher Zuladefähigkeit. In der Realität sehen die Dinge natürlich ziemlich anders aus. Doch wenn man bedenkt, daß alle Schiffe Geld kosten, sowohl bei der Anschaffung als auch im Unterhalt, spricht viel dafür, aus der Not eine Tugend zu machen und sich an eher kleinere Boote zu gewöhnen.

Allerdings sollte das Schiff, auf dem man von einem kleinen Einkommen lebt, auch nicht zu klein sein, da man sonst nicht unabhängig ist. Diese Unabhängigkeit ist nicht nur psychologisch wichtig, sie macht auch finanziellen Sinn. Wenn das kleine Schiff groß genug ist, um etliche Vorräte, Ersatzteile, Werkzeuge und andere nützliche Dinge zu transportieren, kann man die meisten Probleme mit Bordmitteln beheben. Eine vernünftige Zuladefähigkeit ermöglicht es einem, von Sonderangeboten oder günstigen Lebensmittelpreisen in bestimmten Häfen oder Ländern zu profitieren, so daß man, abgesehen von frischen Vorräten, eigentlich niemals in einem teuren Ort einkaufen muß. Als wir nach Grönland segelten, brauchten wir nicht einmal das zu tun, da wir uns in Madeira und auf den Azoren reichhaltig mit Zwiebeln, Kartoffeln, Karotten, Kohl und Knoblauch eindeckten, und diese Vorräte hielten von Anfang Mai bis Mitte September, als wir in Nova Scotia ankamen, wo die Preise bezahlbar sind.

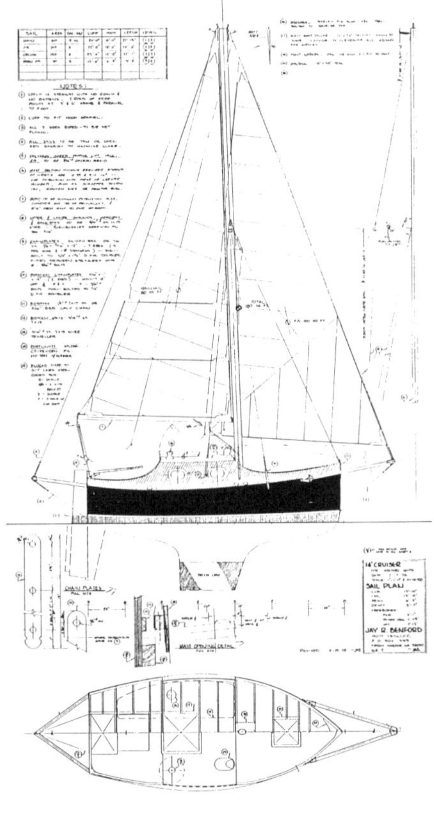

Die Größe dieses Schiffes ist passend, um fast jeden Ort anzusteuern; allerdings sind die niedrigen Anschaffungskosten die einzige Ersparnis. Da es zu klein ist, um genügend Vorräte zu fassen, muß man die benötigten Dinge vor Ort kaufen und die dortigen Preise dafür zahlen, wie hoch sie auch sind!

Ein sehr kleines Boot, obwohl anfangs billiger, wird langfristig wahrscheinlich zu einem teureren Lebensstil führen. Es ist nicht das komfortable Heim, in dem man im Hafen gerne und zufrieden lebt, sondern eher der Versuchung unterliegt, abends auszugehen, um Geld in Bars und Restaurants zu lassen.

Auf der anderen Seite wollen wir es auch nicht übertreiben und mit einer riesigen Yacht unterwegs sein, die vollgeladen ist mit allen Dingen, die man jemals eventuell benötigen könnte. Eine Langfahrtyacht sollte so klein sein, daß es Spaß macht und einfach ist, sie zu segeln, und sie sollte in jede Ankerbucht passen, die einem nett erscheint. Man will kein extrem leichtes Boot, das bei schwerem Wetter herumtanzt, aber man möchte auch keinen zu schweren Pott haben, der bei leichtem Wind nicht vom Fleck kommt. Das Schiff ist der größte Teil der Gesamtinvestition in diesen Lebensstil, und weil man sich die Prämie dafür meist nicht leisten kann, wird es unversichert bleiben müssen. Da man aber immer damit rechnen muß, es irgendwann einmal zu verlieren, sollte man diesen Verlust zumindest finanziell verschmerzen können. Wer jedoch eine große und teure Yacht verliert, wird entweder ziemlich wohlhabend sein müssen oder aber anschließend hoch und trocken auf dem Strand sitzen. Diese Befürchtung würde mir sehr viel Spaß an der Sache nehmen. Ein kleineres Boot ist nicht nur billiger zu kaufen oder zu bauen, es verursacht auch weniger laufende Kosten und sehr viel weniger Arbeit, um es gut in Schuß zu halten.

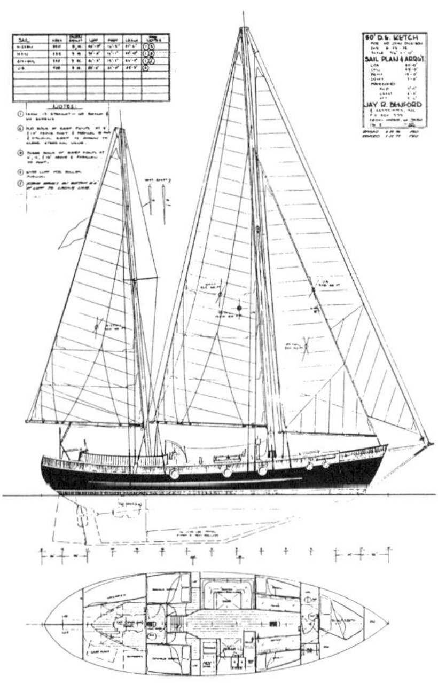

Auch dieses Boot wird einen an jeden gewünschten Ort bringen, allerdings werden die Unterhaltskosten das gesamte Einkommen „verschlucken" - auch wenn man es sich leisen könnte, das Boot zu bauen.

In der Diskussion um die Schiffsgröße wird das Thema Zufriedenheit oft vergessen. Einer der Gründe, warum wir mit einem kleinen Schiff und einem kleinen Einkommen unterwegs sind, ist, daß wir diese Lebensart als sehr befriedigend empfinden. Dieses Gefühl stellt sich bestimmt zu einem nicht unerheblichen Teil deswegen ein, weil wir nur zu zweit mit einem relativ bescheidenen Boot segeln, was die Befriedigung am Ende einer Reise nur erhöht. Es ist klar, daß es sehr viel einfacher ist, auf einer 20-Meter-Luxusyacht mit allen elektronischen Hilfen, hydraulischen Winschen und einer vielköpfigen Crew um die Welt zu segeln, statt mit einem einfachen Neun-Meter-Boot. Ich wage jedoch zu bezweifeln, daß die Leute auf der Luxusyacht auch nur einen Viertel des Spaßes haben, den die zwei auf dem kleinen Boot erleben. Ich denke dabei nur an den Streß in jedem Hafen, überhaupt einen geeigneten Liegeplatz zu finden, um sich dann vermutlich Sorgen darum zu machen, auch nicht ausgeraubt zu werden. Und wo immer solch eine Yacht auftaucht, wird es Leute geben, die zumindest einen Teil des dadurch zur Schau gestellten Reichtums in die eigene Tasche umleiten wollen.

Denn das ist einer der größten Nachteile einer großen Yacht: Alle anderen denken, man sei reich. Ich kann mich an einen Vorfall in Nordspanien erinnern, als wir mit Stormalong unterwegs waren, gemeinsam mit unserem ebenfalls nicht gerade wohlhabenden Freund Steve, der uns mit seiner selbstgebauten Rolling Stone eine Zeitlang begleitete. Als wir wieder einmal geankert hatten, kam Steve zu uns herüber gerudert und sagte: „Ich glaube, heute Abend sind wir okay!"

„Was meinst du damit?", fragten wir ihn.

„Ich habe gerade mit den Leuten dort drüben auf dem großen Schoner gesprochen.", erwiderte er fröhlich. „Sie haben uns für so um 18 Uhr herum auf einen Drink an Bord eingeladen. Ich bin sicher, daß wir dort auch noch ein Abendessen loseisen können!"

Nun, wir ruderten also zum Schoner, hatten einen Drink und klönten, und die Zeit ging vorbei. Nach einer Weile dämmerte uns, daß wir hier kein Abendessen bekommen würden. Ted und Irene hatten ihren 54-Fuß-Schoner Pen-Y-Ddraig selbst gebaut und keine zwei Pennies mehr über. Als wir unsere Fehleinschätzung der Lage endlich zugaben, waren sie leicht amüsiert - aber ich bin mir sicher, daß noch nie jemand den gleichen Fehler in bezug auf uns gemacht hat.

Wozu braucht man denn überhaupt ein größeres Boot als unbedingt nötig? Viele Leute führen als Argument an, daß größere Schiffe schneller sind, aber wozu hat man es denn so eilig? Wer schnell irgendwohin möchte, sollte sich besser in ein Flugzeug setzen. Ebenso meinen andere, daß schnelle Passagen sichere Passagen seien, da man ja nicht soviel Zeit auf See verbringe. Dagegen spricht die Erfahrung, daß die meisten Yachten in Küstennähe verlorengehen, und eine gut ausgerüstete und solide Yacht sollte eigentlich so ziemlich jedes Wetter auf

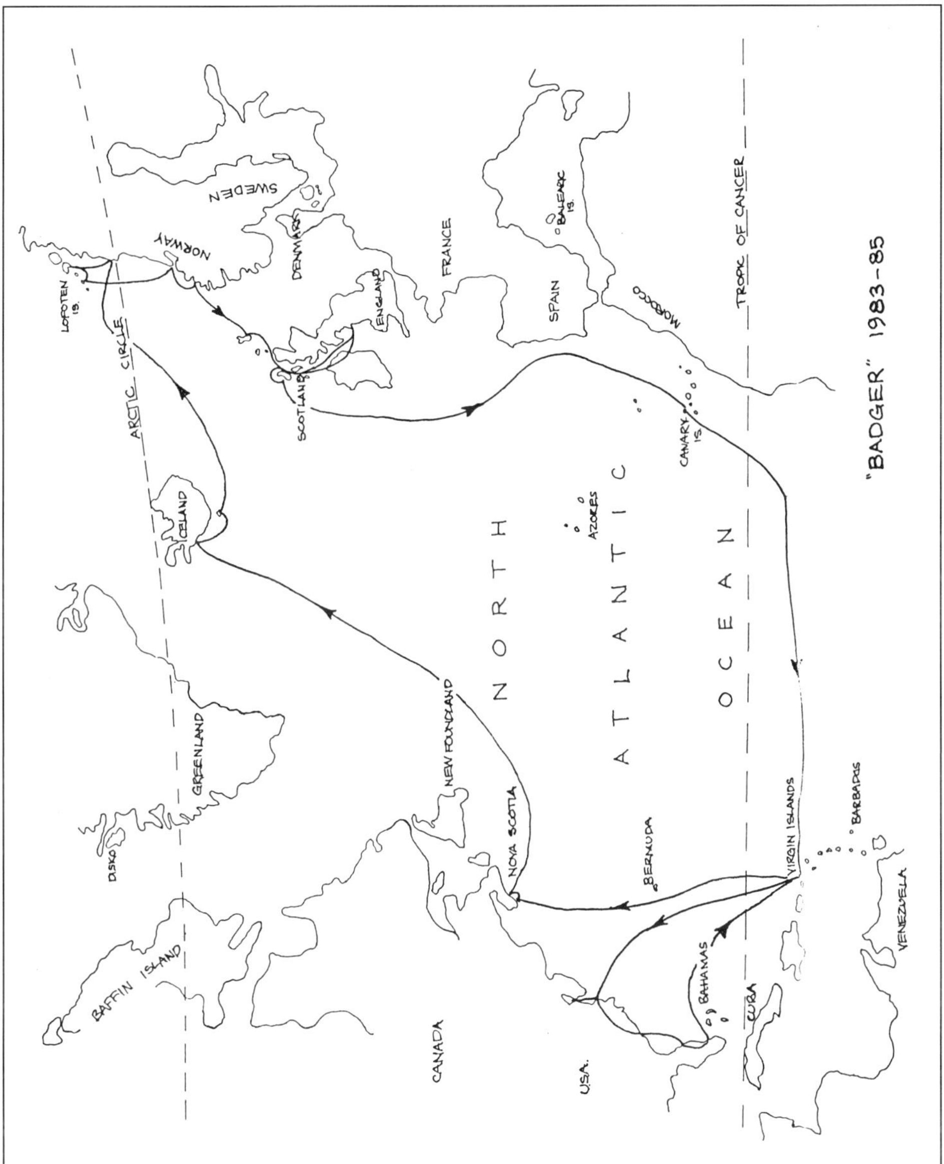

hoher See abreiten können. Außerdem gibt man auf See kein Geld aus, und das ist nun wirklich eine der angenehmsten Arten, es zu sparen. Obwohl sogar viele Langfahrtsegler anderer Meinung sind, genießen Pete und ich lange Ozeanüberquerungen, das ist einer der Gründe, warum wir segeln. Ich hätte keine Lust dazu, in 13 Tagen über den Atlantik zu hetzen. Immer wieder wird auch auf den Komfort einer größeren Yacht auf See verwiesen, doch ein kleines Boot ist einfach viel kompakter, und wenn man schon bei schlechtem Wetter durchgeschüttelt wird, fliegt man unter Deck auch nicht so weit und verletzt sich daher eher nicht. Bei wirklich schwerem Wetter sind alle Boote unbequem, und die Unterschiede liegen nicht in der Größe, sondern ob sie gut durchdacht sind. Natürlich bin ich vorbelastet, aber ich habe Badger oftmals als sehr viel komfortabler und sicherer empfunden als viele größere Yachten, auf denen wir mitgesegelt sind.

Für uns Langfahrtsegler mit kleinem Einkommen hat jedoch der Yachtkonstrukteur Dick Newick den entscheidenden Satz geprägt: „Ich kann Ihnen eine Yacht entwerfen, die zwei beliebige der folgenden drei Attribute haben wird - Geschwindigkeit, Komfort und Ökonomie.“ Ich persönlich würde mich dabei jedenfalls immer für die letzteren zwei Eigenschaften entscheiden.

Kapitel 4

Die Arme-Leute-Luxusyacht

Nach unzähligen Diskussionen, die neben den Themen der vorangegangenen Kapitel noch viel mehr Stoff enthielten, haben Pete und ich schließlich eine Liste der Eigenschaften unseres idealen Bootes aufgestellt. Doch im Idealfall wird es immer einige Kompromisse geben müssen, aber selbst dann war es noch unglaublich schwierig, einen Entwurf zu finden, der unseren Ansprüchen einigermaßen genügte. Jedes Schiff, das wir uns ansahen, hatte mindestens einen gravierenden Nachteil, mit dem wir meinten, nicht leben zu können. Schließlich fanden wir uns in einer ungewöhnlichen Situation: Wir hatten einen Bauplatz für das Schiff, genug Geld, um damit anzufangen - aber keinen geeigneten Entwurf. Wir waren kurz vorm Verzweifeln, als Pete sich an Rolling Stone erinnerte, dessen Zeichnung er abgepaust und in Stormalongs Logbuch verewigt hatte. „Es war ein Dory", sagte er, „von Jay R. Benford entworfen. Laß uns ihn anschreiben und uns Ansichtspläne schicken lassen, vielleicht paßt solch ein Boot ja zu unseren Ideen." In der Zwischenzeit suchten wir weiterhin alle Segelmagazine und Bücher nach einem passenden Entwurf durch. Endlich kam dann ein Paket aus Amerika mit verschiedenen Ansichtsplänen von Dories, und die 34-Fuß-Version erschien uns auf Anhieb als das, wonach wir solange gesucht hatten.

Uns paßt Badger wie angegossen, doch ich würde nie auf die Idee kommen, sie als ideales Schiff für jedermann zu bezeichnen. Details von ihr finden Sie im Anhang, aber hier möchte ich einmal die Liste der Überlegungen anführen, derentwegen wir uns für sie entschieden haben. Es ist bestimmt interessant zu sehen, wie unsere Lebensweise unser persönliches Traumschiff definiert hat.

1. Wir wollten ein Sperrholzschiff, weil das einfach zu bauen ist, und das WEST-System klang wie für uns geschaffen. Wir mögen Holz als Material, Sperrholz ist dabei sehr ökonomisch beim Bauen. Obwohl wir uns kein Sperrholz der Topqualität, wie etwa Bruynzeel, leisten konnten, haben wir für den Rumpf und das Deck doch das beste wetterfeste Sperrholz gekauft, das für unsere Finanzen möglich war. Der Leim ist der gleiche, und die Hartholzfurniere sind sorgfältig ausgewählt. Billiges Bootsbausperrholz wirkt dagegen sehr minderwertig und hat oft Lufteinschlüsse zwischen den Furnieren. Sperrholz an sich ist einfach zu reparieren und zu ändern. Das WEST-System gefiel uns, weil es das größte Problem von Sperrholz eliminiert - nämlich daß Wasser in die Stirnseiten eindringen könnte -, und so ein langlebiges Schiff ergeben sollte. Obwohl die Kosten für gutes Epoxidharz hoch erscheinen, spart man doch an teuren Messing- oder Nirostaschrauben. Man kann einfach alles mit billigen Eisenkrampen zusammenhalten, bis das Epoxidharz fest ist, und sie dann wieder entfernen. Außerdem gefiel uns die Schalenbauweise, weil dies eine gewisse Festigkeit gibt und weil solche Schiffe vor allem nicht lecken. Ursprünglich wollten wir ein einfaches und billiges Boot bauen (unser veranschlagtes Budget betrug 8000 Pfund), aber wir gaben dann doch etwas nach und besaßen schließlich eine ansehnliche Yacht komplett mit Teakdeck (Kostenpunkt: 11.000 Pfund), was wir niemals bereut haben.

2. Wir wollten ein Boot mit etwa fünf Tonnen Verdrängung. Mehr konnten wir uns finanziell nicht erlauben. Die Kosten eines Schiffes hängen hauptsächlich von der Verdrängung ab, vereinfacht gesagt wird ein 26-Füßer mit fünf Tonnen Verdrängung ebensoviel kosten wie ein 34-Fuß-Boot mit der gleichen Verdrängung. Wir hatten, was die Kosten betrifft, unsere Hausaufgaben gründlich gemacht. Wir hätten auch ein etwas kleineres und damit billigeres Boot bauen können, aber das führt mich zum nächsten Punkt.

3. Wir wollten ein Boot so um die 30 Fuß Länge. Tatsächlich sind wir der Meinung, daß

Badgers Länge einer ihrer wenigen Nachteile ist - 34 Fuß ist eigentlich länger als uns vorschwebte. Aber wir brauchten ein Boot, das die Vorräte für ein Jahr problemlos an Bord tragen kann - na ja, jedenfalls die Grundnahrungsmittel wie Bohnen, Reis und Pasta, sowie all unsere weitere Ausrüstung, aber andererseits sollte es nicht so schwer sein, daß es uns dazu verleiten würde, es zu überladen. Es sollte groß genug sein, daß wir billige Vorräte einkaufen und Sonderangebote ausgiebig nutzen können. Es mußte auch groß genug sein, um alle unsere Seekarten und Handbücher permanent an Bord zu haben, so daß wir immer wieder zu den Orten zurückkehren können, die uns gefallen, ohne diese Dinge neu besorgen zu müssen. Schließlich sollte es groß genug sein, um unser Haus zu sein, in dem wir alle unsere Bücher und Kleidung für verschiedene Klimazonen unterbringen können. Auf der anderen Seite sollte das Schiff so klein sein, daß wir damit problemlos jeden Ankerplatz unter Segel anlaufen können und dabei unseren Spaß haben, ohne uns zu große Sorgen darum zu machen, irgendjemanden zu überfahren. Es mußte klein genug sein, um auch in winzige Häfen zu passen. Es sollte klein genug sein, daß es auch in ärmeren Ländern von den Einheimischen akzeptiert wird, ohne daß diese automatisch davon ausgehen, daß wir reich und damit möglichst schnell auszunehmen sind. Es sollte leicht genug sein, um auch bei sehr wenig Wind noch gut segeln zu können, ohne auf eine Maschine angewiesen zu sein. Es sollte leicht genug sein, um wie ein Korken zu schwimmen und den Seen nachzugeben, statt dagegen anzukämpfen und sich dabei zu verletzen. Es sollte klein genug sein, daß jeder von uns es zu jeder Zeit alleine segeln kann, sei es nun aus Notwendigkeit oder einer Laune heraus.

4. Wir wollten ein Dschunkenrigg, so daß auch ich alle Segelmanöver alleine ausführen kann und nicht zum Reffen oder Segelwechseln Pete wecken muß. Das erhöht sowohl den Komfort als auch die Sicherheit. Es gefiel uns, daß wir mit einem solchen Rigg nicht an Deck zu gehen brauchen und darüber hinaus keine nassen Segel unter Deck verstauen müssen. Außerdem gefiel uns die Einfachheit dieses Riggs, das ohne jegliche High-Tech auskommt: Es ist billig zu bauen, einfach zu reparieren, und ganz ohne stehendes Gut mitsamt den damit verbundenen Kosten, Problemen, dem Druck auf dem Rumpf und den Geräuschen. Wer einmal auf einem Schiff mit unverstagten Masten gesegelt ist, weiß, wieviel ruhiger das ist, weil das Kreischen des Windes in den Wanten fehlt. Es ist auch angenehm zu wissen, daß, wenn man nicht segelt, die Masten keinerlei Druck auf den Rumpf ausüben - ganz anders als die steif durchgesetzten Stagen und Wanten eines Bermudariggs. Am besten ist jedoch, daß ein Dschunkenrigg im Unterhalt unglaublich billig ist. Die Segel halten ewig, man benötigt nur wenig und billiges Tauwerk, und man kann alle Reparaturen selbst durchführen.

5. Wir wollten einen Backdecker für zusätzliche Festigkeit und mehr Raum unter Deck. Aufbauten sind notorische Schwachpunkte in jeder Konstruktion, außerdem mögen wir das Raumgefühl einer Kabine, die über die volle Schiffsbreite geht. Der zusätzliche Raum, den man dadurch gewinnt, ist erheblich.

6. Wir wollten einen Spitzgatter, weil wir solche Boote mögen. Wir meinen, daß ein am Heck aufgehängtes Ruder die einzig mögliche Lösung für stark beanspruchte Schiffe ist, weil man dann leicht daran kommt, und uns gefällt einfach das spitze Heck. En weiterer Vorteil von Spitzgattern ist, daß sie auch im überladenen Zustand noch ein glattes Kielwasser hinterlassen und sich nicht mit dem Heck im Wasser festsaugen. Wenn wir noch einmal bauten, würden wir wahrscheinlich eine kleine Heckplattform anbauen, wie es viele Dories haben. Es wäre dann einfacher, die Selbststeueranlage zu montieren, außerdem könnten wir auch einen Außenborder benutzen. Ich halte weniger von Spiegel- oder Plattgatthecks; wann immer wir mit Sheila irgendwo längsseits festgemacht hatten, fand ich das Geräusch der gegen ihren Spiegel klatschenden Wellen als recht störend. Andererseits gehen wir fast nie mehr längsseits, und vielleicht bräuchte ich mir deshalb auch keine Gedanken mehr darum zu machen.

7. Wir wollten einen moderaten Tiefgang, damit uns möglichst viele Reviere und Häfen offenstehen. Es gibt so viele Orte mit nur wenig Wassertiefe, und selbst in Revieren mit tiefem Wasser sind die besten Ankerplätze oft in den flacheren Buchten zu finden. In vielen überfüllten Buchten kann man mit geringem Tiefgang oft noch eine kleine Ecke für sich finden, wo es

für andere zu flach ist. Badger hat laut Plan einen Tiefgang von 1,37 Meter, doch entweder hat sich Mr. Benford etwas vertan, oder er hat nicht damit gerechnet, daß sie als schwimmendes Haus genutzt wird. Jedenfalls haben wir gut 1,5 Meter Tiefgang. Allerdings hat der Flügelkiel, den wir später angebaut haben, den Tiefgang wieder auf 1,37 Meter reduziert. Es wäre nett, noch weniger zu haben, aber um das zu erreichen, müßten wir anderswo zu viele Kompromisse eingehen.

8. Wir mögen Knickspanter. Nachdem wir auf Sheila gelebt haben, habe ich die Nase voll von Schiffen, die an Land absolut wunderbar aussehen und wie ein Teufel gegenan kreuzen können. Niemand konnte abstreiten, daß Sheila sowohl im Wasser als auch an Land absolut elegant aussah, aber dafür mußten wir teuer bezahlen, vor allem vor Anker liegend. Denn sie konnte rollen - mein Gott, wie hat sie gerollt! Ich erinnere mich an einen Ankerplatz, an dem sie dermaßen stark gerollt hat, daß

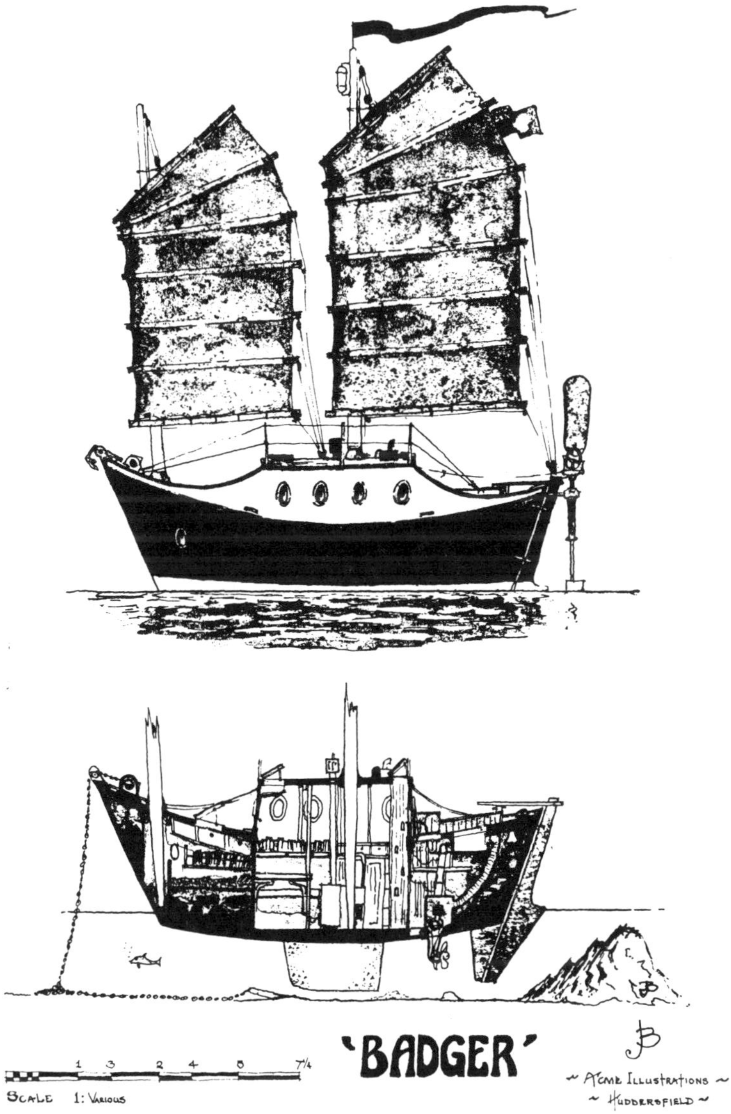

Mehr über Badger im Anhang IV.

unsere Gläser vom Tisch flogen und wir letztendlich an Land ruderten, weil wir es an Bord nicht mehr aushielten. Von Land aus sahen wir sie hin- und her rollen und wunderten uns, daß der Mast überhaupt oben blieb. Auch vor dem Wind konnte sie ganz unangenehme Bewegungen ausführen. Nachdem ich Eric Hiscocks Beschreibung gelesen habe, wie Wanderer III durch den Passat rollt, glaubte ich nicht mehr daran, daß dies nur ein Fehler von Sheila war. Wir wollten jedoch kein Boot, das dermaßen rollt. Knickspanter haben flache Unterwasserschiffe, die das Rollen dämpfen, und Badgers Dory-Rumpf sah in dieser Hinsicht noch vielversprechender aus. Beim Bootsbau mit Sperrholz ist der Knickspanter die logische Lösung, aber darüber hinaus mögen wir die klaren Linien solcher Boote auch einfach gut leiden. Und wir haben Recht behalten - Badger rollt kein bißchen, und ganz im Gegensatz zu einem weitverbreiteten Vorurteil knallt sie trotz ihres flachen Bodens beim Gegenansegeln auch nicht in die Seen, da sie dann krängt und der Rumpf dadurch die Form eines spitzen „V" annimmt. An Land ist sie vielleicht nicht das eleganteste Schiff, aber im Wasser sieht sie toll aus, und sie ist sehr komfortabel, sowohl unterwegs als auch im Hafen.

9. Wir wollten ein Boot mit genügend Platz für eine separate Doppelkoje, einem ausreichend großen Kartentisch und einer vernünftigen Pantry. Keines unserer vorherigen Boote hatte dies zu bieten, und wir waren uns klar darüber, daß wir diese Dinge brauchten. Wir mochten es nicht, unsere Koje jede Nacht neu bauen zu müssen, denn das erschien uns unzivilisiert und bedeutete auch, daß wir immer zur gleichen Zeit schlafen gehen mußten. Zu 99 Prozent aller Zeit machen wir das zwar sowieso, aber ab und zu möchte einer von uns noch aufbleiben und beispielsweise ein Buch zuende lesen, während der andere schon ins Bett will. Ebenso ist es für denjenigen, der zuerst aufsteht, nicht sehr angenehm, eine Kabine voller Bett zu haben. Einen ausreichend großen Kartentisch brauchten wir, weil wir es satt hatten, die Seekarten immer doppelt und dreifach zu falten, ehe sie auf den Navigationstisch passen. Eine separate Navigationsecke ist unumgänglich, so daß die Seekarte dort ausgefaltet liegen kann und man immer, wenn man möchte, draufschauen kann. Eine große Pantry ist für das permanente Leben an Bord ebenfalls unumgänglich, und es fiel uns angenehm auf, daß in Mr. Benfords Entwürfen diese Tatsache gewürdigt wurde. Um das Essen zuzubereiten und zu servieren braucht man genug Arbeitsfläche. Jetzt genieße ich es zu kochen, weil ich genug Platz habe, um alles um mich herum abzustellen, und alle Dinge, die ich brauche, zur Hand zu haben.

10. Wir wollten ein Einrumpfboot. Wir haben immer noch eine Schwäche für Katamarane, doch die einzigen, die wirklich gut aussehen, sind die Entwürfe von Jim Wharram, die allerdings alle ein offenes Brückendeck haben. Dummerweise braucht man schon einen sehr großen Katamaran, um genug Platz in den Rümpfen und eine ausreichende Zuladefähigkeit zu haben. Wir denken auch, daß die auf zwei voneinander getrennte Rümpfe aufgeteilte Einrichtung in einem kälteren Klima nicht sehr praktisch ist. Man muß doch immer mal wieder von einer Seite auf die andere, und dann muß man sich dazu erst anziehen. Oder man bewohnt nur einen Rumpf und schleppt den anderen als eine Art Ersatz mit sich herum, wobei man im Hafen immer noch ein Riesenschiff hat, mit extrem wenig Platz für Bordparties unter Deck.

11. Wir wollten ein gut aussehendes Schiff. Soweit es uns betrifft, interessieren uns Schiffe nicht, die nicht entweder gut aussehen oder wenigstens das gewisse Etwas an sich haben. Es ist schön, wenn man von seinem Schiff wegrudert und es dabei bewundern kann, wie es still und friedlich vor Anker liegt. Es ist zwar richtig, daß die „Schönheit im Auge des Betrachters liegt", aber für uns muß unser Schiff eben einfach hübsch sein.

Viele dieser Ideen kommen von Stormalong, andere aus der Zeit an Bord von Sheila, aus Gesprächen mit anderen Seglern und aus diverser Fachliteratur. Wir haben viel verlangt und wollten eine Menge unterschiedlicher Dinge in einem Entwurf vereinen, aber wir wollten auf möglichst wenig davon verzichten, was uns als wichtig für unsere Lebensart erschien. Ich bin froh, darüber sagen zu können, daß wir nach über 50.000 mit Badger zurückgelegten Meilen unsere Meinung in keinem der oben genannten Punkte geändert haben, und daß wir das Schiff, das wir Badger vorziehen würden, noch nicht angetroffen haben.

KAPITEL 5

DER WIND IST NICHT IMMER UMSONST

Im allgemeinen kann man sagen, daß die durchschnittliche Fahrtenyacht mit einem Bermudarigg ausgestattet ist, als Sloop, Ketch oder Kutter. Jedes andere Rigg ist die Ausnahme. Man mag annehmen, daß dies so ist, weil das Bermudarigg das beste Rigg zum Fahrtensegeln sei. Tatsächlich liegt es eher daran, daß die meisten Boote eben so entworfen werden, und daß deren Eigner dann keinen zweiten Gedanken mehr an mögliche Alternativen verschwenden.

Der größte Vorteil des Bermudariggs ist, daß es am Wind effektiver als alle anderen ist. Daher ist es vor allem auf Regattayachten populär, weil die Kreuz bei Wettfahrten oftmals über Sieg oder Niederlage entscheidet. Für ein reines Fahrtenschiff hat das moderne Bermudarigg jedoch auch einen Haufen Nachteile, und Fahrtensegler sollten nicht denken, daß sie so ein Rigg haben müssen, nur weil es auf den meisten Booten üblich ist.

Es ist interessant, einige der Nachteile dieses Riggs zu nennen, von denen wir einige beim Segeln selber erfahren haben. Zuallererst hängt die Effektivität am Wind hauptsächlich vom Schnitt der Segel ab, und nach zwei oder drei Jahren harter Beanspruchung werden Bermudasegel weniger gut stehen als am Anfang. Es ist außerdem notwendig, ein extrem hart durchgesetztes Vorstag zu fahren, was das Boot dauerhaft stark beansprucht. Und wenn wir schon einmal bei diesem Thema sind, sollte nicht unerwähnt bleiben, daß auch die Schoten und Fallen eines Bermudariggs einen stärkeren Zug ausüben als bei anderen Riggarten.

Bermudariggs brauchen, um optimal zu funktionieren, eine Auswahl verschiedener Vorsegel für unterschiedliche Windverhältnisse. Bei wechselhaftem Wetter kommt besonders auf die kleine Crew viel Arbeit bei diversen Segelwechseln zu. Das kann zu Ermüdungserscheinungen bei einer ansonsten vielleicht ganz unkomplizierten Passage führen, die mindestens den Spaß daran verderben und schlimmstenfalls zu ernsthaften Fehlentscheidungen führen können. Diese Segel sind teuer in der Anschaffung und nehmen viel Stauraum ein, zum Wechseln muß man auch bei schwerem Wetter an Deck gehen. Sollte man die Arbeit auf dem Vordeck durch eine Rollfock ersetzen wollen, so muß man teure, komplizierte Beschläge kaufen, wobei man meist bei leichtem Wind untertakelt ist und für schweres Wetter keine passende Sturmfock setzen kann. Ein noch moderneres Bermudarigg ist vielleicht sogar dreiviertel-getakelt und dann noch komplizierter.

Seereisende tendieren dazu, lange Strecken vor dem Wind zu segeln. Auf diesem Kurs ist ein Bermudarigg jedoch vollkommen hoffnungslos. Wenn der Wind erst einmal achterlicher als querab ist, verlieren die Segel viel von ihrer Effektivität, und bei einigen Riggs mit einem kleinen Großsegel wird dieses dann oft ganz

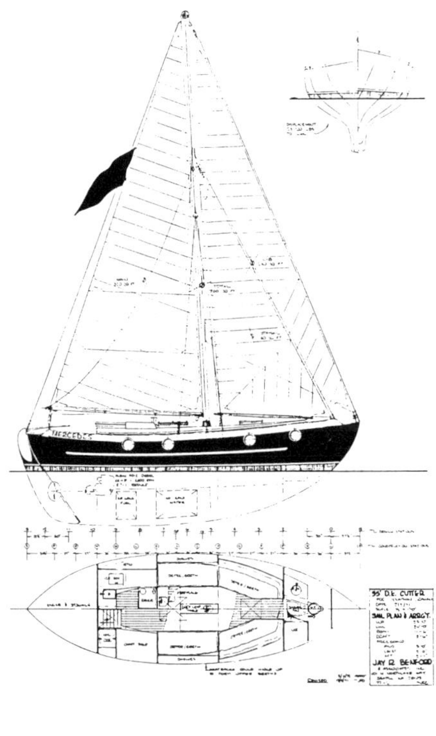

heruntergenommen, damit wenigstens das Vorsegel gut steht. Vor dem Wind muß man sich dann mit Spinnakerbäumen für das Vorsegel und Bullenstandern oder Vorholern für das Großsegel abplagen, damit alles einigermaßen steht, und wenn man dann den Kurs schnell ändern muß, ist man nun wirklich angeschmiert. Selbst dann wird das Großsegel nur sehr mäßig ziehen, weil es niemals ganz aufgefiert werden kann, da es sonst zu sehr an den Salingen schamfielt, die vielleicht sogar noch achterlich abgewinkelt sind, um Backstagen zu vermeiden. Man kann dann natürlich einen Spinnaker in Erwägung ziehen, aber trotz der großen Fangemeinde dieser bunten Segel, Spinnakersocken und anderer Vorrichtungen zum Zähmen dieser Biester kenne ich nur sehr wenige Segler, die auf einer schwach besetzten Fahrtenyacht regelmäßig den Spinnaker setzen. Außerdem beanspruchen sie wiederum sehr viel Aufmerksamkeit und Trimmarbeit, vor allem bei veränderlichen Winden. Schließlich und endlich muß ich gestehen, daß ich das Aussehen dieser typischen weißen Dreiecke nicht mag. Es sollte doch zu denken geben, daß unvorbelastete Landratten das Aussehen einer Gaffel-, Lugger-, Dhau- oder Dschunkentakelung dem Bermudarigg vorziehen. Ebenso übrigens wie die meisten Künstler, die, wenn sie ein Bild mit Segelschiffen malen, meist quadratische Segel darstellen statt des Dreiecks der Bermudariggs.

Statt also einfach die landläufige Meinung zu akzeptieren, daß das Bermudarigg das Beste sei, erscheint es mir sinnvoller, einmal die Anforderungen zu untersuchen, die an das Rigg einer Langfahrtyacht gestellt werden müssen, deren Eigner mit einem kleinen Einkommen unterwegs sind. Das ideale Rigg kann man, glaube ich, folgendermaßen umschreiben: billig, einfach, effektiv und ästhetisch. Daran sollte man denken, wenn man sich um das passende Rigg für sein Schiff Gedanken macht.

Wenn Sie unbedingt an einem Bermudarigg festhalten wollen, dann kann es sehr viel akzeptabler gemacht werden, indem man es relativ radikal umbaut. Ein großes Großsegel mit vielen Reffs in Verbindung mit einem kleinen, selbstwendenden Vorsegel beispielsweise wird die Handhabung des Schiffes enorm vereinfachen. Das große Großsegel wird vor dem Wind effektiver sein, während das kleine Vorsegel, vor allem wenn es auch noch mit Reffreihen ausgestattet ist, viel Arbeit auf dem Vordeck erspart und beim Segeln in engen Gewässern mehr Freude bereitet. Da man dann auch nicht mehr eine so große Anzahl von Vorsegeln benötigt, gewinnt man freien Stauraum zurück. Zugegeben, solch ein Rigg wird nicht unbedingt Regatten gewinnen, aber es macht lange Passagen einfacher und damit angenehmer. Andererseits braucht man trotzdem noch Sturmsegel und vielleicht leichte, große Vorsegel für flauen Wind. Die muß man jedoch wiederum irgendwo verstauen, und zum Setzen der Sturmfock muß man unter den schlechtesten Umständen dann doch wieder auf das Vordeck.

Ein Rigg, das von vielen Fahrtenseglern verkannt wird, ist das Gaffelrigg. Einer seiner größten Vorteile ist, daß es ein Low-Tech-Rigg ist, wodurch es billig zu installieren und zu unterhalten ist. Nick Skeates hat seine Wylo II mit solch einem Rigg getakelt und denkt sehr positiv darüber (siehe Anhang). Allerdings hat er sich auch einige Gedanken um das Toppgewicht gemacht, das ein oft ins Feld geführter Nachteil des Gaffelriggs ist, und deshalb eine kurze, steile Gaffel gewählt. Statt sein Schiff mit den massiven Beschlägen auszurüsten, die auf alten Gaffelbooten so oft vorkommen, wurden diese so dimensioniert, daß sie zwar stark genug für die ständige Dauerbelastung sind, ohne es

Im Frühjahr 1985 segelten Badger und Wylo II gemeinsam.

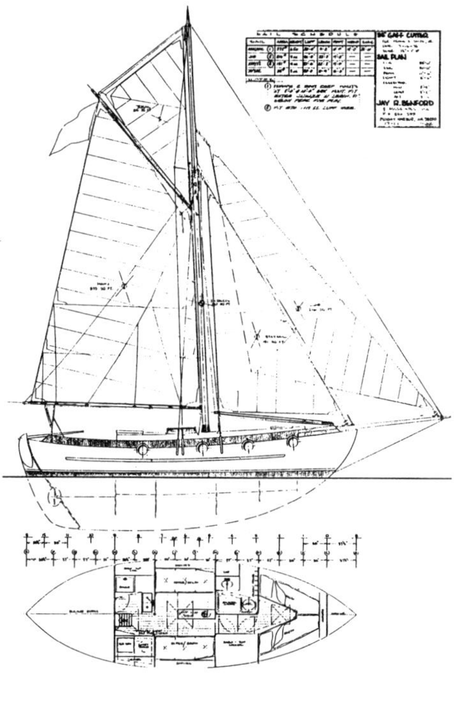

jedoch zu übertreiben. Damit vermied er den Nachteil vieler Gaffelriggs, die für eine leichte Handhabung zu unhandlich sind. Wylo II hat ein großes Großsegel, das vor dem Wind besonders effektiv ist. Dies ist einer der wichtigsten Vorteile des Gaffel- gegenüber des Bermudariggs, da das Großsegel viereckig ist und viel Fläche im oberen Drittel hat, wo der Wind am stärksten weht. Weil Gaffelriggs oftmals auch ohne Salinge auskommen, kann das Großsegel auf diesen Kursen weiter aufgefiert werden. Als Kutter getakelt, sind die Segel in mehrere kleine Flächen unterteilt, was die Handhabung für eine kleine Crew erleichtert. Das Toppsegel ist ein höchst einfaches und effektives erstes Reff. Das stehende Gut wird nicht so hart durchgesetzt, daß es das Schiff besonders belastet (obwohl Wylo II, aus Stahl gebaut, mit solchen Belastungen wohl gut fertig würde) und kann mit Taljen statt mit teuren Wantenspannern durchgesetzt werden. Nachdem wir einige Zeit lang gemeinsam mit Wylo unterwegs waren, kann ich sagen, daß sie auch am Wind extrem gut vorankommt. Die kurze, leichte Gaffel sackt nicht annähernd soweit nach Lee weg, wie eine schwere, lange Spiere es tun würde. Nick ist fast immer einhand unterwegs und segelt meist recht schnelle Passagen, schneller, würde ich sagen, als viele andere Fahrtenyachten. Da das Gaffelrigg viele kleine Segel hat, ist es einfacher, auch für leichten Wind die passende Besegelung zu finden, ohne daß man unbedingt spezielle Flautensegel benötigt. Und wenn es dann aufbrist, nimmt man einfach, eins nach dem anderen, die Segel weg, statt reffen zu müssen oder diese durch kleinere zu ersetzen.

Badger dagegen hat ein Dschunkenrigg, das noch mehr verkannt wird als das Gaffelrigg. Dieses Rigg kann entweder konsequent auf die chinesische Art getakelt werden, oder man wählt die vereinfachte Form, die speziell für kleine Crews von „Blondie“ Haslar und Jock McLeod entwickelt wurde. Auf Badger haben wir uns für die zweite Option entschieden. Das Schiff zu segeln, ist so einfach wie nichts, mit nur vier Leinen pro Segel und keiner Notwendigkeit, beim Wenden irgend etwas am Rigg anzurühren. Der größte Vorteil des Dschunkenriggs ist jedoch, daß es so leicht und unkompliziert ist, die Segel zu setzen, zu reffen oder zu bergen. Wir können beide Segel auf Badger in weniger als einer Minute reffen, ohne dafür an Deck zu müssen. Zum Reffen fiert man einfach das Fall, bis die erste Latte auf dem Baum liegt - während dieses Vorgangs fiert die Schot sich quasi automatisch, so daß der Druck aus dem Segel genommen wird. Dann setzt man die Spiere durch, nimmt den Niederholer dicht (bei schwerem Wetter, wenn die Schwerkraft alleine nicht ausreicht, die gerefften Segelbahnen unten zu halten), und nimmt die Schot wieder dicht. Es ist nicht nötig, irgendwelche Reffbändsel einzubinden, dank der durchgehenden Latten. Man kann soviel Reffs wie gewünscht zur gleichen Zeit einbinden, die Latten liegen dann aufeinander. Um auszureffen, fiert man einfach die Schot und den Niederholer und setzt das Fall wieder durch.

Darüber hinaus bietet dieses Rigg noch einige weitere Vorteile, die nur selten erwähnt werden. Halsen zum Beispiel ist vollkommen problemlos, man fällt einfach soweit ab, bis das Segel sanft auf die andere Seite schwingt. Das liegt daran, daß man sehr weit nach Lee übersteuern kann, bevor das Segel herumkommt, da es ganz und gar aufgefiert ist und erst dann halst, wenn der Wind schon fast querab ist. Daher ist am Ende der Halse, auf dem neuen Bug, sowenig Druck auf dem weit aufgefierten

Segel, daß die ganze Panik dieses Manövers entfällt.

Das Rigg ist ganz simpel und kann mit einfachsten Mitteln gebaut werden. Es kommt eigentlich gar nicht darauf an, welches Material man für die Segel nimmt, und es funktioniert sogar dann noch, wenn man große Löcher im Tuch hat. Die ersten Segel für Badger nähten wir, für nur 18 Pfund, aus Baumwolltuch, und nach einiger Zeit waren sie durch die Sonne und den Regen hinüber. Es kam soweit, daß das Tuch jedesmal riß, wenn wir die Segel bargen und zusammenlegten. Eine Bahn hatte ein riesiges Loch, durch das ich hätte hindurchklettern können. Als wir die neuen Segel nähten, nahmen wir die alten ab und legten sie zusammen. Als wir sie dann anhoben, rissen die Ecken aus. Sie konnten ihr eigenes Gewicht nicht mehr tragen, und dennoch hatten uns diese mürben Tücher noch von den Virgin Islands bis nach Amerika und zurück gebracht. Da sie in vertikalen Bahnen genäht sind und die Latten horizontal dazu verlaufen, wird ein Loch oder ein Riß nie weiter aufreißen.

Mit einem Dschunkenrigg ist man hochgradig manövrierfähig, nicht zuletzt dadurch, daß man tatsächlich sehen kann, wo man hinfährt - hier gibt es keine tief geschnittenen Genuas, die über das Deck fegen. Wenn der Bug einmal nicht abfallen möchte, hält man das vordere Segel back. Auf diese Weise können wir auch die schmalsten Rinnen aufkreuzen, indem eine Person auf dem Vordeck bereit steht, das Segel, falls nötig, back zu halten - so können wir auch dann noch sicher wenden, wenn wir schon fast keinerlei Fahrt mehr im Schiff haben. Auch kann man Badger auf nur einer Bootslänge drehen, wenn man sie halst und dabei das vordere Segel dicht geschotet hat. Weil sie so einfach zu reffen ist, können wir sie beliebig verlangsamen, wenn wir in engen oder schwierigen Gewässern kreuzen, so daß wir die Situation stets unter Kontrolle haben. Außerdem ist das Dschunkenrigg vor dem Wind einfach hervorragend. Eigentlich sollten die Masten leicht nach vorne geneigt sein, damit die Segel durch die Schwerkraft auch bei leichtem Wind oder kabbeliger See aufgefiert bleiben. Da es kein stehendes Gut gibt, können die Segel wirklich maximal gefiert werden, und wir segeln Badger oft Schmetterling, sowie der Wind auch nur etwas achterlicher als querab ist. Es macht uns oft eine heimliche Freude, wenn wir die Crews auf anderen Schiffen sehen, die sich abmühen, auch Schmetterling zu segeln und dabei gar nicht bemerken, daß der Wind tatsächlich noch raum ist.

Natürlich werden wir immer wieder gefragt: „Und wie segelt sie sich am Wind?" Dummerweise halten sich die Segler mit Dschunkenriggs immer wieder damit auf, darauf hinzuweisen, daß Bermudariggs am Wind schneller sind. Das ist ein ähnliches Syndrom, wie wir es in den Multihull-Zeitschriften beobachten können, die ständig von möglichen Kenterungen schreiben. Natürlich ist ein Bermudarigg am Wind effektiver und schneller. Wenn es jedoch gefordert ist, ein schmales Fahrwasser aufzukreuzen, wird die Dschunke am Ende vielleicht doch vorne sein, da wir beim Wenden nichts tun, als das Ruder zu legen - es gibt hier kein ermüdendes und zeitraubendes Kurbeln an den Genuawinschen. Auf jeden Fall werden wir entspannter sein als unsere Kollegen auf einer bermudagetakelten Yacht. Um die Wahrheit zu sagen, fällt es uns nicht leicht, Badger auf der Kreuz direkt mit anderen Yachten zu vergleichen, weil die meisten davon dann immer gleich den Motor anwerfen. Generell kann man sagen,

Es macht Spaß, einige Tage mit Freunden zu segeln, die Boote zu vergleichen und abends gemeinsam den Tag zu besprechen. Es ist eine gute Gelegenheit, Fotos der jeweiligen Boote zu machen. Lesley Rowntree „schoß" dieses, während wir um Mallorca segelten. Ich stehe an Deck und fotografiere die Cameleon.

daß eine durchschnittliche Fahrtenyacht nur sehr selten höher anliegen wird als wir, dabei aber etwas schneller segelt. Dafür bezahlen sie dann oft mit starker Schräglage, denn Dschunkenriggs verursachen weniger Krängungsmoment, und wir segeln meist aufrechter.

Badger ist also etwas langsamer am Wind, als sie es mit einem Bermudarigg wäre. Zum Fahrtensegeln kann dies aber auch ein gewisser Vorteil sein, denn mit moderater Geschwindigkeit können wir Tag um Tag gegenan segeln und uns dabei noch einigermaßen wohl fühlen, was auch gut so ist, denn wir scheinen mehr als nur unseren gerechten Anteil an ungünstigen Winden zu bekommen! Sheila dagegen, eine ehemalige 6-m-R Yacht, konnte man am Wind nie mit einer angenehmen Geschwindigkeit segeln. Entweder flog sie mit weit über fünf Knoten dahin, egal, wie klein das Vorsegel war, oder man konnte das Vorsegel ganz bergen und dann mit zwei Knoten daher dümpeln. Jedenfalls brachten wir sie nie dazu, mit angenehmen vier Knoten zu segeln. In der Zwischenzeit flog uns ständig die Gischt um die Ohren. Andere Segler von Booten, die ganz phantastisch gegenan segeln, haben ähnliche Erfahrungen und beschweren sich über das nasse Segeln, die heftigen Schiffsbewegungen und den Lärm. Badger dagegen wird ganz gemütlich mit vier Knoten dahin schippern, und wir sind glücklich und zufrieden - bis uns ein leichter Cruiser/Racer überholt!

Bei glattem Wasser können bermudagetakelte Boote oftmals etwas höher anliegen, doch auf freier See macht das nicht viel aus, und wenn die Segel des Bermudariggs nicht gut stehen, können sie sowieso nicht höher an den Wind als wir. Bei leichten Winden wünscht man sich zuweilen, daß die Segel eine effektivere Form hätten und etwas mehr Vortrieb entwickelten, doch bei starkem Wind ist das Dschunkenrigg unschlagbar. In geschützten Gewässern haben wir Badger einmal gegen neun Windstärken gegenan gesegelt und waren erstaunt, wie gut es ging. Das mag wohl auch daran liegen, daß unsere Segel so flach sind. Und wenn man unbedingt gegenan motorsegeln will, so hat das Dschunkenrigg wieder Vorteile: Da man weniger krängt, reißt der Ölfilm im Motor nicht ab, und das voll durchgelattete Großsegel kann so dicht genommen werden, daß man fast in den Wind hinein motoren kann, ohne daß es anfängt zu killen.

Auch die Latten selbst haben ihre verschiedenen Vorteile. Beim Segelsetzen gibt es kein wild um sich schlagendes Tuch oder klappernde Blöcke, da die Latten die Segel ruhigstellen. Ebenso kann man das Boot einfach dadurch anhalten, daß man die Segel komplett auffiert, während man sich überlegt, was man als nächstes tun sollte. Mit diesem Rigg kann man aber auch gut beidrehen, indem sie ganz dicht genommen werden und das Ruder etwas nach Lee gelegt wird. Schließlich sind die Latten auch dann eine Hilfe, wenn man sich durch Korallenriffe, Felsen oder Eisschollen hindurch schlängeln muß, denn an ihnen kann man relativ einfach in den Mast aufentern, um einen guten Überblick von oben zu bekommen.

Die Masten sind unverstagt, und das an sich ist schon ein großer Vorteil. Mit Holzmasten hat man genug Toppgewicht, um die Schiffsbewegungen angenehm zu dämpfen, ohne daß man durch das ganze stehende Gut viel Windwiderstand hat. Yachten mit extrem leichten Riggs haben ja oft unangenehme, ruckartige Bewegungen. Schließlich sehen die Segel, wie große Schmetterlingsflügel, einfach wunderhübsch aus, vor allem, wenn sie Badger vor dem Wind mit sieben Knoten dahinschieben.

Meiner Meinung nach ist es wichtig für eine Langfahrtyacht, daß man alle Segelmanöver vom Cockpit aus erledigen kann, egal, welche Art von Rigg man fährt. Ich mag diese Idee besonders, weil ich ein sehr schlechtes Balancegefühl habe und mich an Deck bei eini-

germaßen Wetter ganz und gar nicht wohl fühle. Andererseits möchte man nicht, daß das Cockpit wie eine Riesenschüssel voll Spaghetti aussieht, und schon ein halbes Dutzend längere Leinen sind mehr, als man ungestört verkraften kann. Die einzelne, kurze Trimmleine ist da schon einfacher zu verschmerzen. Auch hätte ich etwas dagegen, das Deck oder den Aufbau mit einer Reihe von teuren Fallstoppern zu verunstalten, und jedes längere Ende braucht eigentlich einen Kasten oder einen Sack, in dem es verschwinden kann.

Auf Badger haben wir nur vier Leinen für jedes Segel - das Fall, die Schot, den Niederholer und das Piekfall, um die Spiere durchzusetzen. Die Fallen sind im Verhältnis vier-zu-eins untersetzt, die Schoten haben eine fünf- beziehungsweise sechsfache Untersetzung, abhängig von der Anzahl der Latten in jedem Segel. Da wir keine großen Kräfte in diesem Rigg bändigen müssen, kommen wir mit dünnen, 10-Millimeter-Leinen für die Fallen und Schoten aus, während die anderen Leinen sogar nur acht Millimeter stark sind und daher nicht viel Platz wegnehmen. Wir können alle Segelmanöver aus unserer kleinen Niedergangsluke heraus durchführen, wo wir uns stets sicher verkeilen können. Ölzeug brauchen wir eigentlich nur, wenn es regnet, und dann reicht uns meist eine Jacke.

Auf jeder Yacht, die nur von zwei Personen gesegelt wird, sollte jeweils einer alleine dazu in der Lage sein, die Segel wie erforderlich zu verändern. Das ist nicht nur dann wichtig, wenn einmal einer der beiden ausfällt, sondern es bedeutet auch, daß derjenige, der nach seiner Wache unter Deck geht, sich auch wirklich ungestört ausruhen kann. Es gibt meiner Meinung nach nichts Unangenehmeres, als im vollen Ölzeug zu schlafen, oder in einer ungemütlichen Nacht aus der warmen Koje an Deck gerissen zu werden, um leicht bekleidet irgendwelche Segelmanöver durchzuführen. Um beides zu vermeiden wählten wir ein Rigg, wo diese Dinge nicht nötig sind.

Im Idealfall sollte man die Kosten für Winschen auf einem Boot einsparen können. Wenn man eine Winsch benötigt, dann ist es eine gute Idee, sie an einem zentralen Platz zu montieren, so daß sie verschiedene Aufgaben erledigen kann. Wenn man die Segelmanöver aus dem Niedergang heraus durchführt, verliert man durch die ungünstige Körperhaltung viel Hebelwirkung, so daß dann eine oder zwei Winschen notwendig werden können. Allerdings kann man durch den durchdachten Einsatz von Taljen sowohl die Anzahl als auch die Größe der erforderlichen Winschen reduzieren. Ein rutschender Lümmelbeschlag mit einer Talje zum Niederholen kann beispielsweise die Fallwinsch ersetzen. Ebenso kann eine einfache Untersetzung der Vorsegelschot eine kleinere Winsch ersetzen. Wie bei den meisten Dingen ist es auch bei Winschen so, daß man die besten kaufen sollte, die man sich leisten kann, damit sie über viele Jahre halten und dabei auch noch zuverlässig sind. Es ist allerdings nicht besonders schwierig, gute gebrauchte Winschen zu bekommen, denn auf vielen Serienyachten werden die Winschen zu klein dimensioniert und von den Eignern dann oft durch größere ersetzt. Auf einem Schiff mit einer kleinen Crew machen selbstholende Winschen durchaus Sinn, wir benutzen diese auf Badger für die Fallen. Eigentlich sind sie wirklich nur für mich gedacht, so daß ich aus dem Niedergang heraus die Segel gut durchsetzen kann Auch haben wir zwei kleine Winschen für die Schoten, die ich aber nur dann benutze, wenn wir bei stärkerem Wind gerefft gegenan segeln. Keine dieser Winschen ist wirklich notwendig, wenn ich die Segel aus dem Cockpit heraus bediene, obwohl ich mich dann manchmal schon etwas abmühen müßte. Pete benutzt die Winschen nie.

Die Anschaffungskosten für Segel können sehr hoch sein, und es lohnt sich, ein Rigg zu haben, das nicht viele davon benötigt. Das spart Geld und Stauraum, den man besser mit Zwiebeln oder Weinflaschen füllen könnte. Auf jeden Fall ist es erstrebenswert, sich häufige Segelwechsel möglichst zu ersparen. Man sollte stattdessen Segel anschaffen, die gerefft werden können. Besonders bei einem Kutterrigg kann das Stagsegel mehrere Reffreihen haben, was sehr viel billiger wird, als eine neue Sturmfock anzuschaffen. Falls es eine Baumfock ist, macht es kaum etwas aus, wenn man dazu das Segel insgesamt aus schwererem Tuch herstellen muß, da eine Baumfock sowieso nicht so gut steht. Auf einem Gaffelkutter ist man noch flexibler, da man dann oft zwei Focks hat, die man bergen kann, bevor das Stagsegel gerefft werden muß. Diese geborgenen Vorsegel nehmen zwar Raum unter Deck ein, doch andererseits werden sie jeweils relativ klein sein. Bei dieser Art von Rigg hat sich das einfache, robuste Wykeham-Martin Rollsystem bewährt, wo das Segel einfach um sich selbst aufgerollt wird. Es ist kein Rollreff im Sinne der modernen Fockroll-Anlagen, doch dann hat man nur noch eine schmale Wurst zu verstauen, was sehr viel einfacher ist als erst ein schlagendes Segel zu bergen, es dann zusammenzulegen und zu verstauen. Da das Segel dann mit losem Vorstag gesetzt wird, hat man zwar kein besonders hart durchgesetztes Vorliek, aber man kann eben nicht immer alles haben.

Dummerweise ist es bei den meisten Riggs notwendig, ein separates Trysegel und ein Sturmfock zu haben. Ein weiterer Vorteil des Dschunkenriggs ist es, daß solche Sturmsegel hier nicht notwendig sind, da die Belastungen relativ gering sind. Wir haben sie jedenfalls noch nie vermißt, und ich kann nicht sagen, daß wir immer nur Glück mit dem Wind gehabt hätten oder ständig in Leichtwetter-Revieren unterwegs sind.

Ein anderer Vorteil des Low-Tech-Riggs ist es, daß man dazu auch nur Low-Tech-Segel benötigt, die man sich meist selber nähen kann. Dschunkensegel haben sowieso fast keinen eigentlichen Schnitt, und da die meisten Segelmacher derartige Segel vermutlich noch nie angefertigt haben, wissen sie darüber auch nicht mehr als man selbst. Bei einem Gaffelgroßsegel bestimmt man die Form zum großen Teil dadurch, wie man es setzt. Es gibt verschiedene Bücher, die einem vermitteln, wie man unterschiedliche Segel selber nähen kann, und es wundert mich immer wieder, wie viele Leute ganz selbstverständlich ein Schiff selber bauen, sich dann aber an die Segel nicht herantrauen. Tom Calvin hat einmal ganz treffend bemerkt: „Wie schlecht müssen Segel eigentlich geschnitten sein, daß sie gar keinen Vortrieb mehr erzeugen? So etwas habe ich noch nie gesehen, auf keinem Boot dieser Welt. Ich kann mir kein Segel vorstellen, das so minderwertig gemacht ist, daß es gar nicht mehr funktioniert. Ich meine natürlich nicht, daß man damit Regatten gewinnt, aber zumindest wird das Schiff dadurch vorwärtsbewegt. Und das ist ja die eigentliche Aufgabe von Segeln!“ Allerdings gilt auch hier der Satz „small is beautiful“, denn große Segel aus schwerem Tuch zu nähen erfordert viel Platz und spezielle Nähmaschinen.

Die Kosten eines High-Tech-Riggs sind höher, als es den meisten Leuten bewußt ist. Ein gutes Beispiel dafür liefert Badgers etwas größeres Schwesterschiff, die 36-Fuß lange Donna. 1976 wurde sie in Alberta, Kanada, von einem Amateur für etwa 25.000 Kanadische Dollar selbst gebaut. Ihr Eigner und Erbauer, Fred Schreiner, segelte dann von Vancouver aus nach Mexico, Hawaii und wieder zurück. Er war mit dem Schiff an sich sehr zufrieden, allerdings meinte er auch, daß sie mit dem niedrigen Gaffelketch-Rigg in dem hohen Pazifikschwell oft abgedeckt war und bei leichtem Wind nicht so gut segelte. Wenn mir dieses Schiff gehört hätte, würde ich es vielleicht als Gaffelkutter neu getakelt haben oder Topmasten auf das bestehende Rigg gebaut haben, an denen man dann Topsegel hätte setzen können. Mr. Schreiner entschied sich jedoch dafür ein modernes Bermudarigg anzuschaffen.

In Zusammenarbeit mit dem Konstrukteur, Mr. Benford, entwarf er ein völlig neues Rigg, das höher war und mehr Segelfläche hatte. Dann kaufte er den neuen Mast, das stehende und laufende Gut und schließlich die neuen Segel. Letztendlich gab er dafür sehr viel mehr Geld aus als er zum Zeitpunkt des Stapellaufs für das komplette Schiff angelegt hatte.

Als wir Badger bauten, kosteten uns die Masten, Segel, Blöcke und das laufende Gut weniger als 300 Pfund. Nach etwa 8000 Seemeilen nähten wir neue Segel, weitere 30.000 Meilen später ersetzten wir das laufende Gut und tauschten die Blöcke gegen etwas größere aus, obwohl die alten Blöcke noch in einem so guten Zustand waren, daß wir sie problemlos verkaufen konnten. Mindestens für die nächsten fünf Jahre erwarten wir, daß wir kein Geld mehr für das Rigg ausgeben müssen, abgesehen von den üblichen kleinen Reparaturen, die wir selber vornehmen. Vielleicht segeln wir nicht ganz so schnell wie andere Yachten oder liegen nicht ganz so hoch an, aber wenn wir einmal einen Vergleich auf der Basis „Kosten pro Meile“ anstellen, erkennt man sehr schnell, wie teuer die letzten fünf Prozent Leistung bezahlt werden müssen.

Bis vor einiger Zeit war es ganz und gar ungewöhnlich, ein Schiff ohne stehendes Gut zu sehen, doch jetzt ist es schon etwas normaler geworden, frei stehende, unverstagte Masten zu haben. Es spricht sehr viel für dieses Konzept. Ganz abgesehen von der Tatsache, daß Wanten und Stagen teuer in der Anschaffung sind, verursachen sie bei viel Wind auch einen enormen Widerstand. Wenn man bedenkt, daß der Wind 30 Fuß über der Wasseroberfläche um ein Drittel stärker weht, ist der Windwiderstand eines sehr hohen, voll verstagten Mastes erheblich und ein ernstzunehmender Faktor bei der Auswahl des Ankergeschirrs. Phil Bolgar hat dieses Problem in seinem Buch „Different Boats" erwähnt und sagt dort, daß selbst Motorboote mit Flybridge und Angelmasten bei starkem Wind ruhiger vor Anker liegen als flachbordige Segelyachten mit hohen Masten. Außerdem können die Windgeräusche in den Wanten und Stagen sehr unangenehm und zuweilen sogar ausgesprochen beunruhigend sein - es ist uns schon oft passiert, daß wir, zu Besuch auf anderen Schiffen, plötzlich das Heulen des Windes hörten und uns Sorgen um unser eigenes Schiff machten, bevor wir merkten, daß es nur die Windgeräusche in der Takelage waren. Wie kommen die Leute bloß mit solchen Schiffen zurecht, fragen wir uns dann immer. Das stehende Gut ist außerdem ein notorischer Schwachpunkt auf jedem Schiff. Zweimal haben wir mit Stormalong den Mast verloren, so daß uns diese Gefahr besonders bewußt ist. Allerdings muß ich fairerweise dazu sagen, daß es in unserem Fall die Laschings aus Tauwerk waren, die, von den UV-Strahlen der Sonne geschwächt, plötzlich brachen. Wenn wir jedoch all die Geschichten hören, die uns Freunde von korrodierten Wantenspannern und ähnlichen Dingen erzählen, sind wir ganz froh darüber, daß wir diese Sorgen nicht teilen müssen. Wenn man schon ein verstagtes Rigg hat, sollte man es vielleicht so entwerfen, daß es mit einem Minimum an Wanten und Stagen auskommt, die dafür dann um so stärker dimensioniert sind. Abschließend sei noch bemerkt, daß die meisten Riggs ein ganz aufwendiger Faktor beim Bootsbau sind, und daß sie anschließend viel Wartung und Pflege verlangen.

Ich hätte unsere Masten gerne in Kokern. Chinesische Dschunken hatten ihre unverstagen Masten in solchen Kokern stehen, wobei der Mast am Fuß ein starkes Gegengewicht hatte. In einem Taifun beispielsweise legten sie einfach ihre Masten an Deck und trieben dahin, bis der Sturm sich gelegt hatte. Ich kann mir zwar nicht wirklich vorstellen, wie sie die Masten dann anschließend wieder gesetzt haben, doch ist diese Praxis weitverbreitet gewesen und wird auch von Weston Martyr in seinem Buch „The Southseaman" beschrieben. Ich muß sagen, daß ich es angenehm fände, dies auch auf unserem eigenen Boot tun zu können. Außerdem erleichtern Koker die Wartungsarbeiten an den Masten ganz erheblich, weil man sie ja dann, beispielsweise zum Lackieren, einfach umklappen kann. Weiterhin stehen einem mit derartigen Klappmasten ganz neue Fahrtgebiete offen, in denen man unter festen Brücken hindurch muß, wie etwa auf den europäischen Binnenwasserstraßen. Und man kann Liegegebühren sparen, wenn man längere Zeit an einem Ort verweilt, indem man nämlich die Masten legt und zum Beispiel den Fluß ganz hinauf fährt, noch jenseits der festen Straßenbrücke, wo niemand mehr Liegegeld verlangt. Wir haben immer gedacht, daß Masten, die in Kokern an Deck stehen, nicht mit einem unverstagten Rigg kompatibel sind, doch Phil Bolgar hat mehrere solcher Masten entworfen. Beim Bau eines neuen Bootes würden wir das eventuell ausprobieren. Mich fasziniert die Idee der Masten, die ein Gegengewicht am Fuß haben, doch leider müssen diese durch das Deck hindurch gehen, damit der Drehpunkt einerseits hoch genug ist, sich aber andererseits auch nicht zu weit über Deck befindet, damit man die Segel noch vernünftig fahren kann. Solch ein System schwächt die Struktur des Bootes und dürfte auch bei der Einrichtung unter Deck ziemlich störend sein. Aber es wäre bestimmt toll, wenn man einfach unter den Brücken des Intracoastal Waterway hindurchschießen könnte, während alle anderen stundenlang auf deren Öffnung warten!

Ich kann kein vernünftiges Argument für Aluminiummasten finden. Sie sind in meinen Augen unattraktiv und kalt, besonders unter Deck, sie machen Lärm - besonders, wenn man innenlaufende Fallen hat, sind nicht so ganz einfach zu reparieren und sehr verletzbar, falls das stehende Gut einmal bricht. Im Gegensatz dazu sind Holzmasten leise, ästhetisch, leicht zu reparieren oder zu ändern und stark, egal ob unter Stauchdruck oder nicht. Die laufende Wartung kann durch moderne Materialien erheblich verringert werden. Badgers Masten sind aus laminierter, kanadischer Fichte gebaut, überzogen mit Glasfasern und Epoxidharz und schließlich mit hochwertiger Polyurethan-Farbe gestrichen. Seit sie im Januar 1983 gesetzt wurden, haben wir nichts an ihnen tun müssen, außer sie einmal - aus kosmetischen Gründen - neu zu streichen, da die ursprüngliche Farbe an einigen Stellen arg ausgekreidet war. Sie haben mehr als 50.000 Seemeilen hinter sich, und obwohl die Segel mit 8-Millimeter-Tauwerk um den Mast herum gehalten werden, das in ständiger Bewegung ist, haben wir noch keine wirklich ernsthaft schamfilten Stellen an den Masten entdeckt.

Viele Leute scheinen davor zurückzuschrecken, einen Holzmast zu bauen, obwohl ich nicht glaube, daß daran etwas besonders Schwieriges ist, und kaufen sich daher einen Alumast. Andere glauben, daß Aluminium den Stauchdruck besser aushält und wählen deshalb dieses Material. Alumasten können relativ günstig als Bausätze gekauft werden, die dann nur noch zusammengesetzt werden müssen. Eine andere Möglichkeit ist es, bei einem Mastenhersteller zu fragen, ob er Alumasten mit fehlerhafter Eloxierung hat, die dann oftmals sehr billig verkauft werden, wobei das Problem der Eloxierung einfach durch einen guten Anstrich gelöst werden kann. Die meisten amerikanischen Yachten haben lackierte Alumasten, die sehr viel besser aussehen, als die silber, gold oder schwarz eloxierten Spieren. Ein gebrauchter Mast kann auf die gleiche Art wieder nett hergerichtet werden. Gebrochene Regattamasten sind oft eine gute Quelle für billige Spieren, vor allem natürlich für ein kleineres Boot, das keinen sehr hohen Mast benötigt.

Als Bermudariggs erstmals auf Yachten auftauchten, wurden sie auch als Marconiriggs bezeichnet, weil sie an die hohen, verstagten Sendemasten von Herrn Marconi erinnerten. Heutzutage scheinen sie sich wieder in diese Richtung zurück zu entwickeln, hoch und dünn und mit einem Gewirr von Wanten und Stagen. Die Nachteile eines hohen Mastes liegen dabei nicht nur in dem bereits beschriebenen Windwiderstand und dem starken Krängungsmoment, sondern setzen sich sogar auch dann noch fort, wenn der Mast gelegt ist. Ein Mast, der sehr viel länger als das dazugehörige Schiff ist, kann nicht sicher an Deck verstaut werden, wenn das Boot aufgelegt wird. Es erschwert auch das Mastlegen und Manövrieren in Kanälen oder Flüssen, weil er auch dann an beiden Enden des Bootes weit übersteht. Seitdem die Masten mehr und mehr in den Himmel wachsen, stellen viele Eigner fest, daß sogar der Intracoastal Waterway (mit einer Brückendurchfahrtshöhe von maximal 65 Fuß) für sie unpassierbar ist, sofern sie nicht den Mast legen. Auf der anderen Seite haben sie vermutlich auch keine Lust dazu, die ganze Strecke mit einem gelegten Mast zu motoren, der meterweit über die Schiffsenden hinausragt. Es spricht also viel für ein niedriges Rigg, wobei es dann allerdings schwierig ist, genug Tuch für wirklich leichtes Wetter zu setzen. Ein kleines, leichtes Boot ist auch in dieser Hinsicht einfacher als ein großes und schweres.

Alles in allem kann man sagen, daß ein Low-Tech-Rigg billig zu bauen, billig zu unterhalten und einfach in der Wartung ist. Dadurch wird es für Fahrtensegler extrem interessant, weil es einfach bedeutet, daß man für weniger Geld mehr Meilen mit weniger Sorgen segeln kann. Alleine das macht sehr viel Sinn.

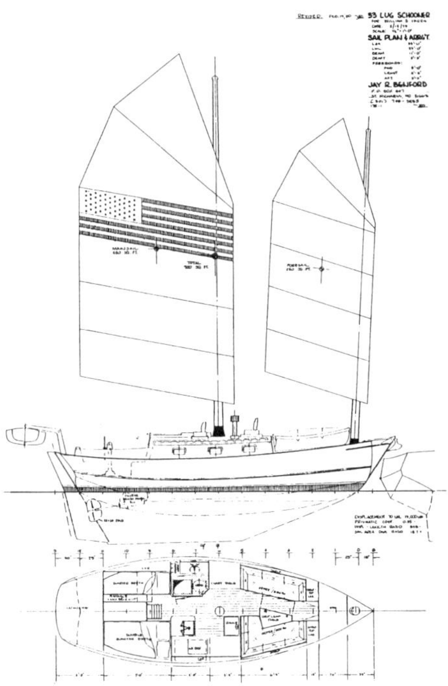

Der Designer dieses Stahl-Schoners, Jay Benford, schlug vor, die gleiche Innenaufteilung wie bei Badger zu benutzen, welche es zu einem hervorragenden Reiseschiff macht.

AND DON'T APPLY FINISHES IN
TEMPERATURES MUCH OVER 70° F

Kapitel 6

Klar Schiff

Das perfekte Bootsbaumaterial gibt es einfach nicht, vor allem in bezug auf Reparaturen, Pflege und Wartung. Wer nach einem Boot sucht, hat nur die Auswahl zwischen einer Osmose 32, einer Trockenrott 30, einer Zinkanode 35 oder einer Rostlaube 31. Was auch immer die Werbung verspricht, es gibt auf allen Meeren der Welt einfach kein wartungsfreies Boot, und jedes Baumaterial hat seine eigenen Vorzüge und Nachteile. Für Langfahrtsegler mit einem kleinen Einkommen ist es jedoch am wichtigsten, daß sie ihre Boote alleine in Schuß halten können, so daß es sinnvoll erscheint, ein Material zu wählen, das man auch versteht. Auf der anderen Seite trafen wir auf Guadeloupe mal einen Kerl namens Michael, der gerade dabei war, ein Stahlschiff zu bauen. „Ich bin Tischler und weiß zuviel über Holz, jedoch nichts über Stahl", erklärte er seine Wahl, was vielleicht auch eine gewisse Logik hat.

Stahl ist ja an sich einfach zu reparieren, und es gibt gute Schweißer in fast jedem Hafen der Welt. Wenn man jedoch Pech hat, wird man gerade vor einer einsamen Insel auf einen Felsen laufen, der die Form eines Dosenöffners hat. Wenn man dann kein Schweißgerät mitsamt Generator an Bord hat, kann man auch keine billige Reparatur ausführen. Bei einem Holzschiff sollte man aus dem gleichen Grund immer Ersatzholz, Sperrholz und Epoxidharz an Bord haben, auf einem Schiff aus Ferrozement Draht und Zement und so weiter. Da man ja mit einem kleinen Einkommen unterwegs ist, kann man es sich nicht immer leisten, professionelle Hilfe anzunehmen, so daß es sich immer lohnt, sowohl das Material als auch die Fähigkeiten zu besitzen, eigene Reparaturen auszuführen. Oft kann ein kleiner Vorfall in ein echtes Desaster ausufern, wenn man nämlich anschließend von einer skrupellosen Werft ausgenommen wird. Wenn man dann zumindest weiß, daß man auch eine eigene Reparatur durchführen könnte, hat man wenigstens eine Alternative, auch wenn man es vielleicht vorziehen würde, die Arbeit von einer Werft machen zu lassen.

Wenn man ein Schiff zum Reisen mit kleinem Einkommen auswählt, muß man immer langfristig denken. Das billige Angebot kann schon bald sehr teuer werden, wenn man nämlich endlos viel Geld in das billige Schiff investieren muß, um es einigermaßen sicher und seeklar zu halten. Außerdem ist da noch der Zeitfaktor - je mehr Zeit man mit den Arbeiten am Schiff verbringt, desto weniger wird man tatsächlich segeln können.

Allerdings sollte der Unterhalt eines Schiffes als solcher nicht als unangenehme Arbeit betrachtet werden. Arbeit ist das, wofür man bezahlt wird - alles andere geschieht freiwillig! Selbst, wenn ich das Antifouling auftrage, denke ich immer daran, daß ich statt dessen auch in einem Büro sitzen könnte, damit jemand anderes noch mehr Geld verdienen kann. Wer sein Schiff wirklich liebt, dem wird es auch nichts ausmachen, es durch eigene Arbeit gut in Schuß zu halten. Ein gut gepflegtes Schiff gibt dem Eigner mehr Zufriedenheit, und zwar jedesmal, wenn er es sich ansieht. Ich selbst genieße es, von Zeit zu Zeit zu lackieren, und wir beide mögen es, wenn Badger möglichst nett aussieht. Der sogenannte „Arbeitsboot-Look", den viele Yachties für ihre eigenen Schiffe akzeptieren, wäre für viele professionelle Seeleute wohl unzumutbar, deren Schiffe nämlich meist sehr gut gepflegt sind. Ich glaube nicht, daß es sehr viel Aufwand kostet, ein gepflegtes Schiff in einem präsentablen Zustand zu halten.

Ganz abgesehen vom Stolz oder der Ästhetik gibt es noch andere vernünftige Gründe, sein eigenes kleines Schiff gut in Schuß zu halten. Schäden am Rigg, an der Maschine oder den Segeln können oft durch Routinewartungen vermieden werden. Ein gut funktionierendes Schiff ist ohne viel Arbeit in ordentlichem Zustand zu halten, doch wenn man es erst einmal verkommen läßt, sieht es ganz anders aus. All die Farbe und der Lack sind schließlich nicht nur für die Optik da, sondern sie schützen das Boot. Ich weiß, unbehandeltes Teak kann man jahrelang vernachlässigen, doch wenn man dann einmal die lackierte Fußleiste mit dem daneben liegenden, verwitterten Teakdeck vergleicht, kann man erkennen, wie eben auch das Teak unter den Witterungseinflüssen leidet. Wenn man nur wirklich ungern am Schiff arbeitet, ist es am einfachsten, alles überzumalen, statt sich einzureden, daß man den verfärbten, abblätternden Klarlack eines Tages abziehen und neu aufbauen würde. Auch sollte man daran denken, daß sich ein gepflegtes Boot sehr viel besser verkaufen läßt als ein zumindest optisch vernachlässigtes - und es kann schon einmal vorkommen, daß man aus großer finanzieller Flaute oder anderen Notlagen heraus sein Schiff unter Umständen auch kurzfristig verkaufen muß.

Wie bei so vielen Dingen lohnt es sich auch bei der Bootspflege, möglichst hochwertige Produkte zu kaufen. In der Geschichte von dem „Millionär mit 200 Pfund" erzählt der alte Gentleman seinen Besuchern, wie er damit immer etwas Geld spart: „Ich habe versucht, etwas von dem Geld loszuwerden, indem ich besonders gute Ausrüstung für mein Boot gekauft habe, doch langfristig habe ich dadurch nur gespart. Zum Beispiel habe ich meine alten Fallen aus Manilatauwerk ausgemustert und sie durch feinstes, neues Tauwerk zu mehr als dem doppelten Preis ersetzt, aber das neue Tauwerk hat jetzt schon mindestens viermal solange gehalten, als es das alte je getan hätte." Ich bin sicher, daß diese Erfahrung noch immer zutrifft.

Als wir Badger bauten, haben wir über der Wasserlinie überall dort Teak verwendet, wo wir das Schiff klarlackieren wollten. Vor allem in den Tropen ist es eine Sisyphusarbeit, jedes andere klarlackierte Holz in einem ansehnlichen Zustand zu halten. Nachdem wir verschiedene Lacke ausprobiert haben, stellten wir fest, daß ein Zweikomponenten-Polyurethan-Lack (mit UV-Filter) für unsere Zwecke am besten ist. Der einzige Nachteil dabei ist, daß der Härter bald fest wird, wenn er zuviel Luft bekommt, so daß man ihn zum Verstauen in immer kleinere Behälter dekantieren muß. Obwohl solch ein Lack nicht gerade billig ist, so hält er doch unglaublich lange und sieht dabei immer gut aus. Es ist möglich, mehr als nur eine Schicht pro Tag aufzutragen, und er läßt sich wunderbar verarbeiten. Wenn einmal eine Stelle beschädigt wird, blättert der Lack rundherum nicht gleich ab, und irgendwie dringt auch keine Feuchtigkeit darunter. Wenn man ihn aufbessern will, dann schleift man ihn an einem Tag leicht an und lackiert zunächst die ramponierten Stellen. Am nächsten Tag schleift man noch einmal, trägt zwei Schichten auf - und das war's für ein weiteres Jahr. Es kam auch schon mal vor, daß wir Badgers lackierte Flächen auch länger als ein Jahr nicht angerührt haben, und trotzdem sah unser Lack besser aus als der auf vielen anderen Booten. Wir kennen Leute, die solchen Lack auch auf traditionell gebauten Vollholzschiffen verwenden und mit den Ergebnissen sehr zufrieden sind. Übrigens habe ich nie ein Problem damit gehabt, Teak zu lackieren, ebensowenig, wie alle anderen, mit denen ich darüber gesprochen habe. Das Geheimnis, falls es denn ein solches gibt, liegt in der richtigen Vorbereitung und genügend vielen Lackschichten.

Auch Badgers Rumpfseiten haben wir anfangs mit solcher Zweikomponenten Polyurethan-Farbe lackiert. Das sah zwar gut aus, aber in wärmeren Regionen trocknet das Salz auf der Farbe aus und hinterläßt einen milchigen Film, der nur sehr schwer zu entfernen ist und, vor allem auf Schwarz, nicht sehr schön aussieht. Nach einem Monat in kühleren Klimazonen erledigt sich das jedoch von alleine, denn der Regen scheint das Salz wieder aufzulösen und schließlich abzuspülen. Das andere Problem ist, daß wir kleine Kratzer, wie sie zum Beispiel von ungefenderten Beibooten verursacht werden, nie sofort ausgebessert haben. Einerseits sind wir dann doch etwas faul, andererseits aber auch zu geizig, um solch kleine Mengen der teuren Zweikomponenten-Farbe anzumixen. Am Ende haben wir uns dazu entschlossen, auf den Rumpfseiten einfache Farbe zu verwenden und das Polyurethan nur noch für die hell lackierten Kabinenseiten zu benutzen.

Übrigens ist es gar nicht schwer, mit Zweikomponenten-Polyurethan ein sehr gutes Ergebnis zu erzielen. Die Hauptsache ist, man arbeitet einigermaßen sorgfältig und lackiert nicht bei Temperaturen von über 21 Grad Celsius. Eine ganz phantastische Oberfläche entsteht, wenn man abschließend noch einmal mit klarem Polyurethan überlackiert, das sich leichter mit dem Pinsel verstreichen läßt. Es ist auch einfacher, solch eine Oberfläche statt einem farbigen Lack auszubessern, da man nur klar überlackiert und sich um Verfärbungen und zusammenpassende Farbtöne nicht zu kümmern braucht.

Bei Farben auf Ölbasis nehmen wir normalerweise die etwas besseren Sorten aus den Heimwerkermärkten und haben festgestellt, daß diese ebenso gut sind wie spezielle „Yachtfarben", nur eben sehr viel preiswerter. Dies ist eine der wenigen Ausnahmen, wo nicht unbedingt das Teuerste auch das Beste ist.

Traditionell gebaute Holzschiffe sollen nach gängiger Meinung die meiste Arbeit verursachen. Wenn solch ein Schiff jedoch einmal in einem guten Zustand ist, glaube ich nicht, daß das noch unbedingt zutrifft. Es ist nämlich sehr viel einfacher, eine Schicht Farbe oder Lack aufzutragen, als die Rumpfseiten eines GFK-Bootes zu polieren, gar nicht erst zu sprechen von Kratzern und kleinen Schäden und der Tatsache, daß man alle diese Arbeiten oft aus dem Beiboot heraus ausführt. Eric Hiscock meinte, daß die aus Stahl gebaute Wanderer IV mehr Arbeit verursachte, als ihre hölzerne Vorgängerin. Der Gedanke, ein Stahlschiff etwa alle zehn Jahre zu sandstrahlen ist vielleicht nicht der angenehmste für jemanden, dessen Boot auch sein Heim ist. Ferrozement ist in dieser Hinsicht einfach zu warten, wenn man die Farbe erst einmal dazu gebracht hat, auf dem Zement gut zu haften. Doch ebenso wie bei Stahl macht es Sinn, den Rumpf dunkel zu lackieren, da schon der geringste Rost lange, unansehnliche Lecknasen hinterläßt, die auf weißer Farbe besonders gut zur Geltung kommen. Die Farbe, die für verputzte Häuser verwendet wird, gibt übrigens eine ganz hervorragende Decksfarbe ab und muß vor allem für Ferrozement-Boote ideal sein. Man bekommt sie in angenehmen Pastelltönen und sie ergibt eine gute, rutschfeste Oberfläche. Die Fans von Aluminiumbooten verweisen immer wieder darauf, daß man es nicht lackieren muß. Das stimmt zwar, doch das Aussehen eines unbehandelten Alubootes ist nicht gerade sehr attraktiv, und ich könnte damit auf Dauer jedenfalls nicht leben.

Für ein nicht mit Kunststoff überzogenes Holzboot ist es enorm wichtig, das Unterwasserschiff immer gut mit Antifouling bemalt zu halten. Holzwürmer sind eine echte Sorge und kein Witz. Es gibt aber auch Farben, die eine Latexschicht hinterlassen, die den kleinen Biestern akute Kopfschmerzen verursachen, wenn sie da hindurch wollen. Ein aus Sperrholz gebautes oder formverleimtes Holzschiff sollte im Unterwasserbereich immer mit Epoxid und Glasfasermatten überzogen sein, um die Bohrwürmer fernzuhalten. Allerdings benötigen alle Langfahrtschiffe einen Unterwasseranstrich, und gutes Antifouling ist erschreckend teuer. Als wir Badger nach dem Bau zum ersten Mal anmalten, mischten wir Kupferoxid mit Epoxidharz und beschichteten das Unterwasserschiff damit. Es hat einigermaßen gut funktioniert, mit regelmäßigem Schrubben zwischendurch (um frisches Kupfer freizulegen), doch als wir einen Saildrive aus Aluminium installierten, mußten wir diese Praxis aufgeben. Wir haben seither gehört, daß man besser reines Kupferpulver verwenden soll, aber das Mischungsverhältnis ist uns nicht bekannt - ich vermute, man sollte soviel Kupfer hinzufügen, daß die Mischung gerade noch gut aufgetragen werden kann. Wenn man ein Sonderangebot an Antifouling findet, lohnt es sich, einen Vorrat davon anzulegen, und obwohl die Haltbarkeitsdaten meist nicht sehr weit reichen, haben wir festgestellt, daß auch altes Antifouling so gut funktioniert wie neu aus dem Laden gekauftes. Doch Vorsicht, nicht immer kann man Billigangeboten trauen. Wir haben einmal sehr günstig etliche Liter eines sehr bekannten Antifoulings in Venezuela eingekauft, nur um dann feststellen zu müssen, daß das Zeugs nach wenigen Wochen total nutzlos geworden war. Auch ist es meistens teuer, das Schiff aufslippen zu lassen, so daß es sich lohnt, die Farbe beim Niedrigwasser zwischen zwei Tiden aufzutragen - vorausgesetzt, das Schiff kann problemlos trockenfallen.

Mit Badger war es anfangs immer ein Problem, sich trockenfallen zu lassen. Die ausladenden Rumpfseiten und die nach innen gewinkelte Kabine machen es nicht gerade einfach, sie dabei irgendwie aufrecht zu halten. Bestimmt waren wir in dieser Hinsicht auch etwas neurotisch, aber wir wollten lieber auf Nummer Sicher gehen. Dann haben wir einen neuen Flügelkiel untergebolzt, der am unteren Ende einen breiten Flügel hat und sie beim Trockenfallen sehr viel mehr stabilisiert.

Zusätzlich dazu wollten wir uns Wattstützen gönnen. Allerdings gefiel uns der Gedanke, ab jetzt immer unhandliche, schwere Balken mit herumschleppen zu müssen, gar nicht. Also investierten wir in Mr. John Franklins „Yachtlegs", teleskopische Stützen aus Aluminium, die wir sogar unter Deck verstauen können. Für Badgers weit ausladenden Rumpf mußten einige kleine Modifikationen an den Stützen vorgenommen werden, die letztendlich sozusagen auf Maß angefertigt wurden. Es war sehr angenehm, in diesem Fall einmal mit jemandem zu tun zu haben, der sich sehr um seine Kunden bemüht. Zwar haben uns diese Stützen einiges gekostet, aber dafür brauchen wir jetzt keine Slipgebühren mehr zu bezahlen, solange wir in Gezeitengewässern unterwegs sind. Und wenn wir das Boot schon einmal an Land auflegen müssen, kann es mit diesen Stützen sicher abgepallt werden. Außerdem können wir flache Tidengewässer jetzt sehr viel genauer erkunden, da wir ja notfalls trockenfallen können.

Als wir Badger bauten, entschieden wir uns für ein Deck aus Teak über Sperrholz. Dabei befolgten wir den Rat der Gougeon-Brüder (den Herstellern des WEST-System Epoxidharzes in Amerika) und benutzten nur dünnes Fünf-Millimeter-Teak, um sowohl Kosten als auch Gewicht zu sparen. Selbst nach zehn Jahren, in denen es dauernd betreten wird, haben sich noch keine wirklichen Abnutzungserscheinungen gezeigt. Wir haben ein Teakdeck gewählt, weil es gut aussieht, eine gute, rutschfeste Oberfläche hat und wenig pflegebedürftig ist. Viele Experten sagen, daß es schlecht für das Teak sei, es regelmäßig zu schrubben, also lassen wir es. Solange wir keine großen Städte anlaufen oder irgendwo längsseits gehen, was wir beides nach Möglichkeit vermeiden, wird das Deck sowieso nicht schmutzig. Auf Sheila hatten wir ein mit Leinen bezogenes, angemaltes Deck, das auch sehr schön aussah. Allerdings splitterte die Farbe schnell ab, und wir waren ständig am malen, um das Deck in Schuß zu halten. Auf einem Schiff von Badgers Größe kann auch das auf die Dauer ganz gut ins Geld gehen.

Unter Deck haben wir versucht, gemalte Flächen zu vermeiden, weil das Lackieren und Ausbessern schwierig ist, wenn man an Bord lebt. Die Einrichtung besteht hauptsächlich aus Pitch Pine , weil es eine angenehme, helle Farbe hat und obendrein billig war (wir hatten das Holz seinerzeit gebraucht gekauft). Von den Decksbalken abwärts ist alles klarlackiert, ebenso wie die Schotten, und dieser Lack kann einfach mit warmem Seifenwasser gewaschen, getrocknet und dann mit einem Möbeltuch übergewischt werden, und schon sieht er aus wie neu. Allerdings meinten wir, daß die Kajüte zu dunkel würde, wenn wir alles lackiert hätten, und so sollten die Decksunterseite und die Innenseiten der Kabine weiß werden. Dazu haben wir weißes Melamin verwendet, das man einfach mit Spülmittel abwaschen kann und was nicht wie weiße Farbe mit den Jahren vergilbt. Die Innenseiten aller Schapps und Schränke haben wir ebenfalls klarlackiert, wodurch der Schmutz nicht so auffällt. Allerdings ist es dadurch in einigen Schapps auch recht dunkel, und wenn wir beim Bau mehr Geld gehabt hätten, hätten wir auch dort Melamin verwendet.

Während der gesamten Bauphase machten wir uns immer wieder Gedanken darüber, wie wir Badger einerseits so pflegearm wie möglich bauen, andererseits aber auch ein attraktives „Yachtfinish" erzielen könnten. Obwohl wir die Arbeit an unserem Schiff wie gesagt nicht unbedingt als Plage empfinden, ist es doch ganz angenehm, daß wir mehr Zeit mit dem Segeln als mit Schleifen und Lackieren verbringen können.

Postskripta: Die Zeitschrift „Wooden Boat" (Ausgabe 100, Mai/Juni 1991) hat einmal eine Umfrage unter Werften gemacht, welches die pflegeärmsten Schiffe seien. Das Resultat: Ein formverleimter Holzrumpf mit Epoxidbeschichtung, mit beschichtetem Sperrholzdeck und Aufbau, sodann mit modernen Urethan-Farben lackiert, aufgeriggt mit Aluminummasten und ausgerüstet mit den einfachsten und unkompliziertesten Beschlägen.

KAPITEL 7

NUR NICHTS ÜBERSTÜRZEN

Viele derjenigen, die mit einem kleinem Einkommen unterwegs sind, haben sich ihre Schiffe selber gebaut. Vermutlich reflektiert dies eher ihre jeweilige Individualität, als daß es unbedingt der logische Weg zum eigenen Schiff gewesen wäre. Die Entscheidung, ein Schiff selber zu bauen, sollte nicht leichtfertig getroffen werden. Es lohnt sich auf jeden Fall, vorher einmal sehr genau die Vor- und Nachteile eines solchen Plans gegeneinander abzuwägen, bevor man solch ein Projekt startet.

Obwohl wir auch Freunde haben, die ihre Schiffe mit sehr wenig Geld gebaut haben - Nick Skeates baute seine 32-Fuß lange Wylo II für nur 4000 neuseeländische Dollar -, heißt das noch lange nicht, daß dies automatisch die billigste Lösung ist. Um ein Boot sehr billig zu bauen, muß man sehr viel Zeit dafür einplanen, nach den besten Angeboten zu suchen und Material von den verschiedensten Firmen zu schnorren. Außerdem muß man dann wirklich das komplette Boot bauen, und nicht nur den Rumpf, um dann alles andere einzukaufen, wie zum Beispiel das Rigg und die Segel. Wenn man gerade einen guten Job hat, lohnt es sich, einmal die eigene Zeit mit einem Stundensatz zu berechnen, um zu sehen, ob das Selberbauen wirklich kostengünstiger wird. Andererseits ist es tatsächlich möglich, mit einem relativ bescheidenen Startkapital zu beginnen und am Ende ein hochwertiges Boot zu haben. Wir haben Badger in der Zeit von Mai 1980 bis Mai 1983 gebaut, und als wir fertig waren, hatte sie uns insgesamt 11.000 Pfund gekostet. Diese Summe beinhaltet wirklich alle Kosten, darunter sämtliches Material, Werkzeuge, Miete für den Bauplatz (einschließlich der Transportkosten für den halbfertigen Rumpf, als wir zwischendurch den Platz wechseln mußten), Verbrauchsmaterial wie Schleifpapier, Pinsel, und alles andere, was zu ihr gehört - bis hin zu zwei Satz neuen Ölzeugs! Außerdem sind wir der Meinung, daß wir ein für uns sehr viel geeigneteres Boot haben als wir es jemals irgendwo hätten kaufen können, besser gebaut als so manches Serienschiff und das alles etwa für ein Drittel des Preises, den wir für ein fertiges Schiff hätten anlegen müssen. Zugegeben, wir haben im Laufe der Bauzeit einige phantastische Angebote wahrgenommen, um billiges Material einzukaufen - aber das wird vermutlich jedem passieren, der selber baut.

Es gibt aber auch viele gute Angebote auf dem Gebrauchtbootsmarkt, besonders für kleinere Schiffe und ganz besonders bei Ferrozement- und Sperrholzschiffen, da diese Materialien allgemein nicht sehr populär sind. Wenn man jedoch herausfinden kann, wer das Ferrozementschiff gebaut hat und wie genau es konstruiert ist, dann kann das ein sehr guter Kauf sein. Es ist unmöglich, die Bauweise zu überprüfen, nachdem ein Ferrozementboot erst einmal fertig ist, und es gibt leider viele schlecht gebaute Exemplare davon. Wenn man sich also nicht absolut sicher ist, daß es gut gebaut wurde, ist es ein zu großes Risiko, solch en Boot für langfristige Reisen zu kaufen. Bei Sperrholz sollte man nicht vergessen, daß es eigentlich nicht sehr teuer und sogar recht einfach ist, eine ganze Seite zu erneuern, so daß man auch ein etwas heruntergekommenes Boot kaufen kann, solange die interne Struktur gesund und solide ist. Auch wenn man ein

Sperrholzschiff in gutem Zustand findet, lohnt es sich, die Farbe bis auf das Holz abzuziehen, das Schiff trocknen zu lassen und es dann mit Glasfasermatten und Epoxidharz zu überziehen, um die Würmer und den Rott fernzuhalten. Wenn diese Arbeit sorgfältig ausgeführt wird, bekommt man ein sehr langlebiges Schiff, das nur ein Minimum an Pflege benötigt. Wer die handwerklichen Fähigkeiten dazu hat, größere Arbeiten an einem traditionell gebauten Holzschiff durchzuführen, sollte sich auch dort einmal umsehen. Die hohen Stundensätze der Werften sorgen oft dafür, daß sich niemand so recht an ein altes Holzschiff herantraut und diese dann oft sehr günstig zu haben sind. Das gleiche gilt für Kunststoffyachten mit Osmose. Professionelle Reparaturen sind sehr teuer, doch der größte Posten davon ist wiederum die Arbeitszeit. Wenn beispielsweise fünfhundert Arbeitsstunden nötig sind, um ein Schiff wieder herzurichten, kann es von der Versicherung schon als Totalschaden abgeschrieben sein - obwohl die reinen Materialkosten für die Reparatur vielleicht nur ein paar hundert Pfund betragen. Daher sollte man sich gründlich unter den gebrauchten Booten umschauen, bevor man sich in das Selberbauen hineinstürzt.

Es gibt vier Hauptgründe, sich sein Boot selber zu bauen:

1. Du bist fast vollkommen pleite, hast aber noch gerade eben genug Geld, um ein sehr einfaches Boot zu bauen, mit dem du dann segeln kannst.

2. Du wohnst in einer Gegend, wo es kaum gebrauchte Schiffe gibt.

3. Du kannst das, was du wirklich suchst, auf dem Gebrauchtbootsmarkt nicht finden, oder

4. du willst unbedingt ein eigenes Boot selber bauen.

Der erste und der letzte Grund sind vermutlich stark und motivierend genug, um das Projekt erfolgreich durchzuziehen. Wenn man jedoch einen weniger überzeugenden Anreiz hat, selber zu bauen, kann einem solch eine Aufgabe schnell über den Kopf wachsen. Dann lohnt es sich, einmal fertige Ausbauschalen oder abgebrochene Sebstbauprojekte in Erwägung zu ziehen, auch wenn dies am Ende etwas teurer werden kann.

Wer kurz vor der drohenden Pleite mit dem Bootsbau beginnt, dem sei die Lektüre von Donald Ridlers Buch „Eric the Red" dringend ans Herz gelegt. Eigentlich ist es sogar ein so gutes Buch, daß ich es jedem empfehlen kann. Er hat sich einen Entwurf namens Mouette ausgesucht, dessen Pläne man durch die Eventide-Klassenvereinigung beziehen kann, die in den englischen Zeitschriften „Practical Boat Owner" und „Yachting Monthly" inserieren. Donald hat sein Boot ausschließlich aus gebrauchtem Restholz gebaut, es dann als Dschunke getakelt und ist damit über den Atlantik und zurück gesegelt. Einige Jahre später brach er zu einer Weltumsegelung auf und hatte diese Reise fast beendet, als er, ich glaube auf den Kapverdischen Inseln, strandete und das Schiff verlor. Es kann jedoch nur wenige Boote gegeben haben, die für sowenig Geld soviel geleistet haben, und jeder, der sein Buch liest, wird erfahren, daß Donald unterwegs jede Menge Spaß hatte.

Wer wirklich den Drang dazu verspürt, ein Boot zu bauen, wird sich durch nichts davon abbringen lassen - also kann man dann auch gleich damit beginnen. Allerdings sollte man sich genau überlegen, ob einem das betreffende Schiff am Ende auch wirklich paßt. Wenn man noch nie zuvor über längere Zeit an Bord eines Bootes gelebt hat oder noch keine längeren Seetörns gemacht hat, wird man sehr wahrscheinlich feststellen müssen, daß das persönliche Idealschiff letztendlich doch ganz anders aussieht als das, was man sich gerade gebaut hat. In solch einem Fall sollte man ein Boot bauen, das sich leicht wieder verkaufen läßt, oder aber man muß mit sehr umfangreichen Umbauten rechnen. Und was man auch sonst immer vorhaben mag, man sollte auf keinen Fall ein zu großes Boot bauen, denn das wird einem nur das Bankkonto killen und das Herz brechen. Auch sollte man sich nicht zuviel Zeit zum Bauen lassen. Man darf nicht vergessen, daß man vermutlich ohne Versicherung segeln wird, und wenn man schon das Pech hat, sein Schiff zu verlieren, kann man auch all die Jahre seines Lebens abschreiben, die man zum Bauen desselben verwendet hat. Wir haben

zum Bau von Badger drei Jahre benötigt, und ich habe dann gedacht, daß wir mindestens drei Jahre lang in ihr segeln müßten, um diese Zeit quasi wettzumachen, danach würden wir sowieso dazugewinnen. Natürlich hätte ich die größten Schwierigkeiten, damit fertig zu werden, sie jetzt zu verlieren - aber zumindest hätten wir dann, als Belohnung für unsere drei Jahre Bauzeit, schon mehr als genug mit ihr gesegelt.

Während des Baus haben wir beide noch gearbeitet. Das ist ein großer Vorteil, wenn man sein Budget überschreitet, was mehr als 90 Prozent aller Selbstbauer tun, so daß man dann trotzdem noch Geld hereinbekommt und weitermachen kann. Außerdem wird man so unglaublich viel arbeiten, daß man für gesellschaftliche Vergnügungen überhaupt keine Zeit mehr hat und daher wiederum Geld spart. Richtig betrachtet, ist dies ein erheblicher Vorteil. Und ich übertreibe kein bißchen, denn wenn man einen normalen Job hat, alles am Boot in einigermaßen anständiger Qualität selber baut und auch noch in absehbarer Zeit segeln möchte, muß man wirklich jede freie Minute ins Schiff stecken. Dann sind da natürlich noch die anderen Alltagsdinge, wie kochen, waschen und so weiter, die auch erledigt werden müssen. Was ich damit eigentlich sagen möchte, ist, daß es keinen großen Spaß macht, und wenn man an Bord zieht, bevor das Schiff fertig ist, macht es sogar noch weniger Spaß - ich weiß, wovon ich rede, denn jemand wollte Sheila, auf der wir ja lebten, kaufen, und so mußten wir auf die halbfertige Badger umziehen. Das hat selbst unseren Galgenhumor auf eine harte Probe gestellt, denn alles war irgendwie immer vollgeschmiert mit Epoxidharz. Außerdem ist die Versuchung, mit einem halbfertigen Schiff davon zu segeln, in solch einem Fall besonders groß. Es stimmt allerdings auch, daß kein Schiff jemals wirklich ganz fertig ist, und wenn man solange an ihr bastelt, bis sie angeblich perfekt ist, kommt man nie weg.

Als wir Badger bauten, hatten wir ein lebendes Beispiel dafür in unserer Marina. Ein Mann hatte sich einen Katamaran gekauft, und zwar etwa fünf Jahre zuvor, als wir unseren ersten Törn mit Stormalong machten. Als wir damals lossegelten, sagte er, daß er nur die Einrichtung etwas umbauen wolle, damit das Schiff für seine Familie besser geeignet sei. Im Laufe der Jahre wurde alleine die Pantry dreimal komplett neu gebaut, der Rest der Einrichtung mindestens zweimal. Als wir mit Badger davonsegelten, war er noch nicht fertig. Ich vermute, daß er heute noch bastelt und immer noch davon spricht, „nächstes Jahr" endlich loszufahren. Wahrscheinlich will er jedoch gar nicht wirklich los, denn wer das nur dringend genug möchte, findet immer einen Weg.

Insgesamt sind wir sehr glücklich damit, daß wir uns Badger gebaut haben, und wir würden es wieder tun. Im Idealfall würden wir dann ständig an dem Schiff arbeiten können, und wenn wir jemals Badger ersetzen müssen, weil wir sie verlieren oder weil jemand uns eine enorme Summe zum Kauf anbietet (jeder hat eben so seine Träume), dann würden wir wieder ein Schiff bauen. Allerdings macht uns beiden solche Arbeit Spaß, und wir möchten daher sowieso noch mehr Boote bauen.

Das Tolle an einem selbstgebauten Boot ist es, daß man gewiß sein kann, den besten Job gemacht zu haben, zu dem man fähig ist. Ich bin mir gar nicht so sicher, daß heutzutage noch viele neue Boote mit dieser Einstellung gebaut werden. Ich glaube, es ist berechtigt, daß man ein gewisses Mißtrauen gegenüber Schiffen hat, die von Fremden hergestellt wurden, wenn man einmal sein eigenes Schiff vom Kiel an selber gebaut hat.

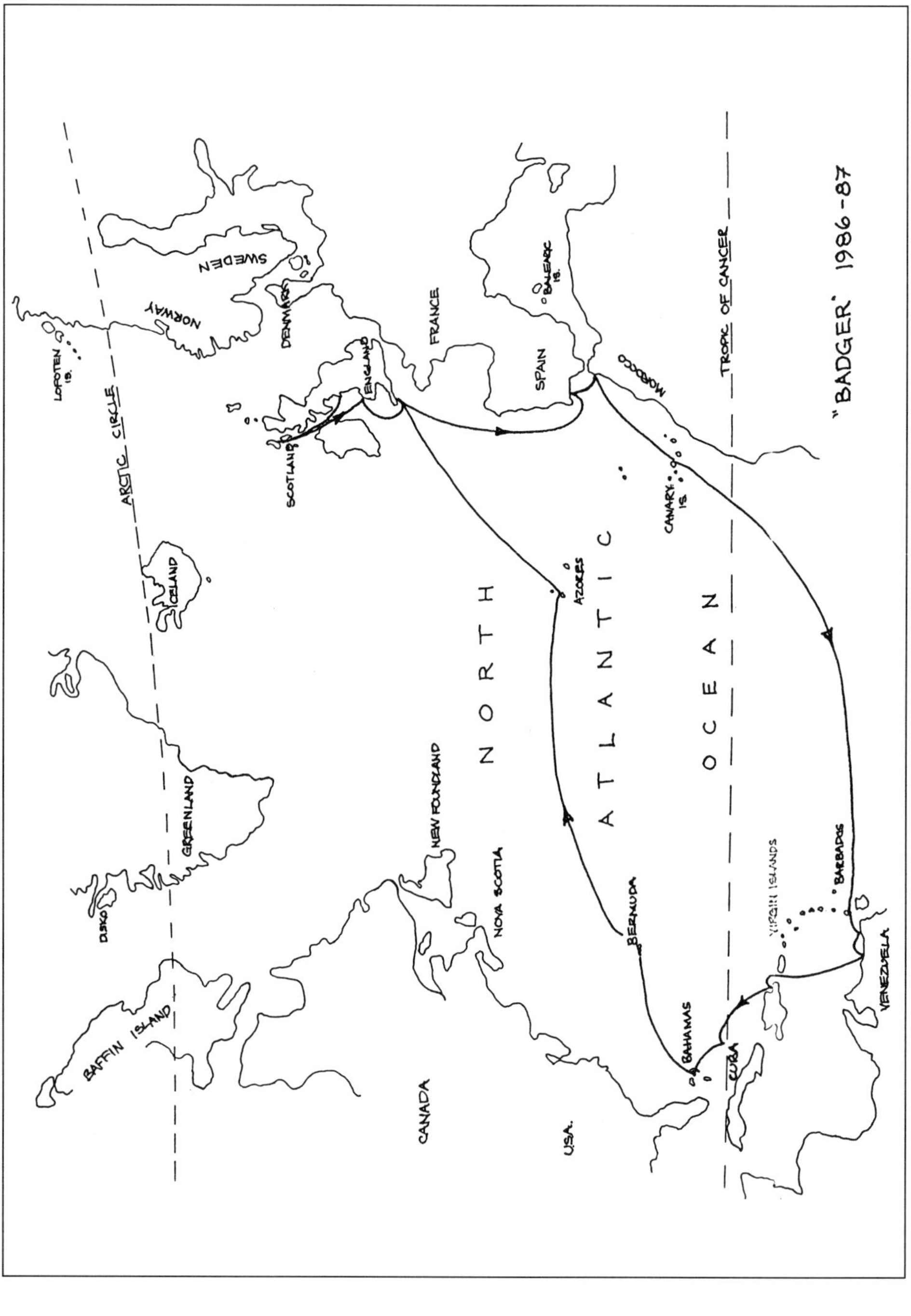
"BADGER" 1986-87
NORTH ATLANTIC OCEAN
ARCTIC CIRCLE
TROPIC OF CANCER
LOFOTEN IS.
NORWAY
SWEDEN
DENMARK
SCOTLAND
ENGLAND
FRANCE
SPAIN
BALEARIC IS.
MOROCCO
CANARY IS.
AZORES
ICELAND
GREENLAND
DISKO
BAFFIN ISLAND
CANADA
NEW FOUNDLAND
NOVA SCOTIA
U.S.A.
BERMUDA
BAHAMAS
CUBA
VIRGIN ISLANDS
BARBADOS
VENEZUELA

Kapitel 8

Das Herz des Schiffes

Vergiß den Kartentisch oder den Salon, das wahre Herzstück jeder Fahrtenyacht ist ihre Pantry. Auf See wird die Pantry aktiv mehr als jeder andere Bereich unter Deck genutzt, doch in zu vielen Fällen wird gerade darüber am wenigsten nachgedacht.

In einem durchschnittlichen Serienschiff ist die Pantry bestenfalls gerade eben ausreichend und schlimmstenfalls ein schlechter Scherz. Das ist jedoch nicht weiter verwunderlich, da diese Boote für Leute hergestellt werden, die höchstens einmal den Tee an Bord kochen, eine Konservendose aufwärmen oder am Liegeplatz in der Marina ihr Frühstück zubereiten. Um Schubladen und Küchenschapps zu bauen, sind Zeit und Handwerksarbeit notwendig, und dabei ist es doch so viel schneller und einfacher, das Boot statt dessen mit Kojen vollzustopfen. Das wurde mir jedenfalls beim Besuch einer Bootsausstellung klar, als ich eine französische Serienyacht von 34-Fuß Länge mit Badger verglich.

„Wo ist denn auf diesem Boot die Besteckschublade?", fragte ich den Verkäufer.

„Ach, wir bauen auf diesem Modell keine Schubladen ein", erwiderte er, „normalerweise legen die Leute das Besteck in das schmale Fach, dort hinter der Salonkoje. Die 40-Fuß Version hat zwei Schubladen", fügte er dann noch hilfreich hinzu. „Das ist allerdings das kleinste Modell, auf dem wir Schubladen einbauen."

Beim Segeln mit einem kleinen Einkommen wird man sehr viele Mahlzeiten selber kochen, und die Pantry sollte so ausgelegt sein, daß dies mit dem Minimum an Problemen und der maximalen Freude geschehen kann. Das sollte besonders auf See gelten, wo gutes Essen so wichtig ist - vor allem bei schlechtem Wetter, um die Moral der Crew wieder aufzubauen.

Das Wichtigste an einer Pantry ist, daß sie so groß wie möglich sein sollte. Der normale Wochenend-Macho-Skipper wird die Pantry eines Schiffes normalerweise mit Verachtung und Hohn betrachten und sagen, dieser Bereich sei „für die Mädels" da. Das kann nur daran liegen, daß er in dem Irrglauben lebt, Segeln sollte möglichst unkomfortabel und rustikal sein, und er macht wahrscheinlich so dumme Sachen, wie die Freiwache in vollem Ölzeug in einem feuchten Schlafsack zu verbringen, nur um sich dann zu wundern, warum er anschließend an Deck friert. Aber ich schweife ab. Die Pantry, wie gesagt, sollte groß sein. Das hat viele Gründe, doch eine große Arbeitsfläche zählt dabei zu den wichtigsten. Auf einer großen Fläche kann man mehrere Teller gleichzeitig füllen, man kann alle möglichen Dinge darauf vorbereiten und abstellen, man kann Gemüse darauf schneiden, die Pasta ausrollen oder den Brotteig durchkneten. Außerdem kann man sich ausbreiten, wenn man einmal etwas Besonderes kocht. Überdies hat man unter einer großen Arbeitsfläche normalerweise haufenweise Schapps und Stauraum. Reichlich Stauraum zu

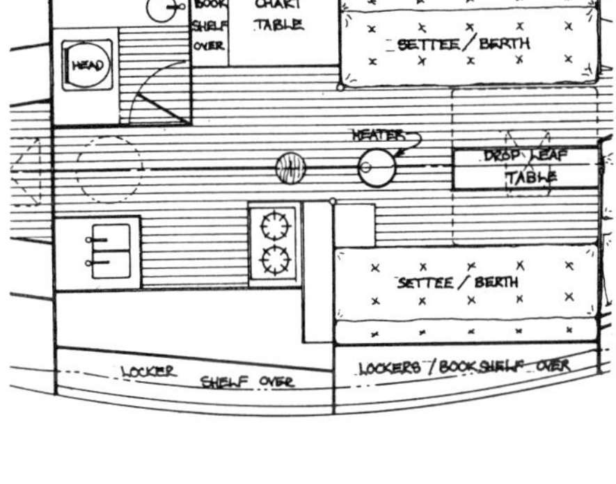

haben, ist immer wünschenswert, doch für den armen Koch ist das geradezu unerläßlich. Der wird nämlich eine große Auswahl an Kräutern und Gewürzen brauchen, um billige Lebensmittel aufzupeppen, besonders wenn, wie bei uns, verschiedene Currygerichte den Speiseplan dominieren. (Currypulver hält seinen Geschmack nicht sehr lange und ist nicht überall erhältlich. Es ist daher besser, große Mengen der originalen Gewürze an Bord zu haben und das Curry jeweils individuell abzuschmecken, was auch einen interessanteren Geschmack gibt.) Wenn man Bohnen ißt - und welcher Reisende mit kleinem Einkommen wird das nicht tun -, wird man Platz brauchen, die meistgenutzten Töpfe in der Pantry zu verstauen. Es gibt nichts Nervigeres, als daß der Koch oder jemand anderes ständig unter den Salonkojen herumkramen muß, wenn gekocht werden soll. Außerdem braucht man Schapps für Kaffee, Tee, Zitronensaft, Milchpulver, Tomatenmark, Soyasauce, Backpulver, Hefe und so weiter.

Auf Badger ist meine Pantry U-förmig angelegt, aber als „U" mit breiter Basis und kurzen Armen. Das erste, was vielen Besuchern an Bord auffällt, ist, daß der Kocher in Querschiffsrichtung eingebaut ist und nicht in Längsrichtung. Ursprünglich hatten wir einen Dieselkocher, der sowieso nicht kardanisch aufgehängt werden konnte (wegen dem dazu notwendigen Schornstein), aber ich hatte mich bereits davor aus verschiedenen Gründen dazu entschieden, den Kocher nicht in Längsrichtung einzubauen. Ein kardanisch aufgehängter Kocher braucht enorm viel Platz, damit er auch wirklich frei schwingen kann. Und damit nicht genug - der einzig mögliche Platz für einen kardanisch aufgehängten Kocher ist in der Mitte der Arbeitsfläche, die dadurch total zerstückelt und zerstört wird. Zwar könnte man dann den Platz als Arbeitsfläche nutzen, an dem sich jetzt unser Kocher befindet, aber dann können alle Dinge darauf sehr viel weiter nach Lee rutschen, und wenn man diese Fläche mit Schlingerleisten unterteilt, ist der Nutzen auch wieder dahin. Ein anderer Nachteil eines kardanisch aufgehängten Kochers, vor allem für diejenigen, die gerne kochen, ist, daß man nie sehen kann, was gerade im Topf vor sich geht, wenn das Schiff auf einem Bug segelt der den Kocher von einem wegschwingen läßt. Vielleicht ist das für mich ein besonderes Problem, aber es gibt ja auch noch andere Pygmäen. Und schließlich bevorzuge ich einen Kocher in Querrichtung, weil ich bei wirklich schwerem Wetter, wenn auch die beste Aufhängung nichts mehr nützt, wenigstens nicht in Lee und damit auch nicht in der potentiellen Flugbahn eines heißen, mit kochender Flüssigkeit gefüllten Topfes stehe. Wenn man einen kardanischen Kocher hat, ist es außerdem unumgänglich, eine solide Stange quer davor zu bauen, damit der Koch, wenn er von einer See aus der Balance geworfen wird, nicht gegen den Kocher fällt und die ganze heiße Suppe verschüttet.

Badgers Kocher befindet sich am vorderen Ende der Pantry, und seitdem wir wieder auf Petroleum umgestellt haben, sitzt im Deck darüber einer dieser cleveren kleinen Bronzelüfter, der genau in die Bohrung paßte, die der Schornstein des Dieselkochers hinterlassen hatte. Der Lüfter hat den Vorteil, daß er neben frischer Luft auch noch etwas Licht spendet. Vor dem Kocher, über eine recht breite Fläche hinweg, befindet sich eine gekachelte Oberfläche, auf der ich heiße Töpfe und Pfannen abstellen kann. Es gibt hier eine aufsteckbare Schlingerleiste für den Gebrauch auf See. An einem Ende gibt es einen speziellen Platz für den Wasserkessel. Unter dem Kocher ist das Schapp für die drei Töpfe, den Wok und eine Pfanne. Der Wok liegt überkopf auf der Pfanne, sonst paßt er nicht hinein, und alles würde bei Seegang hin- und herrutschen. Unter diesem Schapp stauen wir Wasserkanister sowie Abwasch- und Reinigungsmittel, außerdem ist dort noch Platz für weitere Flaschen, beispielsweise Olivenöl, Essig und so weiter. Zwischen Kocher und Arbeitsfläche ist ein Regal mit allen scharfen Messern und anderen Küchengeräten. In diesem Regal gibt es auch eine maßgeschneiderte Halterung für den Deckel des Druckkochtopfs, wo ich ihn hier auch dann sicher ablegen kann, wenn er ganz heiß ist. Es gibt einen Haken für den Anzünder und einen Handlauf, auf dem normalerweise die Geschirrtücher hängen.

In der Pantry ist viel Platz, weil Badgers Kabine ja über die volle Schiffsbreite reicht. Unter dem Deck am achteren Ende haben wir ein Hängeregal für Weingläser, wie man es auch in manchen Kneipen sieht. Außenbords ist ein langes, schmales Regal mit einer Vielzahl kleiner Plastikbehälter, in denen ich Kräuter und

Gewürze verwahre. Darunter sind Schapps mit insgesamt vier Türen. In den ersten zwei Abteilen befinden sich fertig vorbereitete Bohnen, Kaffee, Trockenmilch, und andere Dinge wie die Pfeffermühle und Tomatenmark. Im dritten Teil ist eine zweigeteilte Box untergebracht mit Dessertschüsseln, Frühstücksgeschirr und verschiedenen Tellern, im vierten Schapp sind weitere Plastikschüsseln und -behälter. Die Arbeitsfläche selbst ist fast zwei Meter lang, aus mit Teak furniertem Sperrholz, lackiert mit einem Zweikomponenten-Polyurethan-Lack. Unter der Arbeitsfläche, am unteren Teil des „Us" sozusagen, gibt es fünf Schubladen und ein hohes Schapp. In den Schubladen befinden sich, von oben nach unten betrachtet, folgende Dinge: Besteck und Kochlöffel; Teller, Tassen und Muggen; Geschirrhandtücher und Topflappen; Gläser und Krimskrams sowie, in der untersten Schublade, weitere Gläser. Das Schapp hat drei Regale übereinander, von denen die zwei oberen wiederum in jeweils sechs Sektionen unterteilt sind. Am äußeren und daher nur schwer erreichbaren Ende verstauen wir die Dinge, die wir nur selten benötigen, davor haben wir Töpfe und Gläser mit Nüssen, Trockenfrüchten, Marmeladen, Mayonnaise, Erdnußbutter und so weiter. Unten sind der Brotkasten, einige Flaschen und Wassercontainer untergebracht.

Am achteren Ende der Pantry gibt es eine Doppelspüle. Beide Waschbecken sind zwar klein, aber dafür recht tief. Das spart Wasser, das durch zwei Handpumpen „gefördert" wird. Auch die Waschbecken haben wir aus Sperrholz gebaut und lackiert, sie haben sich sehr gut bewährt. Am achteren Schott ist noch ein Regal für Spülmittel, Haushaltspapier und solche Dinge. Unter den Waschbecken, außenbords, ist ein Schapp für Backformen, Dosen mit Weizen und Pasta, Meßbecher und ähnliches, direkt unter den Waschbecken befinden sich Müsli, Mehl, frisches Gemüse und zwei Wassercontainer - ein großer mit Frischwasser und ein zweiter, entweder auch mit Frisch- oder mit Salzwasser gefüllt. Das ist abhängig von der Verfügbarkeit des ersteren und der Sauberkeit des letzteren (siehe auch Kapitel 10).

Ich hoffe, daß diese Aufzählung nicht zu kleinlich geraten ist, aber ich denke, es zeigt, daß man eine sehr effektive Pantry bauen kann, wenn man sich nur einige Gedanken darum macht. Ich will damit nicht behaupten, daß Badgers Pantry für jeden das Ideal darstellt, oder daß man es nicht auch noch besser machen könnte, aber unsere Ideen kommen alle aus langer Praxis und haben sich bewährt. Zum Beispiel funktioniert es sehr gut, wie wir unsere Töpfe verstaut haben - viele Leute kaufen Topfsets, die ineinander gestapelt werden können, um Platz zu sparen, doch irgendwie braucht man dann immer den Topf aus der Mitte, und dann hat man plötzlich etliche lose Deckel herumfliegen. Es ist wichtig, einen guten und trockenen Platz für Koch- und Backzutaten zu finden. Im Idealfall sollten sie nicht hinter dem Kocher sein, da es gefährlich ist, über den Kocher hinwegzugreifen, und auf keinen Fall sollten sie unter einer Klappe in der Arbeitsfläche sein, weil dort bestimmt immer etwas drauf herumsteht, wenn man an sie heran möchte. Klappen an sich sind in einer Arbeitsfläche einfach unmöglich.

Zeitweilig gebe ich gerne zu, daß unsere Spülbecken etwas klein geraten sind, doch für die wenigen Anlässe, zu denen man ein großes Becken benötigt, kann man auch eine große Plastikschüssel benutzen, um nicht den Rest der Zeit ständig Wasser zu verschwenden. Weil wir in unseren Spülbecken nur so wenig Wasser verbrauchen, können wir auch auf See mit Süßwasser abwaschen, wodurch das Geschirr angenehmer zu benutzen ist.

Weil die Pantry u-förmig angelegt ist, kann man sehr einfach darin arbeiten. Ich habe einen stabilen Gurt, der die beiden äußeren Enden des „Us" verbindet, gegen den ich mich lehnen kann, wenn wir auf Steuerbordbug segeln. Er hat einen Stagreiter an einem Ende und einen Karabinerhaken am anderen. Auf See bleibt er dort, bis wir wenden und ihn dann am Kartentisch verwenden. Weil in der Pantry alles in Griffweite verstaut ist, muß ich ihn nicht ständig justieren und kann, wenn ich mich bequem hineinlege, die Arbeitsfläche, den Kocher und die Spülen erreichen.

Weil sie hauptsächlich aus lackiertem Holz besteht, ist Badgers Pantry sehr angenehm, um darin zu arbeiten. Viel Plastik und Nirosta in einer Pantry lassen mich immer irgendwie an einen Operationssaal denken. Gekachelte Arbeitsflächen sind laut und scheinen zerbrochenes Glas zu fördern, außerdem sind sie nicht gut, um Brotteig drauf zuzubereiten und man kann sie nur schwer sauber halten. Die kleine gekachelte Fläche für meine heißen Töpfe funktioniert jedoch sehr gut, ich kann dort bis zu vier Töpfe gleichzeitig abstellen, ohne mich darum zu kümmern, wie heiß sie sind. Und noch ein Tip: Wenn man eine gekachelte Fläche hat, sollte man dunkle Kacheln verwenden, die man mit einem dunklen Kitt einfugen kann. Helle Fugen sind nur sehr schwer sauberzuhalten, und Bleichmittel werden die Fugen irgendwann zerstören. Arbeitsflächen aus Melamin sind sehr populär, aber irgendwann sind sie zerkratzt und unansehnlich außerdem nicht so hübsch, wie lackiertes Holz. Ich habe aus Versehen sogar herausgefunden, daß Zweikomponenten-Lack hitzebeständig ist - einmal stellte ich geistesabwesend einen sehr heißen Topf auf der Arbeitsfläche ab. Das Holz unter dem Lack verfärbte sich, dem Lack selbst ist jedoch nichts passiert! Wenn die Arbeitsfläche irgendwann zerkratzt ist, kann man sie ganz problemlos neu lackieren.

Da wir maßgeschneiderten Stauraum für Geschirr und Gläser haben, zerbricht uns kaum etwas davon - nicht mehr, als es auch in einem Haus an Land passieren würde. Einfaches Geschirr ist nicht teuer, aber es ist so viel angenehmer, davon zu essen, anstatt von Plastiktellern. Für den Gebrauch auf See haben wir einige Holzteller, aber die sind hauptsächlich dazu da, daß das Essen nicht vom Teller rutscht. Plastikgläser sind scheußlich, und da es so billige Gläser zu kaufen gibt, kann ich überhaupt nicht verstehen, warum einige Leute sie immer noch benutzen. Falls wir überhaupt mal ein Glas zerbrechen, dann beim Abwasch, ich kann mich nicht daran erinnern, daß jemals eines durch eine Schiffsbewegung vom Tisch geflogen ist. Auf der anderen Seite achten wir auch schon darauf, wo und wie wir unsere Gläser abstellen - wir können es uns nicht erlauben, den Inhalt zu verschütten!

Bei Kochutensilien ist es sehr schwer zu entscheiden, was davon wirklich notwendig ist. Die beste Methode, die ich zur Lösung dieses Problems kenne, besteht darin, nichts zu kaufen, bis auffällt, daß etwas fehlt. Dann weiß ich wenigstens, daß ich es wirklich brauche. Ich versuche, die Pantry nicht mit allerlei Dingen zu überfüllen, weil sie dann ineffektiv wird und mir das Kochen dann keinen Spaß mehr machen würde.

Badgers Pantry befindet sich neben und nicht im Durchgang von achtern nach vorne, und das ist eine ganz angenehme Situation. Der Koch wäre sicherlich bald genervt, wenn er ständig von Leuten unterbrochen wird, die vorbeiwollen. Dazu reicht auch schon eine Person, die in engen Gewässern vielleicht ständig zwischen Kartentisch und Niedergang hin- und her springt. An dieser Stelle sollte ich vielleicht auch noch erwähnen, daß, wenn immer möglich, Kartentisch und Pantry komplett voneinander getrennt sein sollten. Es kann zu einem erbitterten Streit zwischen Koch und Navigator führen, wenn beide eine Arbeitsfläche teilen müssen.

Eines der angenehmen Dinge auf Badger sind die zwei kleinen Bullaugen in der Pantry, die man öffnen kann. Sie bringen enorm viel Licht und Frischluft und können auch zum Entsorgen von biologisch abbaubarem Abfall wie Gemüseresten oder Teeblättern benutzt werden, außerdem kann der Koch die Welt draußen vorbeiziehen sehen. Wenn man auf seinem Schiff Seitendecks hat, braucht man schon lange Arme - auf Sheila hatten wir immer Knoblauchschalen an Deck liegen.

Mit dem Dieselkocher hatte ich auch einen Backofen, der die ganze Zeit automatisch mit in Betrieb war. Als wir wieder zu einem Petroleumkocher zurückkehrten, diskutierten wir lange darüber, ob wir wieder einen Backofen benötigen würden. Der Backofen im Dieselkocher war schon sehr nützlich, doch beim Petroleumkocher ist er sehr hoch und verbraucht außerdem mehr Petroleum durch die Extraflamme. Ab und zu vermisse ich zwar den Backofen, aber ich würde niemals zuviel Platz dafür opfern, und insgesamt bedauere ich unsere Entscheidung nicht, ohne einen solchen auszukommen. Es macht mir sogar Spaß, zu sehen, was ich statt dessen mit dem Druckkochtopf und der Pfanne ausrichten kann. Für mich zählt ein Backofen zum Luxus.

Wenn wir Badger noch einmal neu bauen würden, würde ich die Pantry nicht ändern, und ich würde es hassen, auf ein Schiff mit einer zu kleinen oder schlecht durchdachten Pantry ziehen zu müssen. Die Zeit, Gedanken und Arbeit, die man in eine gute Pantry investiert, sind mehr als lohnend. Ein angenehmer Arbeitsplatz wird den Koch dazu bringen, vernünftige Mahlzeiten zuzubereiten, langfristig Verpflegungskosten sparen und den Lebensstandard für alle an Bord erhöhen.

KAPITEL 9

SIE BOHRTEN EIN LOCH IN DEN RUMPF...

Löcher in ein Schiff zu bohren, macht mich immer unglücklich - ganz besonders, wenn diese auch noch unter Wasser sind.

Und in der Tat: Es gingen schon viele Yachten verloren, weil die Seeventile kaputt waren. Vor nicht allzu langer Zeit überführte ein bekannter amerikanischer Skipper eine nagelneue Yacht. Während er segelte, bemerkte er plötzlich Wasser über den Bodenbrettern. Das Wasser stieg schnell, und es gab so viele Seeventile auf diesem Schiff, daß er nicht alle kontrollieren konnte - kurz darauf sank das Boot. Wenn ich mich recht erinnere, waren es insgesamt 14 Rumpföffnungen und Seeventile, von denen jedes einzelne gereicht hätte, das Schiff absaufen zu lassen.

Seeventile sind teuer, brauchen regelmäßige Wartung und sind ein notorischer Schwachpunkt auf jedem Schiff. Persönlich denke ich, daß man am besten ganz und gar ohne sie auskäme. Ein Loch weniger im Rumpf ist auch eine Sorge weniger. Es ist doch irgendwie sehr komisch, daß, nachdem man jahrelang versucht hat, Bootsrümpfe so wasserdicht wie möglich zu bauen, man jetzt, wo moderne Materialien und Bautechniken dies endlich erlauben, diese Rümpfe mit so vielen Durchlässen löchert, daß sie an einen Schweizer Käse erinnern. Natürlich sind einige der Dinge, die an Seeventile angeschlossen sind, notwendig. Die Frage ist nur, könnte man nicht auch ohne die Rumpfdurchlässe auskommen?

Das nach meiner Meinung am wenigsten gerechtfertigte Loch im Rumpf ist der Ausfluß fürs Waschbecken. Ein Waschbecken im WC-Raum ist an sich schon ein Luxus (es gibt ja immer noch das Waschbecken in der Pantry), doch dann auch noch ein Seeventil unter der Wasserlinie zu installieren, nur, damit das Waschwasser von alleine abfließt, ist schon mehr als dekadent. Es gibt zwei andere Wege, auf denen man das Wasser herausbekommt: Am einfachsten, indem man das Waschbecken herausnehmen und den Inhalt in die Toilette, das Waschbecken in der Pantry oder direkt über Bord kippen kann, oder indem man eine kleine Handpumpe einbaut, mit der das Abwasser zu einer Öffnung über der Wasserlinie befördert wird.

Oft können auch die Abflüsse der Spülbecken in der Pantry sehr irritierend sein. Auf vielen Booten kommt das Wasser von draußen herein und schwappt im Becken herum, wenn dieses sich beim Segeln auf der Leeseite befindet. Das gurgelt, bis man wahnsinnig wird, und alles, was gerade im Waschbecken ist, schwimmt im Seewasser. Ich erinnere mich an das Boot eines Bekannten, wo das Wasser nicht nur ins Spülbecken lief, sondern es auch komplett füllte und schließlich in die Bilge überschwappte. Damit nicht genug - dieser Abfluß war noch nicht einmal mit einem verschließbaren Seeventil versehen, so daß dies potentiell tödlich war. Natürlich kann man auf anderen Booten jedesmal das

Seeventil schließen, wenn man das Spülbecken nicht benutzt, aber das ist auf die Dauer wirklich sehr umständlich, und selbst dann fließt das Wasser wahrscheinlich nicht ab, wenn das Becken in Lee ist. Ein weiteres Ärgernis ist, daß der Wasserdruck von außen dann stark genug sein kann, den Pfropfen aus dem Abfluß zu drücken; dann verwandelt sich all das heiße Abwaschwasser in eine kalte Salzbrühe. Auf Badger haben wir eine Handpumpe für unser Abwasser und sind damit vollkommen zufrieden. Eric Hiscock hat zwar einmal geschrieben, daß solch eine Pumpe von allerlei Essensresten immer wieder verstopft, und ich möchte nur ungern dem großen Meister widersprechen, doch nach vier Jahren auf Sheila und zehn weiteren Jahren auf Badger haben wir noch nicht einmal eine verstopfte Pumpe gehabt. Das mag aber auch daran liegen, daß wir so arm sind - unsere Teller sind stets bis auf den letzten Krümel leergegessen. Auf kleineren Booten ist es vollkommen ausreichend, eine Schüssel als Abwaschbecken zu benutzen, solange der Backschafter daran denkt, kein Besteck mit über Bord zu kippen!

Toiletten sind auf allen Schiffen ungeliebte Einrichtungen. Fast jeder hat so seine Lieblingsanekdote zu diesem heiklen Thema, und viele handeln davon, wie man die gräßlichen Biester bei schwerem Wetter auf See auseinandernehmen mußte, weil sie wieder einmal verstopft waren. Viele Bordklos sind mehr als nur unangenehm, wenn man sie auf See benutzen muß. Zuweilen sind sie schon naß, wenn man sich setzt, und die meisten Schüsseln sind so flach, daß man bei Seegang schon recht unangenehme Gefühle von unten bekommen kann. Landratten, die zu Besuch an Bord kommen, müssen in der Regel einen Kursus absolvieren, bevor sie die Dinger mit all ihren Hebeln und Ventilen benutzen können und sind dann ganz verängstigt, weil sie ja vielleicht den falschen Knopf drehen und damit das Schiff versenken könnten. Dazu kommt die ständige Sorge des Verstopfens, so daß ich mich manchmal wundere, warum wir uns damit überhaupt abplagen.

Auf Stormalong und auf Sheila hatten wir jeweils das, was vornehme Menschen als „Sanitäreimer" bezeichnen. Für diese Einrichtung spricht viel - solch ein Klo ist niemals verstopft, brauchte keine komplizierte Wartung und Pflege und war extrem billig. Dagegen spricht, daß der Rand des Eimers oft naß war, daß er bei Seegang hin- und her rutsche (allerdings nur, weil wir keinen festen Platz dafür vorgesehen hatten), daß es nicht sehr diskret war, ihn tagsüber auszuleeren und daß er im Winter, weil wir ihn draußen aufbewahrten, sehr kalt war. Insgesamt war ich mit dem Eimer jedoch glücklicher als mit den Pump-WCs auf den Schiffen unserer Freunde, und als wir Badger bauten, sprachen wir ausgiebig über dieses Thema - vor allem eben auch, weil wir keine Löcher im Rumpf haben wollten. Auf der anderen Seite dachte ich aber auch, daß es nett wäre, einmal etwas zivilisierter zu leben. Nachdem wir uns eine Zeitlang umgeschaut hatten, fanden wir das, was wir als idealen Kompromiß ansehen - das Chemieklo. Bevor Sie jetzt entsetzt die Hände über dem Kopf zusammenschlagen, möchte ich sagen, daß solche Chemieklos in den letzten Jahren sehr verfeinert worden sind, dank der gestiegenen Popularität von Campingwagen und Wohnmobilen. Jetzt haben sie einen Abwassertank und einen Frischwassertank zum Spülen. Die modernen Exemplare sind zweigeteilt, so daß man zum Entleeren den Abwassertank entfernen kann, der dann zu einer Toilette an Land gebracht oder über Bord entleert werden kann. Die chemischen Zusätze werden direkt in den Abwassertank gegeben, um starke Geruchsbildung zu vermeiden und gleichzeitig schon den Inhalt zu zersetzen.

Wir haben schließlich eine dieser Toiletten auf Badger installiert und sind sehr zufrieden damit. Die Toilette ist relativ klein, aber da wir nur zu zweit an Bord sind, reicht es aus, den Tank nur einmal am Tag zu entleeren. Das Angenehme daran ist, daß man den Inhalt dann nachts über Bord kippen kann, was natürlich diskreter ist als ein Eimer und sogar besser als ein Pumpklo, wo ja nach dem Auspumpen auch so allerlei Dinge durchs Wasser schwimmen. Unser Klo verstopft nie, so daß wir unsere Besucher nicht mit endlosen Anleitungen zu dessen Benutzung belästigen müssen. Das ist sehr viel weniger peinlich für Landratten, da sie dann nicht verlegen in den Salon zurückkehren müssen, um zu sagen, daß sie vergessen haben, welcher Knopf zuerst zu bedienen sei.

Doch selbst in diesem Paradies gibt es die gelegentliche Schlange. Man muß schon daran denken, daß der Tank irgendwann voll ist und diesen rechtzeitig entleeren, egal wie das Wetter draußen ist, und die chemischen Zusätze sind nicht gerade billig. Der Vorteil gegenüber dem Eimer ist zwar, daß man es nur einmal am Tag entleeren muß, aber manchmal kommt es uns schon relativ absurd vor, daß der einzige Grund, daß einer von uns bei schlechtem Wetter unsere gemütliche Kabine verlassen muß, darin besteht, das Klo zu entleeren. Andererseits ist diese Toilette bei der Benutzung auf See sehr angenehm, weil das Becken nicht voll Wasser steht. Die ganze Einheit kann komplett herausgenommen werden, wodurch man den Toilettenraum ohne Problem sauberhalten kann, und da sie aus glattem Plastik besteht, ist auch die Toilette selbst ganz einfach zu reinigen. Da wir keine Schläuche und Rumpfdurchlässe benötigen, ist der Gebrauch unserer Toilette auch dort ganz legal, wo mittlerweile Abwassertanks für Pumpklos vorgeschrieben sind. Schließlich können wir es auch dann benutzen, wenn unser Schiff trockengefallen ist oder an Land steht. Insgesamt betrachten wir unser Porta Potti als zivilisierter denn ein herkömmliches Pumpklo, indem wir davon ausgehen, daß Zivilisation mit Einfachheit und Zufriedenheit gleichzustellen ist, statt mit unnötigen Sorgen und Ärger.

Rumpfdurchlässe, die man kaum vermeiden kann, sind diejenigen, die für eine Einbaumaschine notwendig sind. Die normale Maschine braucht einen Kühlwassereinfluß und eine Stopfbuchse, durch die die Welle durch den Rumpf geführt wird. Viele dieser Stopfbuchsen sind so konstruiert, daß sie sogar eine kleine Menge Wasser hindurchlassen. Es gibt nicht viel, was man dagegen tun kann, vor allem, wenn sich bereits eine Maschine im Schiff befindet, und noch nicht einmal ich würde vorschlagen, eine gute Maschine von Bord zu schmeißen. Wenn man jedoch sowieso daran denkt, eine neue Maschine einzubauen, kann man doch unnötige Löcher auch in diesem Bereich vermeiden.

Die einfachste Lösung ist natürlich ein Außenborder. Von der Ästhetik einmal ganz abgesehen, gibt es jedoch leider auch noch andere Gründe, die dagegen sprechen können. Allerdings kann ein Außenborder auf vielen Booten auch in einem wasserdichten Schacht gefahren werden. Phil Bolgar hat einige Boote mit einem „falschen" Heck entworfen, wo sich hinter dem eigentlichen Spiegel noch ein Stück befindet, in dem der Außenborder versteckt ist. Dadurch hat man die Einfachheit eines Außenborders mit der Ästhetik eines Innenborders verbunden, der Motor funktioniert besser, wenn er nicht ganz am Ende des Hecks hängt und bei jeder See aus dem Wasser taucht, und er ist vor den Elementen geschützt. Mit den neuen Diesel-Außenbordern wird diese Option sogar noch attraktiver.

Eine etwas verfeinerte Version dieses Konzeptes sind Saildrives, die von vielen Leuten gegenüber Außenbordern bevorzugt werden, da sie normalerweise in Verbindung mit einer Dieselmaschine installiert werden. Ein Saildrive kann auch in einer Art wasserdichtem Kasten installiert werden, doch normalerweise sind sie mit einer soliden Gummidichtung versehen. Dann gibt es noch Saildrives, die direkt unter den Rumpf gebolzt werden, wodurch nur ein sehr kleines Loch zur Verbindung mit der Maschine im Bootsinneren notwendig ist. Bei vielen Saildrives wird außerdem das Kühlwasser durch den Saildrive selbst angesogen, so daß man effektiv ein weiteres Loch einspart.

Man könnte natürlich auch einfach eine luftgekühlte Maschine installieren, die den weiteren Vorteil hat, daß sie einen durch ihren Lärm dazu bringt, sie außer bei wirklichen Notfällen nicht zu benutzen.

Andere Leute bohren ihre Schiffe unter Wasser an, um Geber für ein Log oder Speedometer einzubauen. Auch hier gibt es andere Lösungen, beispielsweise das traditionelle Schlepplog. Neben dem berühmten Walker-Log gibt es auch einige modernere, batteriebetriebene Variationen dieses Themas, die alle gut funktionieren. Ein weiterer Vorteil solcher Schlepplogs ist der, daß der Propeller, sollte er einmal voller Seegras sein, sehr viel einfacher zu entwirren ist.

Für ein selbstlenzendes Cockpit ist es zuweilen nötig, Seeventile unter der Wasserlinie zu haben. Ein solches selbstlenzendes Cockpit ist schon sehr wünschenswert, wenn auch nur, um das Regenwasser hinaus zu lassen. Die lächerlichen kleinen Rohre, die auf einigen Serienyachten eingebaut werden und deren Durchmesser durch ein Sieb am oberen Ende noch weiter reduziert wird, sind für diese Aufgabe kaum ausreichend. Auf Badger haben wir ein kleines Cockpit, das etwa 60 Zentimeter im Quadrat mißt und nur 30 Zentimeter tief ist. Darin haben wir zwei Lenzrohre mit jeweils etwa 2,5 Zentimetern Durchmesser, und als Experiment haben wir das Cockpit einmal bis zum Rand gefüllt und dann die Zeit gestoppt, bis es leergelaufen war - das hat über zwei Minuten gedauert! Ich mag gar nicht daran denken, wie endlos lange das auf einigen der sogenannten modernen „Hochseeyachten" dauern würde. Und, ja, wir haben uns auch schon etliche Seen eingefangen. Wenn Ihr Boot Lenzrohre im Cockpit hat, die unter Wasser mit Seeventilen enden, kann es eine Überlegung sein, den Boden des Cockpits etwas höher zu legen, so daß die Ausflüsse dann über der Wasserlinie sein können. Ein flacheres Cockpit ist nicht unbedingt ein Nachteil, weil man darin oft bequemer sitzt und sich vielleicht auch besser abstützen kann. Jedenfalls ist es eine Überlegung oder einen Versuch wert. Wenn die Lenzrohre relativ gerade zur Seite oder zum Heck verlaufen, hat man unter dem Cockpit mehr freien Raum. Man kann dann auch das Sieb am oberen Ende der Rohre weglassen, da die Lenzrohre dann relativ leicht gesäubert werden können, sollten sie einmal verstopft sein - mit einem Seeventil am anderen Ende ist das schon sehr schwierig.

Wenn man die Lenzrohre auf seinem Boot nicht groß verändern und dennoch an Rumpfdurchlässen sparen möchte, könnte man sie auch alle in einem kleinen Kasten zusammenleiten, der dann nur noch einen einzigen Ausfluß benötigt. Das macht das Schiff insgesamt zwar nicht unkomplizierter, reduziert jedoch die Rumpföffnungen. Insgesamt ist es schon empfehlenswert, einmal alle Seeventile und Rumpfdurchlässe am Schiff zu betrachten und zu überlegen, ob diese auch alle wirklich notwendig sind. Immerhin reduziert man damit auch seine Chancen, so wie die unglückliche Yacht zu enden, deren Geschichte ich am Anfang dieses Kapitels erzählt habe.

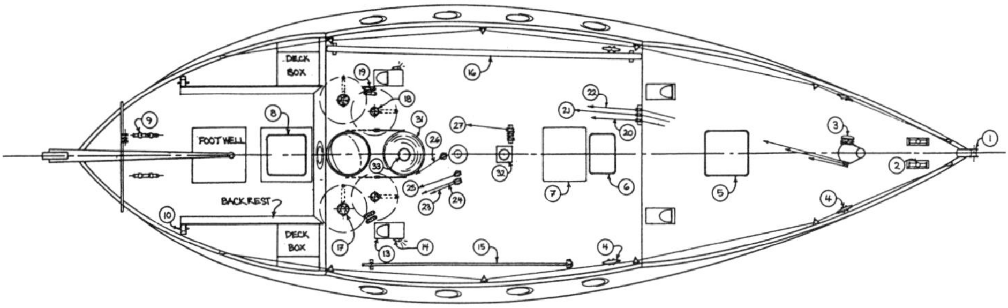

Kapitel 10

Wasser Marsch

Eine der grundlegenden Voraussetzungen für angenehme und glückliche Reisen ist es, genug Frischwasser an Bord zu haben. Wenn man jeden Tropfen des kostbaren Naß' zählen muß, oder seinen Reis oder die Kartoffeln gezwungenermaßen mit natürlichem Meersalz essen muß, wird das nicht gerade das Vergnügen an der Reise oder die Lebensqualität an Bord erhöhen. Unterschiedliche Menschen verbrauchen offenbar enorm unterschiedliche Mengen an Wasser. Einige schaffen es kaum, mit vier oder Fünf Litern am Tag auszukommen, andere begnügen sich problemlos mit einem Liter für den gleichen Zeitraum. Pete und ich kommen ohne weiteres mit gut 20 Litern pro Woche für uns beide aus, ohne daß wir uns sonderlich dafür einschränken müssen. Allerdings haben auch wir einige Methoden zum Wassersparen entwickelt.

Allgemein kann man wohl sagen, daß die meisten Yachten ihren Trinkwasservorrat in einem oder zwei großen Tanks mitführen. Für lange Reisen halte ich es für unentbehrlich, daß man mehr als nur einen Tank hat, falls man nämlich das Pech hat, einmal ungenießbares Wasser zu bunkern, oder falls ein Tank ein Leck bekommt. Auf Badger haben wir diese Idee bis zum logischen Ende konsequent fortgeführt, indem wir unser Wasser in etwa drei Dutzend verschiedener Tanks mitführen. Kurz gesagt, statt eines fest eingebauten Wassertanks haben wir einen Haufen Kanister. Diese auf den ersten Blick vielleicht etwas radikale Lösung hat mehrere Gründe.

Da unser Schiff ein sehr flaches Unterwasserschiff hat, fehlt eine tiefe Bilge, in der man normalerweise den Wassertank installiert. Wir hatten aber auch keine Lust, wertvollen Stauraum unter den Salonkojen dafür herzugeben. Zweitens mögen wir es nicht, irgendwo längsseits zu gehen und versuchen dies, wann immer möglich, zu vermeiden. Daher brauchten wir sowieso einen großen Vorrat an Kanistern, damit wir unseren Wasservorrat auffrischen können, ohne hundertmal mit dem Dinghi an Land rudern zu müssen. Auch sollten die Kanister nicht zu groß sein, da ich echte Schwierigkeiten habe, einen 20-Liter-Kanister durch die Gegend zu schleppen. Drittens haben wir auch ohne feste Wassertanks sowohl auf Sheila als auch auf Stormalong glücklich gelebt, indem wir auch dort Kanister benutzten, und schließlich ist diese Lösung hundertmal einfacher und billiger als Tanks zu installieren.

Aber unser System hat noch andere Vorteile. Da wir viele kleine (fünf Liter) Kanister benutzen, können wir diese auch in den schwieriger zugänglichen Schapps und Backskisten verstauen und damit auch die Last gleichmäßiger über das Schiff verteilen. Da wir unser Wasser auf diese vielen Kanister verteilt haben, ist das Risiko, durch einmaliges Auffüllen mit schlechtem Wasser den gesamten Vorrat zu verderben, ausgeschlossen. Wir haben zwar noch nie so schlechtes Wasser gebunkert, daß wir davon krank geworden wären, hatten jedoch schon einige Male welches, das so schlecht schmeckte, daß es ohne Frage auch den noch in einem Tank befindlichen Rest mit verdorben hätte. Unser Tagesvorrat an Wasser befindet sich in einem 20-Liter-Kanister unter der Pantryspüle, von dort wird es mit einer Handpumpe gefördert. Um diesen Kanister aufzufüllen, benutzen wir einen einfachen Trichter. Damit behalten wir unseren Wasserverbrauch bis auf fünf Liter genau im Auge. Die Kanister sind leicht zu bekommen, entweder ganz kostenlos oder sehr preiswert, und können daher jederzeit ersetzt werden. Sollten wir eine besonders lange Passage planen, können wir jederzeit mehr davon besorgen und sie irgendwo unter Deck verstauen, weil sie dafür ja klein und handlich genug sind. Damit vermeiden wir eine unansehnliche Deckslast von großen Plastikkanistern, wie man sie so oft auf Langfahrtyachten sieht. Außerdem sind diese kleinen Kanister sehr viel einfacher sauberzuhalten, als ein einziger, großer Tank, nicht zuletzt einfach deswegen, weil sie jedesmal komplett entleert und dann gründlich ausgespült werden. Das Wasser zu bunkern ist auf diese Weise besonders einfach, da wir einfach nur ein- oder zweimal an Land rudern und die Kanister am nächsten Wasserhahn füllen. Da wir von einem kleinen Einkommen leben, hat dies für uns noch den weiteren Vorteil, daß, an Orten, wo man normalerweise für das Wasser aus dem Schlauch bezahlen muß, normalerweise niemand etwas dagegen hat, wenn wir ein paar Liter aus dem Hahn nehmen. Mit etwas Takt und Geduld können wir so unseren Vorrat auffrischen, ohne dafür zu bezahlen, aber auch ohne jemanden deswegen zu ärgern. Dann gibt es noch zwei weitere, nicht ganz alltägliche Vorteile. Wenn man nämlich einmal aufläuft, kann man zur Not das Wasser im Dinghi verstauen und das Schiff damit leichter machen. Und wenn man gar das Schiff aufgeben muß, hat man immer kleine Kanister mit Frischwasser zum Mitnehmen in die Rettungsinsel zur Hand.

Da eine unserer großen Ambitionen ja eine weitestgehende Unabhängigkeit vom Land ist, spricht viel dafür, das vom Himmel fallende Regenwasser auffangen zu können. Freunde von uns haben dies in den Virgin Islands getan und bei jedem der dort so typischen, kräftigen Schauer das Wasser gesammelt, als es vom Kabinendach lief - sie hatten damit nicht nur kostenloses Trinkwasser, es war darüber hinaus auch noch von sehr viel besserer Qualität als das, was an Land aus den Leitungen kam. Ihre Methode, die wir dann für Badger übernommen haben, besteht darin, an jeder Seite des Kabinendachs eine Art kleiner Schlingerleiste zu montieren, natürlich ohne Speigatten, dafür mit je einem kleinen Rohr am achteren Ende. Nachdem der Regen erst einmal den Schmutz und das Salz fortgewaschen hatte, reichte ein tropischer Schauer meist immer noch dazu aus, Fünf-Liter-Kanister so schnell zu füllen, wie sie unter die Rohre gehalten werden konnten. Auf Badger haben wir das noch etwas modifiziert, da wir nicht ausschließlich in den Tropen unterwegs sind, und die Rohre durch das Deck nach innen gelegt, mit je einem kleinen Hahn daran - eines zur Pantry und eines in den Toilettenraum, damit wir beim Wassersammeln nicht ständig im strömenden Regen stehen müssen. Wie sehr kann man eigentlich noch verweichlichen? Es ist natürlich wichtig, daß das Deck so sauber wie möglich ist, aber die ersten paar Liter kann man ja immer für den Abwasch benutzen. Wir haben schon von Leuten gehört, die seit Jahren kein Wasser an Land mehr zu bunkern brauchten, doch ich finde, daß man sich ausschließlich auf Regenwasser nicht verlassen kann. Wir haben schon Orte besucht, an denen es wochenlang nicht geregnet hatte und andere, wo wir nicht sicher wären, daß der Regen sauber genug zum Trinken ist. Auch haben wir es als fast unmöglich empfunden, beim Segeln auf See Regenwasser zu sammeln, da die Schauer meist von viel Wind begleitet werden, so daß dann zuviel salzige Gischt herumfliegt. Auf der anderen Seite ist es eine gute Ergänzung zur Lösung des Wasserproblems.

Wenn man sich nicht sicher über die Qualität des an Land gebunkerten oder aus dem Regen gesammelten Wassers ist, kann man es leicht reinigen. Viele Leute nehmen dazu die im Handel gängigen Mittel oder Tabletten, die einfach den Tanks zugesetzt werden, aber ich habe diese als teuer und nicht ganz zufriedenstellend empfunden, da sie unserem Earl Grey einen ziemlich penetranten Nebengeschmack verleihen. Statt dessen benutze ich für den gleichen Zweck einfaches Haushaltsbleichmittel oder Milton.

Einige Packungen geben an, wieviel Prozent Chlor in dem Bleichmittel vorhanden ist, und wenn sie es nicht tun, liegt der Anteil etwa in der Region um ein Prozent. Um das Wasser zu reinigen, nimmt man 45 Tropfen pro fünf Liter (wenn das Wasser trübe oder verfärbt ist, nimmt man doppelt so viel, wenn das Bleichmittel zehn Prozent Chlor enthält, nimmt man nur vier bis fünf Tropfen, und so weiter). Es hinterläßt fast keinen Nachgeschmack. Allerdings muß man beim Bleichmittel darauf achten, daß es außer Chlor nichts weiter enthält, da einige Marken wie Domestos oft auch noch andere Substanzen enthalten, die bestimmt nicht gesund sind.

Milton und ähnliche Sterilisationslösungen gibt es in großen Supermärkten und in Apotheken. Die Anwendungen zum Reinigen von Wasser sind jeweils auf den Flaschen aufgedruckt, und da sie von Hersteller zu Hersteller variieren, werde ich diese hier nicht weiter ausführen. Solche Lösungen kann man auch dazu verwenden, Behälter zum Einmachen vorzubereiten - das ist viel einfacher, als sie vorher abzukochen.

Wenn man doch einmal Wasser mit einem schlechten Geschmack erwischt, oder wenn man befürchtet, daß beispielsweise die Leitungen diesen Geschmack verursachen, kann es sich lohnen, einen Wasserfilter einzubauen. Wenn wir einen benutzen, ist es ein Kohlefilter in einer separaten Einheit, so daß der Filter von Zeit zu

Zeit ausgetauscht werden kann. Der Vorteil liegt weiterhin darin, daß man sich an Orten mit sauberem Trinkwasser nicht um den Filter zu kümmern braucht, was die Kosten senkt. Wir trinken an sich nicht viel pures Wasser, doch in meinem Tee fällt mir jeder Nebengeschmack sofort auf, und deshalb stelle ich mich mit dem Wasser oftmals sehr an.

Da Frischwasser an Bord ja etwas recht Wertvolles ist, lohnt es sich, auch einen Seewasserhahn zu haben. Wenn man beispielsweise eine Maschine hat, deren Kühlwassereinlaß mit einem Seeventil versehen ist, kann man gleich hinter dem Ventil eine Leitung abzweigen, die zum Seewasserhahn in der Pantry führt. Auf Badger haben wir einen Zehn-Liter-Kanister unter der Spüle, den wir regelmäßig mit Seewasser füllen. Dieses System funktioniert ganz gut, da wir den Kanister vor dem Auslaufen aus einem Hafen mit zehn extra Litern Frischwasser füllen können, ihn dann auf See mit Seewasser nachfüllen, das wir dann auch noch im nächsten Hafen benutzen können, falls wir in einer wasserarmen Gegend sind. Viele Leute machen sich geradezu einen Sport daraus, wo immer möglich nur Seewasser zu verwenden, und ursprünglich gehörte ich auch dazu. Obwohl ich auch jetzt noch Seewasser zum Gemüseputzen und Händewaschen benutze, bin ich über die Jahre dann allerdings doch zu dem Schluß gekommen, daß es für alle anderen Zwecke nicht sehr tauglich ist. Alles in Salzwasser zu kochen, würde uns jedes Essen versalzen, obwohl ich oft einen Schuß Seewasser zur Pasta, zum Reis oder zu den Kartoffeln dazugebe, um sie zu salzen. Wenn man Gemüse in einem Druckkochtopf kocht, kann man das ausschließlich mit Seewasser tun, solange das Gemüse auf der Einlage gedämpft wird und nicht direkt im Wasser liegt. Wer seinen Wasservorrat schonen will, tut sowieso besser daran, alles im Drucktopf zu garen, da es sehr viel mehr Wasser kostet, alles Gemüse getrennt in einzelnen Töpfen zu kochen.

Wir haben eine Zeitlang unseren Abwasch mit Seewasser erledigt, und wenn man eine große Spüle hat, für die man viel Wasser benötigt, hat man wohl kaum eine andere Wahl. Das Problem dabei ist nur, daß weder das Geschirr noch die Arbeitsfläche jemals wirklich ganz trocknen, - besonders in kühleren Gegenden -, und die Geschirrtücher werden dadurch ganz fürchterlich. Pete, der Chef-Aufwäscher, hat die Kunst perfektioniert, den Abwasch eines Tages mit extrem wenig Wasser in unseren zwei kleinen Spülbecken zu schaffen. Ich schaue ihm dabei nicht zu und mag mir gar nicht ausmalen, wie es wohl aussieht, aber die Töpfe und Teller, die er anschließend wegstellt, sehen immer ganz sauber aus. Mittlerweile waschen wir sogar auf langen Seepassagen mit Frischwasser ab - das gibt uns auch eine gute Ausrede, aus Wassersparsamkeit höchstens einmal am Tag abzuwaschen!

Das Waschbecken im Toilettenraum wird aus einem Fünf-Liter-Kanister darunter gespeist, und es ist ein wahrer Luxus, sich mit einem in Frischwasser getauchten Handtuch das Salz aus dem Gesicht waschen zu können. In unserem flachen und recht kleinen Waschbecken reichen vier Pumpenschläge oder etwa eine Mugg voll Wasser dazu aus, wobei wir aus fünf Litern etwas 20 Muggen füllen können. Da Pete sich um solche Dinge weniger kümmert, reichen fünf Liter oft für eine komplette Passage aus. Wenn man sich nach einer etwas gründlicheren Wäsche sehnt, lohnt es sich, zunächst sehr viel Salzwasser anzuwärmen und sich erst damit gründlich zu waschen, bevor man sich am Ende einmal mit etwas Frischwasser abspült. Salzwasserseife ist übrigens nutzlos und meist nicht sehr angenehm, und man kann sich im Salzwasser mit normalem Shampoo sehr viel besser waschen.

Ich persönlich würde kein Druckwasser an Bord benötigen. Eine Handpumpe zu benutzen ist nun wirklich nicht umständlich, aber sehr viel sinnvoller als Strom dafür zu verbrauchen. Jedes Schiff, das längere Zeit an einem Ort liegt und dessen Crew weder sich noch Nachbarn durch eine laufende Maschine oder einen brummenden Generator nerven will, wird sich früher oder später Handpumpen fürs Frischwasser herbeiwünschen. Wir haben einmal in Palma de Mallorca überwintert und hatten dort mehrere Nachbarn, die zum Laden ihrer Batterien auf die Hauptmaschine oder Generatoren angewiesen waren, denn die Pier, an der wir alle lagen, hatte keinen Stromanschluß. Es gab weder genug Sonne noch genug Wind für alternative Energien, und Diesel war extrem teuer. Einige unserer Nachbarn mußten schließlich das Wasser direkt aus großen Kanistern in ihre Töpfe, Kessel und Waschbecken kippen, da sie nur Druckwasserhähne an Bord hatten, aber die Batterien nicht noch weiter entladen wollten. Überdies war das Wasser in Palma so scheußlich, daß es niemand trinken mochte. Wir waren die einzigen, die sowohl Trink- als auch Waschwasser hatten, weil wir so kleine Kanister nutzten, die man leicht auch an anderen Stellen auffüllen konnte, und deren Inhalt dann auch mit unseren Handpumpen gefördert werden konnte. Wir waren auch die einzigen, die, wann immer wir es wollten, an Bord duschen konnten. Dabei hatten wir die einfachste und, angeblich, unzivilisierteste Yacht.

Ich schweife jedoch etwas ab. Ganz abgesehen von dem hohen Anschaffungspreis und der komplizierten Installation führt ein Druckwassersystem immer dazu, daß automatisch mehr Wasser verbraucht wird, besonders, wenn man Gäste an Bord hat. Bei Handpumpen gibt jeder Pumpenschlag eine kleine, konstant bleibende Menge Wasser ab, so daß man nur soviel, wie gerade nötig ist, entnimmt und nichts verschwendet. Bei fließendem Wasser sieht das natürlich ganz anders aus, da man fast immer den Hahn zu spät abdreht. Zähneputzen kann auf diese Weise beispielsweise enorm viel Wasser kosten, weil die Leute dann ihre Zahnbürste unter fließendem Wasser abspülen. Einige Freunde von uns wurden einmal durch eine Crew terrorisiert, die sich nicht davon abhalten ließen, das Wasser wie in einem normalen Haus an Land zu verschwenden. Die entsprechende Yacht war 54 Fuß lang und hatte enorme Tanks, doch selbst die waren schnell erschöpft. Da entschied Ted, der Skipper, daß die beiden die Tanks ruhig wieder füllen könnten, weil sie ja das meiste Wasser verbraucht hatten. Er gab jedem einen 20-Liter-Kanister in die Hand und zeigte zu einem Wasserhahn, der per Dinghi etwa 200 Meter entfernt war. Die beiden brauchten den ganzen Tag, um auf diese Weise die voluminösen Tanks zu füllen - und danach haben sie sehr viel mehr auf ihren persönlichen Wasserverbrauch geachtet!

Heißwassersysteme sind eine große Versuchung, besonders dann, wenn man die Maschine häufig benutzt und einen Heißwassertank daran anschließt. In Verbindung mit Handpumpen und sehr viel Selbstdisziplin kann man es vielleicht rechtfertigen, so etwas einzubauen, besonders dann, wenn man viel entlang der Küste unterwegs ist und keine ausgedehnten Passagen über See segelt. Für wirkliche Langfahrtyachten denke ich jedoch, daß man auch dann einfach sehr viel mehr Zeit darauf verwendet, Wasser zu bunkern. Einer der Nachteile von Heißwassersystemen ist es ja, daß man erst eine gewisse Menge kalten Wassers ablaufen lassen muß, bevor man an das heiße Wasser kommt, was eine enorme Verschwendung ist. Auf dem dazu passenden Schiff mag vielleicht ein schwarzer Wassertank an Deck nützen, der sich einfach durch die Sonne aufwärmt, doch ansonsten ist es wirklich nicht sehr viel Arbeit, eben den Kessel aufzusetzen, wenn man heißes Wasser benötigt. Der beste Nutzen von warmem Wasser ist natürlich eine schöne Dusche, und auf Badger lösen wir das in einer sehr einfachen Weise mit einem Solarduschsack. Das ist nichts anderes als ein flexibler Wassertank, den man in die Sonne hängt, und der am unteren Ende einen Duschkopf hat. Das funktioniert zwar nur bei recht sonnigem Wetter, ansonsten kann man aber auch einfach heißes Wasser aus dem Kessel einfüllen. Dann hängen wir diesen Duschsack an einen Haken im Toilettenraum und können mit etwa vier, fünf Litern sehr ausgiebig duschen. In heißen Klimazonen ist das natürlich auch praktisch, wenn man sich an Deck damit nach dem Schwimmen einfach das Salz vom Körper waschen kann.

Wasseraufbereitungsanlagen sind zur Zeit noch etwas teuer, vor allem, was die laufenden Kosten betrifft. Sie lohnen sich nur, wenn man ausschließlich in Revieren wie den Bahamas segelt, wo man für jeden Tropfen Wasser bezahlen muß (und selbst dort kann man wahrscheinlich genug Regen auffangen). Die Anschaffungskosten eines solchen „Wassermachers" sind nicht mehr so immens hoch, doch die Filter sind sehr teuer und halten nicht lange, vor allem dann nicht, wenn das See- oder Hafenwasser relativ schmutzig ist. Auch arbeiten solche Systeme ja unter hohem Druck, so daß die Pumpen übermäßig belastet werden. Auf der anderen Seite sind sie relativ effektiv, und wenn die Preise für die Filter merkbar fallen, mag das eine Option werden.

Es macht gar nichts, wieviel Wasser man an Bord hat, doch das Gefühl, man habe einen ausreichenden Vorrat, ist mit entscheidend für die Lebensqualität an Bord. Dieses Gefühl bekommt man am ehesten dadurch, daß man lernt, das Beste aus dem Vorhandenen zu machen. Mit Trinkwasser an Bord ist es so, wie mit so vielen anderen Dingen - wir sind zu der Auffassung gekommen, daß einfache und unkomplizierte Lösungen nicht nur immer funktionieren, sondern auch am effektivsten sind und am wenigsten Sorgen bereiten.

Kapitel 11

Jedes Ding hat seinen Platz

Egal, was für ein Schiff man für lange Reisen nimmt, eines trifft immer zu: Man kann nie genug Schapps und Schränke an Bord haben. Es ist einfach erstaunlich, welche Mengen an Zeugs auch noch auf den kleinsten Booten verstaut werden. Als wir von Sheila auf Badger umgezogen sind, waren wir von dem Berg an Sachen, die wir von einem Schiff zum anderen bringen mußten, geradezu schockiert.

Zuerst hatten wir in Badgers Pantry zwei riesige Schapps, die wir anfangs komplett vollstauten. Natürlich hatten wir nicht daran gedacht, daß Schapps nicht immer ganz voll sind, und merkten sehr schnell, welch einen Lärm der Inhalt eines halbvollen Schapps verursacht, wenn er beim Segeln hin- und her rutscht. Davon hatten wir sehr schnell die Nase voll und nahmen uns vor, die Schapps in kleinere Fächer zu unterteilen. Allerdings reichen diese zwei Schapps unter der Arbeitsfläche bis zur Bordwand und auch noch um die Ecke herum, so daß die hinteren Gefilde nur ziemlich schwer erreichbar sind. Pete löste dieses Problem dann aber in seinem typischen, eigenen Stil, indem er einige Leisten baute, die so eingekerbt waren, daß man die Längsleisten erst hinlegt, dann die Querleisten darauf aufsteckt - ein System variabler Unterteilung. Dadurch ist jedes Schapp in sechs kleinere Fächer aufgeteilt, was sich als vollkommen zufriedenstellend erwiesen hat. Viele Boote haben ja sehr große Schapps, in denen es dann - analog zum alten Seemannsspruch - so zugeht wie „in der Seekiste des Bootsmanns, in der alles oben und nichts zur Hand" ist.

Der alte Spruch „Jedes Ding hat seinen Platz" muß ursprünglich einmal von einem Seemann geprägt worden sein. Arthur Ransome hat in seinem wunderbaren Buch „Racundra's first cruise" geschrieben, daß „Häuser nichts sind als schlecht gebaute Boote, die so fest aufgelaufen sind, daß man gar nicht daran denken kann, sie zu bewegen." Richtige Boote, auf der anderen Seite, bewegen sich fast ohne Unterbrechung, und auf einem Boot zu leben, ist am ehesten vielleicht mit einem Haus in einer aktiven Erdbebenzone zu vergleichen, wenn auch weniger traumatisch und mit dem wichtigen Unterschied, daß ein Boot meist für diese ständige Bewegung gebaut wurde. Daher braucht man an Bord eben für jedes Ding seinen Platz, denn was keinen festen Platz hat, wird sehr schnell und in mehreren Teilen auf den Bodenbrettern enden. Als wir noch auf Sheila lebten, konnten wir diesen erstrebenswerten Zustand noch nicht erreichen, weil sie einfach zu klein dafür war. Daher mußten wir jedesmal, bevor wir ausliefen, alles mögliche sicher verstauen, irgendwo ineinander verkeilen oder sonstwie seefest unterbringen. (Auch auf Stormalong gab es keinen Platz, aber der Katamaran hat wenigstens nicht gekrängt.) Es dauerte immer Ewigkeiten, bis wir endlich soweit waren, um auslaufen zu können, so daß wir schließlich zu faul wurden, nur für einen Nachmittag zu segeln. Damals schworen wir uns, daß uns das auf Badger nicht passieren würde, und erstaunlicherweise ist es uns auch größtenteils gelungen, das zu erreichen. Wenn wir schnell entschlossen lossegeln wollen, reicht es normalerweise, das lose herumstehende, schmutzige Geschirr in die Spüle zu räumen und die Bullaugen in der Pantry und im Toilettenraum zu schließen. Alles andere ist so untergebracht, daß wir es nicht erst besonders seefest verstauen müssen. Ganz abgesehen davon, daß man sich so sehr viel zivilisierter vorkommt und sich nicht das Vergnügen raubt, das Boot auch einmal als Daysailer zu nutzen, ist es ein echter Sicherheitsfaktor, daß man jederzeit einen Ankerplatz verlassen kann, sollte dies durch ein Umspringen des Windes oder andere Dinge nötig werden, ohne daß das Ganze dann in ein Drama ausartet. Die schlimmste Versuchung ist, wie auf jedem Schiff, der Kartentisch, denn eine solche Abstellfläche schreit geradezu danach, daß man alles Mögliche einfach dort hinlegt. (Ganz nach Cox's Gesetz der horizontalen Flächen, welches besagt, daß alle horizontalen Flächen sehr bald mit sovielen Dingen bedeckt sind, daß keine freie, nutzbare Oberfläche mehr übrig ist.)

Der Bereich unter dem Cockpit ist der beste Stauraum auf Badger und wird meist für irgendwelche Ausrüstung gebraucht.

Ein trockenes Schiff ist auch in bezug auf das Verstauen ein unglaublicher Bonus. Mit den jetzt zur Verfügung stehenden, modernen Materialien und Bauweisen gibt es eigentlich keinen Grund mehr, daß man noch unerwünschtes Wasser im Schiff hat. Leckende Stellen zu finden und abzudichten sollte auf jedem bewohnten Fahrtenschiff die oberste Priorität sein. Denn fast alles kann dadurch verdorben werden, daß es über einen längeren Zeitraum feucht ist. Man kann Kleidung und andere Dinge auch in Plastiksäcken verpacken, was sie auf jeden Fall sauberhalten wird, doch selbst solch ein Plastiksack ist nicht dicht, wenn er im Wasser liegt. Irgendwie dringt die Feuchtigkeit doch immer ein, und ich kann nur vermuten, daß sich dabei eine Art von Osmosevorgang abspielt. Große Plastikbehälter, wie man sie von Eiscreme kennt, sind da schon eher dicht, doch langfristig werden auch sie am Deckel anfangen, zu lecken. Plastikbehälter aller Art kann man in Form von Kanistern, Eimern oder Boxen bekommen, und wenn man eine treusorgende Familie hat, läßt man sich vielleicht sogar etwas Tupperware schenken, obwohl ich selbst das nicht habe (die Tupperware, nicht die treusorgende Familie). Wir benutzen Plastikdosen für unsere Lebensmittel, unser Wasser, Diesel, Petroleum, Benzin und Brennspiritus sind alle in Plastikkanistern untergebracht.

Da Badger glücklicherweise ein trockenes Schiff ist, können wir alles andere einfach so in Schränken und Schapps verstauen. Unsere Kleidung liegt in Regalen oder unter unserer Doppelkoje. Kleidung für andere Jahreszeiten oder Klimazonen, die wir gerade nicht benötigen, packen wir in weiche Taschen und stauen sie dann weg. Segelmaterial für Reparaturen wohnt auch unter der Koje, ebenso wie Stoffreste, aus denen wir unsere Gastlandsflaggen nähen, Ersatzdecken und andere Teile, wie zum Beispiel Lampengläser, ein Ersatzkompaß und so weiter. Unser Werkzeug wohnt in einer Backskiste im Heck, Schraubenschlüssel, Schraubenzieher, Stemmeisen und solche Dinge haben wir zusätzlich in aufrollbaren Tuchtaschen untergebracht. In der gleichen Backskiste sind unsere Vorräte an Lacken und Farben sowie Tauwerk und Fender. Weiteres Tauwerk und noch mehr Fender haben ihren Platz in der Vorpiek. See- und Hafenhandbücher haben mittlerweile das Bücherregal in der Navigation gesprengt und sind jetzt teilweise unter den Bodenbrettern im Salon ausgelagert. Unsere Lebensmittel sind fast ausschließlich in der Pantry und im Salon verstaut. Ich mag nicht daran denken, wieviele Vorräte wir an Bord haben - vermutlich genug, um einen kleinen Lebensmittelladen zu eröffnen.

Der große Stauraum im Heck ist der beste Platz für die Bootsausrüstung. Eigentlich dient er dem gleichen Zweck, den auf anderen Schiffen die Backskisten im Cockpit erfüllen, hat jedoch einige Vorteile. Unser Stauraum im Heck ist sehr viel dichter und damit trockener, vor allem auch, weil die Rumpfseiten und das Deck isoliert sind. Auf See können wir ihn komplett wasserdicht verschließen, Backskisten erscheinen mir im Gegensatz dazu als sehr leicht verletzbar und nicht so solide, wenn beispielsweise einmal eine See ins Cockpit steigt. Da unser Stauraum nicht von oben, sondern von den Seiten aus zugänglich ist, kann er leicht in kleinere Abteile untergliedert werden - tatsächlich haben wir insgesamt sieben voneinander getrennte Schapps in diesem Bereich. Ganz im Heck gibt es noch einen getrennten Raum, der bis zum Schiffsboden reicht und einige Regale hat, auf denen die gerade nicht benötigten Seekarten, die Wattstützen und andere Dinge lagern. Innen an den Rumpfseiten befinden sich Haken, an denen das meistgebrauchte Tauwerk hängt.

Es scheint nur auf wenigen Yachten einen guten Platz zu geben, an dem das Tauwerk untergebracht ist, meist werden die Leinen einfach aufgeschossen und in die Backskiste geworfen. Das mag auch daran liegen, daß nur wenige Segler noch wissen, wie man eine Leine so aufschießt, daß man anschließend ein Auge über hat, an dem man sie aufhängen kann. Dabei ist das sehr einfach. Erst schießt man die Leine wie gewohnt auf, bis man etwa einen Meter über hat. Diesen letzten Meter legt man doppelt und führt diese Schlinge dann um das bereits aufgeschossene Stück herum und schließlich hindurch, dann setzt man einen halben Schlag darauf. Diesen Vorgang wiederholt man noch einmal, so daß man am Ende ein sehr kleines Auge hat, das mit zwei halben Schlägen gesichert ist, an dem man das Ganze dann aufhängen kann. Alternativ kann man die Leine wie gewohnt aufschießen und in die Backskiste legen, aber dann stehen die Chancen sehr viel größer, daß sie sich vertörnt oder sogar löst. Aufgehängtes Tauwerk ist schneller zur Hand und kann auch besser trocknen, falls es in feuchtem Zustand verstaut werden muß.

Alle Schapps, Backskisten und Stauräume brauchen eine Belüftung, egal, wie groß oder klein sie sind. Einige der darin verstauten Dinge scheinen die Kondensation und Feuchtigkeit zu fördern, und zuweilen hilft es, diese dann in einem größeren, luftigeren Raum zu verstauen. Unter Deck ist es immer sinnvoll, luftdurchlässige Schapp- und Schranktüren zu haben. Auf Badger haben wir diese Türen aus einzelnen Leisten gebaut, zwischen denen an einigen Stellen Schlitze sind. Sogar die Fingerlöcher zum Öffnen helfen etwas bei der Belüftung. Wer mit einem kleinen Einkommen unterwegs ist, muß natürlich besonders darauf achten, alles trocken und gut belüftet zu verstauen, da man es sich nicht leisten kann, Sachen verderben zu lassen, um sie dann wegschmeißen zu müssen.

Viele Lebensmittel halte ich in verschließbaren Gläsern, außerdem haben wir etliche Flaschen mit Trinkbarem an Bord. Ich erwähne dies, weil immer noch viele Leute meinen, Glas an Bord sei tabu. Dagegen denke ich, daß es nur darauf ankommt, alles entsprechend zu organisieren und zu verstauen. Es gibt wohl kaum etwas Unangenehmeres, als ein zerbrochenes Marmeladenglas auf dem Salonboden vorzufinden, aber wenn es richtig verstaut ist, kommt das gar nicht erst vor. Wer kein Glas an Bord läßt, bringt sich um viele schöne Lebensmittel, die nun einmal in Gläsern verkauft werden, und um den Genuß, selbst Eingemachtes zu essen. Wenn ich preiswerte Mayonnaise oder Olivenöl in Flaschen sehe, kaufe ich sie sofort und mache mir keinerlei Gedanken um das Glas. Natürlich dürfte keiner so blöd sein, auf See ein Glas Mayonnaise oder eine Flasche Olivenöl auf der Arbeitsfläche der Pantry stehen zu lassen, aber eigentlich sollte man das auch nicht mit einer Plastikflasche tun. Dann wird man vielleicht keine Scherben bekommen, aber auch ein Plastikbehälter kann platzen oder reißen, wenn er durch den Salon knallt, und der Inhalt wäre dann genauso schön in der Gegend verteilt. Glas hat allerdings auch Vorteile. Auf Sheila habe ich einmal eine Plastikflasche mit Speiseöl in der Bilge verstaut, ohne zu wissen, daß sie dort schamfilen würde - das Ergebnis war, daß sich das Öl nach einiger Zeit in der gesamten Bilge ausgebreitet hat. Es hat zwei oder drei Wochen gedauert, bis ich das bemerkt habe, denn Sheilas Bilge war relativ trocken, brauchte nicht oft gepumpt zu werden und auch sonst hatten wir nicht viel dort verstaut. Mit einer Glasflasche wäre das vermutlich nicht passiert.

Eines der großen Probleme, wenn man an Bord lebt, ist der Sammeltrieb - man akkumuliert Dinge, die dann irgendwo verstaut werden müssen. Man kauft bei einem Sonderangebot ein, etwas wird einem geschenkt, man ersetzt ein Fall und bewahrt das alte Ende auf, und bevor man es sich versieht, kann man sich an Bord kaum noch bewegen. Spätestens dann muß man einmal durchgreifen und alte Dinge aussortieren. Sachen wegzuschmeißen kann ganz amüsant und ansteckend sein, wie Alain Gerbault in seinem Buch schreibt: „Ich habe unter Deck alles seefest gemacht, indem ich vor allem die Dinge über Bord geworfen habe, die ich als nicht mehr brauchbar erachte. Das bereitet mir jedesmal ein großes Vergnügen, und es ist eine der Freuden des Lebens auf See, daß man keine der Dinge behalten muß, die man nicht mehr mag." Man kann ja immer seiner Cousine erzählen, daß ihr nettes Geschenk neulich über Bord ging, als man in einem Sturm vor dem Nordkap kenterte - sie wird es nicht besser wissen. Allerdings ist es nicht für jeden einfach zu entscheiden, was man vielleicht noch einmal brauchen könnte, und was nicht. Im Zweifel sollte man vielleicht ein Datum auf das betreffende Ding schreiben und es wegstauen. Wenn man es dann nach einem Jahr erst wieder findet und es zwischendurch nicht angerührt hat, kann es wohl getrost über Bord fliegen.

Besitztümer können wirklich sehr belastend sein, und es spricht viel dafür, in dieser Hinsicht möglichst unsentimental und rücksichtslos zu sein. Ich hänge zum Teil sehr an meinem kleinen, persönlichen Schnickschnack, doch Pete ist da viel pragmatischer: „Um Himmels willen, das ist doch nur ein Objekt und wenn du dich an alte Freunde oder schöne Plätze nicht erinnern kannst, ohne ein handfestes Objekt zu betrachten, dann können dir diese vielleicht doch nicht so wichtig sein." Ich muß gestehen, daß ich zum Beispiel gerne alte Geburtstagskarten aufhebe, aber die kann ich wenigstens zwischen den Seiten unserer Bücher verstecken. Boote sind ja wirklich zu klein, um allen möglichen Kram aufzuheben, und das Leben an Bord einer aufgeräumten und nicht überfüllten Yacht ist natürlich viel angenehmer. Viele Sachen erscheinen uns natürlich als besonders wichtig, weil die Person, die sie uns geschenkt hat, sich vielleicht sehr viele Gedanken darum gemacht hat oder es mit besonders viel Liebe ausgesucht hat. Es ist ein Jammer, daß eigentlich selbst für solche Sachen auf die Dauer kein Platz vorhanden ist.

Ganz und gar kann man solche kleinen Dinge jedoch nicht ausrotten, und in jedem Haus gibt es eine Rumpelkammer oder einen Schrank, der mit solchen Dingen gefüllt ist. Bei uns an Bord muß dafür eine einfache Schublade ausreichend sein, in der wir all das aufbewahren, was sonst keinen Platz findet. In dieser Schublade ist also, einfach gesagt, all das, was wir gerade suchen und nirgends sonst an Bord finden können: Alte Bändsel, Schuhcreme, Filme, Batterien (oftmals auch alte), eine Trillerpfeife, Lötzinn und Lötkolben, die Gebrauchsanweisung für meinen Fotoapparat, eine Ersatzpatrone für die selbstaufblasende Rettungsboje, Spielkarten, Papier für den Barographen, Ersatzteile für den Primuskocher, und der Himmel alleine weiß, was noch alles. Das ist also unsere „Müllschublade", und ich bin sicher, daß es sie auf jedem Boot und in jedem Haus gibt.

Auch unseren Sextanten haben wir in einer Schublade untergebracht. Das passierte ganz zufällig, als wir unseren neuen Sextanten an Bord von Badger brachten, lange bevor wir sie fertig gebaut hatten und nach einem geeigneten Platz dafür suchten. Wir stellten fest, daß der Sextant mit seinem Holzkasten genau in eine unserer Schubladen paßte, nur zuschieben konnten wir sie dann nicht mehr, weil der Deckel des Kastens zu hoch war. Nachdem wir diesen entfernt hatten, paßte es jedoch wie angegossen, und da die Schublade sehr stabil ist, haben wir jetzt den perfekten „Sofortstauraum" für den Sextanten - nach der Messung kann man das Instrument einfach in der offenen Schublade ablegen, der Navigator kann dann den Wert auf dem Gradbogen ganz in Ruhe ablesen und die Schublade dann schließen.

Überhaupt sind Schubladen an Bord sehr brauchbar und nicht sehr schwer zu bauen, wenn man sie als Sperrholzbox betrachtet. Wir haben unsere vorne mit Pitch Pine abgedeckt und jeweils einen Keil an die Unterseite geklebt, so daß sie auf See nicht heraus rutschen; zum Öffnen müssen sie leicht angehoben werden. In der Pantry haben wir fünf Stück davon, die ich schon an anderer Stelle erwähnt habe, und vier beim Kartentisch. Die oberste davon ist sehr flach und für Bleistifte, Radiergummis, Kugelschreiber, Wechselgeld und solchen Kleinkram gedacht. In der zweiten befinden sich die Cassetten für unsere „lo-fi" Musikanlage, die dritte ist für allerlei Kleinkram, in der vierten befinden sich unser Zeiss-Sextant und noch ein einfacher Ebbco-Sextant als Back-up. Unter meinem Sofa ist noch eine flache Schublade, in kleine Sektionen unterteilt, in der ich mein Nähzeug aufbewahre.

Bücher können an Bord schnell zum Problem werden, besonders dann, wenn, wie bei uns, die Crew viel und gerne liest und auch noch an den Büchern hängt. Das ideale Bücherregal ist Querschiffs angebracht, aber das ist aus Platzgründen meist nicht möglich. Wir haben insgesamt drei Satz Bücherregale: Jeweils eines auf jeder Seite unserer Koje im Vorschiff, jeweils eines auf jeder Seite des Salons hinter den Sofakojen, und zwei Stück in Querrichtung am Schott hinter dem Kartentisch. Alle sind immer mit Büchern vollgestopft. Die zwei in unserem Schlafraum sind jeweils fast zwei Meter lang und für Taschenbücher gedacht. Sie haben eine abnehmbare Schlingerleiste, doch selbst die Taschenbücher sind schwer genug, daß sich diese Leiste durchbiegt, sowie das Regal in Luv ist, so daß die Bücher sich ab und zu über die Koje ergießen, wenn wir gegenan segeln. Am Ende haben wir dieses Problem auf eine etwas ungewöhnliche, aber sehr effektive Art gelöst, indem wir die Leiste und die Bücher mit Schraubzwingen am Regal befestigen, wenn das Wetter oder unser Kurs dies erfordert.

Die Bücherregale hinter den Salonkojen haben innenbords sehr hohe Schlingerleisten. Die Bücher sind dahinter verkeilt, an einigen Stellen haben wir den Raum zwischen Büchern und Bordwand mit alten Handschuhen oder ähnlichem ausgestopft, damit sie auch in dieser Richtung nicht rutschen können. Seit Jahren schon haben wir uns vorgenommen, die Bücher so zu sichern, daß sie auch dann im Regal bleiben, wenn Badger von einer See umgeworfen wird. Bis jetzt haben wir das vor uns her geschoben, doch dann kam natürlich der Tag, während eines Sturmes auf der Nordsee, daß wir soweit überholten, daß sämtliche Bücher aus dem Regal flogen. Einige hatte genug Wucht, um das Melamin an der entgegengesetzten Bordwand zu durchschlagen und die dahinter liegende Korkisolierung freizulegen. Claude

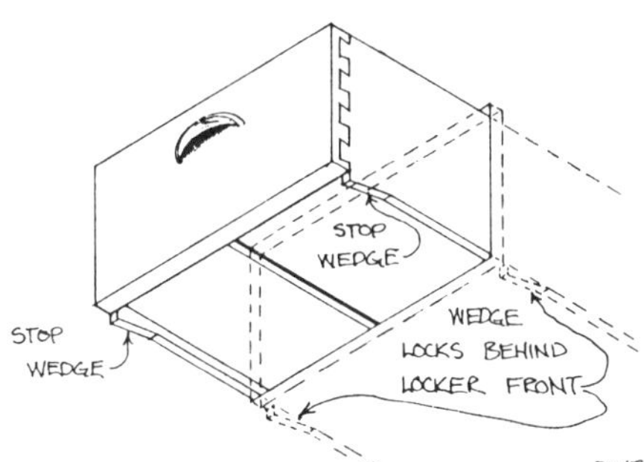

Worth hat dabei am meisten Schaden angerichtet, dicht gefolgt von Bill Tilman und dem Time Atlas. Pete hatte zu diesem Zeitpunkt Wache, war gerade unter Deck und sagte später, er habe Glück gehabt, nicht den Schädel von dem schweren Wälzer „Heavy Weather Sailing" (Segeln bei schwerem Wetter!) eingeschlagen bekommen zu haben. Seitdem haben wir die Bücher zumindest mit einer Leine gesichert, die oben entlangläuft und an beiden Enden fest belegt ist.

Um die an Bord verstauten Dinge für wirklich schweres Wetter zu sichern, braucht man einfach Erfahrungswerte. Ich denke, daß es hilft, wenn die Schapps möglichst klein und unterteilt sind. Und noch einmal, wenn jedes Ding seinen angestammten Platz hat, macht es das Leben auch unter extremen Bedingungen einfacher. Bei sehr rauhem Wetter, vor allem in der Pantry, hilft es enorm, wenn man weiß, wo alles ist, so daß man nicht lange danach kramen muß. Eines der vielen Rätsel beim Segeln ist, wie sich auch die Dinge in den dicht an dicht gepackten Schapps bei schwerer See losrütteln können und anschließend einen Höllenlärm veranstalten.

Eines der Probleme bei Seegang ist es, die Öllampen oder den Kocher nachzufüllen. Das haben wir weitgehend dadurch vereinfacht, daß wir eine kleine Pumpe an unserem Petroleumkanister haben. Die Pumpe ist von der Art, wie man sie auch zum Ölwechsel bei der Maschine benutzt. Diese ist am Schott im achteren Stauraum angebracht, von dort führt eine Schlauchleitung in den Petroleumkanister. Unter der Pumpe ist eine kleine Schüssel, die alles auffängt, was daneben tropft. Um den Kocher nachzufüllen, pumpen wir etwas Petroleum in einen Krug, dessen Inhalt wir dann durch einen gefilterten Trichter in den Kochertank kippen. Auch unsere Petroleumleitung im Kocher hat einen Filter. Unser Petroleum ist in Fünf-Liter-Kanistern untergebracht, die leicht zu füllen sind. Wenn wir die Heizung benutzen, können wir diese Kanister natürlich auch mit Diesel füllen. Auch sind sie sehr viel leichter zu säubern als feste Tanks. Übrigens, als wir noch den Dieselkocher hatten, haben wir einen Tank aus Sperrholz und Epoxidharz gebaut, der sich sehr bewährt hatte. Es wäre sehr viel einfacher und billiger, auf diese Weise Tanks in ein Boot einzubauen, als wenn man sie aus Nirosta anfertigen ließe. Man könnte die Tanks sogar direkt an die Bordwand eines Sperrholz- oder GFK-Bootes laminieren.

Die Gewichtsverteilung ist immer eine Sorge, doch auch hier kann ein gut durchdachtes Boot das Leben vereinfachen. Wenn man darauf achtet, daß man genug Stauraum mittschiffs zur Verfügung hat, wird man eher die Schiffsenden leerer und damit leichter lassen. Obwohl ich immer gerne viele Ersatzteile und einen großen Vorrat an Lebensmitteln an Bord habe, machen wir uns doch auch von Zeit zu Zeit Gedanken darum, daß wir unser Schiff nicht zu sehr überladen. Das würde auch ihre Segeleigenschaften ernsthaft beeinträchtigen, aber hier muß man einen Mittelweg finden.

Viele Leute haben einen Stauplan vom Schiff, wo genau verzeichnet ist, wo was verstaut wurde. Ob man das braucht oder nicht, hängt von einem selbst ab. Ich kann mich oft noch Monate später genau erinnern, wo ich welche Dinge gelassen habe, doch Pete dagegen legt etwas weg und hat spätestens eine halbe Stunde später vollkommen vergessen, wo er es gelassen hat. Eine Sache jedoch, die ich persönlich sehr nützlich finde, ist mein „kleines braunes Buch". Dort trage ich alle unsere Lebensmittel ein. Jede Art von Lebensmitteln hat ihre eigene Seite, auf der ich die Anzahl notiere, die Art der Verpackungen, in welchem Schapp es sich befindet, wann es eingekauft und wann es verbraucht wurde. Außerdem notiere ich den jeweiligen Preis, zu dem wir es eingekauft haben, so daß ich einen sehr guten Vergleich bekomme. Alle Dosen werden mit Abklebetape beklebt und beschriftet. Fast alle unsere Vorräte werden unter oder hinter den zwei Sofakojen im Salon gestaut, so daß ich keinen komplizierten Stauplan brauche. Jedes Schapp hat seine Art von Lebensmitteln - zum Beispiel sind die Fächer hinter den Rückenlehnen in sechs Teile unterteilt, in der Mitte an Steuerbord befindet sich der Tee,

daneben die Erdnußbutter, und so weiter. Wer mit einem kleinen Einkommen wirtschaften muß, kann mit diesem System sehr gut den Verbrauch und die Preise für Lebensmittel kontrollieren.

Soweit es geht, sollte man sämtliche Ausrüstung unter Deck verstauen. Es gibt natürlich Ausnahmen, wie etwa ein festes Dinghi oder den Bootshaken, der oftmals schnell an Deck gebraucht wird. Doch die meiste Deckslast, die von so manchen Fahrtenyachten umher geschleppt wird, ist ganz überflüssig. Selbst die so oft an Deck gelaschten Reservekanister für Treibstoff sind unnötig, denn auf einer langen Passage zu motoren ist irgendwie unbefriedigend, da man dann nicht nur durch den Wind und seine eigenen Fähigkeiten zum Ziel gekommen ist. Man gibt zudem Geld aus, das für andere Dinge bestimmt besser angelegt wäre, und verschwendet fossilen Brennstoff. Und eine der neuesten Moden, um das Aussehen einer Yacht zu ruinieren, ist der offenbar obligatorische Windsurfer, der anscheinend als absolute Notwendigkeit angesehen wird - obwohl wir fast noch nie Segler gesehen haben, die diese Dinger auch tatsächlich aufriggen und benutzen. Dennoch werden sie an Deck mitgeschleppt, wo sie normalerweise in die Seereling gelascht sind, was nicht nur die Ästhetik verdirbt, sondern auch eine ernste Gefahr bei schwerem Wetter darstellt. Ihr Widerstand könnte leicht die Reling verbiegen oder sogar ganz aus dem Deck reißen, wenn sie von einer schweren See getroffen werden. So gesehen ist jede Deckslast eine Gefahr bei schwerem Wetter, und man hat immer die Sorge, daß sie sich vielleicht losreißt und verlorengeht oder Schaden anrichtet. Auch stellen sie unnötige Hindernisse an Deck dar, wenn man zum sicheren Arbeiten möglichst freie Decks braucht. Wenn ein Schiff hübsch und seemännisch aussehen soll, sollte man alles unter Deck verstauen und das schreckliche Bild vermeiden, wenn Kanister, Fender und anderes Zeugs an Deck verstreut sind.

Sich so viele Gedanken um das Verstauen von Dingen zu machen, scheint auf den ersten Blick wenig mit dem Segeln mit kleinem Budget zu tun zu haben, doch vernünftiges Stauen verhindert, daß Dinge verderben oder zu Bruch gehen, was wiederum sehr viel Geld spart. Es erleichtert auch, die Yacht möglichst effektiv zu nutzen, was wiederum den Spaß und die Befriedigung des Segelns an sich erhöht.

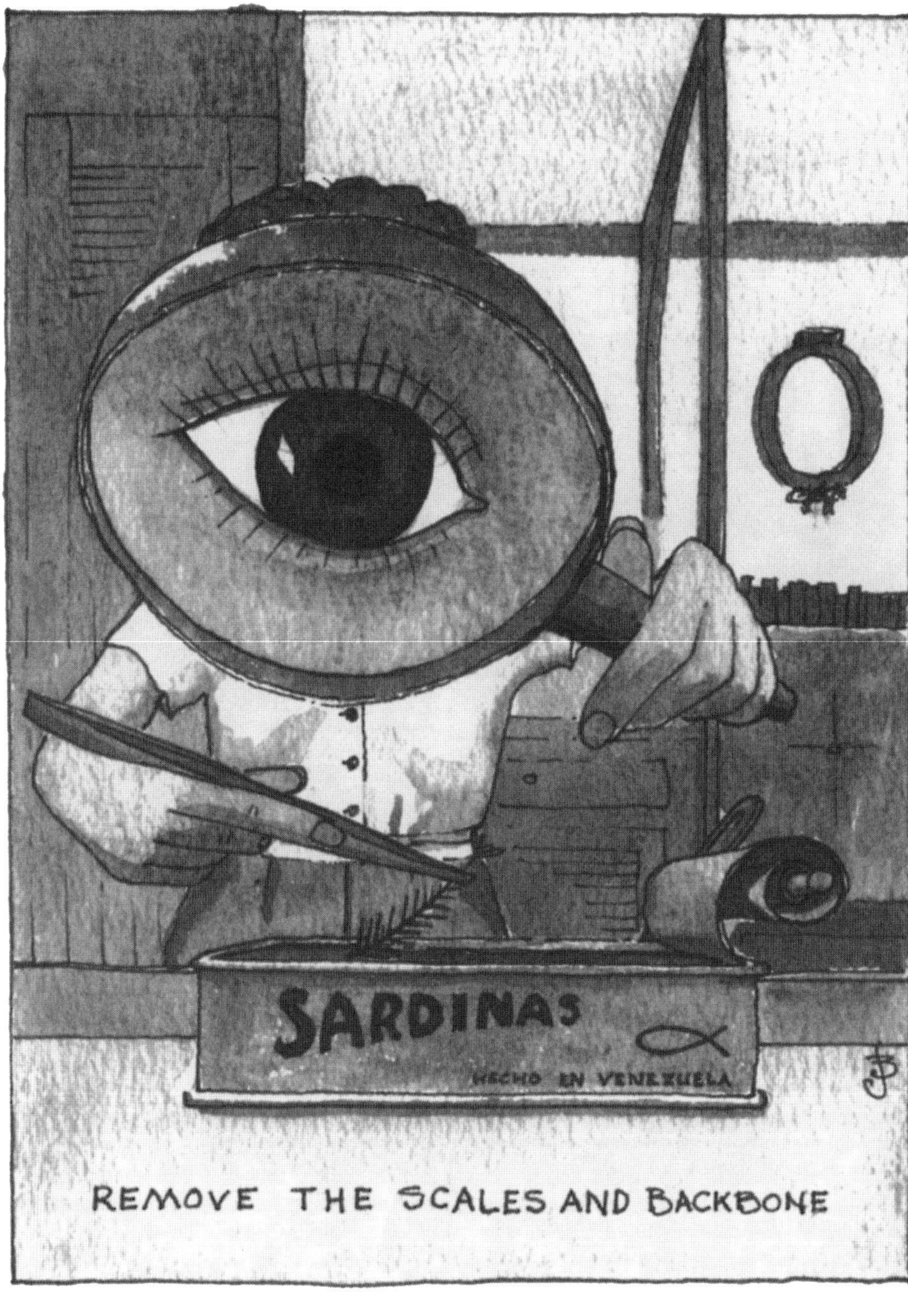
SARDINAS
HECHO EN VENEZUELA
REMOVE THE SCALES AND BACKBONE

Kapitel 12

Wie ein König essen, wenn man keine Bohne hat

„The Wind is Free" ist eines meiner Lieblingsbücher, und ich habe es gleich mehrmals gelesen. Dennoch würde ich mit dem Autor, Frank Wightman, nicht darin übereinstimmen, daß essen an Bord lästig ist. Ich denke sogar, daß essen eines der schönen Dinge im Leben ist, und da wir es sowieso tun müssen, ob wir nun wollen oder nicht, erscheint es mir sinnlos, sich darüber zu beklagen.

Wenn wir längere Strecken über See segeln, ist die Hauptmahlzeit einer der Höhepunkte des Tages. Vorher verbringe ich recht viel Zeit damit, über das Menü nachzudenken, und dann mindestens ebensoviel Zeit beim Zubereiten. Im Vergleich zu anderen kann es angehen, daß wir einen relativ eintönigen Speiseplan haben, aber dennoch freuen wir uns auf jede Mahlzeit und genießen diese dann auch. Es ist sehr befriedigend, wenn man aus einfachen und preiswerten Zutaten eine ebenso schmackhafte wie nahrhafte Mahlzeit zaubern kann, und auf See, in einer schaukelnden Pantry ohne Backofen und mit nur begrenzten Vorräten an frischen Zutaten, gilt dies um so mehr. Ich bin sehr stolz darauf, daß wir während all unserer Zeit auf See noch nie eine warme Mahlzeit ausfallen lassen mußten, abgesehen von den Zeiten, zu denen ich ernsthaft untauglich war und als Koch ausfallen mußte. Zugegeben, bei schwerer See kann solch eine Mahlzeit schon einmal ein einfacher Eintopf oder ein simples Currygericht sein, aber selbst dann achte ich darauf, daß zumindest einiges frisches Gemüse dabei ist, daß die Bohnen die übliche Zeit vorher eingeweicht wurden und daß alles ganz normal im Druckkochtopf gedämpft wurde. Daß ich auf solche profanen Dinge so stolz bin, mag vielleicht darauf hin deuten, daß ich ein besonders schlichtes Gemüt habe. Ich ziehe es jedoch vor zu glauben, daß ich eine niedrige Zufriedenheitsschwelle habe. Aber vielleicht ist das ja auch ein- und dasselbe.

Auch vor Anker essen wir mehr oder weniger die gleichen Mahlzeiten wie unterwegs. Es gibt eine Reihe von, so glaube ich, guten Gründen dafür. Auf diese Weise sind die Mahlzeiten, die ich auf See zubereite, nach altbewährten Rezepten zusammengestellt. Da ich sie kenne, fällt es mir leichter, sie auch unter schwierigen Bedingungen zuzubereiten. Auch wenn ich mich etwas unwohl fühle und nach dem guten, alten Stugeron greife, fällt mir das Kochen dieser mir bekannten Gerichte, die ich sozusagen mit der linken Hand hinter dem Rücken zubereiten kann, sehr viel leichter. Ebenso werden die entsprechenden Zutaten fast immer an Bord sein. Ein weiterer Vorteil liegt aber auch darin, daß sich auf diese Weise das Leben im Hafen oder vor Anker nicht so kraß vom Leben auf See unterscheidet. Wenn wir uns am Spätnachmittag dazu entscheiden, lieber gleich, statt erst am nächsten Tag auszulaufen, brauche ich keine Panik zu bekommen, weil ich für den kommenden Tag vielleicht eine auf See nicht zuzubereitende Mahlzeit eingeplant hatte. Auch das Einkaufen der Verpflegung wird sehr viel einfacher, wenn man nicht tausend exotische Dinge dabei berücksichtigen muß. Statt dessen kann man sich darauf konzentrieren, die örtlichen Schnäppchen zu finden und sich auf den nächsten Hafen zu freuen, wo man wieder andere Dinge bekommt. Das erinnert mich an eines der gerechten Dinge beim Reisen. In England sind Dosentomaten billig (leider steigen die Preise aber auch dort), während sie in anderen Ländern mehr kosten. Dafür sind dort frische Tomaten wieder sehr viel billiger, so daß wir unsere Dosen für, sagen wir, Norwegen aufheben können, wo man sich nun rein gar nichts mehr leisten kann, außer vielleicht Brot und Rosinenbrötchen.

Ein anderer Vorteil der Tatsache, daß wir auf See und im Hafen mehr oder weniger das Gleiche essen, liegt darin, daß wir nicht unter dem Syndrom leiden, auf See zu jammern: „Wäre es nicht schön, jetzt im Hafen zu sein, damit wir wieder einmal das oder jenes essen können?" Das hat natürlich den schönen Effekt, daß wir unsere Zeit auf See noch mehr genießen können.

Ich befürchte, daß viele Leute glauben, man könne auf See nicht richtig kochen. Bei mir ist das anders, weil, als ich das erste Mal mit Pete segeln ging, ich es einfach nicht besser wußte und ihn obendrein beeindrucken wollte also habe ich auch unterwegs so gut es ging gekocht. Nicht daß ich damals eine besonders gute Köchin gewesen wäre, aber ich habe es zumindest versucht. Wenn ich heute an Stormalongs sogenannte Pantry denke, mit dem einflammigen, chinesischen Petroleumkocher, wird mir das ganze Ausmaß meiner damaligen Ignoranz besonders schmerzlich bewußt. Die meisten Mitsegler hätten sich vermutlich schlicht geweigert, dort an Bord irgend etwas zu kochen, aber vielleicht war das ja auch mein Glück (?).

Na, was ich jedenfalls damit sagen will, ist, daß es keinen wirklichen Grund gibt, auf See nicht zu kochen, zumindest, wenn man eine einigermaßen vernünftige Pantry zur Verfügung hat und etwas Entschlossenheit an den Tag legt. So sehr ich beispielsweise die Hiscocks bewundere, so sehr hätte ich deren Speiseplan auf See gehaßt. Ihre Liste der Vorräte an Bord, die sie im Anhang des Buches „Voyaging under Sail" veröffentlicht haben, liest sich wie der Traum eines jeden Supermarktverkäufers: Endlose Mengen an Dosen von allen möglichen (und unmöglichen) Dingen. Die einzigen Dosen, die Sie bei uns an Bord finden werden, wenn Sie sich danach fühlen, einmal bei uns herumzustöbern, nachdem wir gerade in England eingekauft haben, wären:

Tomaten (48)
Baked Beans (48)
Sardinen (24)
Thunfisch (24)
Ananas im eigenen Saft (6)
Wasserkastanien (6)
Bambussprossen (6)
Sharwoods Curries (6)
Verschiedene gekochte Bohnen und Erbsen (12)

Dosentomaten und Baked Beans gehören für uns zu den Grundnahrungsmitteln und sind in England billiger (und, was die Baked Beans anbetrifft, auch besser) als in allen anderen Ländern. Die Sardinen lassen sich gut zu einer exquisiten Vorspeise verarbeiten, zu einem Lunch oder einem kleinen Snack, wenn man sie zu einer Art Paté zerdrückt und mit etwas Tomatenmark, Thymian, einem Schuß scharfer Soße und Mayonnaise anreichert. (Ich entferne dazu immer die Gräten und Rückgrate der Sardinen, was mir von meiner besseren Hälfte meist mit höhnischem Gelächter belohnt wird). Man kann sie auch zu Fischkuchen verwenden, mit viel zusätzlicher Petersilie und einem halben Teelöffel voll getrocknetem Thymian. Sie können auch zwischendurch auf Toast gegessen werden, oder als Lunch mit gebratenem Reis oder Gemüse (dazu werden die Sardinen entlang des Rückens aufgeschnitten, das Rückgrat entfernt, dann in Stücke zerteilt und nur eine Minute oder so unter dem geschlossenen Deckel auf dem Reis oder Gemüse in der Pfanne angewärmt).

Die Ananas, Wasserkastanien und Bambussprossen werden mit frischem Gemüse kombiniert (auch mit frischem Ingwer, falls vorhanden), zusammen mit zwei Teelöffeln Soyasoße sowie einem Teelöffel Essig, was eine hervorragende, süßsaure Soße ergibt. Am Ende kann man noch den Thunfisch hinzufügen, aber wieder nur gerade lange genug, um ihn etwas anzuwärmen. Irgendwann wird dann natürlich unsere Sparsamkeit wieder durchschimmern, so daß wir dann nur eine Dose des chinesischen Gemüses verwenden und den Thunfisch (nicht gerade sehr erfolgreich) durch Erbsen ersetzen, um mehr Mahlzeiten aus den Dosen heraus zu bekommen. Dann muß man natürlich auch wieder mehr Ananas einkaufen, die gut zu chinesischen Nudeln passen, doch wenn diese auch schon verbraucht sind, tut es auch Reis. Krabben-Cracker werden sorgfältig gehortet (und ich fritiere sogar diese auf See, wenn wir einen ruhigen Tag haben und uns solche Extravaganzen leisten wollen). Mit etwas Glück fallen besondere Tage, beispielsweise das Bergfest einer Passage, ein Geburtstag, der dritte Jahrestag des Einkaufs meines Badeanzugs oder sonstwas, mit einer ruhigen See zusammen, so daß wir uns dann ein richtiges Fest leisten. Die besten Krabben-Cracker, die wir je hatten, haben wir übrigens auf Kuba eingekauft, wohin sie von Vietnam aus exportiert worden waren. Nach dem Fritieren waren sie herrlich knackig und wunderbar schmackhaft.

Die Curry-Fertiggerichte sind ein echter Luxus und eigentlich unverantwortlich. Eine Dose reicht nicht wirklich für uns beide aus, doch wenn man noch die eine oder andere Dose mit Erbsen findet, paßt das gut zusammen. Diese Gerichte sind ideal, wenn man zum Beispiel den ganzen Tag an Land unterwegs war und dann zu erschöpft ist, um noch groß zu kochen. Nicht nur sind sie schon fertig, sie sind auch ganz köstlich und sind durch und durch heiß, bis der braune Reis dazu im Druckkochtopf gegart ist (acht Minuten). Sie sind sogar so gut, daß alleine der Duft einen soweit wieder aufbaut, daß man sich vielleicht noch dazu durchringen kann, dazu einige Poppadoms bei niedriger Flamme auf dem Toaster aufzuwärmen.

Wir haben auch ab und zu die eine oder andere Dose mit Corned Beef, Schinken oder Lachs an Bord, aber nur dann, wenn sie uns geschenkt wurden. Sehr geschmeckt haben uns Bacon und Würstchen aus der Dose, und zwar die von Harrod's, die uns von Saecwen geschenkt wurden. Allgemein gesprochen sind wir jedoch keine großen Fans von Dosenfleisch und kaufen es nie, auch, weil es sehr teuer ist. Ich benutze auch fast nie Dosensuppen, weil man diese auch gut im Druckkochtopf aus frischem Gemüse zubereiten kann, außer, wenn man einmal ein sehr schnelles Lunch braucht. Auch halte ich nicht viel von Dosengemüse, abgesehen von Bohnen oder Erbsen, so daß wir auch davon nicht viel an Bord haben.

Wenn es eine bestimmte Art von Lebensmitteln gibt, die Sie besonders mögen, lohnt es sich wahrscheinlich, einen guten Vorrat davon an Bord zu nehmen, bevor Sie lossegeln. Auch wenn es dann anderswo billiger ist, so stehen die Chancen doch so, daß man es entweder gar nicht bekommt, oder doch nur zu einem höheren Preis. Es hilft auch immer, in dieser Hinsicht andere Seereisende zu befragen und entsprechende Erfahrungen auszutauschen. Zum Beispiel gibt es in den USA kein Müsli, oder in Portugal keine ungesüßte Erdnußbutter. Manchmal sind gewisse Dinge an einem Ort besonders billig, weil diese vielleicht gerade in großen Mengen importiert werden. Tee und Pulverkaffee sind in England relativ billig, und auch gemahlener Kaffee ist hier günstig, billiger gibt es ihn nur noch in Venezuela. Wir benutzen losen Tee, der noch günstiger als Teebeutel und außerdem besser zu stauen ist. Für zwei Tassen Tee nehmen wir einen Teelöffel voller Teeblätter, für vier Tasse zwei Teelöffel und so weiter, genauso, wie mit Teebeuteln. Doch was passiert, wenn man drei Tassen haben möchte? Nimmt man dann drei schwache Tassen in Kauf, oder verschwendet man einen Teebeutel? Man kann solch einen Teebeutel ja kaum in der Mitte durchschneiden, aber man kann einen halben Teelöffel losen Tee verwenden. All das hat nicht unbedingt nur etwas mit Erbsenzählerei zu tun, denn eine schöne Tasse Tee, in genau der Art, wie man sie mag, trägt auch etwas zum positiven Lebensgefühl bei, und es macht auch Sinn, dabei Wasser zu sparen und nicht gleich einen Riesenpott voll Tee aufzusetzen. Auch Kaffee bereiten wir wie den Tee zu, ohne uns dabei um Filterpapier zu scheren (kostet extra), und zum Einschenken benutzen wir auch hier ein Teesieb. Früher haben wir unseren Kaffee selbst gemahlen, sind aber irgendwann zu faul dazu geworden - so viel besser schmeckt er dann auch nicht.

Wer Tomatenmark zum Kochen benutzt - und wer tut das nicht -, wird feststellen, daß es Tomatenmark in Tuben nur selten gibt, und die Dosen dagegen teurer sind und obendrein verderben, wenn man nicht eine komplette Dose auf einmal aufbraucht. Allerdings gibt es da einen kleinen Trick: Etwas Speiseöl auf den Rest in der Dose geträufelt wird das Tomatenmark daran hindern, zu schnell zu verschimmeln. Allerdings ist es auch nicht angenehm, immer offene Dosen mit Tomatenmark verstauen zu müssen, aus Tuben ist es viel einfacher und praktischer.

Mayonnaise kann in einigen Ländern wie den USA oder England sehr billig sein, an anderen Orten, beispielsweise in Frankreich, dagegen extrem teuer. Wenn man gute Mayonnaise zu einem günstigen Preis findet, lohnt es sich auch hier, einen Vorrat anzulegen. Mayonnaise ist bei uns an Bord noch nie schlecht geworden, auch ohne Kühlung nicht, und sie schmeckt erst dann etwas schal, wenn das Glas schon wochenlang geöffnet ist.

Richtige Erdnußbutter kann auch schwer zu bekommen sein, obwohl das in der letzten Zeit schon besser geworden ist. Marmite ist eine große Liebe der Engländer, doch dies Zeug ist unglaublich teuer und außerhalb Englands kaum zu bekommen. Honig kann zuweilen auch teuer sein, doch den gibt es oft auf Märkten und im lokalen Reformhaus. Wenn man in einem offenen Boot überleben muß, kann man etliche Gläser Honig mitnehmen, denn der Honig gibt einem sehr viel Energie. Er hält sich ewig und wurde angeblich schon, in genießbarem Zustand, in alten ägyptischen Gräbern aus der Zeit der Pharaonen gefunden. Wenn man sein Lieblingsessen nicht bekommt, kann das unangemessen wichtig werden - wir haben einmal von einem amerikanischen Paar gehört, die wieder an Land gingen, weil sie nicht auf ihre Lieblingskäsecracker verzichten mochten!

An Milch nehmen wir soviel H-Milch mit an Bord, wie wir nur irgendwie verstauen können. Manchmal würden wir noch mehr mitnehmen, weil man sie nicht überall bekommt, aber die Milchtüten nehmen einfach zu viel Platz ein. Auf den Kanarischen Inseln kaufen wir meist Trockenmilch, die sich gut anmixen läßt und gut schmeckt. Trockenmilch hat den Vorteil, daß sie sehr kompakt ist und sich ewig hält, solange die Pakete nicht offen sind. Einmal offen, halten sie noch für einige Monate.

Wenn man mit einem kleinen Einkommen unterwegs ist, erscheint einem Fleisch fast überall als extrem teuer. Dieses Problem haben wir dadurch gelöst, daß wir einfach meist darauf verzichten und größtenteils vegetarisch essen. Anfangs war das nicht einfach, doch dann entdeckte ich „The Bean Book" (Das Buch der Bohnen) von Rose Elliott, das seitdem sozusagen zu meiner Kochbibel avanciert ist. Bohnen in jeder Form waren damals wirklich enorm billig, leider haben seitdem die Yuppies es als schick eingeführt, vegetarisch zu essen, was nicht ohne Auswirkungen auf die Preise geblieben ist. Allerdings gibt es vor allem in England noch Kooperativen, die größere Mengen verkaufen, wobei die Preise dann in den Keller fallen. Früher mußte ich für eine oder zwei gute Mahlzeiten mindestens ein Pfund Fleisch kaufen, ein Pfund getrockneter Bohnen kostet dagegen im schlimmsten Fall gerade 1,50 Mark, außerdem braucht man davon weitaus weniger, als vom Fleisch. Oft benutze ich verschiedene Hülsenfrüchte als direkten Fleischersatz. Ganze Linsen ersetzen das Hackfleisch in unseren Spaghetti Bolognaise, in unserem Chilli sin Carne haben wir eine Extraportion roter Bohnen, im Curry verwenden wir Erbsen. Das dauert zwar etwas länger, um es zu kochen, doch im Druckkochtopf macht das kaum einen Unterschied aus.

Ein weiterer Vorteil von Hülsenfrüchten ist, daß sie sehr kompakt und leicht sind, vor allem im Vergleich zu Konservendosen. Man kann bis zu zehn Pfund Hülsenfrüchte in einem alten, von Kantinen kostenlos besorgtem Plastikkanister (wo zuvor vielleicht Ketchup oder ähnliches drin war) aufbewahren und sich dazu überlegen, wieviel Platz das gleiche Nettogewicht an Konservenessen einnehmen würde, dann wird dieser Punkt sehr deutlich. Bohnen und Schiffe sind einfach füreinander gemacht.

Viele Leute fragen: „Aber was ist mit dem Wasser?", und das ist nicht ganz unberechtigt. Allerdings kann ich eine halbe Tasse trockener Bohnen, die für zwei Portionen ausreichen, in nur einer Tasse Wasser einweichen, bevor ich sie, nach etwa einer Stunde, in einer weiteren Tasse Wasser koche. Ich würde nicht empfehlen, sie in dem Wasser zu kochen, in dem sie zuvor eingeweicht wurden, weil sich darin die Substanz befindet, die für die bei Bohnen so befürchteten, verdauungsbedingten Winde verantwortlich ist. Wer jedoch regelmäßig Bohnen ißt, wird seinen Körper daran gewöhnen, und auf langen Passagen nehme ich dann doch das ursprüngliche Wasser auch zum Kochen. Auch gibt es viele Arten von Trockenbohnen, die ich nicht erst einweichen muß und sie gleich in sehr wenig Wasser kochen kann. Auch diese lösen, zumindest bei uns, keine gesellschaftlich unerwünschten Reaktionen des Verdauungsapparates aus, und man kann das Kochwasser sogar noch zum Bereiten einer Soße verwenden, falls man das geplant hat. Übrigens sollte man kein Salz- oder Seewasser zum Kochen nehmen, da das die Schalen hart werden läßt und ältere Bohnen darin einfach nicht weich werden. Insgesamt glaube ich nicht, daß wir wegen unserer Bohnen besonders viel Wasser verbrauchen, und wie ich schon anderswo erwähnt habe, kommen wir auf längeren Strecken mit recht wenig Frischwasser aus.

Ein weiterer Vorteil von Bohnen ist, daß sie sehr nahrhaft sind und den Ozeanreisenden auch auf langen Strecken mit allen notwendigen Dingen versorgen und fit halten. Außerdem fördern sie die Verdauung, so daß man seinen armen Körper nicht, wie so viele Langstreckensegler es tun, mit Abführmitteln quälen muß.

Bohnen halten sich sehr lange, und zwar in robusten Plastikbehältern, die gegen Feuchtigkeit sehr unempfindlich sind. Dadurch kann man in Ländern, wo man gut Bohnen einkaufen kann, einen großen Vorrat bunkern. Mit „gut einkaufen" meine ich vor allem die hygienischen Verhältnisse, damit man keine Rüsselkäfer, Küchenschaben oder anderen unerwünschten blinde Passagiere mit an Bord nimmt. Sollte man wirklich billige Bohnen dubioser Herkunft einkaufen, so würde ich dazu raten, diese gesondert von den anderen Lebensmitteln zu verstauen und sie zuerst zu verzehren. Auf den Kanarischen Inseln haben wir einmal direkt von der Mühle frisches Vollkornmehl eingekauft, das von der Mühle ohne Umweg in unsere Tüten gefüllt wurde. Wir nahmen es, gemeinsam mit zwei anderen Crews, zu unseren Schiffen zurück und füllten es in Plastikcontainer um. Auf allen drei Schiffen stellten wir bald darauf fest, daß im Mehl Tausende von Larven kleiner Motten waren. Ich bin zwar nicht allzu empfindlich, doch selbst ich konnte nicht anders, als das ganze Zeug von Bord zu werfen. Das Schlimmste daran war, daß die verfluchten Biester sich trotzdem irgendwie ausgebreitet haben und sogar in unsere Zellophantüten voller Müsli eindrangen. Glücklicherweise haben sie wenigstens unsere Bohnen verschmäht. In Marokko habe ich einmal sehr gute Kreuzkrümelsamen eingekauft, die sich etwa drei Wochen später vom Volumen her verdoppelt hatten und sich plötzlich bewegten. Als wir dieses Phänomen näher untersuchten, stellten wir fest, daß wir ebenso viele Rüsselkäfer wie Kreuzkrümelsamen an Bord hatten. Sie sehen sich so ähnlich, daß es unmöglich war, das eine vom anderen zu trennen, und wieder einmal flog die ganze Ladung über Bord.

Seither habe ich gehört, daß ein Stück in Alkohol getränktes Tuch im entsprechenden Container die existierenden Rüsselkäfer abtöten und andere unerwünschte Eindringlinge fernhalten wird. Und es funktioniert tatsächlich. Es ist dabei nicht einmal notwendig, reinen Alkohol zu verwenden, ein guter Schuß Gin oder Rum tut es auch. Außerdem lege ich immer einige Lorberblätter in die Lebensmittelcontainer, um die Rüsselkäfer draußen zu halten, doch weil wir davon sowieso fast keine an Bord haben, kann ich nicht mit Bestimmtheit sagen, ob auch dieses Rezept funktioniert.

Wir essen sehr viel Popcorn, was auch kompakt und gut zu verstauen ist. Eine winzige Menge davon ergibt eine riesige Schüssel voll. Ich bereite es in einem großen Topf, dessen Boden mit etwas Öl bedeckt ist, auf mittlerer Flamme zu. Wenn das Öl heiß ist, gebe ich drei Teelöffel Popcorn pro Person hinein. Das Korn sollte sofort anfangen, zu „poppen", doch man sollte keine zu große Flamme benutzen, weil es dann anbrennt. Ich gebe auch immer etwas Salz hinzu, weil ich süßes Popcorn nicht ausstehen kann. Einmal, als wie uns verproviantierten, dachte ich, daß ich tonnenweise Popcorn eingekauft hätte, doch es reichte kaum länger als ein Jahr - was nur zeigt, wieviele Leute für Drinks an Bord kommen. Alle lieben Popcorn, und es ist viel billiger als Peanuts oder Chips.

Es lohnt sich, die Verproviantierung relativ sorgfältig vorzunehmen. Mit einem soliden Boot und Vorräten für ein Jahr an Bord, ist man in einer sehr starken, unabhängigen Position. Als wir in Stormalong segelten, hatten wir noch weniger Geld und kaum eine Ahnung, wie wir davon leben könnten. Wir haben zwar immer einigermaßen gut eingekauft, aber weil wir noch nicht wußten, welche Lebensmittel sich wie lange halten, haben wir auch viel verschwendet. Wie ich bereits erwähnt habe, mußten wir in Antigua 59 Dosen Sardinen kaufen, weil wir uns nichts anderes mehr leisten konnten. Danach hat es schon mehrere Jahre gedauert, bis ich wieder ein Interesse an Sardinen hatte. Wir haben damals zwar nie wirklich gehungert, doch ab und zu waren wir nicht weit davon entfernt. Seither neige ich dazu, eher zuviel einzukaufen. Das gibt uns jedoch auch ein gewisses Maß an Sicherheit, denn falls wir einmal an unser Geld nicht herankommen oder keines mehr haben, gibt es doch immer noch genug zu essen. Ein weiterer Vorteil liegt darin, daß man dann auch ohne weiteres anderen Seglern aushelfen kann, die ihren Appetit unter- oder ihr Bankkonto überschätzt haben.

Wenn man ein Schiff verproviantiert, sollte man in Zeiträumen von mehreren Monaten oder einem Jahr denken, statt nur in Wochen. Viele Lebensmittel halten sich viel länger als man zunächst denkt. Konservendosen sind, trocken und kühl verstaut, jahrelang haltbar. Getrocknete Lebensmittel, wie Pasta, Reis oder Hülsenfrüchte, halten sich in guten, luftdichten Containern ebenfalls für einige Jahre, vorzugsweise an einem dunklen und kühlen Ort. Mit einiger Erfahrung lernt man schnell, wie lange sich welche Lebensmittel halten.

Mit unserem kleinen Einkommen müssen wir zuweilen finanzielle Balanceakte ausführen, um Sonderangebote zu nutzen oder das Schiff für einen längeren Zeitraum zu verproviantieren. Wie nehmen dafür ein bestimmtes Datum als Beginn unseres Jahres, ziehen von unserem jährlichen Einkommen die Summe ab, die wir gerade brauchen, und teilen den Rest durch 52, um zu sehen, wieviel uns dann noch pro Woche bleibt. Das kann durchaus schon einmal mehr als einmal im Jahr vorkommen, so daß wir am Ende vielleicht nur noch eine sehr kleine Summe pro Woche übrig haben, doch dann haben wir andererseits auch genug Lebensmittel, einschließlich einiger Luxusartikel, für einen langen Zeitraum an Bord. Wenn wir eine längere Strecke über See planen, für die wir beispielsweise zwei Wochen einrechnen, geben wir das Geld für diese zwei Wochen vor dem Auslaufen für frische Lebensmittel und andere Dinge aus. Das hört sich zwar recht kleinkariert an, aber nur so kommen wir mit unserem Einkommen aus, ohne unser Kapital zu verbrauchen, und es macht uns sogar Spaß zu sehen, wie viele Jahre wir damit gut leben können, ohne die finanzielle Substanz angreifen zu müssen.

Weil wir immer einen großen Vorrat an Lebensmitteln an Bord haben, achten wir sehr darauf, diese in der richtigen Reihenfolge zu verbrauchen, also immer die ältesten Vorräte zuerst. Dabei hilft mir mein bereits im Kapitel 11 beschriebenes, kleines braunes Buch, in dem ich alle Einkäufe mit Datum notiere und diese dann abhake, nachdem sie verbraucht sind.

Ein Problem beim Proviantieren sind frische Lebensmittel, besonders in einem heißen Klima und ohne Kühlschrank an Bord. Es gibt leider nur sehr wenig akkurate Informationen darüber, wie lange sich frische Früchte und frisches Gemüse halten, doch unsere Vorfahren haben auch schon ohne Kühlschrank gelebt, so daß wir es auch können. In einigen Büchern heißt es lapidar, daß man alles an einem „möglichst kühlen und dunklen Ort" verstauen möge, doch das wissen wir alle - was wir nicht wissen, ist, was man tun soll, wenn es keine dieser dunklen und kühlen Orte an Bord mehr gibt. Vor einer längeren Passage über See sollte man zuerst feststellen, was es an Land gerade zu kaufen gibt, dann eine Liste der Dinge aufstellen, die man haben möchte, und diese dann danach einkaufen, wie lange sie sich eventuell halten werden. Es nützt nichts, große Mengen extrem billiger Pfirsiche zu kaufen, wenn mehr als die Hälfte davon schlecht werden, bevor man sie alle aufessen kann.

Im Anhang habe ich meine Erfahrungen zu diesem Thema in verschiedenen Listen zusammengestellt.

Als wir in Venezuela waren, gab es frische Lebensmittel zu sehr günstigen Preisen. Wir kauften dann immer relativ viel davon ein und segelten zu entlegenen Inseln, wo es nichts zu kaufen gab. Dort aßen wir die frischen Vorräte auf, wobei wir einiges verschlingen mußten, damit es nicht schlecht wurde, und andere Dinge sich mehrere Einkaufstrips lang hielten. Damals haben wir überlegt, ob wir irgendeine Form von Kühlung auf Badger installieren sollten, doch dann verloren wir das Interesse an diesem Thema und haben seither nie wieder daran gedacht. Andererseits gibt es immer mehr Yachten mit Kühlschränken oder sogar Tiefkühltruhen, und es scheint recht verlockend zu sein, frische Lebensmittel in größeren Mengen billig einzukaufen und diese dann an Bord halten zu können. Ein anderer Grund für diese Trend mag aber auch darin liegen, daß viele Leute, die jetzt segeln gehen, zuvor noch nie in ihrem Leben ohne Kühlschrank ausgekommen sind.

Auf unserer Art von kleineren Booten sprechen jedoch viele Fakten gegen solche Kühlung selbst, wenn wir den hohen Anschaffungspreis einmal außer Acht lassen. Alle solchen Systeme brauchen eine dicke Isolierung, vor allem, wenn sie auch in den Tropen noch einigermaßen brauchbar sein sollen, und das nimmt enorm viel Platz weg, ohne daß das Kühlfach selbst unbedingt viel Volumen hat. Insgesamt muß ein solches Ding also riesig sein, wenn man all die frischen Lebensmittel für, sagen wir, eine zweiwöchige Seereise darin unterbringen will. Dann braucht man aber auch sehr viel Energie, um das Fach kühl zu halten, vor allem, wenn man die Lebensmittel daraus nach und nach verbraucht und es immer leerer wird. Wer jetzt ganz clever ist, mag es statt dessen vielleicht mit Bierdosen auffüllen, aber dann gewöhnt man sich an kaltes Bier und braucht langfristig noch mehr kühlen Stauraum. Wie immer man es auch betrachtet, wird man sehr viel Platz an Bord für den Kühlschrank und seine Apparatur verwenden müssen, um nur eine relativ kleine Menge an Lebensmitteln darin unterzubringen, von denen viele in die „Luxuskategorie" fallen und andere sich auch ohne Kühlung zwei Wochen lang halten werden. Auch sind die laufenden Kosten dafür recht hoch. Ein gut konstruierter Kühlschrank kann sehr effektiv sein, wenn man ihn von einem Kompressor an der Maschine speist und die Maschine dann jeden Tag zwei Stunden lang laufen läßt. Aber wer will das schon? Als Alternative kann man einen megagroßen Windgenerator versuchen, doch bei langen Passagen vorm Wind liefert auch der nicht genug Energie. Also braucht man zusätzlich vielleicht noch einen Schlepp- oder einen Wellengenerator, dazu riesige Batterien, falls man einmal in der Flaute hängenbleibt, oder große Flächen von Solarpanelen. Diese sind optisch jedoch sehr unattraktiv, sind oft im Schatten der Segel oder, wenn sie an hohen Bügeln über dem Heck angebracht sind, sehr gefährlich bei schwerem Wetter.

Wenn man einmal das Problem der Energieversorgung gelöst hat, kommt noch hinzu, daß Kühlsysteme auf Yachten nicht zu den zuverlässigsten Ausstattungsmerkmalen an Bord zählen, und daß sie nur sehr schwer zu reparieren sind. Es kann sich jedoch eventuell lohnen, einfach einen Kompressor zu kaufen und dann das ganze Ding selber zu bauen, denn dann weiß man wenigstens, wie es funktioniert und wie man es eventuell selbst reparieren kann.

Viele Schiffe haben auch Eisboxen. Diejenigen, die auf den Serienyachten eingebaut werden, sind oft ein kleiner Scherz, mit unzureichender Isolierung. Blockeis für die Kühlbox ist nicht immer einfach zu bekommen und, beispielsweise in den Tropen, teuer. In kühleren Klimazonen kann man es manchmal kostenlos von Fischern bekommen, aber dann braucht man es vielleicht erst gar nicht. Solch eine Eisbox ist nur dann wirklich brauchbar, wenn man tageweise an der Küste in Gebieten segelt, wo man problemlos überall Eis bekommen kann. Auf kleineren Booten glaube ich nicht, so daß man genug Eis (und Lebensmittel) in einer Eisbox unterbringen kann, daß diese für eine längere Passage kalt bleibt. Solch eine Eisbox muß auch gut durchdacht sein, damit zwar das Schmelzwasser, nicht jedoch die kalte Luft abfließen kann. Wenn die Box keinen Abfluß für das Schmelzwasser hat, erwärmt sie sich noch schneller, und die Lebensmittel schwappen dann sehr bald im Wasser herum. Und übrigens - eine Eisbox ohne Eis ist eine der ungeeignetsten Orte, um Lebensmittel darin zu verstauen, denn dann sind sie meist feucht, heiß und unbelüftet.

Pete und ich haben uns schon lange dazu entschieden, ohne jegliche Kühlung auszukommen und statt dessen darauf zu achten, welche Dinge sich wie lange halten und andere Sachen sorgfältig in kühlen und dunklen Ecken zu verstauen. Leicht verderbliche Lebensmittel kaufen wir nur in sehr kleinen Mengen und genießen sie für einen oder zwei Tage, solange sie noch wirklich frisch sind. Nur manchmal wünschen wir uns in den Tropen einen Kühlschrank - und dann auch nur, um an Bord schönes kaltes Bier trinken zu können!

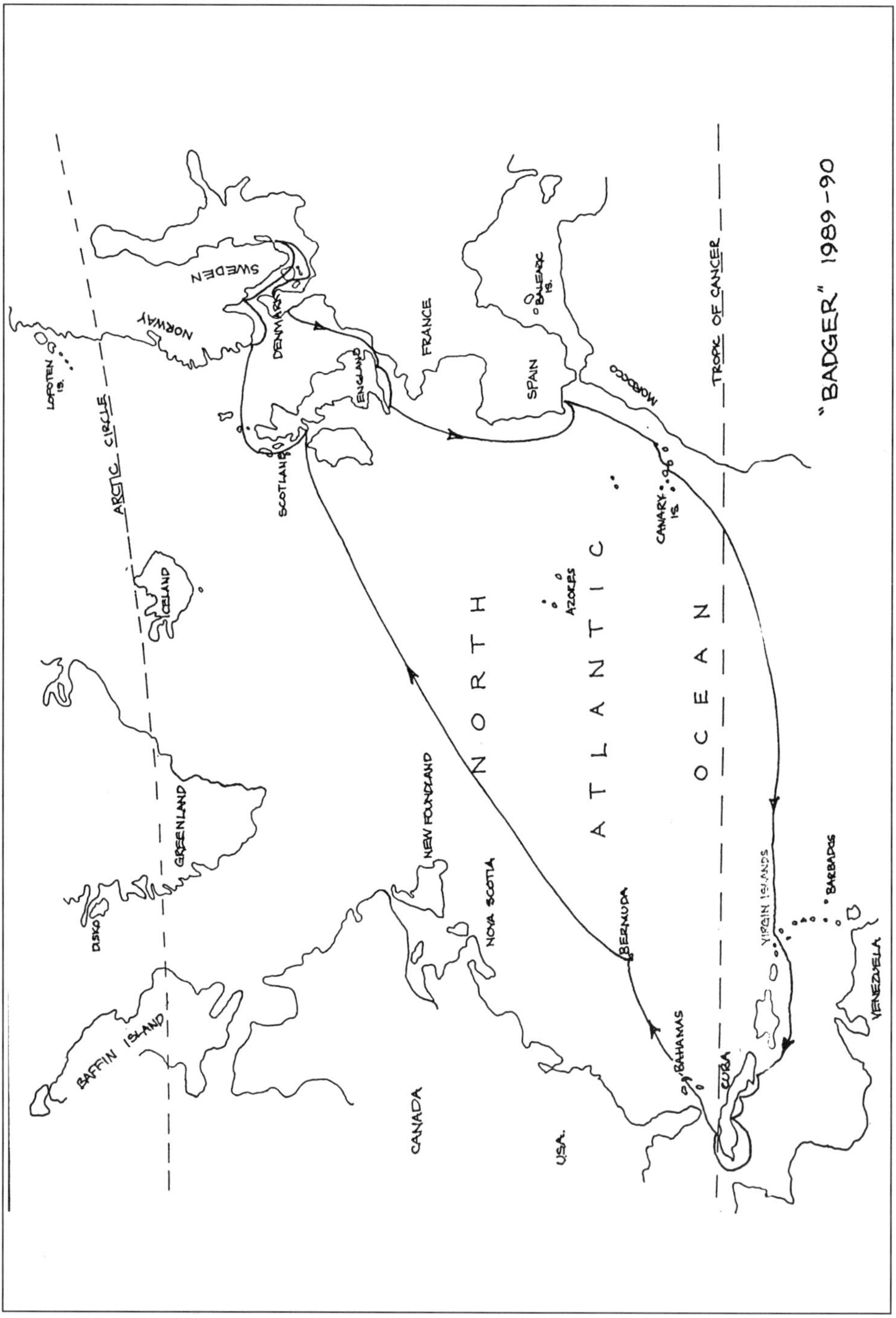
"BADGER" 1989-90
NORTH
ATLANTIC
OCEAN
ARCTIC CIRCLE
TROPIC OF CANCER
LOFOTEN IS.
NORWAY
SWEDEN
DENMARK
SCOTLAND
ENGLAND
FRANCE
SPAIN
BALEARIC IS.
MOROCCO
ICELAND
AZORES
CANARY IS.
GREENLAND
DISKO
BAFFIN ISLAND
CANADA
U.S.A.
NEW FOUNDLAND
NOVA SCOTIA
BERMUDA
BAHAMAS
CUBA
VIRGIN ISLANDS
BARBADOS
VENEZUELA

Kapitel 13

Die inneren Werte

In diesem Buch scheint unendlich viel vom Essen die Rede zu sein, wodurch man vielleicht den Eindruck gewinnen könnte, ich sei besonders essensabhängig. Tatsächlich ist die richtige Ernährung aber ein ganz wesentlicher Teil des Lebens an Bord und auf See, und in vielerlei Hinsicht reflektieren unsere Eßgewohnheiten den Rest unserer Philosophie. Wir begannen erstmals, ohne viel Geld zu leben, statt nur zu überleben, nachdem wir gelernt hatten, wie man auch mit kleinem finanziellen Aufwand sehr gut kochen und essen kann. Ab dort war es nur noch ein kleiner Schritt, zu entdecken, wie man insgesamt für wenig Geld gut leben kann.

Es wurden schon viele Bücher über das Kochen an Bord geschrieben, und davon möchte ich hier nichts wiederholen, allerdings denke ich, daß es zu dem Thema der Philosophie des Kochens noch einiges zu sagen gibt. Der hauptsächliche Trend scheint zur Zeit dahin zu gehen, nur praktisches Essen zuzubereiten, mit möglichst wenig Aufwand und Arbeit. Das ist jedoch ein direktes Ergebnis der Anschauung, Kochen als unangenehme Notwendigkeit zu betrachten, als etwas, das man so schnell wie möglich erledigen möchte. Ich selbst sehe das anders. Ich habe sogar Spaß daran, gutes Essen zuzubereiten, und ich genieße die Freude anderer Leute (und meine eigene) über die gelungenen Resultate. Es ist sehr viel befriedigender, Mahlzeiten mit Phantasie und Kreativität aus verschiedenen, möglichst frischen Zutaten zu zaubern, statt nur Dosen zu öffnen und deren Inhalt aufzuwärmen. Außerdem ist es auch noch billiger.

Ich denke, der Inbegriff des Selbermachens ist es, eigenes, frisches Brot zu backen. Es gibt nur wenige Dinge, die köstlicher duften, als ein frisch aus dem Ofen kommender Brotlaib. Es steckt kein großes Geheimnis hinter der Kunst des Brotbackens - alle Zutaten einigermaßen warm zu halten scheint sehr wichtig dabei zu sein, und auf irgendeine Weise gelingt das immer. In wärmeren Gewässern kann man den Teig in einer Plastiktüte und einer Schüssel an einer windgeschützten Stelle in die Sonne stellen. In kälteren Gegenden kann man, wenn man größere Mengen an Teig vorbereitet, diesen mit einer Wärmflasche erfreuen, aber ich habe auch schon in Grönland gutes Brot gebacken, bei recht niedrigen Temperaturen in der Kajüte, indem ich den Teig einfach in ein angewärmtes Handtuch eingewickelt habe. Die Temperatur des Backofens ist dagegen nicht so kritisch, ich habe viele Brote bei relativ niedriger Temperatur im Ofen gebacken, und eigentlich braucht man nicht einmal einen richtigen Backofen, da man das Brot auch auf kleiner Flamme in einer Pfanne oder einem Kochtopf backen kann. Es kann auch im Druckkochtopf gedünstet werden.

Dazu bereitet man den Teig ganz normal vor und legt ihn dann, in einer Dose, auf einen Rost im Drucktopf. Dann füllt man vorsichtig etwa einen halben Liter Wasser in den Topf (dazu kann man auch Seewasser nehmen). Den Teig deckt man mit Folie lose ab. Dann entzündet man die Flamme, schraubt den Topfdeckel auf und gibt Druck. Wenn man den Deckel schließt, nachdem schon Dampf aufsteigt, könnte die plötzliche Druckzunahme den Teig einfallen lassen. Wenn der Teig nicht richtig aufgeht, kann man zunächst das Wasser darunter erhitzen, so daß er weiter steigt. Wenn er dann gut aussieht, schließt man wiederum den Deckel und macht etwas Druck. Auf diese Weise backt man das Brot für etwa 25 Minuten, und das ist alles.

Auch Kuchen ist in solch einem Topf sehr einfach zu machen, doch um beste Ergebnisse zu erzielen, sollte man folgendes dabei beachten:

1. Zunächst den Kuchen etwa 15 Minuten lang ohne Deckel auf kleiner Flamme dämpfen, damit der Teig aufgehen kann, bevor man den Deckel schließt und etwas Druck aufbaut.

2. Am besten ist ein Drucktopf mit einem Gewichtsdruck von etwa fünf Pfund.

Kuchen benötigen in der Regel 35 bis 45 Minuten, bis sie fertig sind, abhängig davon, ob es ein lockerer Teig oder etwas Festeres ist. Ein guter Früchtekuchen wirkt Wunder an einem kalten, regnerischen Segeltag, und man kann auch hervorragende Scones auf diese Weise herstellen. Wenn man beim Kuchenbacken statt fester Ingredienzien flüssige Zutaten nimmt, wird der Teig sehr leicht. Dazu nimmt man beispielsweise etwas weniger Öl, statt Butter oder Margarine, oder eine halbe Tasse Honig statt einer Tasse Zucker. Speiseöl hält sich sehr viel länger als Butter oder Margarine und ist obendrein billiger. Zum Backen sollte man zum Abmessen der Zutaten statt einer Waage (die bei Seegang nicht funktioniert) lieber Meßbecher benutzen.

Das Hauptaugenmerk beim Kochen an Bord mit einem kleinen Einkommen liegt darauf, gutes Essen zu produzieren, ohne dafür zuviel Brennstoff zu verbrauchen. Die gängigsten Brennstoffe für Kocher sind Gas, Petroleum, Diesel und Spiritus.

Gaskocher sind besonders populär, wegen ihrer einfachen Bedienung und der guten Kontrollierbarkeit der Hitze. Wenn man solch einen Kocher für sein Schiff auswählt, gehe ich davon aus, daß man sich schon so seine Gedanken um die Sicherheit von Gas an Bord gemacht hat, denn die Risiken sollten bitte nicht unterschätzt werden; damit sei genug zu diesem Thema gesagt. Viele der Kocher, die auf Serienyachten eingebaut werden, sind für den Betrieb auf See eher ungeeignet, denn oft sind das billige Modelle, die für Wohnwagen gedacht sind. Der Backofen springt dann im unpassendsten Moment auf, und die kardanische Aufhängung hakt, wenn man die falschen Töpfe darauf stellt. Taylors, Shipmate, Optimus, Plastimo und Force 10 sind dagegen alle aus Nirosta gefertigt und für Yachten entworfen, doch wie bei allen Dingen bezahlt man auch hier entsprechend für das, was man bekommt. Gasbacköfen sind recht teuer zu betreiben, doch es wird uns gesagt, das Gas an vielen Orten relativ billig zu bekommen ist. Allerdings haben wir einmal ein kleines Boot nach Frankreich gesegelt und an Bord die weit verbreiteten Camping Gaz Kartuschen gehabt, und die erste Kartusche war bereits nach zwei Wochen verbraucht. Bei einem Händler mußten wir für eine volle Kartusche sehr viel bezahlen (umgerechnet über 20 Mark). Danach kochten wir mehr aus Dosen und achteten sehr auf den Gasverbrauch, was nicht gerade unsere Lebensqualität erhöht hat. Wir haben dann gemerkt, daß die Gaskartuschen in großen Supermärkten billiger angeboten werden, doch auch so haben wir noch viel Geld fürs Gas bezahlt, obwohl wir auf unseren Verbrauch geachtet haben. Auch wurde uns gesagt, daß Petroleum in Frankreich kam erhältlich sei, doch wir sahen welches in fast jedem Supermarkt, wo es allerdings doppelt so teuer war wie in England. Dennoch glauben wir, daß Petroleum selbst hier billiger gewesen wäre als Gas.

Gasflaschen austauschen zu lassen, ist kein Problem - bis man die ausgetretenen Pfade verläßt. In vielen Ländern kann man die Flaschen nicht einfach austauschen, weil sie oft mit unterschiedlichem Druck gefüllt sind und andere Gewindeverschlüsse haben, die nicht immer miteinander kompatibel sind. Selbst wenn man die entsprechenden Adapter an Bord hat, muß man eine Gasfüllstation ausfindig machen, dorthin segeln und die leeren Flaschen zur Station tragen, wo sie dann wieder gefüllt werden. Dazu muß man oftmals einen Bus oder ein Taxi nehmen, da solche Füllstationen in der Regel in irgendwelchen Industriegebieten in den Vororten liegen, und nicht alle Bus- oder Taxifahrer erlauben das Mitnehmen von Gasflaschen. Schließlich addiert man alle Ausgaben zusammen und merkt, wie teuer einen die ganze Aktion zu stehen gekommen ist. Übrigens habe ich gehört, daß in Schweden das Benutzen von Propan- oder Butangas auf

Booten nicht mehr erlaubt ist. Ich glaube zwar nicht, daß dies auch unbedingt für ausländische Yachten gilt, doch dadurch kann es nur noch schwieriger werden, die Flaschen auszutauschen oder füllen zu lassen. Die Fans von Gaskochern sollten vielleicht eine Lobby bilden und dafür sorgen, daß Naturgas weitere Verbreitung findet. Das ist leichter als Luft und damit sehr viel sicherer, und im Idealfall sollte es in Flaschen abgefüllt sein, die weltweit identische Gewinde haben.

Der traditionelle Brennstoff für Langfahrtsegler ist Petroleum. Allerdings wird es immer schwieriger, es zu bekommen, doch auf der anderen Seite kann man große Mengen davon an Bord mitführen. Es lohnt sich sowieso, den Vorrat zu ergänzen, wenn man irgendwo eine billige Quelle entdeckt, denn die Preise für Petroleum schwanken enorm, zwischen einem Penny pro Liter in Venezuela und einem Pfund pro Liter in Island. Viele Leute denken, daß Petroleumkocher langsam, schmutzig, kompliziert und sehr anfällig sind. Nachdem ich zehn Jahre lang auf solch einem Ding gekocht habe, kann ich dem nicht zustimmen. Ein Druckkocher ist so schnell und effektiv wie Gas und, solange das Petroleum von guter Qualität ist, sauber. Dann gibt es immer wieder die Probleme mit blakenden, stinkenden Stichflammen beim Anzünden, aber diese werden alle von den Benutzern selbst verursacht, meist dadurch, daß die Brenner nicht ausreichend vorgeheizt sind. Solange nur genug Spiritus dazu verwendet wird, die Brenner vorzuheizen, kann das eigentlich nicht passieren. Auf Badger haben wir dazu ein gutes System entwickelt, das ebenso sicher wie einfach ist. Zum Vorheizen benutzen wir kleine Lampendochte, die in Spiritus getaucht sind (einen Vorrat davon bewahren wir in alten Marmeladengläsern auf, fertig zum Gebrauch). Diese werden einfach unter den Brenner geklemmt, angezündet und, kurz bevor sie ausgehen, drehen wir den Brenner auf, der dann ganz problemlos funktioniert. Das hat den weiteren Vorteil, daß der Spiritus nicht aus- oder überlaufen kann. Die eingebauten Vorheizmechanismen auf einigen Optimusmodellen scheinen von Zeit zu Zeit zu verstopfen, aber das liegt wohl eher an billigem Spiritus. Übrigens, wo wir gerade über Optimus sprechen: Man sollte nur die Originalbrenner verwenden. Vielen Leuten werden minderwertige Nachbauten aus Portugal angedreht, die nicht einmal so viel billiger sind. Um sicherzugehen, sollte man auf die Vermerke „Optimus" und „Schweden" achten. Auch haben wir erst kürzlich davon gehört, daß Stichflammen aus einem anderen Grund verursacht wurden. Das war bei einem Shipmate-Kocher, der so eingebaut war, daß vom Tank zum Kocher eine besonders lange Leitung verlief. Das verursachte einen Druckverlust, so daß kurz vor dem Kocher noch ein Druckventil in die Leitung gebaut wurde. Wäre es mein Schiff, würde ich dennoch versuchen, den Tank nahe am Kocher zu installieren, denn sollte die Leitung einmal kaputt gehen, schießt das Petroleum unter Druck heraus und versaut das ganze Schiff.

Die Kocher von Taylor's haben gußeiserne Abdeckplatten über den Brennern, auf denen man Dinge sehr gut warm halten oder ganz langsam erhitzen kann. Alleine deswegen ist dieses Modell mein Lieblingskocher. Wenn die Abdeckplatten nicht benutzt werden, sollte man sie im Backofen liegen lassen oder fest unter dem Kocher verstauen, damit sie dann nicht quer durch das Schiff fliegen können. Unseren Tank füllen wir immer durch einen gefilterten Trichter, außerdem haben wir noch einen weiteren Filter zwischen dem Tank und der Druckpumpe. Dadurch ersparen wir uns das so unbeliebte und lästige Reinigen der Düsen und Nadeln, wodurch sie auch länger halten. Ich ziehe es vor, den Tank fast jeden Tag nachzufüllen, statt darauf zu warten, daß er leer ist und ich es dann vielleicht bei rauher See tun muß. Das bringt mich auf einen weiteren Vorteil von Petroleum gegenüber Gas: ersteres geht nicht mitten beim Kochen aus, weil der Brennstoff vielleicht gerade ausgegangen ist.

Der einzige wirkliche Nachteil von Petroleum liegt darin, daß man für jede Tasse Tee den Kocher mit Spiritus vorheizen muß, was auf die Dauer auch nicht gerade billig ist. Pete beschwert sich zuweilen darüber, daß ich zuviel von dem kostbaren und teuren Spiritus verbrauche, und auch hier lohnt es sich natürlich, einen guten Vorrat anzulegen, wenn man ihn irgendwo billig bekommt. Spiritus kann man in Drogerien einkaufen, doch in Heimwerkerläden ist er meist sehr viel billiger.

Glauben Sie nichts von dem, was Sie

DOWNRIGHT SCARED OF
PRESSURE COOKERS

anderswo vielleicht über Petroleumkocher lesen, die auch mit Diesel betrieben werden können. Das dazu notwendige Diesel ist von einer Qualität, die nur in solchen Ländern verkauft wird, wo die Winter besonders hart und kalt sind und wo man zwischen zwei Sorten von Diesel wählen kann, dem leichten und dem schweren. Die Kocher brauchen den leichten Diesel, wobei in fast allen Ländern nur der schwere Diesel verkauft wird.

Abgesehen davon ist Diesel einer der preiswertesten Brennstoffe, den es außerdem überall in der Welt gibt. Dieselkocher haben viele Vorteile. Einmal entzündet, geben sie eine herrliche, trockene Wärme ab und haben immer einen heißen Backofen. Man kann Dinge ganz wunderbar auf kleiner Flamme darauf köcheln lassen, und sie haben meist Platz für drei oder vier Töpfe gleichzeitig. Sie können 24 Stunden am Tag an bleiben, da sie leise sind, und man hat immer eine warme Kajüte und heißes Wasser für den Tee. Allerdings ist die Flamme zum Kochen nicht sehr heiß, und es dauert solange wie ein nasses Wochenende, bis man genug Hitze hat, um den Druckkochtopf nutzen zu können. Wir hatten ursprünglich einen Dickinson Bristol Dieselkocher auf Badger, auf dem ich fünf Jahre lang gekocht habe. Am Ende meinte ich jedoch, daß er unsere Zwecke nicht so gut erfüllt, weil ich sehr viel im Dampfdrucktopf koche, außerdem war er zu hoch angebracht, um eine wirklich effektive Heizung zu sein. Es war jedoch wunderbar, als wir in hohen Breitengraden unterwegs waren, da man unter Deck immer warm und trocken war, weil immer ein Kessel mit heißem Wasser bereit stand, und weil man nasses Zeug über dem Kocher zum Trocknen aufhängen konnte. Das Schiff war unter Deck immer trocken, und ich konnte Sachen stundenlang auf dem Kocher anwärmen, ohne den Drucktopf nehmen zu müssen. Wenn wir den Platz dazu gehabt hätten, hätte ich wohl dafür plädiert, den Dieselkocher zu behalten und nebenbei noch einen kleinen Petroleumkocher zu haben, auf dem man kleine Dinge schnell kochen kann. Wir hätten ihn wohl auch dann behalten, wenn ich weniger mit dem Druckkochtopf arbeiten würde. Zugegeben, in den Tropen wird es dann zu heiß, aber dort wird es beim Kochen unter Deck sowieso immer zu heiß, egal, mit welch einem Kocher.

Spirituskocher werden vor allem von Leuten hochgelobt, die so gut wie nie segeln, und dies auf gar keinen Fall mit einem kleinen Einkommen tun. Spirituskocher sollen angeblich sicher sein, weil man die Flamme leicht löschen kann, doch ich wäre dazu bereit, jede Wette einzugehen, das mehr Feuer an Bord durch Spirituskocher als durch jede andere Art von Kochern verursacht wurde. Das liegt nicht zuletzt daran, daß die Flamme leise und, besonders an einem hellen Sommertag so gut wie unsichtbar ist. Spirituskocher, die unter Druck funktionieren, sollen dagegen eher unregelmäßig brennen. Hinzu kommt, daß sie langsam sind und daß es auf die Dauer unglaublich teuer wird, ausschließlich mit Spiritus zu kochen, so daß ich sie nicht ernsthaft in Betracht ziehen würde.

Nachdem man sich für die Art von Brennstoff entschieden hat, muß man sich nach dem passenden Kocher dazu umsehen. Pete und ich glauben fest daran, daß es sich lohnt, am Anfang (beispielsweise, solange man noch arbeitet und das Geld dazu verdient) für mehr Qualität mehr Geld auszugeben, um dann langfristig zu sparen, statt erst etwas Billiges zu kaufen, was dann während des Reisens aus dem kleinen Einkommen ersetzt werden muß. Daher würden wir uns für den Kocher entscheiden, der am solidesten und besten gebaut ist aus Qualitätsmaterial, und für den die Ersatzteile auch in absehbarer Zukunft noch erhältlich sein werden. Ein Magnet kann einem Aufschluß über das Material geben, denn was zuweilen wie Messing aussieht, ist nur beschichtet, und wirklich gutes Nirosta ist unmagnetisch. Einer der Vorteile, wenn man sich für einen Petroleumkocher entscheidet, liegt darin, daß viele Leute Gas bevorzugen, und daß Petroleumkocher daher auch gebraucht oft recht günstig gekauft werden können.

Die Kosten für den Brennstoff sind ein wichtiger Faktor, da arme Leute eher viel selber kochen, als nur fertige Dinge aufzuwärmen oder gar ins Restaurant zu gehen. Andererseits wird es auch mit einem teuren Brennstoff immer preiswerter sein, selber zu kochen, so daß man hier keine Ausrede dafür findet, es nicht zu tun! Der Verbrauch an Brennstoff wird durch den Gebrauch eines Druckkochtopfes drastisch reduziert. Wer, wie wir, kein Fleisch ißt und es durch Hülsenfrüchte ersetzt, wird diese in normalen Töpfen ewig lange kochen müssen - im Drucktopf dagegen maximal 25 Minuten lang. Wenn das kleine Einkommen nicht ganz so klein ist oder wenn man auf seine kannibalistische Neigung nicht verzichten kann, wird man dennoch viel Brennstoff sparen, wenn man die billigeren Fleischstücke auch im Drucktopf gart. Selbst das zäheste Fleisch wird darin eßbar, vor allem, wenn man noch etwas Wein hinzufügt. Außerdem sind Drucktöpfe auch sehr gut für Braten geeignet, die ansonsten sehr viel länger im Backofen gegart würden.

Viele Leute haben Vorbehalte oder sogar schlicht Angst vor Druckkochtöpfen. Doch wenn man wirklich dazu entschlossen ist, seine Kosten unterwegs zu reduzieren, sollte man versuchen, sich mit ihnen anzufreunden, denn sie sind sozusagen des Seglers Mikrowelle. Ich würde allerdings nur Stahltöpfe verwenden, da ich so meine Zweifel über die langfristigen Auswirkungen von Aluminiumtöpfen auf unsere Gesundheit habe. Natürlich sind sie teurer, aber das fällt wieder in die Kategorie, lieber einmal mehr Geld für Qualität auszugeben. Man sollte beim Kauf auch darauf achten, daß sie genügend Druck aufbauen können; ich denke hier an 15 Pfund im Gegensatz zu vielen europäischen Drucktöpfen, die nur bis zehn Pfund reichen, wodurch sie natürlich langsamer werden. Prestige hat seit Jahrzehnten solche Töpfe hergestellt, und ich glaube, daß dies immer noch die besten sind, mit dem weiteren Vorteil, daß Ersatzteile in vielen Ländern erhältlich sind.

Solange man sich an die Gebrauchsanweisung hält, sollte man diese Drucktöpfe ganz problemlos benutzen können. Die neueren Modelle haben Drehventile, mit denen man den Druck ganz einfach ablassen kann, ohne daß man dafür eimerweise kaltes Wasser und Nerven wie Drahtseile braucht. Es gibt auch welche mit eingebauten Timern, doch diese würde ich meiden, weil die Uhrwerke sicherlich bald in der rauhen, salzhaltigen Umgebung ihren Geist aufgeben würden. Wenn ich genug Platz an Bord hätte, würde ich ernsthaft darüber nachdenken, zwei Drucktöpfe zu haben, weil ich sie soviel benutze - der Rekord liegt bisher bei fünfmal für nur eine Mahlzeit! Ihr vielleicht größter Vorteil zeigt sich bei schwerem Wetter. Dann kann ich den Topf einfach mit Knoblauch, Zwiebeln, Gemüse, Reis, Bohnen, Gewürzen und etwas Wasser füllen, den Deckel fest verschließen und ein leckeres Curry kochen, ohne dabei in Gefahr zu geraten, das Ganze entweder über mich selbst noch sonstwohin zu kippen.

Kochen auf See ist ja sowieso eine kleine Kunst für sich. Es kann jedoch sehr vereinfacht werden, wenn man seine Pantry gut organisiert hat. Wenn alles zur Hand ist und dort, wo man es vermutet, spart man sich viel Sucherei in Schapps, deren Inhalt sich vielleicht entleert, wenn man gerade eine besonders große See herunterfällt. Scharfe Messer sind ein Muß, es gibt nichts Schlimmere, als eine Zwiebel mit einem stumpfen Messer zu schneiden, während sie störrisch über die Arbeitsfläche hin- und her rutscht. Die Töpfe sollten einen breiten Durchmesser und hohe Seitenwände haben, so daß der Inhalt auch bei Schräglage nicht hinausschwappt. Selbst wenn man einen kardanischen Kocher hat, wird man den vollen Topf zwischendurch vielleicht einmal irgendwo abstellen wollen. Auch hier lohnt es sich, nur das Beste zu kaufen. Unsere Töpfe bekamen wir 1975 als Hochzeitsgeschenk, sie sind beschichtet und halten sehr gut. Popcorn klebt zum Beispiel fast gar nicht darin fest, aber man kann sie trotzdem, falls nötig, mit Stahlwolle schrubben. Allerdings verwende ich nie Metallgegenstände in unseren Töpfen, weil ich das Geräusch nicht ertragen kann, und vielleicht liegt es auch daran, daß sie so lange halten. Wenn ich jetzt neue Töpfe kaufen würde, würde ich höhere auswählen, da unsere kleineren Töpfe zu flach sind, um bei Schräglage den Inhalt bei sich zu behalten. Gußeiserne Töpfe würde ich meiden, weil meine Handgelenke zu schwach sind, um sie mit einer Hand anheben zu können, obwohl wir eine schöne gußeiserne Pfanne an Bord haben. Für solche schweren Geschosse bräuchte man dann auch einen besonders sicheren Platz zum Verstauen. Auf einem Schiff sind vielleicht auch Kupfertöpfe eine brauchbare Alternative.

Mit anständigen Töpfen und Pfannen und einer auch sonst gut organisierten Pantry macht das Kochen auf See richtig Spaß. Ich genieße es, in meiner Pantry herumzuwerkeln, während wir bei schönem Sonnenschein über die Meere segeln. Wir mögen immer gutes Essen, und es ist ja eine altbekannte Weisheit, daß die Seeluft besonders appetitanregend ist. Ich bin eine langsame Köchin und benötige meist über eine Stunde, um unsere Hauptmahlzeit zuzubereiten, doch Zeit haben wir ja nun wirklich genug, wozu also hetzen? Selbst im Hafen sind wir fast nie unter Zeitdruck, und kochen ist für mich ein nette Beschäftigung mit, zuweilen, einer gewissen therapeutischen Wirkung. Nachdem ich das gesagt habe, muß ich jedoch gestehen, daß ich auch die eine oder andere Dose mit einem Fertiggericht an Bord habe, so daß es eine Alternative zu Baked Beans auf Toast gibt, wenn wir abends sehr spät an Bord kommen oder ich aus anderen Gründen einmal nicht kochen mag.

Jedes Schiff sollte ein „Genußschapp" an Bord haben, das nicht zu leicht erreichbar sein sollte und mit all jenen Luxusgütern angefüllt ist, die man sich normalerweise nicht leistet. Das sind dann Sachen, die einem von netten Freunden oder Verwandten geschenkt werden, die man dann kauft, wenn man wegen eines Geburtstages etwas mehr Geld übrig hat, oder wenn man sie irgendwo herabgesetzt im Sonderangebot entdeckt. An besonderen Tagen kann der Koch dann in diesem Schapp herumstöbern und irgendwelche Köstlichkeiten zutage fördern, die den Tag zu einem wahren Fest werden lassen. Hier sind wir natürlich klar im Vorteil gegenüber den reichen Seglern, die sich jederzeit alles leisten können und sich dann darüber nicht halb so viel freuen wie wir.

Das „Genußschapp" ist aber auch dann wichtig, wenn wir Gäste an Bord haben, da auch das eine für uns willkommene Entschuldigung ist, uns einmal etwas Besonderes zu gönnen. Als wir damit begannen, Fleisch aus unserem Speiseplan zu streichen, war es mir peinlich, Leute zum Essen zu uns an Bord einzuladen. Dann hörte ich einfach damit auf, zu erwähnen, daß unser Essen vegetarisch ist, und ich bin mir sicher, daß viele das nicht einmal bemerkt haben. Heutzutage seht das ja sowieso ganz anders aus, da es ja irgendwie schick zu sein scheint, sich als Vegetarier zu outen. In Häfen, wo Lebensmittel zu teuer sind oder wo es zu heiß zum Kochen ist, laden wir die Leute statt dessen zu Drinks und Tapas ein - letzteres sind die kleinen Köstlichkeiten, die in spanischen Bars auf der Theke stehen, und die aus allen möglichen Dingen gemacht sein können. Dazu bereite ich fast immer eine riesige Schüssel mit Popcorn vor, und dazu Sachen wie Sardinenpaté, Hoummus, Pilz- und Walnußpaté und andere Dinge mehr und reiche haufenweise Brot und Cracker dazu. In Venezuela waren Cracker unglaublich billig, so daß wir dort mehrere riesige Packungen davon gekauft haben, die seither im „Genußschapp" lagern. In Spanien haben wir dagegen Chorizo eingekauft, das ist eine Hartwurst, die köstlich ist und sich auch bei heißem Wetter unendlich lange hält, in Portugal Mandeln, in Marokko Oliven, in St. Martin Dosenpaté - und alles das wird im „Genußschapp" verstaut, bis es bei fröhlichen Anlässen zu Tapas verarbeitet wird. Diese Art zu essen ist natürlich auch dann geradezu ideal, wenn man einen ganzen Haufen Leute zu einer Party einladen möchte. Und falls etwas davon übrig bleibt, kann man daraus am nächsten Tag meist ein ganz köstliches Lunch zubereiten.

UNLESS YOU ARE WALKING AROUND IN
A LIQUORICE ALLSORT COLOURED OILSKIN

Kapitel 14

Die äußeren Werte

Kleidung ist für jeden wichtig, egal, ob arm oder reich. Allerdings ist es ganz unnötig, dafür viel Geld auszugeben. Viele Leute nähen ihre eigene Kleidung selber, aber man kann sie auch billig aus Second-Hand- oder Wohlfahrtsläden kaufen. Im letzteren Fall hat das den weiteren Vorzug, daß das Geld einem vernünftigen Projekt zufließt. Gelangweilte und fleißige Verwandte sind oft eine gute (zuweilen zu gute) Quelle für gestrickte Socken, Mützen und so weiter, die in kühleren Gegenden gut gebraucht werden können. Die meisten von uns haben eher zuviel als zuwenig Kleidung an Bord und damit Probleme, alles zu verstauen.

Auf den meisten Booten gibt es nur einen oder zwei kleine Hängeschränke, so daß die meiste Kleidung gefaltet und liegend verstaut wird. Auf Badger haben wir viel zu viele Klamotten (man kann sie ja schließlich nicht wegwerfen, bevor sie aufgetragen sind, oder?), von denen die meisten unter unserer Doppelkoje wohnen, vor allem, wenn sie für das Klima, in dem wir gerade segeln, ungeeignet sind. Was bei uns der Hängeschrank sein sollte, wird zum größten Teil vom vorderen Mast ausgefüllt, so daß ich es aufgegeben habe, dort etwas aufzuhängen und statt dessen jetzt dort Leinen und Fender unterbringe. Weil es aber auch sonst nicht genug Platz geben wird, alles aufzuhängen, lohnt es sich zu lernen, wie man Kleidung so zusammenlegen kann, daß sie anschließend wie gebügelt aussieht. Bei Hosen muß man dazu die inneren und äußeren Nähte aufeinanderlegen, was eine Art Bügelfalte entlang des Hosenbeins ergibt. Hemden sollte man öffnen und den Kragen hochschlagen. Etwa in der Mitte der Verstärkung für die Schultern endet die Falte für die Ärmel. An dieser Stelle legt man Schulter auf Schulter, mit dem Rücken nach innen und der Front nach außen. Dann legt man die Ärmel glatt an die Seite und faltet das Ganze einmal zusammen, mit den Ärmeln innen. Dadurch wird das Hemd glatt und wie gebügelt aussehen, bis es getragen wird. Übrigens - Hemden auf die Art zusammenzulegen, wie sie in den Läden präsentiert werden, ist nicht so praktisch, da dann vor allem die Kragen verknittern werden.

Man mag jetzt denken, dies sei alles etwas bürgerlich, aber ob wir es nun mögen oder nicht, wir werden immer zuerst nach unserem Äußeren beurteilt, und es lohnt sich im allgemeinen, etwas Rücksicht auf verbreitete Vorurteile zu nehmen. Außerdem ist es kaum mehr Arbeit, Hemden auf diese Weise zusammenzulegen als sie einfach so in ein Schapp zu stopfen. Und es ist ganz amüsant, den erstaunten Gesichtsausdruck bei anderen Leuten zu beobachten, wenn ich so ganz beiläufig erwähne, daß ich seit zehn Jahren kein Bügeleisen mehr angefaßt habe. Es ist zuweilen schon lästig genug, als „Bootsgammler" durchgehen zu müssen, ohne daß man selbst noch zum schlechten Image aktiv beiträgt, also nähe ich unsere Knöpfe wieder an und repariere die Löcher. In vielen Ländern, besonders in den sogenannten unterentwickelten, wird einigermaßen anständige Kleidung zumindest in dem Standard, den sie selber setzen, von den Bewohnern geradezu erwartet, und es gilt als Beleidigung, dort herumzulaufen, als sei man geradewegs dem Müllplatz entsprungen.

Es lohnt sich, unterschiedliche Stoffe einmal näher zu betrachten. Viele Baumwoll- und alle Seidenstoffe müssen einfach gebügelt werden und scheiden für uns damit aus, abgesehen von T-Shirts und einfach geschnittenen Kleidungsstücken, die sich einfach und glatt zusammenlegen lassen. Kunstfasern knittern wesentlich weniger, laufen nicht ein, halten länger und bleichen nicht so schnell aus, sind jedoch unangenehm zu tragen. Es gibt jedoch gute Kompromisse, als Mischung aus Baumwolle und Polyester, vor allem für Blusen, T-Shirts und Hosen; diese halten ewig, und dank dem Baumwollanteil atmen sie auch. Polyester/Baumwollstoffe guter Qualität sind ebenso bequem und angenehm zu tragen wie reine Baumwolle. Besonders reine Baumwoll-T-Shirts scheinen gerade in den Tropen besonders schnell auseinander zu fallen, während die gemischten sehr viel länger halten. Kunstfasern trocknen auch sehr viel schneller als Naturfasern. Was die Wärme anbetrifft, ist reine Wolle unschlagbar - Millionen von Schafen können sich hier nicht irren -, obwohl Acryl meiner persönlichen Meinung nach auch gut ist. Sowohl Wolle als auch Acryl scheinen ebenfalls ewig zu halten, mit Ausnahme vielleicht von Shetlandwolle, die an den Ellenbogen schnell durchscheuert. Wo wir gerade bei der Wärme sind, Jeans sind zwar populär, aber nicht unbedingt die wärmsten Hosen. Kordhosen sind in dieser Hinsicht besser, vor allem aus schwerem Tuch, jedoch leider fürchterlich, wenn sie einmal naß werden. Jogginghosen und Sweatshirts eignen sich zum Segeln besonders gut, weil sie weit und bequem sind und nicht hauteng anliegen, so daß sie etwas Luft zwischen Haut und Kleidung einfangen. Auch diese kann man am besten aus gemischten Fasern kaufen, da reine Baumwollsachen sehr lange brauchen, um zu trocknen. Auch hier verlasse ich mich lieber auf eine etwas bessere Qualität, weil die billigen Sachen schnell aufgehen. Eine andere Mode, die ich sehr angenehm finde, sind Leggings, die in gemäßigten Klimazonen sehr bequem sind, wenn auch nicht warm genug, sobald es wirklich kalt wird. Wir versuchen übrigens, weiße Kleidung zu meiden, weil es einfach zuviel Aufwand ist, diese auch weiß zu halten - irgendwann sehen weiße Kleidungsstücke immer grau oder gelblich aus.

Ich wasche alle unsere Kleidung von Hand, weil es einfach zu teuer wird, immer in Waschsalons zu gehen. Nur wenige scheinen noch von Hand zu waschen, so daß ich auch zu diesem Thema ein paar Worte verlieren möchte.

Flüssige Waschmittel sind denen in Pulverform weitaus überlegen. Sie lassen sich auch in kaltem Wasser auflösen und können zudem leichter ausgespült werden. Eine ausreichend große Waschschüssel, mit, sagen wir, zwanzig Litern Inhalt, hilft bei dieser Arbeit enorm, da man die Kleidung darin gut ausspülen kann, ohne daß man überallhin Wasser verspritzt. Eimer sind vielleicht noch zum Abspülen brauchbar, nicht jedoch zum Waschen.

Wenn ich wasche, mische ich erst eine Tasse Waschmittel mit etwa einem Liter Wasser an, um eine konzentrierte Lösung zu haben. Dann weiche ich zum Beispiel alle Geschirrhandtücher darin ein, wringe sie aus und lege sie zur Seite. Mit einem Pinsel kann ich dann unverdünntes Waschmittel auf besonders hartnäckige Flecken auftragen, zum Beispiel Tee oder Blut, wobei diese Methode für Rotwein nicht ausreicht. Dann fülle ich den Waschtrog mit dem restlichen Wasser auf und wasche ganz normal weiter. Bettlaken, Geschirrtücher und Hosen muß man ab und zu ausschrubben, wozu ich eine besondere Wurzelbürste habe. Am Ende dieser Prozedur sind unsere Klamotten mindestens so sauber als kämen sie aus einem Waschsalon, ab und zu vielleicht sogar noch sauberer. Man muß die Sachen dann gut ausspülen und so gut es geht auswringen, bevor man sie aufhängt. Dazu habe ich mir ein oder zwei Techniken ausgedacht: Beispielsweise lege ich die Sachen einmal um den Traveller und wringe sie dann gründlich aus. Ich verbrauche ungefähr 25 bis 30 Liter Wasser für die Wäsche von 14 Tagen.

Am besten trocknet die Wäsche natürlich in einem trocknen, heißen Klima, wo man sowieso kaum Kleidung braucht, am schlechtesten in kalten Gefilden, wo man sehr viel davon benötigt. Aber das Leben ist eben ab und zu mal ungerecht. Dafür schwitzt man in kaltem Wetter auch nicht so viel und kann die Sachen dafür länger tragen, vor allem, wenn man unter sich bleibt und nicht an Land geht! Wenn man das Waschen nicht zulange vor sich her schiebt, ist es nicht sehr viel Arbeit, obwohl ich es hasse, kleine Mengen von Hand bei kaltem Wetter in kaltem Wasser waschen zu müssen, Gummihandschuhe helfen hier jedoch, damit die Finger nicht gleich ganz absterben vor Kälte. Übrigens sollte man zum Waschen niemals Seewasser nehmen, ganz egal, was Bernard Moitessier dazu geschrieben hat. Man wird nämlich anschließend soviel Frischwasser brauchen, um alles Salz herauszuspülen, daß man auch ebensogut gleich alles in Frischwasser waschen kann. Salzkristalle werden auch vom Wind nicht aus der Kleidung geweht, und solange noch etwas Salz drin ist, werden sie niemals trocken.

Schuhe können ein kleines Problem sein, weil sie so viel Platz zum Wegstauen benötigen. In heißen Gegenden benutzen Pete und ich einfache Sandalen, die jedoch neuerdings auch in Mode kommen und damit teurer werden. Das Problem dabei ist jedoch, daß man an Land schmutzige Füße bekommt und daß sie auf glatten, nassen Flächen tödlich sind - beispielsweise auf Fischmärkten. Decksschuhe können mit oder ohne Socken getragen werden und sind immer sehr praktisch, jedoch teuer in der Anschaffung. Für besondere Anlässe an Land habe ich noch ein Paar „ordentliche" Landschuhe an Bord.

Beim Segeln sind wir meist barfuß und tragen nur dann Decksschuhe, wenn es sowohl kalt als auch trocken ist. Bloße Füße haben die beste Rutschfestigkeit und tragen sich nicht ab! Wenn es so kalt ist, daß wir Socken brauchen, tragen wir darüber meist Seestiefel, wenn wir an Deck müssen. Falls wir viel von Hand steuern müssen, werden uns die klobigen Stiefel jedoch schnell lästig. Wir kaufen unsere Gummistiefel meist in landwirtschaftlichen Läden und nicht beim Yachtausrüster wo sie ein Vielfaches kosten. Da wir, dank unseres Dschunkenriggs, nicht so oft an Deck herumturnen müssen, sind einfache Slipper meist die gängige Fußbekleidung, und wir machen uns auch keine großen Sorgen um deren Rutschfestigkeit. Ich glaube, daß ein rohes Holzdeck immer sehr rutschfest ist, und das glatte GFK-Flächen immer wie Glatteis wirken - ganz egal, welche Schuhe man trägt. Die im Computer entworfenen, rutschfesten Sohlen einiger Designer-Segelschuhe halte ich für vollkommen übertrieben.

Die Modedesigner haben sich seit einiger Zeit auch über das Ölzeug hergemacht, und als Wochenendsegler gilt man nichts mehr, wenn man nicht ein papageienbuntes Ölzeug trägt, mit eingebauter Schwimmweste, klingelndem Lifegurt, fünfzehn wasserdichten Taschen und reflektierendem Tape, damit man damit gefahrlos über Bord fallen kann. Nachdem wir uns vor vielen Jahren bis in die schwindelerregenden Höhen von Henri-Lloyd-Ölzeug emporgearbeitet hatten (damals kamen gerade Jacken und Hosen mit einer Innenfütterung neu heraus), glauben wir jetzt, daß das alles kompletter Unsinn ist. Um warm zu bleiben, zieht man sich warmes Unterzeug und ordentliche Pullover an. Um trocken zu bleiben, reichen eine wasserdichte Jacke und eine ebensolche Hose. Wenn das Boot einigermaßen sinnvoll ausgerüstet ist, wird man nicht bis zur Brust im Wasser stehen müssen, so daß entsprechend hohe Hosen eigentlich nicht notwendig sind. Wenn man allerdings bei schwerem Wetter doch auf das Vorschiff muß, braucht man solche Dinger. Sie sind jetzt so konstruiert, daß man sie leichter an- und wieder ausbekommt, doch ich habe viele unangenehme Erinnerungen daran, wie ich versucht habe, mich von den gräßlichen Dingern zu befreien, weil ich ganz dringend auf die Toilette mußte. Hosen, die nur bis zur Hüfte reichen, sind auch praktischer, wenn man bei strömenden Regen einen Landausflug beginnt und zwanzig Minuten später der schönste Sonnenschein ausbricht und man die Hosen dann zusammenlegen und mit sich herumtragen muß. Wir haben beide sehr einfache Guy Cotton Ölhosen, wie sie auch von vielen Fischern getragen werden. Sie sind billig und wasserdicht, und das reicht uns.

Was die Jacken betrifft, so werden diese wohl fast ebenso oft an Land wie an Bord getragen. Dazu bevorzuge ich etwas eher Unauffälliges, statt der modernen, bunten Öljacken. Petes Jacke ist eine schwere, gebrauchte PVC-Jacke, die ihn wie einen echten Seebären aussehen läßt, vor allem in Verbindung mit einem Südwester! Meine eigene ist von Douglas Gill und paßt mir sogar, da sie offenbar für Zwerge wie mich entworfen wurde, mit Ausnahme der Ärmel, die viel zu lang sind. Sie ist praktisch und läßt sich ganz klein zusammenfalten, so daß sie in ihrer eigenen Kapuze verschwindet. Ursprünglich hatte sie sogenannte Sturmmanschetten, die jedoch die Feuchtigkeit im Ärmel gehalten haben, so daß ich diese dann irgendwann abgeschnitten habe. Jetzt läuft mir zwar das Wasser den Ärmel hinauf, wenn ich über Kopf arbeite, aber dafür läuft es nun auch wenigstens wieder hinaus. Abgesehen davon scheint alles Ölzeug von innen feucht zu werden, wenn man drei oder vier Stunden lang bei strömendem Regen am Ruder gesessen hat. Vielleicht läuft das Regenwasser ja besser an einem ab, wenn man an einem Rad steht, aber wer will zum Steuern schon immer stehen müssen? Wenn wir sie benötigen, tragen wir Lifegurte (was nur selten vorkommt), und wir können sie in den Tropen auch tragen, ohne erst unsere „Hochsee-Eroberer-Jacke" anziehen zu müssen. Schwimmwesten tragen wir nicht, weil, wenn man in einem Boot mit Selbststeueranlage und nur zwei Personen Besatzung unterwegs ist, man mit an Sicherheit grenzender Wahrscheinlichkeit sowieso ertrinkt, falls man über Bord fällt. Aus dem gleichen Grund benötigen wir auch kein reflektierendes Tape an unserem Ölzeug, so daß wir nicht wie Weihnachtsbäume voller Lametta aussehen. Einfaches, gelbes Ölzeug hat Tradition und gibt einen schönen Farbklecks bei grauem Himmel und grauer See.

Wie ich bereits sagte, am Ende wird man fast immer zuviel Kleidung an Bord haben, statt zuwenig. Man kann sie von Zeit zu Zeit zum Wohltätigkeitsladen zurück tragen, sie in die Altkleidersammlung geben oder sich gleich auf eine kleine Auswahl beschränken und diese auftragen.

Kapitel 15

Alles nur heiße Luft

Wer auf Reisen geht, statt nur einfach irgendwo an Bord einer Yacht zu leben, wird vermutlich nicht immer nur in den Tropen herumkreuzen. Irgendwann wird man auch in höhere Breitengrade segeln wollen, da man dort Herausforderungen ganz anderer Art findet. Segeln in den Tropen ist für uns wie Urlaub, wo wir die Ankerplätze mit vielen anderen teilen. Doch ab und an sehen wir uns den Globus an und denken an all die einsamen Orte, wo es immer hell bleibt und wo, wenn man schon einmal einen Ankerplatz mit einer anderen Yacht teilt, das ein Anlaß ist, zusammenzukommen und bis spät in die Nacht Geschichten auszutauschen.

Andererseits ist es kein Vergnügen, zu frieren, und daher betrachte ich irgendeine Form der trockenen Heizung (also mit einem Schornstein, der die Feuchtigkeit herausläßt) als unbedingt notwendig auf einer Langfahrtyacht. Wenn man die alten Bücher liest, gewinnt man den Eindruck, daß vor 50 Jahren so gut wie jedes kleine Boot einen Holz- oder Kohleofen an Bord hatte, doch heute kann man auf fast keinem Schiff mehr einen freien Platz am Schott finden, wo man noch eine Heizung anbringen könnte. Wann und warum diese Tradition ausgestorben ist, kann ich nicht sagen, doch leider ist es so. Wenn man ein neues Schiff kauft, wird man eine Heizung nachträglich einbauen müssen, und in den meisten Fällen muß man dazu etwas an der Einrichtung ändern.

Genauso wie bei der Auswahl des Kochers sollte man sich auch hier zunächst Gedanken um den Brennstoff machen. Die zur Auswahl stehenden Brennstoffe sind Holz und/oder Kohle, Diesel, Petroleum und Gas, mehr oder weniger in der Reihenfolge ihrer Kosten. Bei Heizungen lohnt es sich jedoch auch, ihre Wirksamkeit mit in Betracht zu ziehen.

Um ein Schiff schnell warm zu bekommen, sind die Heißluftheizungen, wie sie beispielsweise von Webasto angeboten werden, vermutlich am effektivsten. Ursprünglich wurden diese Heizungen entwickelt, um die Fahrerkabinen von LKWs vor allem in Schweden zu beheizen, wo die Kälte im Winter ja ein wirklich ernstes Problem ist. Sie sind dann auch schnell auf Yachten sehr populär geworden, weil die Temperatur über ein Thermostat geregelt werden kann und weil sie alle Kabinen unter Deck gleichzeitig erwärmen können. Die Heizung selbst ist normalerweise in der Backskiste eingebaut, so daß man hier kein freies Schott benötigt. Die heiße Luft wird durch Schläuche in das Schiffsinnere geleitet, wobei diese Schläuche auch durch verschiedene Backskisten und Stauräume geführt werden können, um diese warm und trocken zu halten. Andererseits hat all dies auch seinen Preis und seine Nachteile. Die meisten dieser Warmluftheizungen laufen mit Diesel, dessen Abgase schmutzig sind und den Spiegel beim Auspuff dauerhaft schwärzen können. Der Lüfter, der die heiße Luft in das Schiffsinnere befördert, verbraucht eine Menge Strom. Besonders in einem nur mäßig isolierten Schiff, wo die Heizung sehr viel laufen wird, belastet man seine Batterien dadurch enorm. Auch sind diese Heizungen nicht gerade leise, und da sie meist im Cockpit installiert sind, wird man sich selbst und seine Nachbarn damit belästigen. Schließlich, und vielleicht am gravierendsten, sind sie nicht die zuverlässigsten Heizungen - ich habe viele Leute getroffen, die Probleme mit ihren Warmluftheizungen hatten -, und ich kann mir nur wenige andere Gründe ausdenken, die einem eine Reise nach Spitzbergen verderben können, als wenn einem auf halber Strecke die Heizung ausfällt.

Wenn man Diesel als Brennstoff bevorzugt, gibt es auch eine Reihe ganz ausgezeichneter Schiffsöfen dafür, von denen die bekanntesten sicherlich die Refleks-Öfen aus Dänemark sind. Wir haben einen davon auf Badger eingebaut, als wir uns von unserem Dieselkocher getrennt haben, da wir eine Heizung wollten, die nicht davon abhängig ist, ob wir gerade Holz oder Kohle besorgen können, denn beides ist in einigen Ecken der Welt nur sehr selten aufzutreiben. Auch haben wir nicht vor, mehr als nur ein paar Monate pro Jahr im Kalten zu verbringen, so daß die Kosten einer Dieselheizung auch für uns akzeptabel sind. Ich mag auch die Dickinson-Öfen aus Amerika, allerdings haben sie den Nachteil, daß auch sie einen Lüfter haben, der Strom aus der Batterie verbraucht. Die von einem bekannten englischen Hersteller gebauten Dieselheizungen, deren Dieselzufuhr tropfenweise durch die Schwerkraft erfolgt, kann ich dagegen leider gar nicht empfehlen. Vielleicht habe ich persönlich Pech mit ihnen gehabt, aber jeder, den ich kenne und der solche Heizungen hatte, hatte Probleme, und bei einigen brach sogar Feuer aus. Eines der Probleme ist, daß die Anzahl der Tropfen, die pro Minute in den Ofen fallen, nicht genau genug kontrolliert werden kann, denn dies hängt vom Druck im Tank ab (und damit, wie voll er gerade ist), außerdem tropfen sie schneller, wenn sich das Diesel erwärmt und damit dünnflüssiger wird. Dadurch kann sich die Pfanne im Brenner so weit auffüllen, daß sie bei der kleinsten Bewegung des Schiffes überläuft. Bei den Refleks- und Dickinsonöfen wird dagegen eine Art Vergaser verwendet, mit einem Schwimmer, der die Zufuhr von Diesel konstant hält. Und selbst das ist nicht immer hundertprozentig sicher. Unser Refleksofen kann zum Beispiel auslaufen, wenn das Schiff zu weit krängt und der Ofen sehr weit aufgedreht ist, da auch dann etwas Diesel im Brenner steht. Wenn er nicht so weit aufgedreht ist, läuft jedoch nur sowenig Diesel in den Brenner, daß es nicht auslaufen kann. Es lohnt sich, den Ofen einmal darauf zu untersuchen, bei welchen Parametern er noch sicher betrieben werden kann. Dieselöfen von guter Qualität sind nicht besonders billig, aber sie sind in der Regel solide und zuverlässig, und auch hier lohnt es sich, am Anfang etwas mehr Geld auszugeben, um langfristig an Reparaturen oder Ersatz zu sparen. Die Nachteile? Es ist nicht immer einfach, sie anzubekommen. Ein in Spiritus getränkter Docht am Ende eines langen Drahtes hilft hier am besten. Und natürlich kostet Diesel Geld. Vielleicht nicht sehr viel, aber vielleicht auch mehr, als man für das Heizen ausgeben möchte. Dieselöfen sind auch nicht ganz so hübsch wie Holz- oder Kohleöfen. Beim Einkaufen lohnt es sich darauf zu achten, daß man ein Modell wählt, auf dem man auch einen Kessel abstellen und warm halten kann. Es ist weiterhin sinnvoll, den Treibstofftank irgendwo im Salon unterzubringen, damit, wenn es richtig kalt wird, das Diesel nicht eine zu große Viskosität entwickelt, um noch gleichmäßig tropfen zu können.

Das gute, alte Petroleum ist auch immer eine Überlegung wert. Der größte Nachteil hier sind sicherlich die Kosten zum Betreiben. Selbst in einem gut isolierten Boot verbraucht man im Winter an die 20 Liter Petroleum pro Woche, und wären wir jetzt in England, würde das fast 30 Prozent unseres wöchentlichen Einkommens ausmachen. Falls jedoch Ihr kleines Einkommen größer ist als unser kleines Einkommen, dann könnte Petroleum eine Lösung sein. Es gibt einen wunderbaren kleinen Petroleumofen von Taylors, der viele Jahre lang sehr beliebt war. Es gab ihn sogar wahlweise mit einem angeschlossenen Heißwassertank, mit etwa fünf Litern Inhalt, der um den Schornstein herum angebracht war. Force 10 stellt einen Petroleumofen her, der wahlweise auch mit Diesel funktionieren soll, aber das ist, wie bereits anderswo erwähnt, das leichte Diesel, das nicht überall verkauft wird. Der Nachteil von Petroleumheizungen ist, daß sie etwas weniger Hitze abgeben und daher für gewisse Schiffe zu klein sein können, daß viele von ihnen einen Drucktank haben, der oft aufgepumpt werden muß, und das sie nicht immer leise sind.

Es gibt auch Warmluftheizungen, die mit Gas betrieben werden. Dabei sollte man daran denken, daß Butangas schon bei derselben Temperatur friert wie Wasser, während Propangas mit sehr viel niedrigeren Temperaturen fertig wird. In England gibt es auch sogenannte Catalytic-Heizungen, die jedoch vollkommen unbrauchbar sind. Sie haben keinen Abzug und produzieren unendlich viel Feuchtigkeit, sie sind gefährlich und teuer zu betreiben. Außerdem wäre ich sehr zurückhaltend, mehr Gasleitungen als unbedingt notwendig durchs Schiff zu verlegen.

Damit sind wir bei den traditionellen Öfen, die mit Holz oder Kohle beheizt werden. Ich selbst liebe ein „richtiges“ Feuer. Um jedoch einmal ganz unromantisch auf die Nachteile zu verweisen: Diese Öfen sind schmutzig, denn sie produzieren viel Asche, die auch noch regelmäßig entleert werden muß, der Brennstoff nimmt extrem viel Stauraum ein, und die guten Öfen sind aus Gußeisen und daher unheimlich schwer. Allerdings kann man oft Brennmaterial umsonst bekommen, vor allem Holz. Bootswerften zum Beispiel sind eine besonders gute Quelle für Reste und Abfallholz, das sich hervorragend verheizen läßt. Auch jede Art von Treibholz kann verbrannt werden, darunter die so oft zu findenden alten Holzpaletten. Kohle dagegen ist heutzutage nicht überall mehr so einfach zu bekommen und macht, wenn sie nicht sorgfältig verstaut ist, viel Schmutz an Bord. Schließlich war es genau diese Schwierigkeit, Kohle zu bekommen, und der üppige Raum, den wir zum Verstauen derselben opfern mußten, die uns dazu brachten, von einem gußeisernen Ofen zu einem Dieselofen zu wechseln. Hätten wir auf Badger eine tiefe Bilge sozusagen als Kohlenkeller benutzen können, wäre diese Entscheidung nicht notwendig geworden. Unsere Freunde Ros und Tom können eine halbe Tonne Kohle in der unendlich tiefen Bilge ihres Bristol Channel Lotsenkutters unterbringen, so daß sie sich wahrhaftig nie zu viele Sorgen darum machen müssen, wo sie als nächstes Kohle bunkern können. Holz- oder Kohleöfen geben eine wunderbar trockene Wärme ab und werden dabei so heiß, daß man auf kleinen, gut isolierten Booten wie Badger oftmals die Luken öffnen muß, weil es sonst zu warm würde. Weil sie viel Luft zum Brennen benötigen, sorgen sie für eine gute Luftumwälzung im Schiff, und die meisten sind so sicher, daß man sie gut über Nacht brennen lassen kann, auch, wenn man davon einige Stunden nicht an Bord ist.

Solche Öfen zu entzünden ist jedoch nicht jedermanns Sache und bringt einem das Feuerrisiko auf Holzschiffen unangenehm deutlich ins Bewußtsein. In seinem Buch „Cruising Hints“ schreibt Francis B. Cooke, daß „die beste Methode einen Holzkohleofen zu entzünden darin besteht, Baumwollreste oder Watte in Petroleum zu tränken und anzuzünden. Das funktioniert sehr viel besser, als wenn man sich mit feuchtem Holz und der Zeitung vom Vortag abplagt.“ Viele von uns, die solche Öfen benutzten, haben sicher sehr viel Zeit damit verbracht, sich mit den letzteren zwei Dingen abzumühen, und so ist sein Hinweis bei einigen sicherlich ganz willkommen. Die Watte kann man aber auch noch einfacher durch Grillanzünder ersetzen, von denen ein ausreichender Vorrat an Bord sein sollte. Auch in wärmeren Gegenden können sie durchaus nützlich sein, beispielsweise, um Barbeques oder Lagerfeuer am Strand zu entfachen. Übrigens sollte ein Holzkohleofen mit der Tür entweder nach vorne oder nach achtern montiert werden, nicht jedoch seitlich, um die Chancen zu verringern, daß die Tür bei Schräglage aufgeht und sich der Inhalt aus heißer oder kalter Asche quer durch den Salon ergießt. Der größte Vorteil eines solchen Ofens liegt sicher darin, daß er so unendlich gemütlich ist. Um noch einmal Francis B. Cooke zu zitieren: „Das freundliche Feuer im Ofen verbreitet eine Heimeligkeit im kleinen Salon, die an kalten Winternächten ganz besonders tröstlich ist“.

Wer das Boot so isoliert, daß die Hitze nicht zu schnell entweichen kann, hat schon das halbe Heizungsproblem gelöst. Auf Badger haben wir das gesamte Schiffsinnere mit einer dicken Korkschicht beklebt und die dann mit Holzfurnier verkleidet, was auch dabei hilft, die Kondensation zu reduzieren. Das Isolieren auf diese Weise war zwar eine unangenehme Arbeit, da die Korkplatten recht groß waren und an den Ecken und Kanten beim kleinsten Anlaß wegkrümelten, doch es hat sich gelohnt und funktioniert jetzt sehr gut. Würden wir es noch einmal tun, würden wir allerdings Polystyren benutzen, zumal es davon jetzt auch eine feuerfeste Variante gibt.

Wir haben auch Leute getroffen, die mit einigermaßen zufriedenstellendem Ergebnis GFK zum Isolieren benutzt haben. Das muß jedoch noch unangenehmer in der Verarbeitung sein, und ich weiß nicht, ob es vielleicht Wasser absorbiert, aber die Isolationseigenschaften sind gut. Auf Kunststoffbooten benutzen viele Leute auch einfach einen dicken, feuchtigkeitsunempfindlichen Teppichboden, der von innen ins Schiff geklebt wird - dennoch wird er ziemlich muffig, sollte er einmal wirklich naß werden. Bei Stahlschiffen hat sich Sprühschaum bewährt, der dann mit Sperrholz verkleidet werden muß, weil man die Oberfläche nicht wirklich glatt bekommt. Eine beliebte Alternative dazu ist Rockwool. In einem traditionell gebauten Vollholzschiff hält die Innenverkleidung, die ja meist aus waagerechten Latten besteht, die auf den Spanten befestigt sind, eine Luftschicht zwischen Außenhaut und Innenverkleidung, die erstaunlich gut isoliert. Die Seiten des Kajütaufbaus bereiten da schon mehr Probleme. Ich habe einmal eine geniale Idee gesehen, wo die Unterseite des Kabinendachs sozusagen verdoppelt war, und wo dann die Seekarten zwischen Dach und aufklappbarer Innenverkleidung verstaut wurden. Dadurch hat man einen idealen Platz für die Karten und obendrein noch eine sehr gute Isolierung.

Wie bei so vielen Dingen muß man hier ganz individuell entscheiden, nach den eigenen Bedürfnissen und dem, was für das Schiff geeignet ist. Wenn man jedoch nicht in kalte Gegenden segeln möchte, sollte man daran denken, daß eine gute Isolation nicht nur die Wärme drinnen hält, sondern, in den Tropen, auch die Hitze draußen läßt.

In den Tropen ist es darüber hinaus aber auch extrem wichtig, gute Ventilation unter Deck zu haben. Jedes halbwegs vernünftige Boot wird mindestens zwei gute Deckslüfter haben, doch für sich alleine reichen sie nicht aus. Wenn es wirklich heiß ist, braucht man einen kräftigen Durchzug unter Deck. Dazu eignen sich Windfänger, die über das offene Vorluk gelascht werden. Solche Dinger werden, unter dem Namen Wind Scoop, jetzt auch kommerziell hergestellt und bei den Yachtausrüstern verkauft, doch es ist nicht schwierig, sie selber zu bauen. Dazu hat man ein rechteckiges Rückenstück und zwei dreieckige Seitenstücke, mit dem kurzen Schenkel an der Unterseite und der Hypotenuse vorne, alles aus leichtem Spinnakertuch. Am oberen Ende befindet sich eine Spreizlatte, darüber dann einige Bändsel oder ein Tuchdreieck mit einem Auge in der oberen Ecke, an der man das Ganze hochziehen kann. Unten sollte der Windfänger so konstruiert sein, daß man ihn fest und sicher um das Vorluk verzurren kann, und zwar am besten von außen. In der Karibik zum Beispiel gibt es jede Nacht etliche kräftige Schauer, einen Windfänger, der an der Innenseite des offenen Vorluks befestigt wird, kann man dann kaum gebrauchen. Wenn er jedoch außen befestigt ist, kann man ihn oben lassen und einfach für ein paar Minuten das Luk schließen, bis der Schauer vorbei ist. Auch sollte es möglich sein, den Windfänger seitwärts anzubringen, falls man in einem Tidengewässer quer zum Wind ankert oder irgendwo längsseits liegt.

Wir haben außerdem am vorderen Querschott unserer Kajüte zwei Bullaugen, die sich öffnen lassen, und die viel Frischluft hereinlassen. Wir öffnen auch oft die Bullaugen über der Pantry und im Toilettenraum, doch die anderen sechs, im Salon, fast nie. Wir haben uns das vollkommen abgewöhnt, seitdem wir einmal in einer Marina gelegen haben, wo wir an Land gingen, ohne diese Bullaugen vorher zu verschließen. Irgendwann prasselte ein typisch heftiger, tropischer Regenschauer nieder, und als wir an Bord zurück kamen, waren alle unsere Bücher und die Salonkojen völlig durchnäßt. Auch haben sie einmal geleckt, als wir bei schwerem Wetter auf die Seite geworfen wurden, weil der Wasserdruck die kleinen Dichtungsringe aus Neopren einfach aus den Bullaugen herausgedrückt hat. Seither betrachten wir sie mit einem gewissen Mißtrauen, und um ehrlich zu sein, haben wir sie ursprünglich nur eingebaut, weil wir sie damals für ein Pfund pro Stück einkaufen konnten.

Badger hat vier Decksluken - eine über unserer Koje im Vorschiff, eine über dem Salon und eine im Brückendeck. Das vierte hat ein festes, drehbares Verdeck. Dadurch bleibt das Boot selbst bei schlechtem Wetter unter Segel oder bei Regen immer frisch und gut belüftet, denn das Verdeck hat nur eine relativ kleine Öffnung, die nach Lee gedreht werden kann. Selbst bei Sturm haben wir nie ernsthaft Wasser durch dieses Luk übergenommen, und nur, wenn eine große See sich dagegen bricht, finden einige Tropfen ihren Weg unter Deck. Man kann auch darunter Schutz finden, wenn man Wache hat und Ausschau halten muß. Jetzt, wo wir es haben, fragen wir uns, wie wir jemals ohne ausgekommen sind.

Wir haben keinen herkömmlichen Niedergang mit Schiebeluk und Steckschotten, da wir die Festigkeit des Schiffes nicht durch eine Öffnung im Querschott am achteren Ende der Kajüte schwächen wollten, und weil Steckschotten mich irgendwie verrückt machen. Auch scheinen Schiebeluks eine Vorliebe zu haben, irgendwann zu lecken, und schließlich haben wir im Hafen unter Deck eine weitaus größere Privatsphäre, als mit einem offenen Niedergang. Am achteren Querschott befindet sich ein festes Bullauge, durch das wir hinausschauen können. Die Luken hier und über unserer Koje haben ihre Scharniere am vorderen Ende und öffnen daher nach hinten, das über dem Salon ist umgekehrt eingebaut, öffnet nach vorne und läßt daher sehr viel Luft herein.

Unsere Lüfter befinden sich jeweils über der Pantry und über dem Toilettenraum. Wir hatten ursprünglich auch zwei davon über unserer Schlafkabine im Vorschiff, doch immer mal wieder wurden sie überschwemmt und ließen recht viel Wasser auf unsere Koje regnen. Am Ende bauten wir sie so um, daß sie vor Anker oder im Hafen noch mehr Luft hereinlassen, auf See jedoch vollkommen verschlossen werden können. Die anderen beiden können wir nicht verschließen, aber ab und zu etwas Wasser in der Pantry oder im Toilettenraum schadet nicht so viel, wie in unserer Koje. Auch wäre es keine gute Idee, das Schiff auf See vollkommen hermetisch abzudichten. Unsere Lüfter sind übrigens aus Messing, das sieht hübsch aus und hält viel länger als die gängigen aus weißem Plastik.

Zusätzlich zu all dem bereits Beschriebem haben wir noch einen kleinen Pilzlüfter über dem Achterdeck, unter dem sich unser Stauraum für so viele Dinge befindet, einen weiteren über dem Kocher und einen Solarlüfter im Vorluk. Dieses kleine, flache Ding läßt auch dann etwas Luft durch, wenn die Sonne nicht scheint und der kleine Ventilator darin sich nicht dreht. Bei ausreichendem Sonnenschein lädt sich die Batterie darin auf, und der Ventilator arbeitet dann bis zu 24 Stunden am Tag. Leider ist auch dieser Lüfter nicht hundertprozentig wasserdicht, und wenn eine See über das Vorschiff kommt, leckt er. Wann immer wir schweres Wetter erwarten, müssen wir ihn also mit einer Plastiktüte abdecken, und trotz seiner Vorteile war es ein Fehler, diesen Lüfter ausgerechnet im Vorluk einzubauen.

Viele Schiffe haben diesen typischen, leicht modrigen Geruch unter Deck, der besonders unangenehm ist, wenn man an Bord lebt. Zwar wird man sich selber nach einiger Zeit daran gewöhnen, doch der Geruch zieht auch in sämtliche Kleidung, so daß man dann eine ganz eigene Duftnote mit sich herumträgt. Daher bin ich besonders erleichtert, daß Badger diesen Geruch noch nie entwickelt hat. Das liegt hauptsächlich daran, daß sie trocken und immer, so gut es eben geht, belüftet ist. Gute Luftzirkulation unter Deck verhindert das Spaken von Dingen und, auf Holzschiffen, sogar Rott, und hilft, die Sachen trocken zu halten. Ebenso wie bei Ankern glauben wir, daß man von dieser guten Sache - frischer Luft unter Deck - nie genug haben kann, solange man wirklich nur Luft und kein Wasser hereinläßt.

Ganz links: Badgers Ofen am achteren Ende der Salonkojen und eben vorlich vom Hauptmast.

Links: Badgers Doradelüfter mit dem Positionslicht am Lüfterkasten, dessen Plexiglasabdeckung zusätzlich Licht unter Deck läßt.

THE WORKHORSE

Kapitel 16

Das Arbeitsboot

Das auf allen Fahrtenschiffen am meisten gebrauchte und am stiefmütterlichsten behandelte Ausrüstungsteil wird fast immer das Beiboot sein. Auf langen Reisen hat das Dinghi ein besonders hartes, undankbares Leben. Das liegt daran, daß man sein Beiboot täglich mehrmals benutzt, wenn man nicht gerade auf See ist, und daß es dabei oft schwer mißhandelt wird - sie werden steinige Strände heraufgezerrt, an rostigen Eisenpiers oder muschelbewachsenen Pfählen vertäut, oftmals mit Personen oder dem Einkauf völlig überladen, sie dienen als Arbeitsplattform, von der aus das Mutterschiff gestrichen wird, und sie werden gebraucht, um den Zweitanker mitsamt Kette auszubringen. Die Beiboote werden in Schlick oder Öl getaucht, die Sonne scheint Tag für Tag auf sie herab oder sie füllen sich mit Regenwasser, und werden von den eigenen oder fremden Kindern oft als Turngerät eingesetzt. Irgendwann werden sie in der Brandung kentern und mindestens einmal im Schlepp unter Wasser gezogen werden, weil man wieder einmal zu träge dazu war, sie für diese kurze Strecke an Deck zu nehmen. Und da man die armen Dinger fast ständig in Benutzung hat, bleibt meist keine Zeit, ihnen einmal ein paar Tage Ferien und eine entsprechende Pflege angedeihen zu lassen.

Es bereitet richtige Kopfschmerzen, das bestgeeignete Beiboot für eine bewohnte Langfahrtyacht zu finden, da es so viele konträre Anforderungen daran zu stellen gibt. Es muß viel Zuladung vertragen und einfach an Bord zu verstauen sein, es soll leicht genug sein, damit man es einen Strand hinauftragen kann, aber auch robust genug, um es an einer rauhen Pier festzumachen. Es muß sich sehr gut rudern lassen, soll aber auch stabil sein. Die meisten Segler lösen diese Probleme, indem sie ein Schlauchboot kaufen. Der Hauptgrund dafür soll sein, daß man sie in einer Backskiste verstauen kann, doch die überwiegende Mehrzahl ihrer Eigner scheint es zu bevorzugen, sie zu schleppen und diese riesigen Gummidinger dann in einer ziemlich vulgären Art halb das Heck ihrer Yacht heraufzuziehen. Viele Leute scheinen zu meinen, daß es zuviel Arbeit sei, sie aufzupumpen oder die Luft aus ihnen hinaus zu lassen, und ich muß gestehen, daß auch ich dazu gehöre. Daher also die Unsitte, diese Boote, die am denkbar schlechtesten dazu geeignet sind, zu schleppen. Bei etwas mehr Wind wird das Gummidinghi wilde Bewegungen am Ende der Schleppleine ausführen, falls es nicht sogar gleich damit anfängt, wie ein abgehobenes Schlepplog in der Luft zu rotieren. Einige Leute verstauen das Ding auch an Deck, aber die durchschnittliche Yacht hat dafür keinen Platz, so daß der Steuermann, wie auf einem schlechten Platz im Kino, ständig einen langen Hals machen muß, um daran vorbei- oder drüberweg zu schielen.

Ein Vorteil von Gummidinghis ist natürlich, daß auch der größte Trottel es längsseits bringen kann, ohne dabei Kratzer oder Schaden anzurichten, da das ganze Ding ja ein einziger, riesiger Fender ist. Sie können außerdem extrem viel Zuladung verkraften auch, wenn sie dann etwas naß werden, und sind sehr stabil und daher unter anderem auch als Badeplattform ganz vorzüglich geeignet. Ein Qualitätsschlauchboot, wie etwa die von Avon, halten jahrelang, und eine kleine 12-Volt-Luftpumpe macht das Aufblasen einfacher. Wenn man keinen vernünftigen Platz an Deck hat, um dort ein Dinghi zu verstauen, ist ein in der Backskiste gefahrenes Gummiboot die einzig realistische Möglichkeit.

Allerdings haben sie auch schwerwiegende Nachteile, und der schlimmste davon ist, daß sie so begehrt sind, daß viele Segler ohne Bedenken gebrauchte Dinghis kaufen, die ganz offensichtlich gestohlen wurden. Ein neues Schlauchboot ist teuer in der Anschaffung, und bestenfalls ist es sehr ärgerlich, es ersetzen zu müssen, weil es plötzlich während der Nacht verschwunden ist. Schlimmstenfalls ist das für Leute mit kleinem Einkommen kaum mehr möglich. Das Risiko, daß es geklaut wird, sollte niemals unterschätzt werden und beschränkt sich leider nicht auf nur ein oder zwei Länder. Es gibt viele glaubwürdige Geschichten von Yachten, die etliche Dinghis an Bord haben, und mindestens ebenso viele Geschichten von Leuten, denen sie gestohlen wurden. Es ist schon hart genug, erst einmal viel Geld dafür auszugeben, ohne daß man es dann auch noch wegen Diebstahls allzu früh ersetzen muß.

Ein anderer Nachteil liegt darin, daß Gummidinghis absolut schlecht zu rudern sind. Das ist kein Problem, solange man zu zweit ist und es wie ein Kanu paddeln kann. Doch alleine bleibt einem nichts anderes, als es auf herkömmliche Art zu pullen. Feste Bodenbretter aus Holz helfen dabei etwas, da das Boot dadurch stabiler wird. Solche Bodenbretter halten es auch etwas trockener von innen, so daß man eine bessere Chance hat, den Einkauf ohne Wasserschäden an Bord zu bekommen. Andererseits ist es zuweilen recht kompliziert, die Bodenbretter vor dem Aufpusten zu montieren, und das ist wiederum ein Anreiz dazu, das Boot ständig aufgepumpt zu lassen. Dann gibt es auch Modelle, deren Bodenbretter permanent eingebaut sind, aber die sind dann wiederum sehr viel größer und schlechter zu verstauen. Viele Leute lösen das Problem des Ruderns dadurch, daß sie einen Außenborder benutzen, aber das erhöht weiter die Diebstahlsgefahr, und auch ein Außenborder kostet Geld, vor allem in der Anschaffung. Und eigentlich ist es ja die gesündere Alternative, zu rudern...

Der gravierendste Nachteil eines Gummibootes liegt jedoch darin, daß es extrem schwierg ist, damit bei einigermaßen frischem Wind einen zweiten Anker auszubringen. Wie erwähnt sind sie schon unter idealen Bedingungen nicht einfach zu rudern, doch wenn man eine lange Ankerleine gegen Wind und See anschleppen muß, wird es so gut wie unmöglich. Bei einem solchen Manöver wird einem auch der Außenborder nichts helfen, so daß man vielleicht gar nichts machen kann - und das ist kein angenehmer Gedanke.

Wenn wir schon beim Thema Anker ausbringen sind: Es ist gefährlich und ineffektiv, zum Ankerwerfen im Dinghi aufzustehen. Dabei kann man sehr leicht kentern, und bis man alles über Bord geworfen hat, ist man schon fast wieder bis zum Schiff zurück geweht worden. Einfacher und sicherer ist es, den Anker vom Heck des Beibootes aus baumeln zu lassen, durch eine Leine gesichert, die in der Nähe des Ruderers mit einem Slipstek belegt ist. Wenn man dann weit genug gerudert ist, braucht man nur den Knoten aufzuziehen, und der Anker fällt und zieht dabei die Kette und Leine nach sich. Wenn man das Heck eines Beibootes dazu länger als nur eine Saison benutzen will, ist es eine gute Idee, dazu eine Art Leitöse dort anzubringen, oder sogar eine Rolle, die man bei Bedarf dort festschraubt. Das ganze Manöver wird auch dadurch sehr erleichtert, daß man Kette und Trosse im Dinghi mitnimmt. Das Ende sollte natürlich am Dinghi belegt sein, aber dann braucht man keine schwere Kette oder Trosse durch das Wasser mitzuschleppen, sondern kann einfach den Anker auslegen und dann mit dem Ende der Ankerleine an Bord zurückkehren. Meine eigene Erfahrung läßt mich jedoch dazu raten, immer einen Ersatztampen mitzunehmen, da man natürlich meist noch etwa zwei Meter vom Mutterschiff entfernt ist, wenn die Ankerleine zu Ende ist. Die Rolle am Heck des Dinghis ist auch nützlich, um einen störrischen Anker aus dem Grund zu brechen. Dazu holt man die Leine oder Kette so dicht wie möglich, während man ganz achtern im Dinghi sitzt, und belegt diese. Dann geht man ganz nach vorne, um das Heck ein paar Zentimeter anzuheben, und oft reicht das schon dazu aus, den Anker auszubrechen.

Ein sehr gutes Gummidinghi ist das „Tinker Tramp", da es sehr vielseitig ist. Es hat einen permanenten Boden, wodurch es etwas leichter zu rudern ist. Außerdem kann es mit einem kleinen Rigg aufgetakelt werden und hat sogar ein Verdeck und eine $C0_2$ Flasche, wodurch es auch als Rettungsinsel fungiert. Allerdings ist es auch sehr teuer, und Pete und ich waren nie wirklich davon überzeugt, daß diese Vorteile den hohen Preis rechtfertigen.

Wir haben immer feste Beiboote gehabt und sind damit ganz glücklich. Auch hier muß man Kompromisse eingehen, aber am Ende hat man ein kleines Boot, das zwar viele Aufgaben erstaunlich gut erfüllen kann, aber in keinem Bereich wirklich herausragend gut ist. Wenn man nur wenig Platz an Deck hat, kann man auch die zusammenklappbaren Beiboote in Betracht ziehen, von denen es mittlerweile auch eine recht große Auswahl gibt. Sie reichen von potentiell tödlichen Scherzen bis zu tüchtigen, kleinen Booten und sollten daher vor dem Kauf genau untersucht werden.

Einige Jahre lang hatten wir ein zweigeteiltes Dinghi an Bord. Es war in der Mitte sozusagen durchgeschnitten, der Bug paßte beim Verstauen an Deck genau in die hintere Hälfte hinein. In der Mitte wurde es mit wenigen Bolzen zusammengehalten, und es war innerhalb weniger Minuten zu montieren. Es lebte zufrieden auf unserem Vordeck, wo es umgekehrt über dem Vorluk lag und dieses schützte, so daß wir auch unterwegs oft das Luk offen lassen konnten. Dabei war es nicht höher, als unser Aufbau, so daß es unsere Sicht in keiner Weise behinderte.

Allerdings befand meine bessere Hälfte eines Tages, daß es zuviel Arbeit sei, es jedesmal zusammen zu bauen, und als es allmählich alt und abgenutzt wurde, ersetzten wir es durch ein anderes Modell, nach einem Entwurf von Phil Bolgar, namens „Tortoise“, aus dem Buch „Different Boats“. Dieses kleine Dinghi ist zwei Meter lang und einen Meter breit und kann aus zwei Platten Sperrholz gebaut werden. Wir haben dazu sehr leichtes, nur vier Millimeter starkes Sperrholz genommen, das wir innen und außen mit viel Glasfasermatten und Epoxidharz verstärkt haben. In der Mitte bauten wir eine feste Ducht ein, die auch als Auftriebskörper dient. Überdies hat dieses bemerkenswerte kleine Boot ein festes Achterdeck, so daß man es, Heck voran, von Bord fieren kann, ohne daß es dabei gleich voller Wasser läuft. Es ist sehr stabil, läßt sich zufriedenstellend rudern und leicht an Deck nehmen. Aus rein wissenschaftlichem Interesse haben wir es auch geschleppt und dabei festgestellt, daß es sich sehr gut und ruhig hinterherziehen läßt, doch weil es so einfach an Deck zu holen ist, schleppen wir es normalerweise nie. Die Anschaffungskosten sind sehr niedrig, und man kann es, allerdings ohne zu malen oder zu lackieren, innerhalb von 20 Stunden bauen. Dank des Achterdecks gerät man außerdem nie in die Versuchung, einen Außenborder zu kaufen, da sich dieser hier einfach nicht anbringen läßt. Mr. Bolgar hat statt dessen ein kleines Rigg dazu entworfen, und vielleicht kommen wir eines Tages dazu, auch das noch zu bauen.

Das perfekte Beiboot wäre aus einem Stück, mit zwei Ruderpositionen, einem Segelrigg und ausreichend Auftrieb. Es wäre in Relation zur Länge relativ schmal, aber dabei natürlich sehr stabil und dazu in der Lage, vier Personen ohne Problem zu tragen. Und es würde sich, selbstredend, ohne irgendein Problem an Deck verstauen lassen.

Ich bin ein Fan von Sperrholzdinghis, obwohl diese ab und zu gemalt werden müssen. Sperrholzboote können sehr leicht sein, sie können billig gebaut und ganz einfach repariert werden, und sie sind individuell. Leichte Dinghis sind einfacher an Deck zu nehmen oder einen Strand hinaufzutragen, außerdem sind sie unempfindlicher gegen Beschädigungen, wenn sie durch Schwell oder ähnliches gegen eine Pier schlagen. Weil sie so ausgiebig und rücksichtslos benutzt werden, haben Dinghis normalerweise kein sehr langes Leben zu erwarten, und daher kann man beim Bau auch auf besonders teures Sperrholz verzichten. Wir haben eine „Tortoise" aus Sperrholz, Epoxidharz und Glasfasermatten für 25 Pfund gebaut, was ja nun wirklich nicht teuer für ein neues Beiboot ist. Außerdem ist ein Sperrholzboot leicht einmal wieder zusammengeflickt, wenn es doch einmal beschädigt wurde, und sogar eine ganz Seite oder ein Bodenteil komplett auszuwechseln, ist keine so große Arbeit. Die Reparaturen an beschädigten Gummibooten sind daher eher weniger dauerhaft. Schließlich mag ich die Individualität unseres Bootes, weil es schon nett ist, sein eigenes Dinghi am Ende der Stufen schon von weitem erkennen zu können - aber vor allem werden sich das auch potentielle Diebe denken und sich daher etwas Unauffälligeres nehmen. Sollte es dennoch geklaut werden, kann man es ohne große Kosten oder viel Mühe ersetzen. Man könnte sogar die fertig zugeschnittenen Holzteile an Bord haben, um es sehr schnell bauen zu können - vielleicht übertreibe ich jetzt, aber andererseits sind wir schon mehrmals von anderen Seglern gefragt worden, ob wir nicht ein gebrauchtes Dinghi zu verkaufen hätten, und dann wäre es doch ein nettes Geschäft, wenn man innerhalb weniger Tage ein neues bauen kann.

Im Idealfall sollte das Dinghi niemals geschleppt werden, doch dank der menschlichen Trägheit wird es vermutlich doch öfter als nur einmal hinterher gezogen werden. Das Auge für die Schleppleine sollte besonders stabil angebracht und weit unten am Steven sein, damit der Bug beim Schleppen möglichst angehoben wird. Es lohnt sich auch, stets eine,

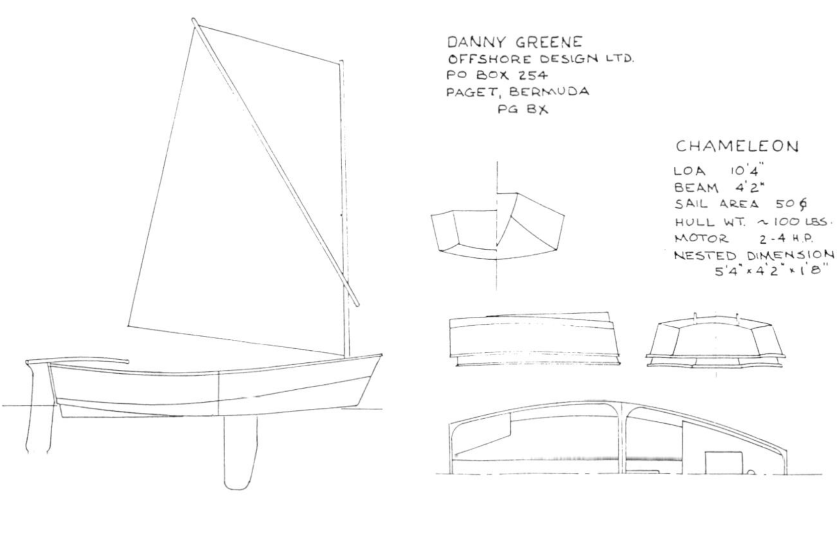

Ersatzschleppleine zwischen Dinghi und Schiff angeschlagen zu haben. Und wenn es aufbrist, sollte man um Himmels willen beidrehen und das Biest an Bord nehmen, bevor es dazu zu rauh wird oder es einem das ganze Segelvergnügen raubt.

Ersatzriemen sind unbedingt nötig, denn wenn man ein zweites Paar Riemen hat, wird man das erste nicht verlieren. Auch diese sollten auffällig sein und/oder den Namen des Schiffes eingeschnitzt haben, um Diebstahl zu verhindern. Glücklicherweise sind Außenborder heutzutage ja beliebter. Riemen haben auch ein schweres Leben, und wenn man ein Ersatzpaar hat, kann man das andere ab und zu ein paar Tage aus dem Verkehr ziehen, um es zu lackieren. Gute Riemen sind teuer, es lohnt sich also, sie gut zu behandeln.

Die Zepter am Dinghi sollten einfach mitzunehmen sein, wenn man an Land liegt und das Dinghi einige Stunden lang am Strand läßt, denn wenn sich jemand nach einem Beiboot zum „Leihen“ umsieht, wird er eines wählen, das die Zepter dabei hat und daher sofort wegzurudern ist. Ich kann nichts daran ändern, in dieser Hinsicht so negativ zu klingen, aber wenn man auf Reisen sein Beiboot verliert, ist man in wirklichen Schwierigkeiten, und nur wenige Leute können wriggen. Leider beherrschen viele Kinder in Spanien diese Art der Fortbewegung eines kleinen Bootes ganz ausgezeichnet und lieben es, dies auf möglichst jedem Boot zu demonstrieren. Aber zumindest wird das Dinghi dann als Boot genutzt und nicht, wie anderswo, als Trampolin oder Sandkasten mißbraucht. Wenn Kinder eine echte Plage werden, bleibt nichts anderes, als abwechselnd auf das Dinghi aufzupassen oder zum nächsten Ankerplatz zu segeln.

Ein kleines Rigg für das Dinghi zu haben, ist ein Riesenspaß, und man kann das Beiboot dann auch ganz vorzüglich für Picknickausflüge benutzen. Wir haben manch einen glücklichen Tag damit verbracht, unser Dinghi mit Bier, Essen und Grillanzündern zu beladen, dann zum Strand oder einer kleinen Insel zu segeln, dort Holz zu sammeln, zu essen, zu trinken und schließlich gemütlich zurück zu segeln. Das Boot sollte so einfach wie möglich aufzuriggen sein, und das Rigg, wenn es nicht benutzt wird, so einfach wie möglich an Bord zu verstauen sein.

Zum zweiteiligen Beiboot *Two Bits* ein Kommentar vom Konstrukteur, Danny Green:

Two Bits war ursprünglich etwa 9,5 Fuß lang, 4 Fuß breit und konnte auf einer Länge von 5 Fuß verstaut werden. Über die Jahre experimentierte ich mit verschiedenen anderen Größen, Rumpfformen und Details. Ich versuchte es mit Booten bis zu 16 Fuß Länge, die in zwei oder drei Teile zerlegt werden konnten. Einige ließen sich wunderbar rudern, andere segelten besonders gut, wieder andere ließen sich gut schleppen, waren besonders stabil, kamen mit rauhem Wasser gut zurecht, einige waren besonders leicht und andere gut zu verstauen. Bis zum Entwurf von Chameleon fand ich jedoch keines, das alle diese Eigenschaften in einer zufriedenstellenden Weise miteinander verband.

Es gibt bestimmt kleine Boote, die auf dem einen oder anderen Gebiet bessere Eigenschaften zeigen, aber ich kenne keines, daß so vielseitig ist wie Chameleon, und das deshalb ein besseres Beiboot für eine Fahrtenyacht wäre. Sie ist ein attraktives Boot, das ganz leicht von nur einer oder zwei Personen transportiert werden und auf kleinstem Raum verstaut werden kann. Die beiden Einzelteile können sogar im Wasser auseinandergenommen oder zusammengebaut werden, so daß man sie auch in Einzelteilen abslippen oder bergen kann. Jedes Teil wiegt etwa 22 Kilo. Es gibt eingebaute Auftriebskörper im Heck und im Steven, die man ganz und gar schließen, aber auch mit wasserdichten Luken versehen kann.

Zum Rudern gibt es zwei Positionen auf Chameleon, so daß man jeweils den optimalen Trimm finden kann, je nachdem, wieviele Personen an Bord sind. Die sichere Zuladung beträgt etwa 220 Kilo. Wer aus Fitneßgründen am sportlichen Rudern interessiert ist, kann sich ohne viel Aufwand einen Rollsitz bauen und längere Riemen benutzen.

Gebaut wird Chameleon in der bewährten Sperrholz-Epoxidbauweise, wo die Sperrholzteile mit dünnen Drähten quasi „zusammengenäht“ und anschließend mit Epoxidharz verklebt werden. Die Sperrholzpaneele werden dem Plan entsprechend ausgesägt und mit Kupferdraht oder Angelleine miteinander „vernäht“. Es ist nicht notwendig, erst eine Mall zu bauen, denn der Rumpf ist selbsttragend und kann während des Bauens auch hin- und her bewegt werden. Daher kann man auch draußen bauen und notfalls, bei schlechtem Wetter oder nachts, alles hineintragen.

Nachdem die Paneele wie im Plan vorgesehen miteinander verbunden sind, wird eine dickflüssige Mischung aus Epoxidharz mit dem geeigneten Füller angesetzt, die zuerst in alle innenliegenden Kanten und Nähte gefüllt wird. Es folgen zwei Lagen Glasfasermatten mit Epoxidharz von innen. Dann werden die Kanten von außen geglättet und mit schmalen Glasfaserstreifen überlaminiert, schließlich wird noch das gesamte Boot auch von außen mit Matten und Epoxidharz überzogen, bevor die Details zuende gebaut werden. Obwohl Chameleon schon für den Amateurbootsbauer gedacht ist, gehört sie nicht zu den simpelsten Booten, die man selber bauen kann. Die Anzahl der Details, die man in beide Teile einbauen muß, verursacht fast soviel Arbeit, als würde man gleich zwei Boote unabhängig voneinander bauen. Es ist für den Selbstbauer sicherlich von Vorteil, wenn er schon etwas Erfahrung im Bootsbau oder zumindest in der Verarbeitung von Epoxidharz mitbringt. Dennoch glaube ich, daß auch ein einigermaßen talentierter Heimwerker das Boot erfolgreich bauen könnte.

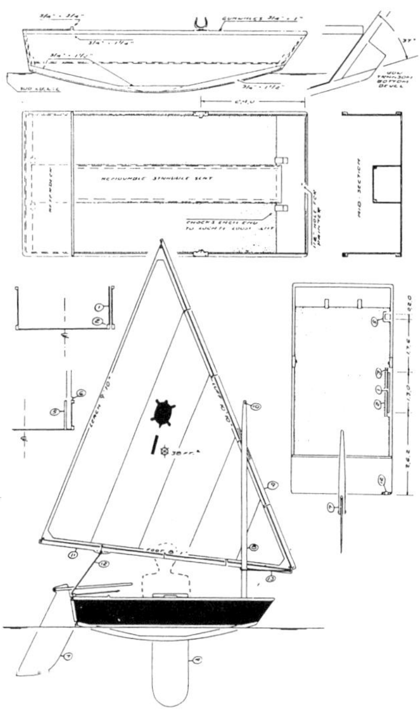

An Werkzeugen sind notwendig: Eine elektrische Tischsäge, eine elektrische Stichsäge, eine elektrische Schleifmaschine, ein Handbohrer, eine Kneifzange, eine Flachzange, ein Hammer, ein Schraubenzieher und ungefähr sechs größere Schraubzwingen. Das Material für die einfachste, ruderbare Ausführung besteht aus drei Platten 1/4-Inch wetterfestem oder Bootsbausperrholz, 15 Liter Epoxidharz, Glasfasermatten und zwei geraden Spruceleisten von jeweils 12 Fuß Länge. Die Segelversion braucht noch eine weitere Sperrholzplatte, fünf zusätzliche Liter Epoxidharz und zwei weitere Spruceleisten. Die genauen Kosten und die Bauzeit hängen sicherlich auch vom Können des Selbstbauers ab, aber ich schätze, daß zum Bauen der Ruderversion etwa 80 bis 100 Stunden notwendig sind, für die Segelversion muß man dazu noch mal 30 bis 40 Stunden addieren.

Zum kleinen Beiboot *Tortoise* ein Kommentar vom Konstrukteur, Phil Bolgar:

Tortoise sollte ursprünglich einmal *Sand Box* heißen, doch ich habe den Namen geändert, weil ich am Ende dachte, dieses kleine Boot hätte doch etwas mehr Respekt verdient. Ich habe das Boot entworfen, als ich einen Winter lang mein Schiff in Massachusetts aufgelegt hatte und ein Beiboot brauchte, um an Bord zu gelangen. Es sollte so klein sein, daß sich niemand daran stören würde, wenn es beispielsweise auf einem öffentlichen Anleger oder Parkplatz abgestellt würde, es sollte so unauffällig sein, daß es vor Vandalismus verschont bleiben möge, und es sollte so billig sein, daß es mir nicht das Herz brechen würde, wenn ich es einmal ersetzen müßte. Es sollte auch so dimensioniert sein, daß es mein Gewicht tragen würde, wenn ich über dünnes Eis gehen und es dabei vor mir herschieben würde.

Es zu entwerfen war einfach - zuerst wollte ich immer mehr Kurven oder Sprung hereinbringen, doch jede Kurve hätte den Bau verkompliziert, und statt dessen hatte ich am Schluß fast überall gerade Linien gezeichnet. Nur der Boden hat eine starke Biegung, um der Bodenplatte Festigkeit zu geben, ohne daß man Stringer oder ähnliches einbauen muß, und um die Enden des Bootes bei glatter See und in vollgeladenem Zustand noch aus dem Wasser ragen zu lassen.

Um es leichter sauber zu halten und es auch alleine über der Schulter tragen zu können, entwarf ich die Mittelbank so, daß man sie herausnehmen kann. Man könnte hier aber auch einen Auftriebskörper aus Schaum einbauen.

Das eingedeckte Heck war eine Idee, die mir erst dann kam, als ich einfach das noch übrig gebliebene Sperrholz aufbrauchen wollte. Dadurch kann das Boot aber über das Heck ins Wasser gelassen werden, ohne daß es dabei gleich voll läuft, und zwar, indem man es einfach an der Vorleine baumeln läßt und langsam herab fiert. Der erste Versuch in dieser Hinsicht war von einer mehr als fünf Meter hohen Kaimauer, und seitdem wurde es unzählige Male von Bord meines Schiffes auf genau die gleiche Art zu Wasser gelassen. Es ist dabei von innen jedesmal völlig trocken geblieben. Das Achterdeck gibt auch den Bordwänden etwas mehr Festigkeit und sorgt für zusätzlichen Auftrieb im Heck, wenn man zum Beispiel einen Anker ausbringt, was ich mit diesem Boot schon oft getan habe.

Alle Versteifungen habe ich übrigens außen angebracht, wo sich kein Schmutz darin sammelt und sie außerdem, etwa so wie Scheuerleisten, das Sperrholz schützen.

Ursprünglich sollte dies ein wirklich billiges „Einwegboot“ sein, gebaut aus einfachstem Sperrholz, mit nur einer Schicht Farbe. Dann gewöhnte ich mich jedoch an das kleine Ding, es ruderte sogar ganz gut, wenn ich die Riemenschläge kurz und sanft hielt, es ließ sich von meinem Schiff noch bei acht Knoten Fahrt gut schleppen, und ich konnte mich darin bewegen und sogar aufstehen, ohne mich dabei sehr unsicher zu fühlen. Es konnte zwei erwachsene Männer und deren schweres Gepäck ohne Murren tragen, und ich konnte, einmal längsseits, die Riemen und die Ducht an Deck werfen und das Boot dann hinter mir heraufziehen, ohne darüber auch nur einen zweiten Gedanken verschwenden zu müssen.

Als Harold Payson das Boot entdeckte, war er so davon eingenommen, daß er gleich ein halbes Dutzend davon baute, um herauszufinden, wie es am schnellsten ginge. Er bat mich außerdem darum, ein Rigg dafür zu entwerfen, so daß seine Kinder damit segeln könnten. Dazu war auch die herausnehmbare Mittelducht ganz praktisch, da man so mehr Platz zum Segeln bekam. Um diesen Gedanken konsequent fortzuführen, stellte ich auch den Mast nicht in die Mitte, sondern an eine Seite des Bootes. Ich weiß nicht mehr, warum ich für das Schwert einen innenliegenden Schwertkasten vorsah, statt das Schwert einfach außen an der Bordwand mit einigen Latten zu führen, aber vielleicht sollte das Boot nicht zu breit werden. Unter Segel fühlt sie sich schon fast wie ein richtiges Boot an. Man kommt zwar nicht sehr zügig voran, das ist klar, aber solange man nur die Zeit und keine große Distanz erschlagen muß, ist das ja auch unwichtig.

Der Haken daran ist, daß man das unbemalte, einfache Ruder-Dinghi jetzt schon für etwa 85 Dollar bekommen kann, während man für die aufgeriggte Segelversion schon 350 Dollar bezahlen muß.

Als ich das Boot übrigens das erste Mal übers Eis schob, brach ich prompt ein und füllte mir beide Stiefel mit Eiswasser. Ich ließ mich jedoch nach vorne auf das Dinghi fallen, und es hat sowohl mich als auch das Eiswasser sehr gut getragen. Den Rest des Tages verbrachte ich dann allerdings vor dem Ofen...

YOU CAN'T HAVE TOO MANY ANCHORS

Kapitel 17

Man kann nie zu viele Anker haben

Eine Sache, die ich nie verstehen kann, ist, daß so viele Leute sich weigern, Geld für anständige Anker auszugeben. Sie werden vermutlich ganz fröhlich Unsummen für das neuste elektronische Spielzeug hinblättern, sich mit dem aktuellsten Designerölzeug einkleiden und jede Nacht ihres Urlaubs in einer Marina verbringen, ohne sich Gedanken um die Kosten zu machen. Wenn man sie jedoch fragt, ob sie auch relativ viel Geld für verschiedene Anker anlegen, werden sie die Hände über dem Kopf zusammenschlagen. Das ist um so verwunderlicher, wenn man bedenkt, daß gute Anker fast nie kaputtgehen und unendlich lange halten. Und immerhin bedeutet ein gutes Grundgeschirr, daß man ohne Besorgnis ankern kann und nicht so sehr auf teure Marinas angewiesen ist.

Vor einiger Zeit sprachen wir mit einem Seglerpaar in Falmouth, die sich gerade auf eine längere Reise vorbereiteten. Sie hatten hart an ihrem Boot gearbeitet und ihr Geld dort investiert, wo immer es nötig war, um das Schiff seetüchtig und zuverlässig zu machen. Sie hatten auch etliche elektronische Navigationsgeräte und eine umfangreiche Sicherheitsausrüstung. Sie fragten uns dann, was sie unserer Meinung nach noch bräuchten.

„Nun, wieviele Anker habt ihr denn an Bord?", fragten wir.

„Das Boot hatte schon einen, als wir es kauften, aber dann dachten wir, daß wir für unsere Reise noch einen zweiten bräuchten", war die Antwort. Auf ihrer 10,5-Meter-Yacht befanden sich ein 35-Pfund-CQR und ein 25-Pfund Danforth Anker, den sie gerade gekauft hatten. Wir rieten ihnen, noch mindestens einen weiteren CQR- oder Bruceanker zu kaufen, nicht nur für den Fall, daß unterwegs einer verlorenginge, sondern auch, weil es Situationen gibt, in denen man durchaus drei Anker gebrauchen kann. Auch machten wir sie darauf aufmerksam, daß keiner ihrer zwei vorhandenen Anker besonders gut in Kraut oder auf felsigem Grund halten würde, und daß dafür noch ein Stockanker nützlich sei. Nachdem sie das alles überdacht hatten, entschieden sie sich dazu, bei ihren zwei Ankern zu bleiben - immerhin, sagten sie, müsse man ja auch das Gewicht an Bord im Auge behalten.

Ich finde, daß sie einen Fehler gemacht haben, aber einen sehr weit verbreiteten. Kurz gesagt, früher oder später wird man sich in einer Situation finden, wo man liebend gerne all sein Geld für einen vernünftigen Anker hergeben würde. Wenn der Wind gedreht hat und man sich plötzlich vor einer Leeküste befindet, wird man für jeden Pfennig dankbar sein, den man für ein ordentliches Grundgeschirr ausgegeben hat. Aus unserer persönlichen Erfahrung heraus sind Pete und ich zu der Auffassung gelangt, daß man nie genug Anker an Bord haben kann, und daß man jeweils das für den Ankerplatz passende Geschirr haben sollte. Die folgenden Geschichten haben uns zu dieser Meinung gebracht.

Auf der ersten Atlantiküberquerung mit Badger, 1983, waren wir in Santa Cruz, La Palma, auf den Kanarischen Inseln. Wir warteten auf den richtigen Wind, denn aus Gründen, die nur der Himmel kannte, wehte er ganz starrsinnig aus Südwest. Der Ankerplatz wurde allmählich eng, da hier mehr und mehr Boote auf den passenden Wind warteten. Die hier beheimateten Boote waren vor Bug- und Heckanker vertäut, so daß die neu hinzukommenden Yachten auf die gleiche Art ankern mußten. Wegen der hohen Berge ringsum kam der Wind aus unterschiedlichen Richtungen in die Reede geweht, und wir hatten zwei 15-Kilo Bruceanker vorne ausgebracht, unseren 7,5-Kilo „Babybruce" zwischen den Steinen auf der Hafenmole verkeilt und zusätzlich noch eine lange Landleine zum Ufer ausgebracht. Wir waren damit sozusagen an vier Ecken fest, so, wie die meisten anderen Yachten auf dem inneren Teil der Reede auch.

An einem Tag fing es an zu wehen, und zwar alles andere als halbherzig. Die Crews derjenigen Yachten mit Windmeßgeräten sagten später, daß die Nadeln der Anzeiger über längere Zeiten bei 65 Knoten am Anschlag gestanden hätten. Der Wind kam in den Hafen hineingeheult, warf die erste Reihe der verankerten Yachten um, und wurde dann von den Bergen reflektiert, um die nächste Reihe von hinten anzufallen. Auch kam er mit verstärkter Kraft vom Hang des nahegelegenen Vulkans herab und traf damit die hinterste Reihe der verankerten Yachten. Es war wie eine umfallende Reihe von Dominosteinen zu beobachten. Es dauerte nicht lange, bis die ersten Yachten mit rutschenden Ankern seitwärts drifteten, dabei auf die nächste Yacht gerieten und diese losrissen. Am Ende der Reihe waren wir in einer besonders gefährlichen Situation, da es keine Möglichkeit gab, durch das Chaos der treibenden Boote zu segeln und wir zu dem Zeitpunkt noch keine Maschine hatten. Und selbst wenn, dann hätte uns das Netz aus schwimmenden und halb versunkenen Ankerleinen sicher bald wieder gestoppt. Achteraus und an Backbord befanden sich jeweils eine Steinmole, an Steuerbord lag eine 30 Tonnen schwere Zementketch. Wir brachten eine weitere Leine zu einer Mooringtonne aus und versuchten, nicht an den schlechten Ankergrund auf der Reede ringsum zu denken.

Schließlich wurde der Anker der großen Ketch durch die Heckleine einer treibenden Yacht aus dem Grund gezogen, und sie begann, auf uns herab zu treiben. Sie hatte insgesamt drei Anker unten und einen vierten in Reserve. Dann war sie längsseits, gut abgefendert, und lehnte sich mit sanftem, aber merkbaren Druck gegen uns. Es war klar, daß unsere Anker beide Schiffe zusammen nicht lange würden halten können, und wir berieten mit der anderen Crew, wie wir ihren vierten Anker am besten ausbringen könnten. Dann fiel ihnen ein, daß sie bereits sämtliche Kette und alle Trossen verbraucht hatten. Wir haben jedoch immer eine Ersatzkette von etwa 100 Fuß Länge an Bord, falls wir einmal den Hauptanker verlieren, und diese stauten wir jetzt aus und gaben sie Hand über Hand auf das andere Schiff, wo sie an den vierten Anker angeschlagen wurde. Pete ruderte unser Dinghi dann mit aller Kraft gegen den Sturm an, hinter ihm und durch eine Leine verbunden war das Dinghi der Ketch, deren Crew ebenfalls mächtig ruderte. Die Idee dabei war, daß Pete weiterrudern würde, während die

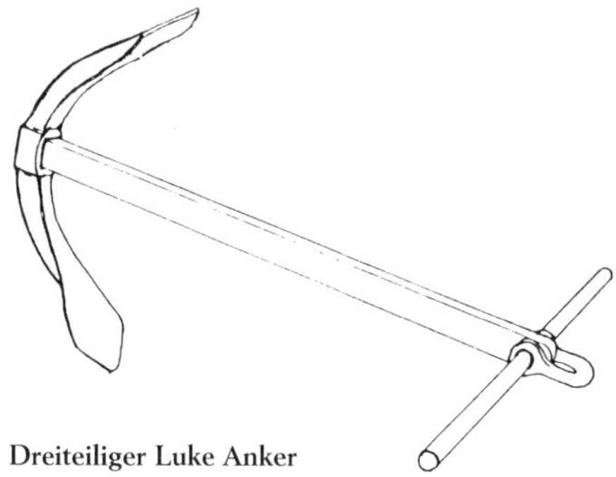

Dreiteiliger Luke Anker

anderen den Anker ausbrachten, damit sie nicht zu schnell wieder nach Lee zurück geweht würden. Nach unendlich viel Arbeit gelang es ihnen, den Anker auszubringen, und die Ketch konnte sich von uns freiholen und den Rest des Sturms in relativer Ruhe abwettern. Hätten wir jedoch nicht diese Reservekette an Bord gehabt, wären wir in ernste Schwierigkeiten gekommen; ebenso, wenn jedes unserer Schiffe nur zwei, statt drei oder mehr Ankern gehabt hätte.

Als wir danach das nächste Mal wieder in England waren, wollten wir uns noch einen ausreichend großen Stockanker kaufen, denn der, den wir an Bord hatten, war zu klein. Wir wollten schon immer einen amerikanischen Stockanker von Paul Luke haben, der eigentlich ursprünglich einmal von Herreshoff entworfen worden war und der, statt nur in zwei Teile zerlegbar zu sein, sich in drei Teile auseinandernehmen läßt und daher sehr viel besser zu verstauen ist. Auch haben diese Anker riesige Flunken, so daß sie auch gut im Schlick halten, aber natürlich noch besser in Kraut oder auf felsigem Grund. Sie kosten jedoch eine enorme Summe Geld und blieben damit für uns lange Zeit ein Traumanker.

Dann fiel uns auf, daß Plastimo einen Stockanker verkaufte, dessen Flunken entlang des Schafts zurückgeklappt werden können, was das Verstauen wiederum erleichtert. Sie wurden in verschiedenen Gewichten hergestellt, und wir entschieden und für 20 Kilo. Das ist zwar noch nicht das optimale Gewicht, aber mehr kann ich alleine nicht handhaben. Also schickten wir einen Scheck an eine große Versandhandlung und warteten auf unseren neuen Anker. Eine Woche, bevor wir lossegeln wollten, kam ein Brief mit der Mitteilung, daß dieses Modell gerade nicht mehr am Lager sei, und daß sie uns gleich nach der nächsten Lieferung den Anker schicken würden. Leider war es nicht möglich, zu warten, da wir uns für den Winter weit in einen Fluß hinauf zurückgezogen hatten und nur bei besonderen Springtiden auslaufen konnten. Also segelten wir ohne unseren neuen Stockanker los in Richtung zur schottischen Westküste, wo es ja viele verkrautete Ankerplätze gibt, und wo wir den neuen Anker sehr gut gebraucht hätten.

An einem Tag waren wir in North Raasay, einem wunderhübschen Ankerplatz bei der Insel Skye. Zwei andere Boote waren auch noch da, und wir warteten wieder einmal darauf, daß ein Tief durchziehen würde. Eines der zwei Boote war ein 26-Fuß Kimmkieler, das andere ein umgebautes Rettungsboot der englischen Küstenwache RNLI. Der Kimmkieler, Sea Nome, war am Vortag vor Anker verdriftet, aber saß dann bei ablaufendem Wasser sicher und aufrecht auf dem einzig ebenen Stück Grund, bis das Wasser wieder auflief, so daß ihr Eigner seine Kimmkiele wieder einmal besonders lobte. Am nächsten Tag waren wir an der Reihe.

Am Vortag hatte es ja schon einigermaßen heftig geweht, und da erschien es uns, daß unser Anker sehr gut gehalten hatte. Doch als wir Sea Nome treiben sahen, brachten wir vorsichtshalber auch noch unseren „Babybruce" aus. Den Nachmittag verbrachten wir an Bord von Sea Nome, da der Wind eher ruhig gewesen war, aber dann briste es in einer heftigen Bö plötzlich auf und wir entschieden uns dazu, zurück auf unser eigenes Schiff zu gehen, sobald diese Bö vorüber wäre. Dann sahen wir zu unserem Entsetzen, wie Badger sich plötzlich quer zum Wind legte und anfing, zu treiben. Pete war wie der geölte Blitz im Beiboot, doch bevor er Badger erreicht hatte, war sie schon an den Strand getrieben. Das Ganze passierte so schnell, daß wir vermutlich auch dann nichts daran hätten ändern können, wären wir an Bord gewesen. Es sah so aus, als würde Badger gegen die Wand einer Muschelzucht knallen, die aus Steinen und Seepocken bestand. Dann ruderten auch Keith von der Sea Nome und ich zu Badger herüber, um zu sehen, was wir dort tun könnten. Wir beschlossen, einige Anker auszubringen, um sie beim nächsten Hochwasser daran frei zu warpen, doch dann rief Dörte von Sea Nome herüber und Keith ruderte zurück, um zu sehen, was sie wollte. Offenbar hatte der Skipper des umgebauten Rettungsbootes unser Mißgeschick beobachtet und, da wir kein UKW haben, Sea Nome angerufen, um zu fragen, ob er uns helfen könne. Er würde uns mit seiner dafür konstruierten Winsch (die noch aus den früheren Rettungseinsätzen stammte) herunter ziehen. Sein Schiff lag, fest wie eine Insel, vor zwei Einhundert-Pfund-Ankern. Er knotete also jedes Stück Leine zusammen, das er an Bord nur finden konnte, bis hin zu seiner Flaggenleine, und ließ das Ganze dann an einem Fender zu uns nach Lee treiben. Wir schlugen unsere sämtlichen Ankertrossen und schließlich noch eine 100 Meter lange Reserveleine daran an und hatten damit gerade eben genug, um von einem Schiff zum anderen zu reichen.

Im Laufe der Zeit, während der es immer noch mit sieben Windstärken wehte, schaffte er es, uns frei zu ziehen. Da die Hauptlast von unserer 10-Millimeter-Nylonleine getragen wurde, war es, wie einen Riesenfisch an der Angel zu haben und diesen so vorsichtig wie möglich, Stück für Stück heranzuholen. Er lud uns dann ein, für den Rest der Nacht an seinem Schiff festzumachen und sagte uns, dies sei der schlimmste Sommersturm, den er erinnern könne, und immerhin lebte er schon seit 50 Jahren in der Gegend. Er hatte zuvor auch seinen Anker verdriftet, einen 45-Pfund CQR, und mußte sich vor seinen schweren Stockankern neu verankern. Er sagte, er wäre in dieser Bucht noch nie vertrieben, doch als er den CQR herauf holte, entdeckte er einige Büschel Seegras am Schaft.

Ich will jetzt nicht sagen, daß uns das mit unserem neuen Stockanker nicht passiert wäre, obwohl ich schon denke, daß es sehr unwahrscheinlich gewesen wäre. Denn wenn er schon an Bord gewesen wäre, hätten wir ihn sicherlich benutzt, vor allem, nachdem Sea Nome verdriftet war, weil wir dann schon vermuteten, daß hier Seegras und Kraut am Grund waren. Anschließend segelten wir zur nächsten Werft und ließen die erforderlichen Reparaturen ausführen (glücklicherweise hatten wir nur sehr kleine Schäden), und außerdem bekamen wir unsere Post. Darin befand sich auch unser Scheck von dem Versandhaus, die uns erklärten, daß sie unseren Anker nicht mehr im Programm hätten. Also segelten wir nach Crinan, wo wir bei einem Yachtausrüster genau diesen Anker entdeckt hatten, und kauften den. Wir haben ihn dann sehr oft benutzt, vor allem in Schottland, Schweden, Norwegen und im Mittelmeer und diesen Kauf seither nie bereut. Außerdem hatten wir danach Glück, einen gebrauchten 65-Pfund Luke-Anker zu finden. Obwohl ich ihn nicht heben kann, ist es mir doch möglich, die Einzelteile auf das Vorschiff zu tragen und ihn dann dort zusammenzusetzen.

Für Leute mit einem kleinen Einkommen sind Anker die billigste Versicherung. Gutes Grundgeschirr ist auch sehr beruhigend, wenn man irgendwo vor Anker liegt, und man kann dann auch nachts ruhig durchschlafen und es sogar erwägen, daß Boot für einige Zeit an einem geschützten Ankerplatz alleine zu lassen. Die meisten von uns können sich keine Versicherung leisten, doch selbst wenn wir es könnten, wäre das natürlich kein Ersatz für gutes Ankergeschirr. Auf Badger haben wir einen 35-Pfund CQR, zwei 15-Kilo Bruces, einen 7,5-Kilo Bruce und den erwähnten, 65-Pfund Luke-Anker. Das Gewirr aus metrischen und englischen Gewichten läßt sich in dieser Aufzählung übrigens leider nicht vermeiden, denn mit diesen Gewichten werden die Anker verkauft. Wer auf Reisen geht, wird sich sowieso an beide Systeme gewöhnen müssen, und dann kann man auch gleich hier damit anfangen.

Der CQR und die Bruceanker wohnen auf dem Vorschiff und sind klar zum ankern. Einige Jahre lang hatten wir dort nur den Bruce-Anker, doch dann haben wir auch den zweiten Anker dort verstaut, um uns selber dazu anzuhalten, ihn im Zweifelsfalle auch einzusetzen. Je einfacher wir es uns machen, desto eher benutzen wir ihn auch. Ebenso wie beim Reffen ist es dann an der Zeit, den zweiten Anker zu setzen, wenn man sich überlegt, ob das wohl sinnvoll sein könnte. Der Bruce ist unser Hauptanker und steckt in der Ankerrolle am Steven. Er ist an eine 100 Fuß, 3/8-Inch-Kette angeschäkelt, die dann noch an eine 50 Meter lange, 16 Millimeter Nylontrosse gespleißt ist. Der CQR ist unser Zweitanker, er ist in Holzblöcken an Deck verstaut und an einen 40-Fuß Kettenvorlauf mit 50 Meter Ankertrosse geschäkelt. Mit dem langen Kettenvorlauf könnte der CQR auch als Hauptanker genutzt werden, und seit wir ihn auf dem Vorschiff haben, benutzen wir ihn oft, in Verbindung mit dem Bruce. Wenn der Wind also dreht und wir auf dem Zweitanker zu liegen kommen, ist er genauso gut wie unser Hauptanker. Beide Ankertrossen sind im gleichen Kasten untergebracht, und sie haben sich noch nie miteinander vertörnt. Das zusätzliche Gewicht auf dem Vorschiff ist schon merkbar, und Badger segelt nasser, seit wir auch noch den CQR dort haben, aber das ist nur ein kleiner Preis dafür, daß wir jetzt jederzeit ohne viel Aufwand optimal ankern können.

Der kleine Bruce wohnt im achteren Stauraum und dient als Heck- oder Warpanker, mit drei Faden 5/16-Inch-Kette und 100 Metern 10-Millimeter-Ankertrosse. Wir benutzen ihn, um uns frei zu ziehen, sollten wir einmal auflaufen, oder um aus engen Ecken heraus zu kommen. Kette und Leine sind auf einer Rolle, und wenn wir in Gewässern unterwegs sind, wo wir ihn oft benutzen, haben wir alles auf dem Achterdeck bereit.

Auch der Luke Anker ist im achteren Stauraum untergebracht, dazu haben wir 20 Fuß Kette, die eigentlich 3/8-Inch sein sollte, uns aber eher wie 7/16-Inch vorkommt, mitsamt 50 Meter 16 Millimeter Leine, die unter den Bodenbrettern in der Pantry verstaut sind. Wenn wir irgendwo ankern, wo wir viel Seegras vermuten, schäkeln wir den Luke an die Ankertrosse des vorderen Bruceankers.

Der fünfte Anker, ein weiterer 15-Kilo-Bruce, ist ganz unten im achteren Stauraum vergraben. Er ist eigentlich nur dazu da, unseren Hauptanker zu ersetzen, sollten wir den jemals verlieren. Entsprechend haben wir auch noch eine 100-Fuß Ersatzlänge an Kette an Bord. Diesen Reserveanker und die Kette dabei zu haben, ist sehr beruhigend, außerdem kann man damit auch einmal einer anderen Yacht aushelfen. Jetzt, wo wir den Luke an Bord haben, kommt uns der zweite Bruce allerdings schon weniger wichtig vor.

Wir haben sehr viel Kette auf Badger. Ursprünglich wollten wir den Bug so leicht wie möglich halten und nur mit dem 15-Kilo-Bruce, 40 Fuß Kette und Leine ankern. Allerdings hatten wir es dann bald satt, daß Badger vor Anker kreuz- und quer über die gesamte Reede schwojte, so daß wir jetzt hauptsächlich Kette benutzen. Abgesehen davon, daß man vor Kette sehr viel ruhiger liegt, hat sie auch den Vorteil, daß sie an scharfen Korallen nicht durchscheuert. Kette nutzt auch nicht in dem Maße ab, wie Tauwerk es tut, und wenn die Galvanisierung abgeht, kann man sie ohne Probleme neu galvanisieren lassen. Statt die teure Kette vom Yachtausrüster zu kaufen, könnte man sich auch überlegen, ungalvanisierte Kette zu kaufen, solange sie getestet ist, und sie selber zum Galvanisieren zu bringen. Der Galvanisierer braucht eine spezielle Schleudereinrichtung, damit die Kettenglieder nicht zusammenkleben, aber in den meisten Industriegebieten ist das nicht schwer zu finden.

Wir denken, daß wir jetzt für alle Situationen mit ausreichend Grundgeschirr gerüstet sind, obwohl wir hoffentlich niemals einen Hurricane abreiten werden. Man sollte jedoch auch bedenken, daß es sehr viel Arbeit ist, viele Anker nicht nur auszubringen, sondern auch zu bergen, und daher würden wir nur ungern schwereres Geschirr benutzen. Das ist auch ein weiterer Grund dafür, daß Badger für uns gerade groß genug ist und wir kein größeres Schiff haben wollen.

Einmal lagen wir in Santa Cruz de la Palma, als sich eine 70-Fuß-Yacht noch auf den inneren Ankerplatz zwischen die kleineren Boote dort drängte. Es wäre eigentlich nicht einmal mehr genug Platz für ein Boot unserer Größe dort gewesen. Nach einer Weile erkannten wir, daß man dort nur zwei Anker ausgebracht hatte (wir hatten zu dem Zeitpunkt drei Stück unten), und als der Wind drehte, bewegte sich das Schiff seitwärts, verhakte sich in unserem Heckanker und drohte, der uns benachbarten Yacht den Spiegel einzudrücken, deren Crew gerade an Land war. Während wir die Heckleine dieser Yacht fierten, ging Trevor von der 30 Fuß langen Salvation Jane an Bord der großen Yacht, um zu sehen, ob er helfen könne, da sich dort offenbar nur eine Person befand. Er stellte sich als der Eigner heraus, sein professioneller Skipper und die Crew waren an Land in die Stadt gegangen. Nein, sagte er, sie hätten keine weiteren Anker mehr, und ja, einer der zwei Anker war nur an einer Leine, da sie nicht mehr als nur eine Kette hätten. Am Ende holte Trevor seinen Ersatzanker hervor und lieh diesen der großen Yacht, um uns damit alle zu schützen.

Wenn Yachtversicherer einmal diese Situation begreifen würden, bin ich sicher, daß sie Schiffen mit ausreichend Grundgeschirr günstigere Prämien einräumen würden, weil diese sehr viel weniger Gefahr laufen, entweder sich selbst oder andere zu beschädigen.

Die Kosten für unterschiedliche Arten von Ankern unterscheiden sich drastisch, aber generell bekommt man das, wofür man bezahlt. Der einfache Stockanker ist meist am billigsten, aber zum normalen Ankern, außer auf Kraut oder Steinen, braucht man einen sehr schweren, damit er beispielsweise auf Sand oder Schlick hält - Mr. Hiscock empfiehlt etwa das dreifache Gewicht eines normalen Patentankers. Außerdem sollten er breite, große Flunken haben. Wenn man mit einem extrem kleinen Budget rechnen muß, kann man sich eventuell überlegen, einen oder mehrere Stockanker zu kaufen und sich dann von jemanden größere Flunken daran anschweißen zu lassen. Dann könnte solch ein Anker neu galvanisiert werden und am Ende sehr effektiv sein. Fischereikooperativen sind oftmals eine gute, günstige Quelle für solche Stockanker. Man kann sich auch einen Stockanker nach seinem eigenen Entwurf anfertigen lassen.

Wenn wir über Schiffe in der Größenordnung zwischen 25 und 35 Fuß Länge sprechen, wäre der nächstbilligste Anker vermutlich ein Danforth oder Kopien dieses Typs. In England wird von Sowester ein Anker namens Meon verkauft, der unter Lizenz von Danforth hergestellt wird. Der größte Nachteil dieser Meon/Danforth-Anker ist der, daß sie unhandlich sind und einen fatalen Hang dazu haben, Finger einzuquetschen. Sie können durch kleinere Steine verklemmen und unwirksam werden, und der Schaft verbiegt leichter, als bei anderen Typen. Eine Reihe von Tests hat zwar ergeben, daß diese Art von Anker auf Sand mindestens ebensogut, wenn nicht sogar besser hält, als ein CQR oder Bruce, andere Tests haben aber ergeben, daß die Haltekraft auf Felsen oder Korallen von CQR- oder Bruceankern sehr viel besser ist. Andererseits sind die Danforth-Typen preisgünstig, lassen sich gut verstauen und einigermaßen zuverlässig.

Bis zu 15 Kilo beziehungsweise 35 Pfund sind Bruce- und CQR-Anker etwa gleich teuer. Über 15 Kilo werden die Bruce-Anker plötzlich teurer. Der CQR hat auf hartem Grund sicherlich einen Vorteil, der Bruce hat dagegen den Vorteil, ohne bewegliche Teile auszukommen und ist auf fast jedem Grund zuverlässig, mit Ausnahme von Kraut oder Seegras. Wir haben gerne verschiedene Typen an Bord, weil manchmal der eine Anker nicht hält, aber ein anderer sich sofort eingräbt. Als wir um Mallorca herum unterwegs waren, hielt der Bruceanker fast nie, und auch der CQR war nicht immer überzeugend. Zu dem Zeitpunkt hatten wir noch nicht den Luke, aber unser Plastimo Stockanker funktionierte bestens. Der Ankergrund war meist dichtes Gras über hartem Sand. In anderen Gegenden mit anderem Grund hielt der Stockanker nicht, so daß wir dann wieder den Bruce oder den CQR benutzten. Zuweilen waren die Seekarten sich auch nicht einig darüber, wie der Grund nun gerade beschaffen war, so daß wir dann zwei unterschiedliche Arten von Ankern ausbrachten, um einigermaßen sicher zu sein, daß wenigstens einer von beiden sich eingraben würde.

Bevor wir das Thema der unterschiedlichen Anker verlassen, möchte ich noch einmal darauf verweisen, daß nicht nur die Haltekraft, sondern ganz brutal auch die Stärke des Ankers wichtig ist. Der Unterschied zwischen den einzelnen Arten von Ankern ist durch einen Test gut belegt, der in den USA durchgeführt wurde, von einer Organisation namens Boat/US in Zusammenarbeit mit der Zeitschrift „Cruising World“. Hier wurde die maximale Zugbelastung getestet, denen die einzelnen Anker standhielten. Unter Laborbedingungen wurde simuliert, was passiert, wenn ein Anker, der sich in Felsen verhakt hat, überladen wird. Dies ist ein Auszug aus dem Testergebnis (siehe Kasten).

Um das Ganze in eine Perspektive zu rücken: Der 25-Pfund-Luke würde für ein 20-Fuß-Schiff als ausreichend angesehen werden, Danforth empfehlen ihren 27-Pfund P-1500 und ihren 20-Pfund H-1500 für eine 50-Fuß-Yacht, Bruce gibt an, daß ihr 33-Pfund-Anker für eine Yacht von maximal 40 Fuß geeignet ist, Simpson Lawrence empfehlen ihren 35-Pfund Harbourfast für maximal 36 Fuß und ihren 35-Pfund CQR für höchstens 40 Fuß Bootslänge, während Fortress angibt, daß ihr 14-Pfund-Anker für eine 40-Fuß-Yacht geeignet sei. Diese Angaben beziehen sich auf das Ankern bei normalem Wetter, um einen Sturm abzureiten, empfehlen alle Hersteller, den Anker jeweils eine Nummer größer zu wählen. In beiden Fällen wird ein Minimum an Kettenvorlauf angenommen. Die Arbeitslast bester 3/8-Inch-Kette liegt bei etwa 5.400 Pfund. Der Anker selbst

Ankertyp	***Maximale Belastung***	***Ergebnis***
25 Pfund Luke	9.000 Pfund	Unterer Teil des Schafts verbog bei 3.000 Pfund, bis zu 90 Grad.
27 Pfund Danforth P-1500	5.700 Pfund	Bruch durch Zugbelastung am Gelenk.
33 Pfund Bruce	18.500 Pfund	Der Schaft verbog sich bei 10.000 Pfund, bog sich weiter bis 20.000 Pfund Belastung.
35 Pfund Harbour Fast von Simpson-Lawrence	8.150 Pfund	Der Bolzen zwischen Schaft und Flunken brach.
35 Pfund CQR	13.250 Pfund	Schaft bog sich um 90 Grad.
14 Pfund Fortress		
Aluminiumanker	4.650 Pfund	Bruch des Schafts, Anker zerbrach in vier Teile.
20 Pfund Danforth H-1500	5.250 Pfund	Schaft brach am Fuß, dann auch die Krone.
24 Pfund Danforth S-1600	1.500 Pfund	Beide Flunken verbogen, eine brach von der Krone ab.
25 Pfund Danforth T-4000	2.600 Pfund	Schweißnaht der Krone brach, Anker öffnete sich zu vollen 180 Grad.

sollte erheblich stärker sein - nach den obigen Ergebnissen kann man leicht selbst seine Entscheidung treffen.

Viel wurde schon über die richtige Länge und über Markierungen der Ankerkette geschrieben. Ich möchte der Theorie hier nichts hinzufügen, in der Praxis stecken wir jedoch immer die gesamten 100 Fuß an Kette, wenn auf der Reede genug Platz vorhanden ist, und sonst mindestens Kette im Verhältnis vier zu eins oder fünf zu eins zur Wassertiefe. In flachem Wasser haben wir einen großen Schwojkreis, da wir immer viel Kette stecken, in tiefem Wasser und bei ruhigem Wetter kann man schon einmal mit einem Verhältnis von drei zu eins davonkommen.

Viele Amerikaner ankern mit Leine und keinem oder nur einem sehr kurzen Kettenvorlauf, und diese Praxis scheint jetzt auch über den Atlantik zu schwappen. Das Problem dabei ist, daß es wirklich unsozial ist, da das empfohlene Verhältnis von Leine zu Wassertiefe in flachem Wasser und bei mäßiger Brise schon 12 zu eins beträgt, was bedeutet, daß schon ein Boot eine ganze Bucht mit seinem Schwojkreis ausfüllen kann. Wenn man wirklich kein Geld für eine gute Kette hat, empfehle ich den Gebrauch eines Reitgewichtes. Dies ist einfach ein möglichst schweres Gewicht, daß auf der Ankerleine an einer zweiten Leine hinabgelassen wird, und zwar nicht ganz bis zum Anker, sondern nur soweit, daß es eben über dem Grund hängt. Früher wurden in England solche Gewichte unter dem Namen „Chum" verkauft, die dadurch den Bedingungen angepaßt werden konnten, daß man einzelne Gewichte scheibchenweise, sinnigerweise „Kekse" (Biscuits) genannt, abnehmen oder hinzufügen konnte. Das Gewicht erhöht die Haltekraft des Ankers, dämpft die Schiffsbewegungen vor Anker und verringert den Schwojkreis. Ein solches Gewicht kann sogar in Verbindung mit einer Kette durchaus Sinn machen, denn alles, was dazu beiträgt, daß das Boot vor Anker auf einer Stelle bleibt, ist es wert, benutzt zu werden.

Einer der Nachteile von Kette ist das Einrucken vor Anker bei kabbeliger See. Das ist bei schweren Booten weniger gravierend, als bei leichten, die sofort auf jede Bö reagieren. Das dadurch verursachte Geräusch kann einen unter Deck auch durchaus um den Schlaf bringen. Das Problem läßt sich jedoch dadurch vermeiden, daß man das letzte Ende der Kette durch eine kurze Nylonleine entlastet. Wir haben uns dazu einen speziellen Tampen gebastelt, aus starkem, aber federndem Ankertauwerk. An das eine Ende des etwa zwei Meter langen Tampens haben wir ein großes Auge gespleißt, dann haben wir die Leine durch einen Plastikschlauch geschützt und einen Kettenhaken an das andere Ende gespleißt. Solche Haken sind nicht immer einfach zu bekommen, und zuweilen muß man sie neu galvanisieren lassen, doch einige Yachtausrüster verkaufen sie jetzt auch. Beim Ankern wird der Haken in ein Kettenglied gehängt, das Auge wird dann über unsere Festmacherklampe an Deck gelegt. Anschießend lassen wir noch soviel Kette heraus, daß der Zug jetzt auf der Leine ist. Die Kette bleibt dabei trotzdem an Deck belegt, falls die Leine einmal reißen oder aushaken sollte. Wir lassen genug lose in die Kette, daß sie ein Stück weit durchhängt, doch bei wirklich viel Wind haben wir schon beobachtet, wie das Nylontau sich soweit gestreckt hat, daß die Kette doch wieder steif kam. Das Einrucken ist auf diese Weise vollkommen eliminiert, doch das Schiff ist trotzdem mit der Kette verankert.

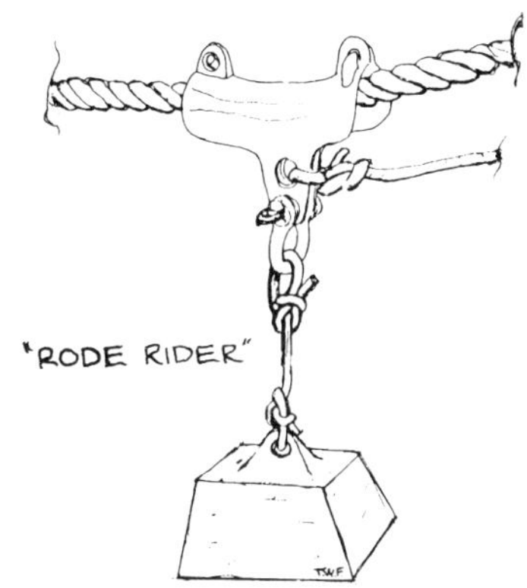

Vor einiger Zeit haben wir unsere manuelle Ankerwinsch vom Vordeck wieder abmontiert, da sie mit dem dazugehörigen Hebel einfach zu langsam zu bedienen war. Einmal nahmen wir sie zur Wartung ganz auseinander und waren etwas beunruhigt, als wir entdeckten, daß der Hauptbestandteil offenbar aus einer einfachen Fahrradkette bestand. Wenn man bedenkt wieviele Leute ihre Kette beim Ankern einfach in der Winsch lassen, ohne sie weiter zu sichern, ist es ganz verwunderlich, daß nicht mehr davon abgetrieben sind, wenn zwischen dem sicheren Liegen vor Anker und der Katastrophe nur ein Stück Fahrradkette ist. Zwar sind die Winschen immer sehr solide im Vordeck verbolzt, aber der Mechanismus darin ist eigentlich nicht dafür gebaut, die starken Kräfte einer Yacht vor Anker zu tragen. Wir haben schon einmal eine sehr solide Ankerwinsch gesehen, die davon ganz auseinandergebogen war. Auf der Verpackung unserer Simpson-Lawrence Ankerwinsch war ein Hinweis, daß es „unsicher und unseemännisch" sei, die Kette ungesichert in der Winsch zu lassen. Leider kommen die meisten Leute gar nicht erst dazu, die Verpackung zu lesen. Wahrscheinlich werden die meisten Winschen zum Halten der Kette mißbraucht, weil auf dem Vordeck sonst die dafür geeigneten Belegklampen fehlen. Wir haben hier zwei solide Festmacherpoller, an denen wir unsere Kette auf dem einen, den Nylontampen auf dem anderen belegen. Daneben haben wir noch zwei kleinere Belegklampen für Festmacher beim Längsseitsgehen, etwaige Zweitanker oder andere Leinen. Unsere Winsch haben wir am vorderen Mast montiert, wo sie sehr viel einfacher und effektiver zu bedienen ist als an Deck.

Badgers CQR-Anker wird an Deck verstaut. Außerdem sind hier die Lagerblöcke für das Dinghi zu sehen, ebenso wie die Mastabdichtung, die Bugrolle, die Relingstützen, die Umlenkblöcke am Mast und der Ventilator im Vorluk.

Wenn man sein Grundgeschirr an Bord gut organisiert und vorbereitet hat, wird man auch öfter einmal ankern. Bei einem kleinen Schiff muß das Geschirr nicht sehr schwer sein, und der Aufwand ist sehr viel geringer als viele Segler zu glauben scheinen. Zugegeben, wer auf 100 Fuß Wassertiefe ankert, wird den Rest des Tages erschöpft sein, nachdem er all die Kette am nächsten Morgen heraufgeholt hat, doch meistens ankert man ja in sehr viel flacherem Wasser. Die Ankerbucht unter Segel anzulaufen und den Haken dann einfach dort fallen zu lassen, wo man ihn haben möchte, ist ein sehr einfaches und befriedigendes Manöver. Und es ist schneller und einfacher, als erst stundenlang Fender und Festmacher hervorzukramen und dann irgendwo längsseits festzumachen.

Ein anderes schönes Manöver ist es, das Schiff vor Warpanker zu verholen. Zuweilen werden wir dazu gezwungen, wenn wir einen Schlag bis zu weit unter Land gesegelt haben und uns dann wieder in tieferes Wasser verholen müssen, aber wir benutzen es auch, um aus übervollen Ankerbuchten heraus zu kommen. Wenn wir mehrere Male den Warpanker ausbringen müssen, bis wir dort sind, wo wir sein wollen, lassen wir zwischendurch einfach den Hauptanker an sehr kurzer Kette herunter, so daß wir nicht zurücktreiben, während der Warpanker wieder mit dem Dinghi ausgebracht wird. Zum Warpen benutzen wir normalerweise unseren „Babybruce", der klein und handlich genug dazu ist.

Persönlich kann ich nicht verstehen, warum Leute es vorziehen, in einer Marina festzumachen, statt vor Anker zu liegen. Marinas sind laut (all diese klappernden Fallen!) und teuer, oftmals obendrein auch noch staubig und schmutzig. Ungebetene Gäste haben es leicht, an Bord zu kommen, ebenso wie Ratten oder anderes Ungeziefer. Die weitverbreitete Zurückhaltung beim Ankern mag vielleicht darin begründet sein, daß viele Segler einfach nicht genug Erfahrung damit haben und vielleicht auch ihrem Grundgeschirr nicht so recht vertrauen. Dabei lohnt es sich, das Ankern zu lernen, denn nur so kann man eine wirklich schöne Bucht finden und diese zuweilen sogar ganz für sich alleine haben.

Kapitel 18

Mehr Aufwand als Nutzen?

Bevor wir auf Badger zogen, hatten wir fünf zufriedene Jahre damit verbracht, auf Schiffen ohne jeden elektrischen Strom zu leben und haben damals auch keinen Grund gesehen, diesen Zustand zu ändern. Einige Faktoren haben das seither jedoch geändert, und so sind auch wir endlich im 20. Jahrhundert angekommen.

Das Ereignis, das uns schließlich zum elektrischen Strom an Bord führte, war die Legalisierung der Dreifarben-Topplaterne. Eine solche Navigationslaterne erscheint uns als eine ausgezeichnete Idee, da die üblichen Positionslaternen, die nur knapp einen Meter über der Wasseroberfläche montiert sind, kaum von jemandem gesehen werden. Zwar sind wir immer skeptisch, was Wachhabende auf Handelsschiffen und deren Ausguck angeht, doch wenn schon einmal jemand in unsere Richtung schaut, dann besteht mit der Topplaterne wenigstens eine reelle Chance, daß er uns auch sieht. Dann brachte die moderne Technologie noch eine Reihe alternativer Energiequellen an Bord von Yachten, wie beispielsweise Windgeneratoren, Solarzellen oder Schleppgeneratoren. Der für uns ausschlaggebende Druck kam jedoch durch das Studium der COLREGS (Collision Regulations - Internationale Vorschriften zur Verhütung von Zusammenstößen auf See), die auch für uns Positionslampen mit einer Mindestreichweite von einer Seemeile verbindlich vorschreiben. Früher hatte der entsprechende Absatz in diesem Gesetz immer ein Schlupfloch in Form des Nebensatzes „wo möglich" gelassen, was auch bedeuten konnte, daß, wer keinen Strom an Bord und daher nur Petroleumlampen hat, keine Tragweite von einer Seemeile garantieren kann. Es soll große Petroleumlampen geben, die eine solche Tragweite erreichen, doch wir haben nie welche gesehen, die zum Verkauf angeboten wurden.

Die Änderung der COLREGS hatte eine so große Wirkung auf uns, da wir, wenn wir weiterhin mit unseren alten Petroleumfunzeln zur See gefahren wären, und dann in eine Kollision verwickelt worden wären, das entsprechende Gesetz mißachtet hätten und daher voll verantwortlich gemacht worden wären. Daher dachten wir uns, es sei besser, legale Lichter zu führen. Wir haben dann eine Zeitlang ernsthaft überlegt, Druckpetroleumlampen zu verwenden, um die nötige Tragweite zu erreichen, aber neben anderen Dingen waren es auch die potentiell hohen Kosten für das Petroleum, die uns letztendlich dann doch vielleicht davon abgehalten hätten, solche Lampen regelmäßig zu benutzen. Nachdem wir uns mit der Idee von elektrischem Strom an Bord erst einmal angefreundet hatten, fanden wir andere Vorteile von elektrischen Positionslampen. Wäre es zum Beispiel nicht ziemlich absurd, an Deck zu müssen, nur, um die Lampen jeden Abend anzuzünden - auf einem Schiff, das wir durch viele Überlegungen so ausgelegt haben, daß wir sonst gar nicht mehr an Deck müssen? Und so entschlossen wir uns, die Dreifarbenlaterne zu montieren (da wir damals noch keine Maschine hatten, brauchten wir auch noch keine weiteren Lichter).

Dazu brauchten wir eine Batterie, und dafür wiederum einen Generator. Nachdem wir uns auf dem Markt umgesehen hatten (das war 1982), entschieden wir uns für einen Aquair Generator, den man entweder als Windturbine oder Schleppgenerator benutzen kann, da man den Generator selbst entweder an das Windrad oder eine Schleppleine mit Propeller anschliessen kann. Die ganze Einrichtung hat uns damals 400 Pfund gekostet (dreieinhalb Prozent der Gesamtkosten für das Schiff), nur, um eine legale Positionslampe zu haben.

Seitdem haben wir eine Maschine eingebaut und mußten daher weitere Positionslampen anbringen. Glücklicherweise erlaubt es uns das neue Gesetzt statt einem Dampfer- und einem Hecklicht einfach ein weißes Licht von

360 Grad zu montieren, welches ebenfalls auf den Mast kam. Dies war für uns um so wichtiger, weil wir an unseren unverstagten Masten keine Lampe auf halbem Weg anbringen können, da diese sonst die Reihleinen der Segel behindern würde, und weil wir außerdem keinen Heckkorb haben, an dem man ein Hecklicht anbauen könnte.

Der Aquair-Generator ist eine hervorragende Investition gewesen. Leider gibt es jedoch zwei Probleme damit. Erstens dauert es eine gute Viertelstunde, den Generator von einer Betriebsart auf die andere umzustellen, so daß wir oftmals zu faul dazu sind. Das zweite ist, daß der Windgenerator schon eine Bö von mindestens 20 Knoten braucht, um überhaupt in Schwung zu kommen (obwohl diese Art der Windgeneratoren mittlerweile in ihrer zweiten Generation sind und jetzt auch schon bei sehr leichter Brise anspringen). Daher hatten wir echte Probleme mit unserer Batterie, vor allem beim tagesweisen Segeln oder in Gebieten mit durchweg flauen Winden. Als Resultat hatten wir allzuoft eine komplett entladene Batterie. Übrigens hatten wir eine Spezialbatterie, der es glücklicherweise nichts ausmachte, oft entladen zu sein, andererseits mögen solche Batterien es auch nicht, von den Lichtmaschinen an Motoren relativ schnell aufgeladen zu werden. Das Ladegerät an unserer Maschine, das rund fünf Ampere bei maximaler Leistung abgibt, würde sie jedoch auch nicht beschädigen. Da wir unsere Maschine im Schnitt jedoch nur etwa 50 Stunden pro Jahr benutzen, bringt das sowieso nicht viel.

Der nächste Schritt war also, daß wir uns dazu entschlossen, zwei Generatoren zu haben. Als wir dann wieder einmal nach England kamen, kauften wir einen Rutland Windgenerator, und Pete baute dafür einen Rahmen, mit dem wir ihn in den Mast ziehen konnten, wann immer wir vor Anker lagen. Dieser Generator gehörte zu den moderneren, die schon bei wenig Wind anspringen und mit ein bis zwei Ampere laden, selbst bei lauer Brise. Beim Segeln brachte uns unser Schleppgenerator weitere beständige eineinhalb bis zwei Ampere, so daß unsere Batterie eine Zeitlang immer einigermaßen gut geladen war.

Nach einer Weile gefiel es Pete jedoch nicht mehr, den Rutland ständig hoch- und wieder hinunterziehen, jedesmal, wenn wir den Ankerplatz verlegten, auch nahm er uns zuviel Stauraum unter Deck weg. Überdies ist Pete von der Idee besessen, einen Ankerplatz zu jeder Zeit innerhalb von Minuten verlassen zu können, und daran hinderte ihn der im Rigg baumelnde Windgenerator. Als wir einen Freund in Norwegen besuchten, erwähnte dieser, daß er sich für Windgeneratoren interessiere. Bevor weder er noch ich es richtig kapiert hatten, war er plötzlich der stolze Besitzer unseres Rutland-Generators. Als wir dann wieder nach England zurücksegelten, hatten wir wieder eine hauptsächlich leere Batterie.

Die nächste Stufe war die Anschaffung eines Solarpanels - und spätestens jetzt merkt man, daß alternative Energien an Bord ziemlich teuer werden können. Eigentlich mag ich Solarpaneele nicht leiden, doch selbst ich muß ja zugeben, daß man mit ihnen nichts machen muß, solange man es akzeptiert, daß sie dann nur selten ihre volle Leistung entfalten. Wir haben unseres auf dem Mitteldeck direkt hinter dem Salonluk angebracht, wo es einigermaßen aus dem Weg ist und nicht oft betreten wird. Es ist mit dreißig Watt angegeben, und wir bekommen tatsächlich fast durchgehend etwa ein Ampere daraus, obwohl es viele Dinge an Deck gibt, die immer wieder zumindest einen teilweisen Schatten darauf werfen. Doch weil unser Stromverbrauch immer noch sehr niedrig ist, reicht es für die Zeit vor Anker oder im Hafen aus, und außerdem eine gute Ergänzung zum Aquair Schleppgenerator, wenn wir unterwegs sind. Allerdings warten wir auf den Tag, an dem jemand ein Solarpanel entwickelt, das unzerstörbar ist und eine so hohe Leistung bringt, daß wir das alte und den Schleppgenerator dadurch ersetzen können.

Nachdem wir nun schon einmal Strom an Bord haben, benutzen wir den jetzt natürlich auch für einen Cassettenrekorder, für ein Echolot, für die Kabinenbeleuchtung, für einen Lüfter im Maschinenraum, für ein elektrisches Logg, für einen kleinen Sony-Weltempfänger, für einen Suchscheinwerfer und einen Lötkolben.

Das größte Problem liegt nach wie vor darin, genug Strom zu erzeugen. Die meisten Segler verlassen sich dazu auf ihre Maschine, doch wenn man seinen Motor normalerweise nur sehr selten benutzt, ist es sehr störend, diesen nur zum Laden der Batterie laufen zu lassen. Und falls man nicht einen kleinen Motor mit großer Lichtmaschine hat, ist es für die Maschine alles andere als gesund, ständig im Leerlauf zu drehen. Die Situation kann man dadurch verbessern, indem man einen speziellen Ladestromregler einbaut. Die meisten Lichtmaschinen beginnen bei 35 Ampere zu laden, lassen dann aber ganz schnell wieder nach, wenn sie merken, daß die Batterie einigermaßen voll ist. Um sie ganz zu laden, müßte man die Maschine dann stundenlang laufen lassen. Dann gibt es Regler, die es einem erlauben, den Ladestrom selbst zu regeln, und die Batterien dadurch schneller zu laden. Es gibt aber auch automatische Modelle, die einen relativ hohen Ladestrom abgeben, bis die Batterien wirklich voll sind, und sich dann wieder abschalten.

Benzingeneratoren sind auch eine populäre Alternative, doch nur dann, wenn sie neu und in einer gut schallisolierten Box untergebracht sind, kann man sie einigermaßen ertragen und wird nicht gleich alle seine Nachbarn auf der Reede oder im Hafen verärgern. Doch sind diese kleinen Generatoren offenbar sehr viel effektiver, wenn sie mit 220/240 Volt benutzt werden, als für eine 12 Volt Batterie. Die Kosten-Nutzen-Analyse ist hier nicht ganz einfach, denn zumindest die nachbarfreundlichen Modelle sind in der Anschaffung nicht billig, hinzu kommt die Frage der Lebensdauer, der Ersatzteile und natürlich der Benzinkosten. Dazu muß man einen geeigneten Stauraum für die Benzinkanister finden und bedenken, daß die Salzluft dem Generator wahrscheinlich auf die Dauer nicht gerade gut tut. Schließlich sollte man auch den letzten Tropfen Benzin aus dem Generator entfernen, bevor man ihn unter Deck verstaut.

Viele Segler sind mit Solarpaneelen sehr zufrieden. Sie funktionieren natürlich am besten in den Tropen, vorzugsweise auf Katamaranen, wo es riesige Decksflächen gibt, die damit zugepflastert werden können. Allerdings sind die Zellen in Serie hintereinander verbunden, so daß auch ein teilweiser Schatten letztendlich doch alle Zellen beeinträchtigt. Auch das Offensichtliche sollte nicht unerwähnt bleiben, nämlich daß sie natürlich während eines Winters in England beispielsweise nicht sehr viel nützen werden. Auch muß ich gestehen, daß ich sie aus rein ästhetischen Gründen nicht sehr mag, und daß ich außerdem der Meinung bin, daß sie relativ gefährlich sein können, wenn sie an Deck verstreut angebracht sind. Wir haben einmal jemanden in Venezuela getroffen, der durchsichtige Paneele gekauft hat, die er in seine Lukendeckel einbauen konnte, was ich für eine tolle Idee hielt. Allerdings haben wir diese Art der Solarpaneele seitdem nirgends mehr gesehen. Der große Vorteil dieser Solarpaneele liegt daran, daß man mit ihnen kaum etwas falsch machen kann, und daß sie so gut wie wartungsfrei sind, solange man nur eine mäßige Leistung von ihnen erwartet. Die Paneele, die auf Bügel über dem Heck montiert sind und die man jeweils zur Sonne hin ausrichten kann, finde ich dagegen ganz gräßlich. Ganz abgesehen davon, daß sie wirklich fürchterlich aussehen, sind sie auf See eine richtige Gefahr. Wenn man gegen eine ihrer sehr scharfkantigen Ecken fällt, bekommt man mindestens eine häßliche Beule, schlimmstenfalls kann man auch ein Auge dabei verlieren. Viel zu viele Segler scheinen zu vergessen, daß der Raison d'être einer Segelyacht darin besteht, auf See gut und sicher zu funktionieren und konzentrieren sich statt dessen zu sehr darauf, all den Komfort eines Hauses an Bord einzubauen, wodurch sie oftmals eben die Funktionalität auf See teilweise erheblich einschränken.

Windgeneratoren reichen von dem schlechten Scherz, der mit einem viertel Ampere dahin tröpfelt, bis zu den Megaanlagen, die im frischen Passatwind der Karibik 15 Ampere oder mehr ausspucken und ausreichend sind, um Tiefkühltruhen damit zu betreiben. Die ersteren sind vermutlich besser als nichts, um eine Tiefentladung der Batterie zu verhindern, doch irgendein Modell in der Mitte zwischen diesen beiden Extremen wird fast jeden Bedarf decken können. Wie bereits erwähnt, haben wir unsere eigenen Erfahrungen mit den Ampair/Aquair und Rutland Generatoren gesammelt. Die ersteren sind teurer, aber scheinen solider gebaut zu sein als der Rutland, doch auf der anderen Seite ist der Rutland ein weitverbreitetes Modell, das von hunderten von Seglern problemlos benutzt wird. Wir haben noch niemanden getroffen, der eines von beiden Modellen kaputtbekommen hätte. Wirklich billig ist keiner dieser Generatoren, doch auch hier ist das vorab investierte Geld dann gut angelegt, wenn das entsprechende Teil dafür lange hält. Viele Leute haben ihren Windgenerator permanent angebracht, entweder am Besanmast oder am Ende einer langen Stange im Heck. Pete und ich sind davon nicht so überzeugt, da wir bei wirklich extremen Windstärken dazu in der Lage sein wollen, den Windwiderstand im Rigg so gering wie möglich zu halten. Ein anderer Nachteil von permanent montierten Windrädern ist der, daß sie Vibrationen durch das Schiff senden und dabei auch noch recht laut werden können. Außerdem finden wir, daß auch sie nicht gerade zum guten Aussehen eines Bootes beitragen, vor allem, wenn sie wie ein Vogelhäuschen am Ende einer Stange sitzen. Vielleicht übertreibe ich hier jetzt etwas mit meinem ausgeprägten Sinn für Ästhetik, doch unsere Lebensqualität besteht eben zum Teil auch darin, ein hübsches Boot zu haben. Unser Aquair hatte eine Vorrichtung, mit der man ihn ins Rigg heißen konnte, doch für den Rutland mußten wir so etwas selber bauen, da er nur dazu vorgesehen ist, permanent montiert zu werden. Das funktionierte ganz gut und sah nicht zu schlecht aus, denn im Rigg hängend sind die Windräder nicht so auffällig wie am Heck. Übrigens können einige der zweiblättrigen Räder, die eine hohe Leistung bringen, recht laut und damit auch unsozial werden - es lohnt sich, solch ein Ding einmal in Aktion erlebt zu haben, bevor man es selber kauft.

Strom kann natürlich auch mittels einer Wasserturbine erzeugt werden. Wie nun schon bereits mehrfach erwähnt, fanden wir unseren Aquair sehr zufriedenstellend. Ein Freund von uns hat ein jüngeres Modell davon und erzeugt damit fast mehr Strom als er verbrauchen kann und hat überall an Bord ständig alle Lampen brennen. Solch einen Schleppgenerator wieder ins Schiff herein zu ziehen, kann jedoch sehr anstrengend bis frustrierend werden. Es wurde uns gesagt, daß man dieses Problem ganz einfach dadurch lösen könne, indem man einen Trichter aufschneidet, ihn mit der weiten Öffnung zuerst über die Leine stülpt, ihn sodann bis zum Propeller am Ende rutschen läßt, wo er den Propeller stoppt, und man das Ganze dann ohne Mühe hereinziehen könnte. Als wir das ausprobierten, verloren wir einfach nur den Trichter, aber vielleicht haben wir ja auch etwas falsch gemacht. Die andere Lösung ist, beizudrehen und das Schiff anzuhalten. Das ist nicht unbedingt immer sehr angenehm, vor allem, wenn es gerade so richtig aufbrist.

Zu unserem Schaden haben wir herausgefunden, daß ein Schleppgenerator und ein Schlepplog, gleichzeitig geschleppt, miteinander inkompatibel sind. Besonders auf Halbwindkursen wird früher oder später die eine Leine über die andere geraten, wodurch sich ein unentwirrbares Knäuel ergibt. Schlimmer ist noch die Tatsache, daß die dünnere Loggleine dann normalerweise reißt, wodurch man einen teuren Propeller verliert. Andererseits sollte einem der Schleppgenerator genug Strom liefern, daß man ein elektrisches Logg verwenden kann. Wir haben uns dazu ein Stowe-Logg gekauft, das einen Geber am Ende eines kurzen Kabels hat, das man wiederum nachschleppt. Das ist nicht so blöd, wie es jetzt klingt, da das Kabel so kurz ist, daß es nirgendwo auch nur in die Nähe des Schleppgenerators geraten kann, und wir wollten nun einmal partout kein Loch ins Schiff bohren, um dort einen Impeller zu montieren, außerdem war das Stowe-Logg recht günstig. Jetzt gefällt es uns auch, damit gleichzeitig einen Speedometer zu haben. Das einzig unlösbare Problem dabei ist, daß das Logg einfach viel zu viel anzeigt, wenn wir motoren und jemand auf dem Motorkasten steht - keine Ahnung, warum das so ist. Wir fragen uns jedoch manchmal, wie lange es wohl halten wird, und haben als Ersatz immer noch ein gutes, altes Walker-Logg an Bord. Allerdings haben wir das wunderhübsche Excelsior-Logg, das wir als Hochzeitsgeschenk bekommen haben, gegen ein sehr viel einfacheres und weniger ästhetisches Knotmaster-Logg eingetauscht, einfach, weil wir uns die sehr teuren Propeller für das erstere nicht mehr leisten konnten. Wir haben uns jedoch sehr darüber gefreut, daß unser Excelsior ein gutes Zuhause gefunden hat.

Der Wasserdruck kann auch durch einen Wellengenerator zum Erzeugen von Strom genutzt werden. Verschiedene Hersteller bauen welche auf Bestellung, oder man kann seinen eigenen bauen, solange man das Prinzip dabei verstanden hat. Es heißt jedoch, daß man sie dann nicht verwenden kann, wenn man eine hydraulische Kupplung hat. Die wenigsten Wellengeneratoren scheinen sowieso jemals über das Designstadium hinaus zu kommen. Das Prinzip basiert einfach darauf, daß man den drehenden Propeller dazu benutzt, Strom zu erzeugen. Die Nachteile sind, daß auch diese Dinger laut werden können, daß sie die Welle und ihre Lager schneller abnutzen und daß sie den Wasserwiderstand beim Segeln ganz erheblich erhöhen. Als Vorteil gilt, daß man etwas bereits Vorhandenes ausnutzt und nicht irgendwo an Bord wieder neue Beschläge oder Apparaturen anbringen muß, die dann entweder im Weg sind oder aber verstaut werden müssen.

Wie fast überall gilt auch bei diesem Thema die Erkenntnis, daß es sich lohnt, etwas mehr Geld in Qualitätsprodukte zu investieren, da fast jede Art von Generator mehr oder weniger dauerhaft im Einsatz sein wird. Wenn man schon Strom an Bord haben will, sollte man das bestmögliche Ergebnis aus dieser Einrichtung bekommen, die einen insgesamt viel Zeit, Geld und Aufwand kosten wird. Wir haben uns für Strom an Bord entschieden, als wir gerade einmal arbeiteten und so die Mittel hatten, all das zu installieren. Es fing ja ursprünglich alles mit nur einer Positionslaterne an, und ich kann nicht sagen, daß wir wirklich und hundertprozentig vom Nutzen unseres Bordstroms überzeugt sind.

Weil wir dauerhaft an Bord wohnen, sind uns kleine Details ebenso wichtig wie die größeren Aspekte. Nur ein Beispiel: Ich weigere mich einfach, wie ein Camper dauernd im Schlafsack zu schlafen, zumal diese Dinger unglaublich umständlich zu reinigen sind. Statt dessen haben wir Bettdecken, die einfach zu waschen und zu trocknen sind, die das Bettenmachen erleichtern und die beim Schlafen so sehr viel angenehmer sind. Analog dazu empfinde ich es als sehr wichtig, mit der Beleuchtung unter Deck eine angenehme Atmosphäre zu erzielen, statt die Kabine nur so hell wie möglich zu illuminieren.

Wie schon erwähnt, hatten wir früher nur Öllampen an Bord und fanden das wunderbar. Wir benutzen die normalen, aufgehängten Petroleumlampen und haben diese so angebracht, daß wir jeder eine zum Lesen hinter uns haben. Viele Leute scheinen zu denken, daß man bei solch einem Licht nicht lesen kann, doch nachdem wir nun rund 15 Jahre lang damit gelebt haben, wobei wir beide begeisterte Bücherwürmer sind, haben wir immer noch ausgezeichnete Augen. Es ist allerdings wichtig, die Lampen so gut wie möglich anzubringen und auch, die Lampengläser sauberzuhalten, doch ganz entscheidend ist es, den Docht richtig zurecht zu schneiden. In dem Buch „Cruising under Sail" schreibt Susan Hiscock, daß man den Docht mehr oder weniger konkav beschneiden sollte, es sei denn, er ist sehr schmal, doch ich habe festgestellt, daß ein breiter Docht eine löchrige Flamme wirft, wenn er oben konkav oder sogar gerade ist und heraufgedreht wird. Ich schneide sie beiderseitig in einem flachen Winkel zu und kappe dann das obere, spitze Ende, so daß ich dann eine fast konvexe Form erhalte. Auf diese Weise kann der Docht hochgedreht werden, bis er eine Flamme von etwa 2,5 Zentimeter Höhe produziert, bei der man sehr gut lesen kann.

Ein weiterer Vorteil von Öllampen liegt darin, daß sie beim nächtlichen Segeln ganz ausgezeichnet benutzt werden können. Sie sind nicht so grell wie elektrisches Licht, und die gedämpfte, gelbe Flamme zerstört einem nicht gleich die gesamte Nachtsicht. Beim Küstensegeln haben wir über dem Kartentisch immer eine Öllampe auf kleiner Flamme an, so daß wir jederzeit einen Blick auf die Karte werfen können, ohne anschließend an Deck völlig blind zu sein. Auch wird der Rest der Kajüte gerade genug erhellt, um eine Tasse Tee oder Kaffee aufzusetzen oder um irgend etwas zu finden. Wer gerade nicht auf Wache ist, kann bei diesem schummrigen Licht trotzdem ungestört schlafen. Aus irgendeinem Grund empfinde ich es immer als beruhigend, nachts auf See unter Deck ein kleines Licht anzuhaben. Auch denken wir, daß solch eine Öllampe den so beliebten, roten Kartentischbeleuchtungen weit überlegen ist, nicht zuletzt deswegen, weil das rote Licht die roten Eintragungen in der Karte, die beispielsweise die Kennungen von Leuchtfeuern oder Tonnen angeben, so gut wie unsichtbar werden läßt.

Auf jedem Fahrtenschiff sind Öllampen außerdem ein notwendiges Back-up-System zu der elektrischen Beleuchtung. Auf Badger haben wir jeweils eine Petroleumlampe im Toilettenraum, in der Pantry, im Salon und zwischen Salon und Kartentisch.

Nachdem wir Badger einmal mit elektrischem Strom versehen hatten, erschien es logisch, auch elektrisches Licht zu installieren, wenn auch nur, um unsere Ausgaben für Petroleum zu reduzieren - immerhin verbrauchen wir etwa zweieinhalb Liter Petroleum pro Woche, wenn die Nächte lang sind. Ursprünglich brachten wir einige Leuchtstoffröhren unter dem Kajütsdach an, doch das Licht, das sie abgeben, mag ich überhaupt nicht und finde überdies, daß Licht, das von der Decke kommt, keine angenehme Atmosphäre erzeugt. Dann kauften wir einige Halogenstrahler, die wir an den gleichen Stellen wie unsere Öllampen anbauten, nämlich hinter unseren Köpfen, wenn wir im Salon sitzen. Diese sind gut zum Lesen und reflektieren von den Schotten, um die Kabine insgesamt zu erhellen. Dann stellten wir jedoch fest, daß die Halogenbirnen teuer und kurzlebig sind, außerdem waren sie zu hell, wenn wir nachts während des Segeln lasen, und ruinierten all unsere Nachtsicht. Also ersetzten wir die Birnen durch ganz normale, Fünf-Watt-Glühbirnen und benutzen sie jetzt ausschließlich, um auf See zu lesen.

Als wir dann wieder einmal zurück in England waren, überlegten wir, daß, wenn wir schon elektrisches Licht haben, weil soviel Strom an Bord zur Verfügung steht, wir nicht unbedingt darauf achten müssen, daß diese Lampen eine maximale Effektivität haben. Also entschieden wir uns dafür, im Salon ganz einfache Glühlampen zu benutzen, die ein sehr viel weicheres und angenehmeres Licht produzieren. Nur in der Pantry befindet sich zum Kochen noch eine Leuchtstoffröhre, die ja allerdings nur beim Kochen an ist und dann abgeschaltet wird. Außerdem brachten wir kleine elektrische Lampen in unserer Schlafkabine, im Toilettenraum und im achteren Stauraum an, die sich alle als sehr brauchbar erwiesen haben. Unser größtes Problem bei der Auswahl der Lampen war es, welche zu finden, die am Schott montiert werden, statt unter dem Kajütsdach. Außerdem fiel es uns nicht leicht, Lampen nach unserem Geschmack zu entdecken, doch schließlich wurden wir in Davey's Katalog fündig, in Form von Messinglampen, die unseren Salon nun sogar noch verschönern.

Trotz allem haben wir immer noch unsere Petroleumlampen im Salon, in der Pantry und im Toilettenraum und benutzen diese recht oft, besonders, wenn es etwas kühl ist, wir eine gedämpfte Atmosphäre vorziehen, oder falls die Batterie nicht ganz so gesund ist, wie sie es sein sollte. Ich wünsche mir zuweilen wirklich, daß die Leute, die die neuen COLREGS ausgearbeitet haben, uns auch weiterhin mit unseren alten Petroleumpositionslaternen auf See gelassen und uns all diesen Aufwand damit erspart hätten.

Grönland 1991. Ich bin am Ruder und ganz offensichtlich erleichtert, weil wir gerade sehr unangenehmes Treibeis durchquert haben. Hier erscheint uns das Wasser schon fast eisfrei! Um nicht zu schnell zu werden, haben wir die Segel ganz dicht genommen und motoren mit kleiner Fahrt. Über dem Niedergang haben wir eine Plexiglashalbkugel, um beim Ausguck die Wärme im Schiff zu halten. Vor dem Mast kann man ein Solarpanel erkennen. Der Bootshaken ist nicht an seinem üblichen Platz. Pete hatte ihn gerade benutzt, um Eisschollen vom Schiff wegzudrücken.

KAPITEL 19

DAS EISERNE TOPPSEGEL

Wenn man die gängigen Bootstests in verschiedenen Yachtzeitschriften liest, bin ich immer etwas bestürzt darüber, daß der Motorleistung soviel Gewicht beigemessen wird, und daß die Yachten fast nie auf ihre Manövriereigenschaften auf engem Raum unter Segel hin getestet werden. Ähnlich verhält es sich, wenn ich den Gesprächen zwischen anderen Seglern lausche, die oft stundenlang über ihre Motoren philosophieren können, aber erstaunlich wenig Interesse an ihren Segeln zeigen. Viele von ihnen, so vermute ich, sind wohl eher dazu bereit, einen neuen Motor zu kaufen, statt einen neuen Satz Segel bei einem guten Segelmacher zu ordern. Und wenn wir an der Küste entlang segeln, fällt uns immer wieder auf, wieviele Yachten bei ausreichender Segelbrise motoren, und besonders schlimm wird es, wenn man daran denkt, daß jetzt auch schon viele Leute auf einer Ozeanüberquerung zum Starter greifen, sobald die Geschwindigkeit unter Segel weniger als drei oder vier Knoten beträgt - „wir müssen ja die Batterien laden" -, und dann anschließend jedem erzählen, welch eine schnelle Passage sie hatten. Wahrscheinlich ist alles das ja auch irgendwie in Ordnung, doch es scheint mir, daß mehr und mehr Segelboote als Motorsegler genutzt werden, und immer weniger als reine Segelfahrzeuge.

Dabei ist es durchaus diskutierbar, ob eine Fahrtenyacht überhaupt eine Hilfsmaschine benötigt. Für die vielen Schiffe, die eine lange Strecke von einem Hafen zum nächsten segeln, um dann dort einige Monate lang zu verweilen, würde ich dazu neigen zu denken, daß eine Maschine mehr Aufwand als Nutzen bringt, und daß sie einfach wertvollen Stauraum wegnimmt. Für diejenigen, die gerne kurze Törns an der Küste segeln, wird ein Motor schon sinnvoller sein. Soweit es das Laden der Batterien betrifft, so gibt es heute schon einige sehr viel effektivere Methoden, als zu motoren, und zwar mit Einrichtungen, die zum Starten gar keine Batterie benötigen.

Selbst wenn man glaubt, einen Hilfsantrieb haben zu müssen, ist eine Maschine nicht die einzige Möglichkeit dazu. Man kann auch einen Wriggriemen, langen Ruderriemen oder einen sogenannten Yuloh in Erwägung ziehen. Wenn man Ruder hat, ist es am einfachsten, das Schiff mit dem Beiboot zu schleppen. Wenn man erst einmal in Fahrt ist, kann man auf diese Weise selbst ein etwas größeres Schiff bei glattem Wasser und Flaute mit etwa einem halben Knoten ganz gut voranbringen. Wenn das Schiff selbst klein genug ist, kann es sein eigenes Paar Riemen haben. Sie funktionieren ganz gut, solange das Schiff nicht allzu hochbordig ist und wenn die Riemen richtig ausbalanciert sind, daß man also nicht deren Gewicht bei jedem Schlag anheben muß. Es ist meistens sehr viel einfacher, beim Rudern zu stehen und nach vorne zu schauen, nach Art vieler Fischer im Mittelmeer, als - wie in einem kleinen Ruderboot -, nach achtern schauend zu sitzen.

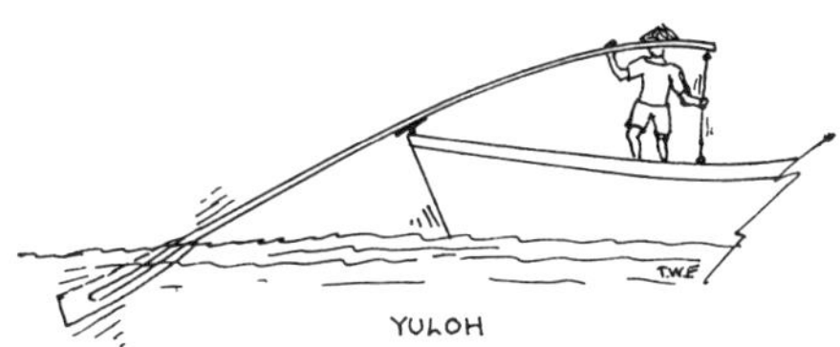

YULOH

Wenn das Schiff zu schwer für ein Paar Riemen ist, kann man es immer noch wriggen. Mit einem besonders langen Riemen über das Heck zu wriggen, sollte etwa einen Knoten Fahrt geben, was allemal besser als nichts ist, vor allem, wenn man bei totaler Flaute noch die letzten Meter bis zur Ankerbucht schaffen will. Auch hier sollte das Schiff tunlichst nicht zu hochbordig sein. Allerdings kann dieses Problem auf eine Weise gelöst werden, wie es uns die Chinesen mit ihren hochbordigen Dschunken vormachen. Sie benutzen einen gebogenen Riemen, den sie Yuloh nennen. Der Yuloh ist so gebaut, daß er flexibel ist und bei jeder Bewegung quasi von alleine mit durchschwingt. Der Ruderer schiebt den Yuloh von Seite zu Seite und zieht bei jedem Schlag an einem Stück Leine, so daß sich das Ruderblatt hin- und herdreht und wie ein sehr großer Wriggriemen wirkt. Wir haben einmal versucht, solch einen Yuloh zu bauen, jedoch ohne Erfolg, da wir damals keine genauen Informationen darüber hatten. Seitdem haben wir in verschiedenen Zeitschriften darüber gelesen, es aber nicht wieder versucht.

Feste Beiboote mit Außenborder sind auch eine gute Methode, ein motorloses Schiff bei Flaute fortzubewegen. Man kann das Dinghi längsseits des Mutterschiffes bringen, dort festmachen und losmotoren, zum Steuern nimmt man dann das Ruder des größeren Schiffes. Gary und Beryl bewegen ihre 45 Fuß lange Alice Alakwe auf diese Weise mit einem zwei PS Außenborder durch enge Ankerplätze. Allerdings reicht schon die kleinste Kabbelsee, um ein solches Vorhaben zu verhindern. Fans dieser Methode weisen auf die Segelschoner in Maine hin, die zahlende Passagiere an Bord nehmen, und deren Eigner solche Puristen sind, daß sie ihre Segler nicht durch einen Motor verunstalten wollen und auch diese mit einem motorisierten Beiboot bewegen. Die Realität ist allerdings weniger romantisch, denn die Vorschriften der U.S. Coast Guard für kommerzielle Passagierschiffe sind für reine Segelfahrzeuge sehr viel weniger strikt, als für Maschinenfahrzeuge. Bei völlig glattem Wasser kann man es mit dieser Idee jedoch einmal versuchen. Wer jedoch schon einen Außenborder hat, wird vielleicht auch versuchen, diesen dann gleich am Mutterschiff zu befestigen. Selbst eine kleine Handvoll PS macht bei Flaute den Unterschied zwischen Stop und Go aus und sorgt dafür, daß man den Ankerplatz vielleicht doch noch erreicht. Einer der vielen Vorteile eines kleinen und leichten Bootes liegt darin, daß es auch bei sehr wenig Wind noch segeln kann und daß es, sollte dann wirklich gar kein Lufthauch mehr wehen, auch mit sehr viel weniger Hilfsenergie weiter bewegt werden kann.

Bei der Entscheidung für oder wider eine Maschine sollte man auch die Wartung bedenken. Eine unzuverlässige Maschine ist schlimmer als gar keine, da sie noch nicht einmal an der richtigen Stelle sitzt, um guter Ballast zu sein - und es können so viele Dinge an Motoren kaputtgehen. Eine unzuverlässige Maschine ist auch kein besonderer Sicherheitsfaktor, ganz im Gegenteil. Sehr viele Schiffe gingen und gehen verloren, weil sie sich in brenzligen Situationen auf ihre Motoren verlassen und dann, im kritischen Moment, von ihnen im Stich gelassen wurden. Das ist gefährlicher, als wenn man gleich ganz ohne Maschine segelt und sich entsprechend verhält. Jede Woche werden Yachten, die Probleme mit ihren Motoren haben, von den verschiedenen Rettungsdiensten in die Häfen geschleppt. Wie oft hat man auch schon von dem folgenden Szenario gehört: Ein Problem tritt auf, also: Maschine an, Segel runter, Schot im Propeller - und dann hat man die wirkliche Katastrophe produziert. Wer keine Maschine hat, wird sich von gefährlichen Küsten oder flachen Ecken vielleicht auch eher fern halten, und wer doch eine hat, sollte auch immer damit rechnen, daß sie plötzlich ausfallen kann. Auch der zuverlässigste Diesel der Welt kann durch schmutzigen Treibstoff, einen Lufteinschluß in der Brennstoffleitung oder einfach eine im Wasser treibende Plastiktüte außer Aktion gesetzt werden. Oder eine leere Batterie hindert einen überhaupt daran, den Motor zu starten. Auch hier ist das kleine Boot im Vorteil, denn es braucht nur eine kleine Maschine, und die kann man leicht von Hand starten.

Ich persönlich hasse Öl und Schmiere und mag mich gar nicht gerne mit Motoren, egal welcher Art, beschäftigen. Glücklicherweise macht es Pete nichts aus, sich solcher Aufgaben anzunehmen, doch einer störrischen Maschine begegnet auch er mit deutlich gedämpftem Enthusiasmus. Wer jedoch wie ich über Motoren denkt, kann nur versuchen, seine Abscheu zu überwinden, einen Maschinisten mit an Bord nehmen oder ein Riesenbudget zu verplanen, mit dem man Werkstätten in den verschiedensten Häfen entlohnt, die sich um das schmierige Ding zu kümmern - oder eben einfach ohne Motor auskommen. Da wir hier über das Reisen mit einem kleinen Einkommen sprechen, ist eines ganz klar: Wenn man eine Maschine haben will, wird irgendwer an Bord lernen müssen, mit ihr umzugehen, sie zu warten und zu reparieren.

Wenn das Schiff, das man gerade gekauft hat, keine Maschine besitzt, muß einen das ganz und gar nicht davon abhalten, loszusegeln. Weder Stormalong noch Sheila hatten eine, und auch Badger segelten wir anfangs motorlos. Mit Stormalong segelten wir auch Wochenendtouren an der Küste und machten einen dreiwöchigen Urlaub in englischen Gewässern - und waren am Ende unserer Ferien pünktlich zum Arbeitsbeginn wieder zurück. Dann segelten wir sie über den Atlantik und zurück. Auch mit Sheila segelten wir hauptsächlich an den englischen und irischen Küsten entlang, mit Badger segelten wir nach Schottland, zu den äußeren Hebriden, von dort zu den Kanarischen Inseln, in die Karibik, und dann zur Chesapeake Bay an der amerikanischen Ostküste. Erst dort haben wir einen Motor eingebaut. Einige Jahre später waren wir in Venezuela, als die Ventile durchbrannten. Wir wollten gerade los und hatten keine Lust, uns gerade jetzt mit all dem Streß der Motorreparatur abzuplagen, also segelten wir ohne funktionierende Maschine nach England zurück, über die Dominikanische Republik, die Turks and Caicos Inseln, die Bahamas, Bermuda und Azoren und haben den Motor dabei nie wirklich vermißt.

Daher haben wir auch gelernt, wie wir unser Schiff unter Segel allein manövrieren können. Und da wir nichts gegen Flauten tun konnten, als sie zu akzeptieren, begannen wir irgendwann, sie sogar zu genießen - mit Ausnahme der typischen Situation, daß der Wind am Abend einschläft und man nur noch ganz wenige Meilen von seinem Zielhafen entfernt ist. Ich gebe zu, daß ich in solch einer Situation nicht mehr sehr philosophisch sein kann. Die Maschine in Badger haben wir jedoch eingebaut, um unsere Reviere zu erweitern - beispielsweise, um den Intracoastal Waterway entlang fahren zu können. Allerdings auch, um uns das Leben auf überfüllten Ankerplätzen, von denen es heute so viele gibt, zu erleichtern. Zwar haben wir meist unseren Spaß daran gehabt, dazu den Warpanker zu benutzen, und auch heute warpen wir uns auch noch ab und zu aus einem engen Ankerplatz heraus, aber wir hatten auch schon Situationen, in denen wir gerade an der richtigen Stelle zum Lossegeln waren, als wieder eine Yacht hereinkam und genau über uns geankert hat. Aber da es ja auch Geld kostet, die Maschine zu benutzen, tun wir das nur selten und machen nach wie vor, wenn eben möglich, alle Manöver unter Segel. Es gibt auch noch einige Langfahrtsegler, die ganz und gar ohne Maschine auskommen, dazu zählen beispielsweise Tim und Pauline Carr mit ihrer Curlew, Lin und Larry Pardy mit Taleisin oder Peter Tangvald, für die ich den größten Respekt habe.

Wenn man die Kosten für die zurückgelegten Meilen addieren muß, wird kaum jemand den Motor anstellen, um Zeit zu sparen - wozu auch? Wie so viele andere Dinge, die man mit wenig Geld macht, erhöht auch dies die Freude und anschließende Befriedigung. Fast jeder kann vor dem Wind ein Boot über den Ozean steuern, doch der Test, ob man sein Boot manövrieren kann, zeigt sich beim Ein- und Auslaufen oder in Küstennähe. Keiner von uns beiden ist wild darauf, auf See zu steuern - doch wenn wir uns einem Ankerplatz nähern oder einen schwierigen Zickzackkurs durch die Schären segeln, genießen wir es beide so sehr, daß wir uns abwechseln müssen. Noch mehr Spaß macht es, einen Ankerplatz unter Segel zu verlassen.

Als wir einen Motor auf Badger einbauten, machten wir uns auch darüber sehr viele Gedanken. Eigentlich wollten wir einen Außenborder, aber mit unserem Spitzgattheck wußten wir nicht so recht, wie wir ihn anbringen konnten, ohne das Aussehen von Badger zu ruinieren. Dann entschieden wir uns für einen Saildrive, der für ein so flaches Unterwasserschiff wie unseres geradezu ideal ist. Da wir keinen wertvollen Stauraum verschenken wollten, mußte die Maschine in den vorhandenen Platz passen, und nicht umgekehrt. Wir haben beim Bau von Badger bereits einen Platz für eine Maschine vorgesehen, die wir später einbauen wollten; diesen Platz hatten wir in der Zwischenzeit auch als Stauraum genutzt. Das war das, was wir schon ohne Maschine den Motorkasten nannten. Am Ende entschieden wir uns für einen Volvo 7,5 PS-Benzinmotor mit Saildrive. Die Gründe dafür waren, daß wir uns diesen Motor leisten konnten, daß er stark genug ist als Hilfsmotor, daß er in den dafür vorgesehenen Raum paßte und daß der Zylinderkopf eigentlich von Honda hergestellt wird. Wir wollten einen Viertakter, da er leise ist und nur wenig verbraucht, und da wir die horrenden Preise für Volvo-Ersatzteile kannten, war es uns sehr recht, daß wir hier auch Honda-Teile verwenden können.

Die meisten Langfahrtyachten haben Dieselmaschinen, und es spricht auch viel dafür. Das meiste zu diesem Thema wurde bereits mehr als ausgiebig in den verschiedenen Segelzeitschriften geschrieben. Wenn sie richtig benutzt und gewartet werden, sind sie zuverlässig und ökonomisch, der Treibstoff ist relativ billig und rund um die Welt erhältlich. Auf der anderen Seite sind sie laut, sie riechen und neigen dazu, stark zu vibrieren. Dadurch wird das Motoren unangenehm, aber das gilt ja, mehr oder weniger, für jede Art von Maschine. Ein wichtiger Punkt bei Dieselmaschinen, der auf Segelyachten nicht immer beachtet wird, ist jedoch, daß diese Motoren, wenn sie zuverlässig bleiben sollen, regelmäßig unter Last gefahren werden müssen. Für den Wochenendsegler der jedesmal aus der Marina heraus- und wieder hineinmotort, ist dies überhaupt kein Problem. Doch der Langfahrtsegler hat vielleicht einen oder zwei Monate lang gar keinen Anlaß dazu, die Maschine zu benutzen. Ein Dieselmotor leidet mehr darunter, zu starten, im Leerlauf zu drehen oder nur kalt gefahren zu werden, als darunter, das Schiff Stunde um Stunde unter voller Last voranzubringen. Moderne Maschinen haben meist nur sehr wenig Öl, das dann hart arbeiten muß, und auf einer Segelyacht ist es vielleicht noch gar nicht richtig angewärmt, bevor der Motor schon wieder ausgestellt wird. Benzinmotoren dagegen können anscheinend über lange Zeiträume unbenutzt bleiben und starten dann immer noch ohne Probleme. Eine luftgekühlte Dieselmaschine ist zwar sehr viel lauter als eine wassergekühlte, aber sie wird unter Umständen auch länger halten, da sie kein Seewasser an sich heranläßt. Dieselmaschinen mit einer abgeschlossenen Frischwasserkühlung sind dagegen nur ab einer gewissen PS-Größe erhältlich und für kleine Boote ungeeignet. Beim luftgekühlten Diesel hat man keine Probleme mit dem Kühlsystem, man spart Gewicht oder kann eine schwerere Maschine wählen und damit eine längere Lebensdauer erwarten.

Viele Jahre lang wurden Segelboote mit Dieselmaschinen problemlos gesegelt, und auch einige Benzinmotoren scheinen ewig zu halten. Pete und ich denken, daß eine Dieselmaschine nicht sehr hoch oben auf der Liste der Prioritäten stehen muß. Klar, wenn wir uns ein Schiff kaufen würden, in dem sich ein zuverlässiger Diesel befindet, würden wir ihn behalten. Aber auf der anderen Seite denke ich, daß oft zuwenig über die Alternative, einen Benzinmotor, nachgedacht wird, und daher möchte ich hier einige seiner Vorteile erwähnen.

Ersteinmal sind sie erheblich billiger als Dieselmaschinen, außerdem kleiner und leichter. Sie sind einfacher zu warten, auch wenn man ansonsten wenig von Motoren versteht. Zugegeben, der Treibstoff ist erheblich teurer, und das scheint nicht mit unserer sonst üblichen Philosophie zusammenzupassen, am Anfang etwas mehr auszugeben, um langfristig zu sparen. Dabei muß man jedoch die sehr hohen Kosten einer Dieselmaschine und ihre Lebenserwartung gegen den billigeren Treibstoff aufrechnen. Die schweren, langsam drehenden Dieselmotoren wie Bukh, Sabb oder Lister werden bestimmt am längsten halten, sie sind dafür auch am teuersten. Die etwas preisgünstigeren, leichteren modernen Diesel haben dagegen nur eine Lebenserwartung von etwa zehn Jahren, bevor sie eine Generalüberholung brauchen. Ich denke, daß ein gut gepflegter Benzinmotor etwa ebenso lange hält. Doch selbst wenn die Dieselmaschine doppelt so lange hält wie der Benzinmotor, wird man unglaublich viel motoren müssen, um die höheren Anschaffungskosten durch den billigeren Treibstoff wieder herein zu holen. Außerdem wird man zwischendurch für beide Maschinen Geld ausgeben müssen, und die Reparaturen an Dieselmaschinen sind meist teurer als die an Benzinmotoren. Eine neue Einspritzdüse kostet mehr als die gängigen Ersatzteile für einen Benzinmotor, und man benötigt außerdem einen Profi mit Spezialwerkzeug, um sie einzubauen.

Benzinmotoren haben einen schlechten Ruf wegen ihrer Startschwierigkeiten. Unser Motor hat eine elektronische Zündung und wird per Hand mit einer Reißleine gestartet und macht uns in dieser Hinsicht nur selten Schwierigkeiten. Ich glaube, daß die meisten Startschwierigkeiten mit Feuchtigkeit zusammenhängen, und das zu vermeiden, sollte selbst auf einem Boot nicht allzu schwierig sein. Selbst wenn der einzig verfügbare Platz für den Motor unter dem Cockpitboden ist, wo er von Regen- und Spritzwasser eingedeckt wird, kann man mit modernen Materialien wie Sperrholz, Glasfasermatten, Dichtungsmasse und Epoxidharz meist einen recht trockenen Ort daraus machen.

Auch wird immer wieder der Sicherheitsaspekt ins Feld geführt, und da ist schon etwas dran. Andererseits wundert mich immer wieder, wieviele Leute sich darauf berufen und sagen, sie würden niemals einen Benzinmotor an Bord haben wollen, gleichzeitig jedoch ohne Bedenken Außenbordmotoren und Benzinkanister in ihren Backskisten verstauen, ganz zu schweigen von dem Benzingenerator unter Deck. Außerdem benutzen sie zum Kochen Gas, das sie aufdrehen, bevor sie das Streichholz entzünden, und machen sich auch darum keine Gedanken. Es stimmt, daß sowohl Benzin als auch Gas gefährlich sein können, wenn man nachlässig damit umgeht, aber das muß schließlich nicht sein. Unser Benzin haben wir in fünf Kanistern in Backskisten verstaut, die zum Deck hin und nicht in das Schiff oder die Bilge hinein entlüften. Bevor wir die Maschine starten, verbinden wir die Benzinleitung mit dem Motor und ziehen die Reißleine. Wenn wir genug motort haben, hängen wir die Benzinleitung ab und lassen die Leitung und den Vergaser leer laufen, so daß wir dann kein Benzin mehr unter Deck haben. Dieses System hat zwei Vorteile. Erstens ist es relativ umständlich, den Motor zu starten, so daß wir ihn nur selten benutzen, zweitens bedeutet dies auch, daß der Motor dann auch für eine gewisse Zeit läuft und dadurch wirklich auf Betriebstemperatur kommt.

Unser Freund Nick Skeates ist der Experte, wenn es um billige Benzinmotoren geht. Als er sein Schiff Wylo II baute, hatte er einen alten, klapprigen Lieferwagen, mit dem er herumfuhr und sich sein Material beschaffte. Ein Freund von ihm schenkte ihm ein baugleiches Modell, noch älter, zum Ausschlachten für Ersatzteile. Als sein Schiff allmählich fertig wurde, dachte Nick, es sei eine gute Idee, auch einen Motor darin zu haben. Zufällig fiel sein Auge auf den Lieferwagen - „der ist gerade richtig", dachte er sich, baute den Motor aus, marinisierte ihn und baute ihn in sein Schiff ein, wo er seitdem ganz perfekt funktioniert. Dann nahm er die Maschine aus dem Wagen seines Freundes auseinander und überlegte sich, welche Teile er als Ersatz mitnehmen sollte. Am Ende nahm er alles mit. Das ist Langfahrtsegeln mit einem Minibudget, wie man es sich besser kaum vorstellen kann. Nicht nur hat er einen guten Motor, den er schon ausgiebig genutzt hat, sondern auch Ersatzteile bis zum jüngsten Tag - und falls der Motor wirklich einmal seinen Geist aufgibt, hat er Nick nichts gekostet. Eine neue Dieselmaschine hätte sehr viel mehr gekostet als sein ganzes Schiff.

Auch Außenborder werden als Hauptantriebsmaschine oft unterschätzt. Man denkt dann normalerweise an Motoren, die, Wind und Wetter ausgesetzt, an einer Halterung am Spiegel hängen, das Schiff verunzieren und bei jeder See aus dem Wasser tauchen. Mit etwas cleverer Überlegung kann man aus dem Außenborder jedoch quasi einen Innenborder machen, allerdings mit dem Vorteil, daß man den Motor zu einem Mechaniker bringen kann, falls man einmal ein größeres Problem damit haben sollte, und nicht umgekehrt. Auf einigen Serienyachten sind Außenborder nach diesem Prinzip sehr sinnvoll untergebracht, besonders bei den Schiffen der englischen Werft Hunter Boats. Hier werden Honda-Viertakter benutzt, die in einer Backskiste wohnen, gut geschützt und aus dem Weg. Wenn man den Motor benutzen will, wird eine Art Klappe im Boden geöffnet, dann wird der Außenborder an seiner Halterung in der Backskiste herunter gekippt, und ist startbereit. Die Benzinleitung bleibt am Tank, der in der gleichen Backskiste steht, und wenn man es ganz bequem haben möchte, kann man sogar einen elektrischen Starter anbauen.

Wir haben unterwegs zwei Yachten getroffen, die ihre Außenborder auf eine ähnliche Weise montiert haben. Danny Greene auf der 34-Fuß-Stahlyacht Brazen hat einen 10-PS-Viertakter, der am achteren Ende seines Cockpits in einem Schacht wohnt. Auf Salvation Jane hat Trevor einen Petroleumaußenborder, da er sagt, daß Petroleum billiger sei als Benzin. Beide Motoren funktionieren ausgezeichnet, und keiner der beiden sieht einen Grund, das jeweilige System zu verändern. Wenn die Zeit kommt, um Badgers Motor zu ersetzen, können wir uns auch gut einen Außenborder im Schacht vorstellen - was ja gar nicht so sehr anders ist als das, was wir jetzt haben.

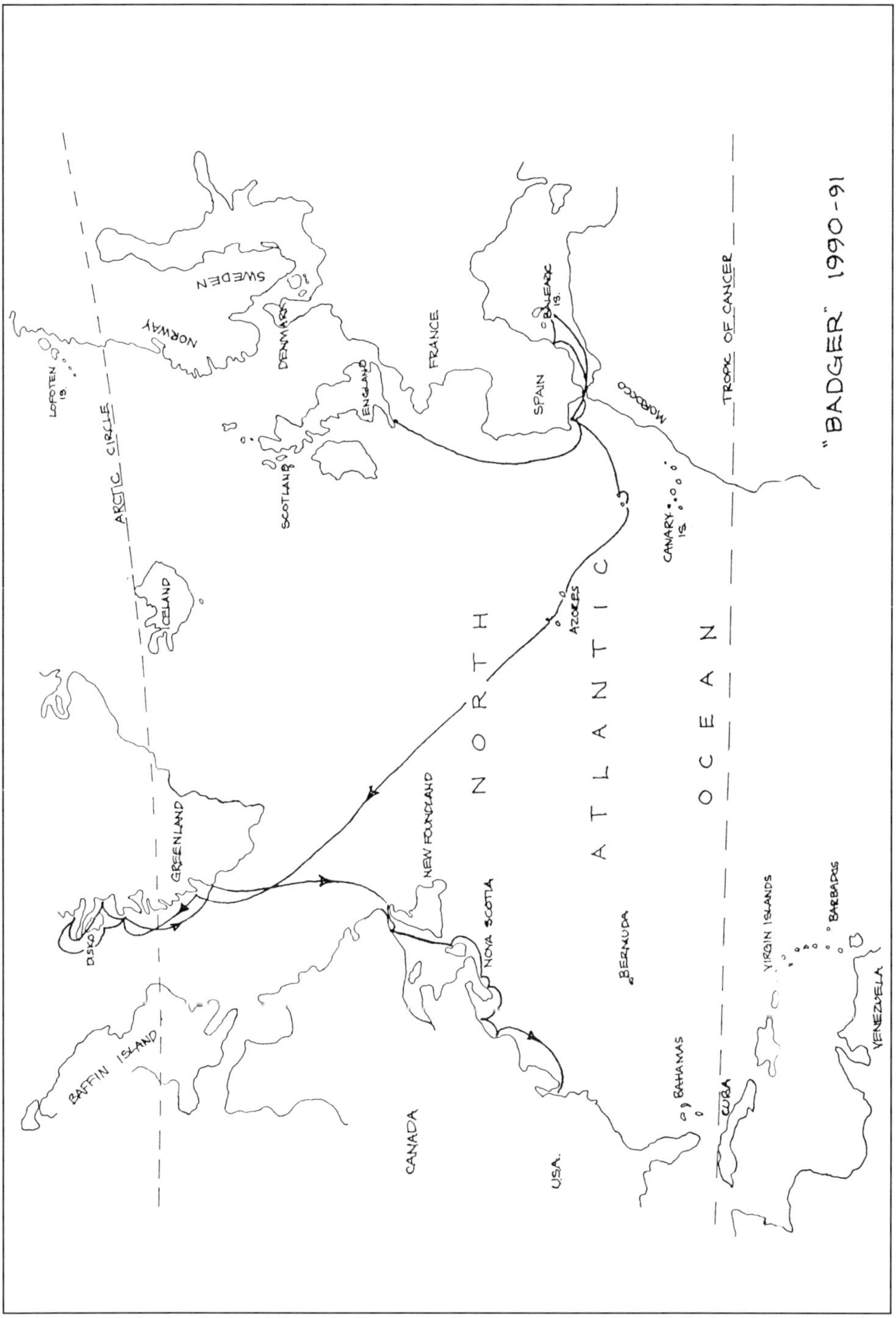
"BADGER" 1990-91
NORTH
ATLANTIC
OCEAN
ARCTIC CIRCLE
TROPIC OF CANCER
LOFOTEN IS.
NORWAY
SWEDEN
DENMARK
SCOTLAND
ENGLAND
FRANCE
SPAIN
BALEARIC IS.
MOROCCO
CANARY IS.
AZORES
ICELAND
GREENLAND
DISKO
BAFFIN ISLAND
CANADA
NEW FOUNDLAND
NOVA SCOTIA
BERMUDA
U.S.A.
BAHAMAS
CUBA
VIRGIN ISLANDS
BARBADOS
VENEZUELA

KAPITEL 20

DEN WEG FINDEN

Wenn man ein geeignetes Boot sowie die finanziellen Mittel hat, um für einige Monate zu überleben, und sich bereits ein Reiseziel ausgedacht hat, ist der nächste Schritt in der Planung, die geeigneten Seekarten dafür aufzutreiben. Seekarten sind alles andere als billig, so daß auch dieser Punkt einem kleinen Einkommen schwer zu schaffen machen kann. Frank Wightman segelte fast ohne Karten von Südafrika los. In seinem Buch „The Wind is Free" schreibt er: „Bevor wir Südafrika verließen, konnten wir nur eine einzige Seekarte bekommen, die uns bis an eine Position 500 Meilen vom Kap San Roque bringen würde. Ab da würden wir auf einem alten Atlas navigieren müssen. Wir hatten auch schon versucht, in St. Helena Karten zu bekommen, jedoch ohne Erfolg. Dort sagten sie uns, wir würden bestimmt auf Ascension Island welche finden, doch auch dort gab es keine einzige Seekarte. Wir nahmen unsere Sorgen mit zu den Amerikanern, und sie gaben uns eine ihrer Flugzeugkarten. Das war schon sehr viel besser als mit dem Atlas zu navigieren, allerdings fehlte jegliche der für uns so wertvollen Informationen über die Küsten, da diese Karte ja für Flieger gedacht war. Außerdem waren alle Entfernungen auf dieser Karte für Strecken angegeben die, von einem Flugzeug in einer gerade Linie von A nach B zurückgelegt würden. Doch trotz alledem waren wir heilfroh darüber, sie zu haben." Mit Hilfe dieser Art von Karten und einem uralten Sextanten machte Frank Wightman perfekte Landfälle an allen Küsten, die er besuchen wollte. Zugegeben sind die meisten von uns nicht aus diesem Holz geschnitzt, aber er ist ein eindrucksvolles Beispiel dafür, was man alles verwirklichen kann, wenn man nur entschlossen genug dazu ist. Heute haben wir es leichter, weil Seekarten fast überall erhältlich sind, doch von unserem wenigen Geld verzehren sie doch beunruhigend viel.

Beim Kauf von neuen Seekarten sollte man darauf achten, daß man keine unnötigen Karten einkauft. Um das vernünftig zu planen, besorgt man sich am besten einen Kartenkatalog, wie sie von den jeweiligen hydrographischen Diensten der einzelnen Länder herausgegeben werden. Diese Kataloge sind an sich schon fast unerschwinglich teuer, doch ein netter Yachtausrüster oder Seekartenhändler wird sie einem vielleicht für einige Stunden leihen, damit man seinen Einkauf dort planen kann. Im Katalog kann man dann genau sehen, wie die Gebiete, die man befahren möchte, mit Seekar-

WYLO

ten abgedeckt sind und welchen Maßstab diese Karten haben. Für die meisten Gebiete reicht es, Übersichtskarten mit kleinem Maßstab und dann einige Detailkarten der Küsten mit größerem Maßstab zu haben, auf denen auch die Häfen und Ankerplätze zu erkennen sind.

Vor einiger Zeit las ich einen Kommentar in einer Segelzeitschrift, in dem es wörtlich hieß, daß nur ein krasser Dummkopf ohne allerneuestes Kartenmaterial zur See fahren würde. Es ist schon klar, was der Autor damit ausdrücken wollte, und ich kann es auch nachvollziehen, wenn eine Segelzeitschrift es den Lesern möglichst nahelegt, vorsichtig zu sein, aber mein eigenes Gefühl sagt mir, daß nur ein krasser Dummkopf sich darauf verläßt, daß seine Seekarten immer aktuell und auf dem neuesten Stand sind. Neu eingekaufte Seekarten an Bord zu haben, kann einem nämlich auch sehr leicht ein gefährliches, falsches Gefühl der Sicherheit geben: „Unsere Karten sind ja brandneu, darauf können wir uns verlassen!" Dabei vergißt man leicht, daß die Karte praktisch schon in dem Moment nicht mehr aktuell ist, wenn man sie aus dem Kartenladen heraussträgt. Natürlich wissen wir alle, daß wir sie regelmäßig korrigieren sollen, doch selbst wenn wir einmal annähmen, daß uns die entsprechenden „Nachrichten für Seefahrer" immer nachgeschickt würden, wären unsere Karten immer noch hinter der Aktualität her. Überhaupt gilt die Annahme, daß eine neu gekaufte Karte auch eine aktuelle Karte sei, nur in bestimmten Gewässern. In vielen Gegenden sind auch die neuesten Karten unzuverlässig, weil das entsprechende Land vielleicht noch nicht einmal einen hydrographischen Dienst unterhält, oder aber die Ergebnisse der Vermessungen und Beobachtungen entlang seiner Küste lieber für sich behält. Wenn man all das bedenkt, wird man zu der Auffassung gelangen, daß alle Seekarten mit einer Portion Skepsis betrachtet werden müssen. Und wenn das der Fall ist können wir auch ebensogut mit alten Karten navigieren, von denen wir wenigstens gar nicht erst annehmen, daß sie immer und überall zu 100 Prozent stimmen. Man kann sich dabei durchaus mit dem Gedanken beruhigen, daß Felsen sich nur selten verändern (anders als Korallen oder Sandbänke in Tidengewässern). Ab und zu wird man dann doch überrascht. Einmal segelten wir mit einer Seekarte aus den 50er Jahren durch Dänemark und stellten fest, daß dort, wo auf unserer Karte noch freies Wasser verzeichnet war, seitdem etliche Landgewinnungsprozesse erfolgreich durchgeführt worden waren, aber auch das trägt zur Unterhaltung beim Segeln bei.

Als wir mit Stormalong in die Karibik starteten, kauften wir alle notwendigen Seekarten. Damals, 1975, kosteten sie in England noch 75 Pence pro Stück. Das letzte Mal, als wir uns in England nach den Preisen für Seekarten erkundigten, war 1989, und da kostete jedes Blatt schon 7,60 Pfund - mehr als zehnmal soviel. Ich mag gar nicht wissen, was sie heute kosten. Dieser enorme Preisanstieg, so wurde uns gesagt, habe mit der abnehmenden Zahl von Marine- und Handelsschiffen zu tun. Als es noch viele Schiffe auf den Meeren gab, wurde jede Seekarte offenbar zu Tausenden gedruckt, was natürlich den Stückpreis niedrig hielt. Mit der sinkenden Nachfrage sinken auch die Druckauflagen, und damit steigen die Preise. Die wahre Aufgabe der hydrographischen Dienste zeigte sich daran, daß nach dem Krieg von 1982 alle Seekarten der Falklandinseln neu gezeichnet werden mußten. Obwohl Seekarten jetzt teurer sind als sie es einmal waren, sind sie doch auch leichter zu bekommen. Jedes Jahr segeln hunderte von Yachten die klassische Atlantikrundreise, und wenn sie dann zurückkommen, verkaufen sie ihr Schiff mit allem Inventar, um zum „normalen" Leben zurückzukehren. Daher ist es für uns jetzt relativ einfach, gebrauchte Seekarten und Handbücher zu ergattern.

Es gibt sogar gewisse Vorteile, wenn man ältere Seekarten kauft. Auf vielen der alten Karten befinden sich etliche Detailinformationen über die Küste und deren Beschaffenheit, die für Segler mit kleinen Schiffen sehr wichtig sein können, die aber leider auf den neueren Karten oft fehlen. Einige englische Segler bevorzugen außerdem immer noch die sehr alten, englischen Seekarten mit den englischen Maßeinheiten, statt der neueren, die auf metrische Maße umgestellt wurden. Bei dieser Umstellung, so heißt es, wurden auch viele kleine Detailinformationen entfernt, um die Karten insgesamt übersichtlicher zu machen. Doch gerade diese zusätzlichen Details erleichtern die Küstennavigation, und das Erforschen von Flüssen oder kleinen Buchten macht damit noch mehr Spaß. Und, noch wichtiger: Sollte man einmal keine Detailkarte der entsprechenden Küste zur Hand haben, wird der Gebrauch eines Vergrößerungsglases auf den alten Karten meist die gewünschten Informationen zutage fördern.

Einer der gravierendsten Nachteile alter Seekarten ist, daß sich die Kennungen der Leuchtfeuer verändert haben könnten. Aus Gründen, die sie selbst am besten kennen, scheint Trinity House (die Einrichtung in Großbritannien, die für den Betrieb der Leuchtfeuer verantwortlich ist) sich geradezu einen Spaß daraus zu machen, alle Kennungen möglichst oft umzustellen. Das fiel uns ausgerechnet auf, als wir, ganz entgegen unserer sonstigen Praxis, einen nagelneuen Nautischen Almanach an Bord hatten. Trotzdem, oder eben vielleicht auch gerade deswegen, waren wir sehr verwirrt, als wir voraus ein Leuchtfeuer sahen, dessen Kennung anders war, als im Almanach angegeben. Schon in den fünf Monaten seit Drucklegung des Almanachs hatte sich die Kennung verändert, wie sich dann später herausstellte. Als wir dagegen in Nordnorwegen segelten, zwischen hunderten von Inseln und Tausenden von Schären, die durch zahllose Leuchtfeuer und Baken bezeichnet sind, waren unsere Seekarten aus dem Jahre 1925 in fast jedem Detail korrekt - abgesehen von den Häfen und der einen oder anderen neuen Brücke. Norwegische Freunde sagten uns, daß die Fischer ihren Kindern die Kennungen der Leuchtfeuer beibringen, damit die nächste Generation dann darüber Bescheid weiß - Trinity House sollte hier einmal aufhorchen! Das Problem der Leuchtfeuer kann aber auch auf relativ preiswerte Art gelöst werden, indem man sich ein Leuchtfeuerverzeichnis besorgt, in dem alle Kennungen verzeichnet sind - obwohl auch das schnell unaktuell werden kann. Wenn man zuviel Energie hat, könnte man damit sogar seine eigenen Seekarten berichtigen.

Gebrauchte Seekarten kann man auf unterschiedlichen Wegen finden. Die teuerste Möglichkeit ist es, selbst eine Anzeige oder Notiz aufzugeben - doch dann steigt der Preis der Karten, weil der Verkäufer weiß, daß man sie relativ dringend benötigt. Es gibt auch Yachtausrüster, die gebrauchte Ausrüstung und Seekarten verkaufen. Wenn man Mitglied eines Segelclubs ist, wird man dort vielleicht jemanden kennen, der einem alte Karten verkauft oder sogar ausleiht. Wir haben viele Karten dadurch bekommen, daß wir mit anderen Fahrtenseglern getauscht haben. Auch ist es üblich, daß einem andere Segler Karten verkaufen, vor allem in strategischen Häfen wie beispielsweise Falmouth, La Coruna oder Gibraltar. Ein Pfund pro Karte war einmal der gängige Preis, doch auch hier hat mittlerweile die Inflation zugeschlagen. Wenn man die Karten für ein Gebiet findet, das man unbedingt besuchen will, wird man wohl oder übel den Preis zahlen müssen, der gefordert wird.

Ich habe von verschiedenen Leuten gehört, denen von Handelsschiffen Seekarten geschenkt wurden. Sie sind meist an Bord gegangen, um ihren Chronometer zu überprüfen, oder mit einer anderen Ausrede, und dann mit einem Arm voller Seekarten zurückgekommen. Ich habe soetwas nie über mich gebracht, außerdem gibt es jetzt das häßliche Gerücht, daß die Reeder eine Absprache mit ihren Seekartenstellen haben, wodurch die alten Karten zurückgegeben und entweder korrigiert oder ersetzt werden. Es ist außerdem schade, daß die Seekartenstellen keine abgelaufenen Karten zu Billigstpreisen verkaufen, vielleicht mit einem entsprechenden Warnhinweis versehen.

Wenn man jetzt seine Karten mehr oder minder beieinander hat, lohnt es sich, diese an Bord einigermaßen gut zu organisieren. Das erleichtert das Leben beim Navigieren, und man hat einen Überblick über seinen Kartenbestand, sollte man einmal die eine oder andere Karte dazukaufen wollen oder müssen. Wir haben unsere Karten in gebrauchten Segeltuchmappen verstaut, wie man sie von vielen Kartenhändlern kaufen kann. Sie sind auch ganz einfach selbst hergestellt, da man nur ein großes Stück Segeltuch braucht, etwas größer als eine einmal gefaltete Seekarte, die an den Rändern eingesäumt ist und einige Ösen hat, durch die man sie zusammenbinden kann. Abgesehen davon, daß man die Karten in diesen Mappen besser verstauen kann, erhöht man auch ihre Lebenserwartung, da sie darin gut geschützt sind. Wir haben unsere Mappen nach geographischen Gebieten gefüllt, also beispielsweise Ostsee, Atlantische Inseln und so weiter. Als Index haben wir einen sehr alten Kartenkatalog, in dem wir unsere vorhandenen Karten markieren und darin auch notieren, in welcher Mappe welche Karte verstaut ist. Die Karten jeder Mappe numerieren wir dann in der Reihenfolge durch, in der sie im Katalog verzeichnet sind. Sollte uns eine Karte fehlen, lassen wir die entsprechende Nummer aus, so daß wir sie nachtragen können, wenn wir die Karte irgendwo kaufen. Auch haben wir eine gesonderte Mappe, in der wir solche Karten aufbewahren, die wir zum Eintauschen gegen andere vorgesehen haben. Solche Karten haben wir, wenn wir irgendwo billig einen ganzen Satz Karten einkaufen und nicht alle davon brauchen, oder wenn wir eine unserer alten Karten durch neuere ersetzen.

Wenn man so dringend Karten braucht, daß man neue bei einem Yachtausrüster einkaufen muß, reicht es nicht, sich nur den Namen und die Nummer zu notieren - die Nummern ändern sich über die Jahre regelmäßig. Weil wir das nicht wußten, haben wir einmal zwei neue Karten gekauft, obwohl wir noch sehr gute alte davon an Bord hatten. Das nächste Mal werden wir unseren Katalog mitnehmen und darin genau nachsehen, daß wir auch die richtige Karte erwischen. Wenn man schon neue Karten kauft, kann man den netten Verkäufer vielleicht darum bitten, sie in möglichst vielen alten Seekarten einzuschlagen - auf diese Weise bekommt man noch einige Karten gratis mit dazu. Gute Seekartenhandlungen haben oftmals Angestellte mit einem geradezu unglaublichen Gedächtnis, in dem alle alten und neuen Nummern gespeichert sind, so daß man vielleicht folgendes zu hören bekommt, wenn man nach der Karte 1422 fragt: „Ach nein, Sie wollen die Nummer 5462, die andere Karte ist seit fünf Jahren nicht mehr im Druck!" Hut ab.

Über die letzten Jahre sind einige Handbücher für Fahrtensegler herausgekommen, meist voluminöse, schwere Werke voller Skizzen und Pläne von Häfen und Ankerbuchten. Anders als die offiziellen Seehandbücher sind diese Werke meist von Seglern für Segler geschrieben worden und enthalten daher wirklich brauchbare Informationen. Auf den ersten Blick erscheinen sie als recht teuer, doch nur solange, bis man sie mit den Seehandbüchern vergleicht oder sich ausrechnet, wieviele Detailkarten man durch diese Bücher vielleicht sparen kann. Wenn man eine vernünftige Übersichtskarte von einem Gebiet hat, wird oftmals die Information aus einem Handbuch genug sein, um die Detailkarten einsparen zu können. Sie alle haben zwar einen Hinweis, daß man sie nicht zur Navigation benutzen sollte, aber das hat rein legale Gründe und bezieht sich weniger auf die Genauigkeit der darin abgedruckten Pläne. Die meisten Segler navigieren sowieso nach Augenmaß und lockeren Peilungen, so daß es ihnen auf 100 Meter mehr oder weniger meist nicht ankommt. Und wenn man diesen Plänen mit der entsprechenden Vorsicht begegnet und, beispielsweise, beim Ansteuern immer das Echolot mitlaufen läßt, kann man damit ganz gut zurecht kommen. Ich muß an dieser Stelle zugeben, daß wir einen großen Teil der Chesapeake Bay einmal mit Hilfe eines mit

1990 und 1991 verbrachten wir jeweils zwei Monate in Palma de Mallorca. Wir machten mit sehr langen Achterleinen an der Pier fest und gingen mit dem Beiboot an Land. Auf diese Weise brauchten wir uns keine Sorgen darum zu machen, ob nicht die Selbststeueranlage eventuell beschädigt würde. Auch waren wir vor ungebetenen Gästen sicher. Außerdem erhöhte dies unsere Privatsphäre, obwohl sich einige unserer Freunde darüber beschwerten.

Oben: Grönland 1991. Nach fünf Tagen Wind, Flauten, Nebel und Regen verbesserte sich das Wetter rechtzeitig zu meinem Geburtstag. Dieser Ankerplatz ist an der Mündung des Pakitsoq vor dem Vaigat. An jenem Morgen erkundeten wir soweit es ging die Umgebung.

Links: Badger vor Anker auf neun Fuß Wasser in Cayo Anclitas, südliches Kuba. Klares Wasser voller Langusten, hunderte von sandigen Eilanden und nicht eine andere Yacht in Sicht. Hier kann man die klaren Decks von Badger gut erkennen, sowie den aufgehängten Rutland Windgenerator.

einer Karte bedruckten Tischtuches befahren haben, und auch damit sind wir - so gerade eben - klargekommen. Die Handbücher für Segler werden meist nur die populären Gebiete behandeln und könnten diese noch voller werden lassen, aber abgesehen davon sind sie eine wirklich wertvolle Hilfe.

Es lohnt sich allerdings auch hier die Meinungen und Erfahrungen anderer Segler einzuholen, die diese Bücher schon benutzt haben. Zweimal haben wir Probleme gehabt, einmal mit einem Buch über Norwegen, welches erstens nur einen kleinen Teil der Küste beschrieb und zweitens einfach von dem offiziellen Seehandbuch abgeschrieben worden war; und einmal mit einem Buch über Venezuela, durch das wir fast unser Schiff verloren hätten, da es eine Hafeneinfahrt vollkommen falsch beschrieben hat. Unglücklicherweise sind wohl viele der Bücher besonders über Venezuela auf Informationen aus dritter oder vierter Hand aufgebaut, und es gibt auch nur sehr wenige Seekarten von dieser Küste. Die Ankerbucht von Tortuga sollte man nur mit der größten Vorsicht anlaufen, denn das Riff erstreckt sich bis zu zwei Dritteln quer über die Einfahrt, die man ganz an Steuerbord nehmen muß.

Ebenso sollte man Bücher oder Karten von Spanien und Portugal mit Vorsicht genießen. Beide Völker sind offenbar ganz vernarrte Hafenbauer, und die Häfen verändern sich oft von einem Besuch zum anderen.

Einer der wenigen Nachteile beim Segeln mit einem kleinen Einkommen ist der, daß man sich niemals von alten Seekarten oder Handbüchern trennen mag, nur für den Fall, daß man dort noch einmal hin möchte. Auf diese Weise sammelt sich über die Jahre natürlich ein ganzer Berg von Karten und Büchern an, der im ohnehin schon überquellenden Schiff verstaut werden muß. Auf Badger haben wir fast zwei Meter Bücherregal für nautische Handbücher vorgesehen, und damit kommen wir lange nicht aus, so daß viele davon in die (trockene) Bilge unter die Bodenbretter wandern. Außerdem haben wir unter dem Kartentisch einen etwa 70 Zentimeter hohen Stauraum für Seekarten, und auch der ist nicht mehr ausreichend, so daß einige Kartenmappen im achteren Stauraum verschwinden müssen. Eine der sinnvollsten Publikationen überhaupt ist übrigens ein Büchlein mit dem Titel „Cook's Tables". Es gibt alle Daten der Sonne bis zum Jahre X an, dank eines genialen Umrechnungsfaktors. Wir haben vor einigen Jahren eine Aufgabe für sage und schreibe ein Pfund gekauft und können es nicht stark genug empfehlen.

Das Verstauen von Seekarten unter dem Kartentisch ist eigentlich sehr sinnvoll, zumal man oft keine anderen ebenen Flächen an Bord findet, die dazu geeignet sind. Es lohnt sich, ein kleines Fach oder eine Schublade zu haben, in der die Karten aufbewahrt werden, die man während der nächsten Tage benötigen wird. Aufklappbare Navigationstische sind weit verbreitet, doch fast immer, wenn man an die darunter liegenden Karten will, wird entweder etwas Schweres oder ein Becher mit irgendeiner Flüssigkeit darauf stehen. Der Kartentisch sollte, wenn irgendwie möglich, groß genug sein und permanent eingebaut werden, und notfalls muß man dafür anderswo bei der Einrichtung Kompromisse eingehen, doch auf einer Fahrtenyacht ist der Navigationstisch einer der wichtigsten und meistgebrauchten Bereiche unter Deck. Im Idealfall ist der Navigationstisch so groß, daß man eine ganz ausgefaltete Seekarte darauf ausbreiten kann, mindestens sollte er jedoch eine zur Hälfte gefaltete Karte aufnehmen können. Ein großer Kartentisch hat auch im Hafen seine Vorteile, als Bar für eine Party etwa, oder als geeigneter Ort, um den Weihnachtsbaum aufzustellen, oder wozu auch immer. Die meisten Kartentische sind querschiffs eingebaut, mit einem Sitz dahinter, der oftmals das Kopfende der Hundekoje ist. Auf Badger haben wir einen Navigationstisch in Längsrichtung, an dem wir stehend arbeiten können. Wenn wir auf Backbordbug segeln, benutzen wir den Gurt aus der Pantry, um uns sicher davor aufzuhalten. Unter dem Kartentisch, wo sich sonst die Knie des Navigators befinden, haben wir sehr viel Stauraum für Seekarten und andere Dinge.

Eine unserer liebsten Beschäftigungen ist es, neue Reisen zu planen, so daß es sich auch dafür lohnt, einen großen Kartenbestand an Bord zu haben. Viele glückliche Stunden können damit verbracht werden, über einem Stapel Karten zu sitzen und sich zukünftige Ankerplätze oder interessante Inseln herauszusuchen - ganz egal, ob man dann irgendwann wirklich dorthin segelt. Pläne sind dazu da, umgeworfen zu werden. Das ist eine der schonen Freiheiten unserer Lebensart.

Kapitel 21

Ein gesparter Pfennig ist ein verdienter Pfennig

Beim Lesen von Segelbüchern ärgert mich jedesmal die Schüchternheit der Autoren, über Geld zu sprechen. Man weiß, daß sie sich in der Welt umhertreiben und ein interessantes Leben führen und sich dabei königlich amüsieren - aber sie weigern sich, uns zu sagen, wie sie das alles finanzieren. Ich habe mich daher dazu entschlossen, diesen Zustand zumindest etwas dadurch zu ändern, daß ich hier genau erklären werde, wie Pete und ich die finanziellen Mittel bekommen, die uns diesen Lebensstil ermöglichen. Das dient nicht nur dazu, Ihre Neugier zu befriedigen. Wichtiger ist, daß unsere Art, mit dem Geld umzugehen, ein Eckpfeiler unserer Lebensphilosophie ist.

Das Ziel unserer Bemühungen ist, unabhängig auf Reisen gehen zu können. Es ist nicht unser Ziel, nur auf einem Boot zu wohnen, oder nur andere Länder zu besuchen, oder nur in neuen Revieren zu segeln oder sogar nur das Segeln mit einem kleinen Boot an sich zu genießen. Nein, es ist die Kombination aus allen diesen Dingen und noch etwas mehr. Wir haben immer versucht, unser eigentliches Ziel nicht aus den Augen zu verlieren, und wenn wir einmal nicht unterwegs sind, dann arbeiten wir ganz gezielt darauf hin, bald wieder lossegeln zu können.

Weil also unser eigentliches Ziel darin besteht, unabhängige Reisen mit unserem eigenen Schiff zu unternehmen, reicht es uns nicht, nur von A nach B zu segeln, um dann dort wieder einen Job anzunehmen und dann, wenn wir genug verdient haben, wieder ein Stück weiter zu segeln. Das ist nicht das Fahrtensegeln, wie wir es wollen, sondern ein fast normaler Lebensstil, bei dem man lediglich ab und zu den Standort wechselt und dabei auf einem Boot lebt. Man geht jeden Tag zur Arbeit, dann macht man einen Urlaub, segelt dabei irgendwohin, und geht wieder zur Arbeit. Das ist für viele Leute eine ganz angenehme Art zu leben, und auch wir haben das eine Zeitlang getan - aber es ist eben nicht das, was wir eigentlich wollen. Überdies wird es immer schwieriger, irgendwo in fremden Ländern oder Städten Arbeit zu finden, wo die Arbeit auch für die dort permanent lebenden Menschen immer knapper wird. Und natürlich ist die Wahrscheinlichkeit hoch, daß in dem Ort, an den man wirklich länger bleiben möchte, erst recht keine Arbeit zu finden ist und daß man dann irgendwo anders endet, wo man gar nicht hin wollte. Langfahrten unter Segel, das sind für uns zurückgelegte Seemeilen, lange Ozeanüberquerungen oder kurze Passagen, es dreht sich darum, neue Orte zu sehen und dann weitere Reisen zu planen. Es ist schon so schwierig genug, in einem kurzen Leben das zu verwirklichen, was man tun möchte, doch wenn man sich ständig darum sorgen muß, Arbeit zu finden, wird es ganz unmöglich. Da wir keine privaten Einkommen oder reiche Familien haben, entschlossen wir uns also dazu, unsere Arbeit so zu gestalten, daß sie uns die größtmögliche Freiheit gibt.

„Arbeit ist der Fluch der segelnden Klassen", ist eines meiner Lieblingsthemen. Wenn man arbeiten gehen muß, kann man nicht mehr segeln gehen, und daher versuchen wir, das für uns nötige Geld mit einem absoluten Minimum an Arbeit zu verdienen. Weder Pete noch ich haben, wenn wir schon einmal arbeiten, jemals sehr hohe Gehälter kassiert, und doch haben wir, seit wir zusammen sind (weit über 15 Jahre), sehr viele ausgedehnte Reisen unternehmen können. Darüber hinaus sind wir jetzt endlich in der sehr glücklichen Lage, auf wirklich unbestimmte Zeit segeln zu können, und zwar mit einem Einkommen, das wir für uns selbst organisiert haben. Das klingt irgendwie ganz beeindruckend, ist aber nicht so unrealistisch, wenn man es nur ernsthaft genug möchte. Es gibt ein chinesisches Sprichwort, das besagt, daß es „zwei Arten gibt, um Reichtum zu erwerben - Geld einzunehmen und Geld zu behalten". Das haben wir uns zu Herzen genommen.

Um das entsprechende Geld zu bekommen, das einem das Reisen ermöglichen soll, ist es zunächst ganz entscheidend, wie wichtig es einem wirklich damit ist, auf Langfahrten von unbestimmter Dauer gehen zu können. Denn daraus leitet sich indirekt ab, wieviel Geld letztendlich wirklich dazu nötig ist - wer nichts in seinem Leben so sehr wünscht, wie unabhängig segeln zu können, wird dafür auch mit sehr wenig Geld auskommen können. Dann muß man herausfinden, wieviel Geld man wirklich zum Leben benötigt, und das klappt am besten, während man tatsächlich noch arbeitet. Denn dann sind viele Kosten noch konstant, und man kann klar zwischen festen und variablen Posten unterscheiden. Wenn man unterwegs ist, variieren die Lebenshaltungskosten von Ort zu Ort teilweise erheblich, was die ganze Sache nur kompliziert macht. Es spricht viel dafür, schon noch während der Arbeit so zu leben, als würde man bereits segeln - also mit so wenig Geld wie möglich auszukommen. Wir haben immer versucht, dies einzuhalten, mit der Idee, daß wir ja schließlich für unsere Freiheit arbeiten, und daß alles Geld, das wir für überflüssige Dinge ausgeben, auf der anderen Seite bedeutet, daß wir entsprechend länger arbeiten müssen, bis wir diese Freiheit zurückgewonnen haben. Zugegeben, wir gönnen uns dann und wann schon etwas mehr, mit der Begründung: „Immerhin arbeiten wir ja auch", aber immer mit dem vollen Bewußtsein, daß uns jede überflüssige Ausgabe ein Stück mehr von unserem Ziel entfernt. Man braucht schon ab und zu einige Kompensationen für die Zeit, die man beim Arbeiten verbringt, aber dabei darf man eben das eigentliche Ziel niemals aus den Augen verlieren. Denn sonst fällt man in die übliche Falle, nämlich daß man plötzlich arbeitet, um sich den Lebensstil zu leisten, den man sich wegen der Arbeit zugelegt hat.

Am Anfang ist das nicht leicht, und man muß sich selbst ständig daran erinnern, warum man so schlicht und sparsam lebt. Man muß sich dazu erziehen, für wirklich alles, was man kauft, eine Kosten-Nutzen-Analyse anzustellen. Das bedeutet, daß man sein Geld einfach mit anderen Augen betrachtet. Man sagt nicht: „Das kostet ja nur 30 Pfund", man sagt sich statt dessen. „Wenn ich diese 30 Pfund anlege, würde mir das weitere 3 Pfund pro Jahr für immer und ewig einbringen", was sich ja nicht gerade nach sehr viel anhört, bis man sich weiter überlegt, wie oft man das Geld schon hätte sparen können, statt es auszugeben, und wie wenig man braucht, um davon leben zu können. Auf diese Weise bekommt der Satz „Ein gesparter Penny ist ein verdienter Penny" eine ganz neue Bedeutung. Wenn man beim Einkaufen ist, sollte man sich immer fragen: „Brauche ich das wirklich?", und wenn man sich nicht sicher ist, läßt man es bis zum nächsten Mal, und stellt sich dann die gleiche Frage. Das trifft selbst auf die kleinen, alltäglichen Dinge des Lebens zu. Du liebst Broccoli, doch der Rosenkohl ist viel billiger. Deine Jeans sind abgetragen, versuche es doch zuerst auf einem Flohmarkt oder in einem Second-Hand-Shop, bevor du dir neue kaufst, und dann warte zumindest bis zum Ausverkauf. Du gehst an deinem Geburtstag normalerweise in ein teures Restaurant - kaufe dir dein Lieblingsessen, koche es dir Zuhause, und auch mit zwei Flaschen guten Weines wird es immer noch billiger werden, außerdem mußt du dann anschließend nicht nach Hause torkeln. Die größte Einsparung liegt darin, ohne ein Auto auszukommen. Meine Mutter sagt immer: „Ach, für dich ist das in Ordnung, du brauchst ja keines", aber das liegt eben nur daran, daß ich es gelernt habe, auch ohne auszukommen. Wenn wir arbeiten und einmal eine größere Distanz zurücklegen müssen, benutzen wir entweder öffentliche Verkehrsmittel oder mieten uns ein Auto, sonst gehen wir zu Fuß. Es ist erstaunlich, welche Summen man dadurch sparen kann. Es ist sehr einfach, das alles negativ zu finden und niederzumachen, doch wenn man erst das gesparte Geld anlegt und sich ein kleines Einkommen daraus entwickelt, begreift man, was das alles bedeutet. Nach einer Weile wird man diese Art zu leben dann als Herausforderung betrachten und es genießen, sich sein Leben so einfach und billig wie möglich einzurichten.

Es hat uns insgesamt zehn Jahre gekostet, um genug zu sparen, daß wir davon leben können - in dieser Zeit waren wir allerdings auch schon oft und viel unterwegs. Als wir aus familiären Gründen mal nach England zurückkehrten, blieben wir noch etwas, arbeiteten und legten noch mehr Geld an. Sonst segelten wir glücklich und zufrieden mit einem Einkommen von 25 Pfund pro Woche. Nachdem wir unser kleines, offenes Boot verkauft hatten, konnten wir wieder mehr investieren. Dann gingen wir nach Amerika und arbeiteten dort für unseren Freund Steve, wovon auch wieder ein Teil gespart wurde. Allerdings bleiben wir dabei, für uns und das Boot mit 25 Pfund pro Woche auszukommen, das überschüssige Geld wird wieder investiert und die Zinsen daraus ebenfalls. Das gibt uns eine kleine Chance gegen die Inflation, so daß wir unser Budget, falls notwendig, etwas erhöhen können, aber es bedeutet auch, daß wir allmählich genug Kapital bekommen, um teure Gegenstände wie Motoren oder ähnliches kaufen zu können, ohne daß wir dafür wieder arbeiten müßten.

Natürlich ist es nicht einfach, sagen wir 12.000 Pfund zu sparen und anzulegen, und man möchte nicht solange an Land bleiben, bis es soweit ist. Aber nehmen wir einmal an, Sie haben es geschafft, 5000 Pfund zurückzulegen. Wenn man das zu guten Konditionen fest anlegt, bekommt man im Idealfall zehn Prozent Zinsen, also 500 Pfund im Jahr, oder, anders gesagt, 10 Pfund pro Woche. Jetzt sagen Sie, daß Sie auf keinen Fall von 10 Pfund pro Woche leben können, also sieht man sich die Alternativen an. Man kann sich jetzt vorstellen, daß man mit 1000 Pfund im Jahr auskommt, das wären dann 20 Pfund pro Woche, und mit dem vorhandenen Geld fünf Jahre lang segeln kann. Danach hat man jedoch kein Geld mehr und muß wieder arbeiten, ist also wieder am Anfang. Man kann aber auch 3000 Pfund investieren, was einem 6 Pfund pro Woche einbringt, und dann zweieinhalb Jahre lang segeln mit den verbliebenen 2000 Pfund, die durch die konstanten 6 Pfund pro Woche dann schon etwas länger reichen. Nach diesen zwei oder zweieinhalb Jahren hat man dann immerhin noch 3000 Pfund. Oder man kann seine 5000 Pfund investieren und unterwegs immer mal wieder einen Job finden, um sein Einkommen aufzubessern, mit dem beruhigenden Gedanken, daß man am Ende immer noch 5000 Pfund Kapital und 10 Pfund pro Woche an Einkommen hat. Das Kapital gibt einem eine Sicherheit für Notfälle, und selbst von 10 Pfund pro Woche wird man nicht verhungern müssen. Dazu sollte man bedenken, daß man vielleicht das Glück hat, unterwegs eine einigermaßen gut bezahlte Arbeit zu finden, die einem auch noch Spaß macht, so daß man dann sein Kapital allmählich aufstocken kann - dabei sollte man sein festgesetztes Einkommen jedoch nicht erhöhen, sondern die neuen Zinsen ebenfalls wieder reinvestieren. Nach nur wenigen Monaten kann man sein Kapital auf diese Weise schon soweit erhöht haben, daß man sich in Zukunft vielleicht schon 15 Pfund pro Woche gönnen kann.

Soweit es ging, haben wir uns daran gehalten, für die normalen Lebenskosten niemals unser Kapital anzurühren. Als wir 1983 mit Badger auf Reisen gingen, hatten wir 15 Pfund pro Woche zur Verfügung. Es war nicht wirklich genug, aber irgendwie haben wir es geschafft und zumindest waren wir schon einmal unterwegs. Und weil wir nicht unbedingt auf Arbeit angewiesen waren, fanden wir relativ häufig kleine Jobs, mit etwas Hilfe von unseren Freunden. Wären wir wirklich darauf angewiesen gewesen, dann bin ich mir sicher, daß wir keine gefunden hätten. Weil 15 Pfund pro Woche nicht ganz ausreichten, lebten wir von etwas mehr Geld, ungefähr 20 Pfund pro Woche, und sparten alles andere. In der Karibik arbeiteten wir eine Weile, dann für einen Freund in den Staaten, der uns mit 7 Dollar pro Stunde königlich entlohnte. Nach etwa sechs Monaten Arbeit hatten wir eine neue Maschine für Badger und konnten ihr sogar eine kleine Überholung gönnen, mit einem komplett neuen Anstrich aus Qualitätsfarben, einigen Schichten sehr teuren Antifoulings, sowie einem neuen Radio und einem Kasettenrekorder. Wir nähten ihr einen neuen Satz Segel und hatten dann immer noch genug für ein Einkommen von 25 Pfund pro Woche. All das haben wir in vier Monaten, während derer wir Vollzeit gearbeitet haben, und weiteren fünf oder sechs Monaten Teilzeitjobs verdient. In dem gleichen Zeitraum segelten wir von den Virgin Islands zu den Vereinigten Staaten und kehrten durch den Intracoastal Waterway nach Süden zurück. Danach waren wir effektiv finanziell unabhängig.

Ich denke, daß es das Wichtigste ist, mit einem festen Einkommen zu segeln, so daß man auch in fünf Jahren noch mit X Pfund pro Woche rechnen kann. Mündelsichere Staatsanleihen haben sich für uns als die beste Anlageform bewährt, weil sie einen festgelegten Zinssatz bringen. Vielleicht kann man mit anderen Anlageformen mehr Zinsen erzielen, aber für uns ist es wichtig, daß der Zinssatz ganz fest ist, so daß wir damit rechnen und uns aufs Segeln konzentrieren können, statt uns darüber zu beunruhigen, was die Zinssätze in England gerade so treiben.

Die Inflation macht uns schon mehr Sorgen, ebenso wie Wechselkurse. Das letztere kann man noch einigermaßen kontrollieren, indem man sich die Länder, die man besucht, auch unter diesem Gesichtspunkt auswählt, und wenn es irgendwo zu teuer wird, kann man ja jederzeit weitersegeln. Tatsächlich schaffen wir es, in teuren Ländern von unseren Vorräten an Bord zu leben, die wir in den billigen Ländern einkaufen.

Die beste Art, mit der Inflation fertig zu werden, ist es, etwas überschüssiges Kapital zu haben, das jedes Jahr reinvestiert wird. Das kann auf verschiedene Weise erreicht werden. Nehmen wir an, Sie brauchen 30 Pfund pro Woche zum Leben. Das macht 1565 Pfund pro Jahr. Jetzt hat man soviel Kapital zurückgelegt, um diese Summe aus den Zinsen zu beziehen. Man legt sein Geld jetzt also, sagen wir, in Staatsanleihen an, und man rechnet sich aus, daß man tatsächlich 1650 Pfund pro Jahr bekommt. Wenn man sich jetzt trotzdem an seine 30 Pfund pro Woche hält, hat man einen Überschuß von 90 Pfund, die man reinvestieren kann. Wenn man seinen Überschuß über 1560 Pfund jedes Jahr neu anlegt, hat man bald genug, um sich sein Einkommen auf, sagen wir, 32 Pfund pro Woche zu erhöhen.

Eine andere Art, einen Überschuß zu erwirtschaften, liegt in den Wechselkursen. Wenn man für ein Pfund 220 Taler einer Fremdwährung bekommt, kann man sich weismachen, daß man nur 200 Taler bekommt und sich daher 6000 pro Woche genehmigen, wodurch man effektiv 3 Pfund pro Woche gewinnt. Auch die kann man dann sparen und am Ende des Jahres wieder investieren.

Ein dritter Weg, um zu etwas Extra-Geld zu kommen, ist die „Auffüll-Methode". Am Ende der Woche schaut man nach, was man noch in der Bordkasse hat. Dann nimmt man sich nur soviel, um diese Betrag wieder bis auf 30 Pfund aufzufüllen, nicht mehr. Über einen längeren Zeitraum kann man auch so relativ viel Geld sparen.

Unsere Lieblingsmethode, um Geld zu sparen, besteht jedoch darin, einfach für einige Wochen auf See zu segeln und kein Geld auszugeben. Drei oder vier Wochen wunderbares Segeln - und man hat dabei auch noch 100 Pfund verdient!

Natürlich können wir uns nicht immer strikt an unser wöchentliches Budget halten. Wenn wir uns mit Vorräten versorgen, oder irgendwo außergewöhnlich günstige Angebote entdecken, kaufen wir entsprechend ein und passen unser wöchentliches Einkommen für den Rest des Jahres dann entsprechen daran an. Nach einem Großeinkauf kann das bedeuten, daß wir den Rest des Jahres nur noch 15 Pfund pro Woche ausgeben können, aber dann haben wir auch genügend Vorräte an Bord, daß wir dann damit leicht auskommen.

Neben den offensichtlichen Vorteilen, von einem Einkommen statt vom Kapital zu leben, gibt es noch einige weitere Vorteile. Wir haben unsere Anleihen durch die englische Post gekauft. Dadurch hat man eine sehr flexible Anlageform. Wenn man aus einem Notfall heraus eine größere Summe Geld benötigt, füllen wir einfach ein entsprechendes Formular aus, von denen wir immer einige an Bord haben, und schicken das ein. Eine Woche nach dem Posteingang ist das Geld dann auf unserem Konto. Wenn man ein anderes Schiff versenkt, wird man vermutlich nicht genug Geld haben, um ein neues zu kaufen (aber auch hier ist ein kleines, leichtes Boot im Vorteil, es richtet ja nicht soviel Schaden an), doch für gewisse Eventualitäten reicht es, beispielsweise kleinere Schäden oder medizinische Kosten. Selbst wenn man sein Schiff verliert, wird man nicht völlig am Ende sein und hat vielleicht sogar genug, um sich ein kompaktes, billiges Boot zu bauen und wieder loszusegeln.

Früher haben wir unser Geld in Travellerschecks mitgenommen, aber das hatte einige gravierende Nachteile. Erstens zahlt man sowohl beim Kauf als auch beim Verkauf Gebühren. Während das Geld in Form dieser Schecks an Bord sicher verwahrt ist, verdient es keine Zinsen. Außerdem muß man jedesmal einen Reisepaß mit an Land nehmen, wenn man einen Scheck einlösen will, und der kann dann leicht verlorengehen oder gestohlen werden. Erstaunlich viele Banken mögen keine Travellerschecks, und wenn man sie einlöst, muß man zuweilen 50 Pfund wechseln, wenn man eigentlich nur 20 Pfund haben will.

Darum gingen wir zu unserer Bank und ließen uns eine Visa-Kreditkarte ausstellen (Visa ist wirklich international weit verbreitet). Wir erklärten dann, daß unser Bankkonto uns ja auch Zinsen einbringt, und daß wir es gerne so einrichten würden, daß die Leute von der Kreditkarte die Rechnungen direkt an unsere Bank schicken, die dann den entsprechenden Betrag sofort aus unserem Konto bezahlt. Wir benutzen dieses System jetzt seit 1985 und finden es wunderbar. Wir bezahlen keine Bankgebühren und keine Zinsen für das Geld, das wir verbrauchen. Die eineinhalb Prozent, die von der Karte für Barabhebungen berechnet werden, sind billiger als alle Schecks. Dafür können wir jeden Betrag wählen und sind nicht an festgelegte Stückelungen gebunden. Schließlich dauert es mehrere Wochen, bis unser Konto entsprechend belastet wird. Die Karte ist natürlich auch sinnvoll, um größere Rechnungen zu bezahlen, oder um etwas per Post oder Telefon zu bestellen. Sollten wir sie verlieren, haben wir die Notnummer, unter der wir schnell eine neue bestellen können, und bis die eintrifft, können wie immer noch auf die altmodische Art an unser Geld kommen, indem wir uns einen Betrag von unserer Bank zu einer örtlichen Bank überweisen lassen.

Ich weiß, all dies hört sich unglaublich geizig und kleinkariert an, und viele werden sich jetzt wohl wundern, wie man ein Leben auf diese Art genießen kann. Aber es funktioniert, und wir genießen unser Leben in vollen Zügen. Es macht uns einfach Spaß auszuprobieren, wie weit wir mit unserem Geld kommen. Weil wir mit so wenig auskommen, sind wir „de facto" reich. Armut besteht darin, nicht genug Geld für die einfachsten Dinge im Leben zu haben. Reichtum hingegen heißt, mehr Geld zu haben als man für seinen gewählten Lebensstandard benötigt. Wir schaffen es jedes Jahr, etwas Geld zu sparen, also müssen wir reich sein. Da wir uns aus freien Stücken dafür entschieden haben, mit wieviel Geld wir auskommen, müssen wir uns auch nicht beschweren, wenn wir uns einmal etwas nicht leisten können, weil wir es uns einfach nicht leisten wollen - was ja etwas ganz anderes ist. Wir haben einen guten Lebensstandard und nie das Gefühl, daß wir in dieser Hinsicht etwas verpassen. Unser Schiff hat alles, was es benötigt, und weil wir zu der Zeit noch gearbeitet haben und nur das Beste an Ausrüstung gekauft haben, hält es lange, und wir müssen nicht dauernd Geld dafür ausgeben. Wir haben mehr Kleidung als wir tragen oder verstauen können. Ich kaufe Lebensmittel meist in großen Mengen ein, weil das preiswerter ist, so daß wir meistens für mindestens ein Jahr genügend Vorräte an Bord haben. Wenn wir uns danach fühlen, können wir Leute zum Abend an Bord einladen, wenn nicht, haben wir unsere Bücher. Wir können jedes Land der Erde besuchen, solange es irgendwo ans Meer grenzt, und können solange dort bleiben, wie die Bürokratie es uns erlaubt. Was wir haben, gehört nur uns allein, und wir schulden niemandem etwas. Ich möchte mit keinem Menschen auf der Welt tauschen.

Badger bei einem Besuch in Petersburg, Florida im Februar 1992.

KAPITEL 22

ZUVIEL ABSICHERUNG?

Es gab einmal ein Zeit, wo niemand, der in einer kleinen Yacht lange Fahrten unternommen hat, auch nur auf den Gedanken gekommen wäre, sich dafür zu versichern. In dem klassischsten Segelbuch zu diesem Thema, nämlich in Eric Hiscocks „Voyaging under Sail", wurde das Thema Versicherung nicht einmal erwähnt, und der große Meister des Langfahrtsegelns war auf keiner seiner phantastischen Reisen versichert. Heute sieht das etwas anders aus, denn mehr und mehr Yachten gehen auf große Fahrt, und damit auch ein anderer Seglertypus, der eher darauf bedacht ist, seine Investition zu schützen. Deren Überzeugung, daß man unbedingt versichert sein muß, ist so stark, daß viele von uns anderen allmählich an unserem eigenen Urteil zu zweifeln beginnen. Doch für diejenigen, die mit einem kleinen Einkommen zur See fahren, sind die Kosten einer Versicherung so hoch, daß sie alleine deswegen schon ausscheidet. Ein sehr angesehener Yachtmakler sagte mir einmal, daß, wer es sich nicht leisten könne, seine Yacht zu versichern, es sich auch nicht leisten könne, damit auf Langfahrt zu gehen, aber das halte ich persönlich für vollkommen verfehlt.

Überdies kann man auch dieser auf den ersten Blick negativen Seite, durchaus positive Aspekte abgewinnen - wie so oft, wenn man sich gewisse Dinge nicht leisten kann oder mag.

Zunächst wollen wir uns einmal die Kosten ansehen. Um auch nur ein einfaches Serienschiff (also eines, von dem die Versicherer schon einmal etwas gehört haben) für eine Reise in das Mittelmeer zu versichern, muß man mehrere hundert Pfund anlegen. Das ist ein großer Anteil eines kleinen Einkommens. Wer jetzt noch etwas weiter segeln möchte, beispielsweise zu so netten Inseln wie den Azoren, muß mit explodierenden Versicherungskosten rechnen. Ich kann solche Dinge übrigens mit einiger Autorität sagen, da ich eine Zeitlang für einen Yachtversicherungsmakler gearbeitet habe. Die meisten Firmen, die Yachten zu einigermaßen günstigen Prämien versichern können, erreichen dies, indem sie möglichst jedes Risiko ausschließen. Man kann sich zwar theoretisch gegen fast alles versichern lassen, doch dann muß man schon sehr tief in die Tasche greifen.

Einmal abgesehen von den Kosten - vielleicht bezahlen einem ja die besorgten Eltern die Versicherungsprämie - gibt es noch andere Dinge zu bedenken. Wer sich die gängigen Versicherungsbedingungen durchliest, wird sich bald fragen, woher die Versicherer ihre Statistiken und Weisheiten nehmen. Es scheint sehr viel einfacher zu sein, einen vollkommen unfähigen Segler mit einer Serienyacht für einen Trip quer über die Straße von Dover zu versichern, als eine Deckung für zwei erfahrene Hochseesegler zu erhalten, die zu den Azoren und zurück segeln wollen. Die Policen sind oftmals voller einschränkender Klauseln, wobei die Nichteinhaltung auch nur eines Details sofort den gesamten Vertrag null und nichtig werden läßt. Einige Leute bemerken dazu: „Ja, wenn die Versicherung das herausfindet....", aber ich meine, daß man so nicht denken sollte, da das ganze System ja eigentlich auf gegenseitigem Vertrauen basiert. Bevor eine Versicherung überhaupt daran denkt, einem eine Police zu geben, wird sie unsere Entscheidungen und damit auch unsere Freiheit beeinflussen. Die meisten Versicherungen hätten bei einem Boot wie Trekka die Hände über dem Kopf zusammengeschlagen und jemanden wie den Skipper der Moonraker schlicht ausgelacht, und doch haben ja beide Boote ganz hervorragende Langfahrten unternommen und dabei auf ihre Crews gut aufgepaßt. Auch haben Versicherer oft ganz eigenartige Vorlieben. Sie hassen Holzboote „eines gewissen Alters" und rühren Ferrozementboote schon gar nicht an. Dann bestehen sie darauf, daß man teure Gutachten anfertigen läßt, und auch wenn der Gutachter bescheinigt, daß ein Schiff so gut wie neuwertig ist, werden sie über das Baujahr jammern. Auch haben Versicherungen eine absolute Obsession damit, daß man nicht zu zweit segeln soll. In vielen Fällen bestehen sie darauf, daß man für „Reisen über offenes Wasser" mindestens drei Personen an Bord haben soll. Für uns wäre das, mit vielleicht einer oder zwei Ausnahmen, unzumutbar, weil es unsere Freude am Segeln zerstören würde. Ich habe zwar kürzlich gehört, daß Versicherer es jetzt zulassen, daß ein Paar von England aus in die Karibik segeln darf, aber sie befürchten dabei, daß im Kleingedruckten stehen wird, daß man dann an dieser furchtbaren ARC-Geschichte teilnehmen muß.

Nachdem sie einem also vorgeschrieben haben, welches Boot man mit wievielen Personen segeln darf, werden die meisten Versicherer weitergehen und einem sagen, zu welcher Jahreszeit man wo unterwegs sein darf und wieweit man dann jeweils segeln kann. Damit kann man zwar am 20. August auslaufen, obwohl man zuvor eine Sturmwarnung empfangen hat, aber kann eine Woche später, bei ruhiger Wetterlage, dann ohne Versicherungsschutz segeln, weil die Police einem vorschreibt, daß man bis zum 31. August über die Biskaya hinweg sein muß. (Obwohl die Versicherungen behaupten, man solle sein Schiff stets so segeln, als sei man unversichert, scheinen sie kein Problem damit zu haben, für Inkompetenz zu zahlen, während sie sich bei echten Unfällen, die durch widrige Umstände verursacht wurden, ohne Ende zieren). Kurz gesagt, die Versicherung kann einen im Extremfall sogar dazu zwingen, unvorbereitet und bei einer schlechten Wettervorhersage auszulaufen, weil man wegen irgendwelcher Klauseln in der Police unter Zeitdruck steht. Wenn man dann endlich heil irgendwo angekommen ist, wird man vielleicht im Kleingedruckten entdecken, daß man jede Nacht in einer Marina verbringen muß. Ich habe mit Versicherungen zu tun gehabt, die darauf bestanden, daß man jede Nacht in einer Marina sein sollte, obwohl das in vielen (in der jeweiligen Police mitversicherten) Revieren, beispielsweise Nordspanien oder Norwegen, schlicht und einfach unmöglich ist. Als ich meine Kunden darauf hinwies, daß sie damit also womöglich ihren Versicherungsschutz verlören, haben sie alle ihre Pläne entsprechend geändert.

Wenn man also eine Versicherung für Langfahrten abschließt, um sich ein ruhiges Gewissen zu verschaffen, wird man schnell feststellen, daß man eher das Gegenteil davon erreicht hat - weil man sich nämlich ständig darum Sorgen muß, nicht gerade irgend etwas zu tun, was durch die Police nicht gedeckt oder nicht erlaubt ist. Man trifft ein anderes Boot und denkt, es würde Spaß machen, eine Weile gemeinsam weiter zu segeln - und stellt fest, daß man dafür keine Deckung hat. Oder die Crew wird krank oder ändert ihre Pläne, aber alleine darf man nicht segeln. Oder ein winziges Problem verhindert, daß man sein Ziel bis zum vorgegebenen Datum erreicht. Man entschließt sich, statt nach Nordspanien nun doch lieber zu den Azoren zu segeln, und muß seine Police von einer lauten, öffentlichen Telefonzelle in Frankreich aus ändern. In einem Satz: All die Freiheit, für die man so hart gearbeitet hat, ist durch ein Stück Papier von der Versicherung wieder dahin.

Also, was tun wir statt dessen?

Wieder einmal ist dem Thema dadurch beizukommen, daß man die ganze Sache mit einer etwas von der Norm abweichenden Philosophie betrachtet. Die erste Tatsache, die man einfach akzeptieren muß, ist, daß man früher oder später durchaus sein Schiff verlieren kann. Das passiert allen möglichen Seglern, ungeachtet deren Seemannschaft oder Erfahrung, und daher kann es auch uns oder Ihnen passieren. Daher muß man sich realistisch und ehrlich fragen, was man in einem solchen Fall tun kann. Wäre man pleite? Wären die Ersparnisse eines ganzen Lebens als Kleinholz auf dem Strand um einen herum verstreut? Gibt es etwas, auf das man dann zurückgreifen kann? Um es ganz hart zu sagen: Man muß es sich irgendwie leisten können, sein Schiff zu verlieren.

Als wir mit Stormalong lossegelten, hatte sie uns nur wenig Arbeit und insgesamt 1500 Pfund gekostet. Wir hatten zwar nur noch 400 Pfund in der Tasche, doch im Falle eines Falles hätten wir uns das Geld für die Rückflüge borgen können und unsere Verluste durch einige Monate Arbeit ausgleichen können. Unsere persönlichen Dinge waren weitgehend an Land geblieben, bei unseren Familien untergestellt. Auf der anderen Seite ist Badger jetzt ganz und gar unser Zuhause, alle unsere materiellen Besitztümer sind an Bord. Sie hat uns insgesamt 11.000 Pfund gekostet und wäre nicht einfach zu ersetzen. Allerdings haben wir sie für uns selbst dadurch versichert, daß wir ja von unserem Kapital leben. Falls wir unser Schiff also verlieren, haben wir genug Geld, um nach England (oder wohin auch immer) zu fliegen und neu zu beginnen, indem wir entweder ein neues Boot bauen oder eines kaufen können. Sicherlich keine neue Badger, sondern ein sehr bescheidenes, aber immerhin ein Boot. Vielleicht hätten wir sogar genug übrig, um mit sehr beschränkten Mitteln bald wieder zu segeln. Statt also mehrere hundert Pfund im Jahr an eine fremde Versicherung zu zahlen, zahlen wir diese Summe lieber in unseren eigenen Versicherungstopf ein, aus dem wir ja auch unser Einkommen beziehen. Außerdem ist dies eine sehr vielseitige „Multiversicherung". Sollten wir ernsthaft krank werden, haben wir eine relativ große Summe Geldes für die Krankenhauskosten. Wenn man dagegen ein Schiff hat, das man sich auf keinen Fall leisten kann zu verlieren, gibt es nur zwei Alternativen: Entweder man versichert es, mit all den Kosten und Nachteilen, oder man verkauft es und schafft sich ein kleineres, billigeres Boot an. Dann kann man den Differenzbetrag investieren, segeln gehen und seine Freiheit genießen.

Ein Problem kann allerdings die Haftpflicht sein. Zwar denke ich, daß man für seine Handlungen auch selber verantwortlich sein sollte. Aber es wäre trotzdem nett, von einer Versicherung nur eine Haftpflichtpolice bekommen zu können, die, aufgrund langjähriger Schadensfreiheit, dann auch noch relativ günstig wäre. Allerdings kann man auch dieses Problem durch logisches Denken lösen. Die gefährlichsten Situationen, zumindest was das Beschädigen anderer Boote anbetrifft, entstehen beim Längsseitegehen oder dem Festmachen in einer Marina - beides sind Dinge, die wir sowieso vermeiden, wo wir es nur können. Wenn man sich von anderen Schiffen gut freihält, ist es ziemlich schwierig, sie zu beschädigen. Überfüllte Ankerplätze erscheinen in dieser Hinsicht auch als potentiell gefährlich. Aber auch diese versuchen wir, wenn auch aus anderen Gründen, zu meiden. Weil wir nicht versichert sind, achten wir besonders darauf, nicht so zu ankern, daß wir im Falle von plötzlich einsetzendem Schlechtwetter nicht sofort Anker auf gehen können. Wenn wir denken, daß die überfüllte Reede ansonsten sicher ist, können wir immer noch sehr vorsichtig einlaufen und uns, falls notwendig, auch mit dem Warpanker hinein verholen. Damit haben wir jederzeit vollste Kontrolle der Situation. Natürlich ist diese Methode recht zeitaufwendig, und deswegen wird sie jemand anderes wohl erst gar nicht in Erwägung ziehen. Und wenn wir dann endlich geankert haben, sind wir ziemlich sicher, daß wir nicht in andere Schiffe treiben, weil wir viele gute Anker an Bord haben und diese auch benutzen.

Und wieder einmal: Ein kleines Boot mit leichter Verdrängung wird, wenn es dann doch mal kracht, weniger Schaden anrichten, außerdem ist es wendiger und leichter zu stoppen. Weil man alle Reparaturen am eigenen Boot selbst ausführt, kann man meist auch das andere Schiff wieder reparieren. Ein anderer Segler wird es meist akzeptieren, wenn ein Unfall wirklich ein unglücklicher Unfall war, und ein solches Angebot großzügig annehmen. Natürlich gibt es auch ganz abscheuliche Leute, die aus jeder Situation ein Riesenspektakel machen, aber mit denen muß man dann einfach irgendwie leben.

Seit einiger Zeit gibt es nun auch Versicherungen, die reine Haftpflichtrisiken decken. Pantaenius bietet solche Deckungen an, die weltweit gültig und sogar noch recht günstig sind - das englische Büro von Pantaenius in

SOONER OR LATER YOU MAY WELL LOSE YOUR BOAT

Plymouth machte uns ein Haftpflichtangebot für Badger, für eine Jahresprämie von nur 40 Pfund. Wir haben seitdem einige Segler getroffen, die hier versichert sind, die durchweg nur positive Erfahrungen gemacht haben. Auch gibt es jetzt Policen, die nur einen eventuellen Totalverlust und ansonsten das Haftpflichtrisiko decken, was auch eine gute Alternative sein kann. Auch dabei sollte man jedoch genau auf die Bedingungen achten.

Wer ohne Versicherung segelt, ist sich dessen ständig bewußt, und segelt daher defensiver. Man weiß, wann man sich in eine potentiell gefährliche Situation begibt, und hat dann im Kopf schon einen möglichen Ausweg parat. Man weiß, daß die Maschine ausfallen kann, also hat man auch beim Motoren immer die Segel angeschlagen und fertig zum Setzen und die Anker mehr oder weniger bereit zum Einsatz. Beim Ankern selbst setzt man nachts immer eine Ankerlaterne, da man sonst illegal ankert und keinen Pfennig Entschädigung erhält, wenn man von einem Motorboot, das mit 20 Knoten daherkommt, in zwei Teile zerstückelt wird. Aus dem gleichen Grund hat man auch tagsüber beim Ankern immer einen Ankerball gesetzt.

Der Gebrauch von Ankerlaternen und Ankerbällen wird unter Seglern immer wieder heftig und kontrovers diskutiert. Die meisten ignorieren die entsprechenden Vorschriften, aber vorgeschrieben sind diese Dinge, und zwar in den internationalen COLREGS. Regel 5011 besagt eindeutig, daß man vor Anker tagsüber einen Ankerball und nachts ein Ankerlicht zeigen muß. 1985 wurden die Virgin Islands von den Ausläufern eines Hurricanes gestreift. Ein großer Kreuzfahrtdampfer hatte Schwierigkeiten, in die Reede zu gelangen, und auf dem Weg dorthin ein halbes Dutzend dort verankerte Yachten versenkt. Vor Gericht wurde festgestellt, daß dem Kapitän des Dampfers keine Schuld zuzuschreiben sei, da er nicht habe wissen können, daß die Yachten dort verankert waren - weil sie nämlich alle keinen Ankerball gesetzt hatten. Zwar lagen die Yachten auf einer an sich bekannten Reede, doch ohne Ankerball - also bekam keiner ihrer Eigner auch nur einen Pfennig ersetzt. Es ist kein großer Aufwand, solchen Vorschriften genüge zu tun, und es macht sogar Spaß, sich so zu verhalten, als sei man nicht auf einer Yacht, sondern auf einem Ozeanriesen. Das Gleiche gilt natürlich für das Zeigen der korrekten Positionslaternen. Wer unversichert ist, hat ein gesteigertes Interesse daran, gesehen und richtig erkannt zu werden.

Am Ende ist die Frage der Versicherung eine ganz persönliche Entscheidung und hängt auch von dem Sicherheitsbedürfnis der Beteiligten ab. Man muß sich jedoch fragen, ob es all die Einschränkungen und Kosten wert ist, und ob man mit dem Segeln so lange warten will, bis man es sich auf diese Weise leisten kann. Freiheit ist niemals sehr sicher. Wenn man soviel Sicherheit braucht, sollte man sich vielleicht einmal ganz selbstkritisch fragen, ob man dann überhaupt das Richtige tut, wenn man mit einem kleinen Boot auf Langfahrt geht. Keine Versicherung gibt einem das Leben zurück, und das Segeln auf See ist risikoreich, aber das ist auch ein Teil des Reizes.

Schließlich sollte man nicht vergessen, daß ein Trost darin liegt, daß wenn man mit einem Einkommen unterwegs ist, man meist auch genug Kapital für ein neues Boot haben wird. Das wird dann kein Traumschiff sein, oder auch nur annähernd die ideale Yacht, aber immerhin ein Boot, mit dem man segeln und auf dem man leben kann. Mit etwas Glück verbraucht man sogar nur einen Teil seines Kapitals und kann schon bald wieder unterwegs sein - und hat es damit doch immer noch so unendlich viel besser als alle diejenigen, die nur davon träumen, „eines Tages zu segeln, wenn ich es mir endlich leisten kann".

RAFT
AN OUNCE OF PREVENTION IS
BETTER THAN A POUND OF CURE

KAPITEL 23

DIE EIGENE SICHERHEIT

Es wird bestimmt mehr heiße Luft über die Sicherheit an Bord verbreitet als über jedes andere Thema beim Segeln. Die Segelmagazine sind davon besessen, die Yachtausrüster verkaufen es und Segellehrer hören nicht auf, davon zu reden. Doch irgendwo wurde dabei vergessen, daß dieser Sport an sich ein gewisses Risiko enthält aber dadurch wird es zu einem Sport und ist nicht einfach nur eine Freizeitbeschäftigung. Leider geht die Entwicklung in allen Bereichen des Lebens mehr und mehr dahin, daß man bald alles als vollkommen unvernünftig betrachtet, was einen auch nur im entferntesten in Gefahr bringen könnte.

Andererseits ist Segeln eine relativ sichere Angelegenheit, solange man ein halbwegs anständiges Schiff hat. Die Geschwindigkeit, mit der die ganze Sache stattfindet, läßt einem mehr als genug Zeit zum Nachdenken. Dennoch passieren Unfälle, und es gibt Boote, die nie ihren Zielhafen erreicht haben. Man sollte sich der Risiken also durchaus bewußt sein, wenn man seine zugeteilte Lebenszeit erreichen will.

In vielen Fällen machen sich Langfahrtsegler mindestens so viele Sorgen um ihre Gesundheit wie um ihre Sicherheit und haben Alpträume von Blinddarmentzündungen auf hoher See, doch wie bei sovielen anderen Sorgen auch, wird rationales Nachdenken zeigen, wie gering die Wahrscheinlichkeit dafür ist. Obwohl - ich mache mir schon Gedanken um meine Gesundheit. Die meisten Menschen in unserer modernen Gesellschaft sind erstaunlich unfit. Pete und ich dagegen sind sehr gesund, und nur wenn wir einmal längere Zeit an Land sind, bekommen wir vielleicht eine Erkältung. Ich glaube, daß unser hauptsächlich vegetarisches Essen zum Teil damit zu tun habt, aber vor allem liegt es wohl daran, daß wir ein glückliches Leben führen und, vor allem, ein selbstbestimmtes. Wir gehen fast immer zu Fuß und bekommen viel frische Luft - obwohl wir beim Segeln in kaltem Wetter auch sehr viel Zeit unter Deck verbringen. Und wir bekommen viel Bewegung - in einem Schiff auf See zu kochen, bringt mehr als jede Aerobicstunde. Außerdem haben wir unsere eigene Rudermaschine in Form unseres Dinghis.

Wenn man davon ausgeht, daß man einigermaßen gut in Form ist, und ohne Herzbeschwerden, Bronchitis oder andere chronische Krankheiten lebt, kann man beim Segeln alle Krankheitssorgen mehr oder weniger vergessen. Die meisten Krankheiten werden durch den Kontakt zu anderen Menschen übertragen. Diese Sorge braucht man auf See nicht zu haben. Doch ein Besuch bei Ihrem Arzt wird sich schon lohnen. Wenn man ihm erklärt, was man vorhat, wird er einem eine persönliche Medikamentenkiste zusammenstellen können - und vermutlich fragen, ob man an Bord noch einen Platz frei hat. Unbedingt notwendig sind Antibiotika, mit denen man auch ernsthafte Erkrankungen solange zumindest unter Kontrolle halten kann, bis man im nächsten Hafen angelangt ist. Wenn man deren Effektivität nicht beeinträchtigen will, sollte man sie jedoch wirklich nur dann einnehmen, wenn wirklich gar nichts anderes mehr geht. Auch starke Schmerzmittel sollten an Bord sein, für den Fall von gebrochenen Knochen oder anderen Verletzungen. Unser Arzt gab uns einige Schmerzmittel in Form von Tabletten. Die brauchen zwar etwas länger, um ihre schmerzstillende Wirkung zu entfalten, dafür läuft man nicht das Risiko, eine Injektion an der falschen Stelle zu setzen oder, noch schlimmer, die Nadel abzubrechen. Außerdem erspart es potentiell unangenehme Mißverständnisse, falls man vom Zoll durchsucht wird und keine Nadeln, Spritzen und starke Medikamente an Bord hat. Wir haben auch Medikamente gegen Durchfall an Bord (noch nie benutzt), gegen Brustinfektionen und so weiter, sowie Antihistamine - die letzteren hauptsächlich wegen meiner starken Reaktionen auf Insektenstiche aller Art. Am besten läßt man sich in dieser Hinsicht von einem qualifizierten Arzt beraten, der im Idealfall auch noch Segler ist.

Unfälle sind, um die entsprechenden Medikamente mitzunehmen, nur schwer einkalkulierbar. Doch gute Planung und etwas gesunder Menschenverstand helfen bei ihrer Vermeidung. Man sollte zum Beispiel dafür sorgen, daß man unter Deck nicht allzu weit hin und her geworfen werden kann, indem man möglichst viele Handläufe und Griffe hat, und indem man in der Pantry und am Kartentisch Gurte verwendet, in die man sich für einen sicheren Stand einklinken kann. Gebrochene Gliedmaßen sind eigentlich erst dann ein echtes Risiko, wenn man das Alter erreicht hat, wo die Knochen spröde werden. Natürlich muß man neben dem Erste-Hilfe-Kasten auch möglichst ein Buch darüber an Bord haben, auch sollte wenigstens eine Person an Bord etwas praktische Erfahrung in erster Hilfe haben. Wer sich wirklich viele Sorgen macht, kann aufblasbare Schienen mitnehmen, obwohl man dazu notfalls auch ein abgesägtes Paddel verwenden kann. Um ehrlich zu sein, benutzen wir hauptsächlich die Pflaster aus unserem Erste-Hilfe-Kasten, und dabei fast immer die Rollen Elastoplast, die man sich auf die nötigen Länge abschneiden kann. Spezialpflaster, die auch tiefe Wunden zusammenhalten können, sind auch recht beruhigend, an Bord zu haben - es muß grauenvoll sein, eine Wunde zu nähen oder selbst genäht zu bekommen. Eine andere Sache, die ich als unbedingt notwendig erachten würde, ist antibiotisches Puder. Das haben wir bereits mehrmals in den Tropen auf kleineren Schnittwunden benutzt, als wir in Sorge waren, daß diese sich sonst entzünden könnten. Doch wie alle Antibiotika sollte auch das Puder nur im wirklichen Bedarfsfalle benutzt werden. Ansonsten haben wir bis jetzt nur leichte Schmerzmittel gegen Kopfschmerzen benutzt.

Nur einmal war einer von uns beiden beim Segeln ernsthaft krank. Das war auf dem Weg von Island nach Norwegen, wo ich plötzlich heftigen Ausschlag und Blasen auf meiner gesamten rechten Seite des Rückens bekam. Ich steigerte mich zu der Annahme, ich sei bereits so gut wie verstorben und hätte Hautkrebs, AIDS oder was mir sonst noch so an Horrorvorstellungen einfiel. Tatsächlich hatte ich eine Gürtelrose. Der nette norwegische Arzt sagte mir, daß er nichts weiter dagegen tun könne, sondern daß die Krankheit ihren normalen Verlauf nehmen müsse. Allerdings könne er mir Schmerzmittel anbieten. Das lehnten wir dankend ab, da wir unseren eigenen Vorrat an Bord hatten. Wer grundsätzlich gesund ist, dürfte nicht dadurch plötzlich zum Invaliden werden, daß er Segeln geht. Ich denke außerdem, daß, bevor es Impfungen gegen alle möglichen Krankheiten gab, die Menschen daran zwar erkrankten, jedoch meist überlebten. Selbst im schlimmsten Falle, wenn wir uns eine Krankheit einfangen, werden wir sie vermutlich auch ohne die an Bord befindlichen Medikamente überstehen, da wir sehr gesund sind, eine sehr ausgewogene Ernährung haben und generell bestimmt sehr viel widerstandsfähiger sind als unsere Vorfahren. Also sollte man sich wirklich nicht zu viele Sorgen darum machen - die Chancen stehen höher, an Land von einem Bus überfahren zu werden. Außerdem haben wir ja unser Kapital, das im allerschlimmsten Falle eben auch für medizinische Notfälle da ist. Bis jetzt beliefen sich alle unsere Ausgaben in dieser Sparte auf ganze fünf Pfund, das war das Honorar für den norwegischen Arzt. Unsere Zähne lassen wir nachsehen, wenn wir in England sind, allerdings zweifle ich daran, daß wir in den letzten zehn Jahren insgesamt mehr als drei Füllungen - für uns beide - benötigt haben. Wir essen allerdings auch beide keine Süßigkeiten oder Nachspeisen.

Wer sich dennoch darum sorgt, eines Tages durch eine horrende Krankenhausrechnung in die Pleite getrieben zu werden, sollte sich erkundigen, ob es speziell dafür irgendwelche privaten Versicherungen gibt. Ein amerikanischer Freund von uns hat eine sogenannte Katastrophenversicherung. Er zahlt die Krankenhauskosten bis zu den ersten 10.000 Dollar, danach übernimmt die Versicherung alles weitere. Allerdings bin ich mir nicht sicher, ob es in Europa vergleichbare Versicherungen gibt.

Man wird immer wieder auf Leute stoßen, die einen dazu bringen wollen, Geld für seine Sicherheit auszugeben. Dabei kann man Sicherheit eigentlich nicht mit Geld kaufen, denn unserer Meinung nach ist Sicherheit zuallererst etwas, das sich im Kopf abspielt. Beispielsweise die Mann-über-Bord-Ausrüstung, die allerorts in verschiedenster Weise angeboten wird. Dabei wird oft vergessen, daß sehr viele Fahrtenyachten nur von zwei Personen gesegelt werden. „Stellen Sie ein Crewmitglied dazu ab, das Opfer nicht aus den Augen zu verlieren", heißt einer der üblichen Ratschläge, „während eine zweite Person die Segel birgt und eine dritte Person den Motor startet und zum Überbordgefallenen zurückkehrt." Wie man all das anstellt, wenn man plötzlich alleine an Bord ist, wird nirgendwo erwähnt. Besonders auf Langfahrten gilt daher immer noch der einfache, brutale Satz: Wer über Bord fällt, ist tot. Wahrscheinlich wird das Schiff gerade unter der Selbststeueranlage gute Fahrt machen, der andere wird unter Deck sein und eventuell sogar schlafen, so daß es Minuten, wenn nicht sogar Stunden dauern kann, bis der Unfall überhaupt bemerkt wird. Es wird wahrscheinlich eine frische Brise wehen, die Sicht ist vielleicht schlecht. Bei vielen Schiffen wird das Rigg mit Preventern oder Bullenstandern gesichert sein, was es nur noch weiter erschwert, schnell zurück zu segeln. Selbst wenn man wie durch ein Wunder die andere Person im Wasser wiederfindet, wird es oftmals fast unmöglich sein, den Überbordgefallenen alleine aus dem Wasser wieder an Deck zu hieven. Die Badeleiter am Heck ist dabei nur bedingt hilfreich, denn bei schwerer See und einem entsprechend stark rollenden und stampfenden Schiff stehen die Chancen eher hoch, daß der im Wasser Befindliche bei jeder See vom Heck den Schädel eingeschlagen bekommt. Die Moral aus alledem ist: FALLE NIEMALS ÜBER BORD. Eine solide Seereling ist schon einmal das absolute Minimum an Vorsorge, die Befestigungen der Drahtdurchzüge sollten regelmäßig überprüft werden. Je mehr Fallen und Kontrolleinen man nach achtern zum Cockpit führt, desto seltener muß man an Deck. Eine zuverlässige und stabile Selbststeueranlage sorgt dafür, daß man bei schwerem Wetter nicht ständig im Cockpit sitzen muß, sondern sich auch unter Deck aufhalten kann. Wenn man unbedingt an Deck muß, sollte man wissen, wo man sich am besten festhält. Ein guter Lifebelt sollte nachts oder bei grober See immer getragen werden. Die Lifeleine selbst sollte relativ kurz sein, damit man, wenn man schon den Halt verliert, vielleicht nicht gleich ganz bis ins Wasser fällt. Aber auch dann, wenn man außen an der Bordwand halb herunterhängt, kann man sich noch eher wieder an Deck ziehen, oder einen solchen Lärm am Rumpf machen, daß die zweite Person an Deck kommt und einem hilft. Bei schlechtem Wetter ist man immer sitzend oder auf allen Vieren kriechend am besten aufgehoben, man sollte dann an Deck entlangrobben und die stolze Idee des Homo erectus einfach mal für eine Weile vergessen.

Viele Leute sagen, daß man im Dinghi immer Schwimmwesten tragen sollte, was theoretisch eine gute Idee ist. In der Praxis ist das allerdings kaum realistisch, da man ja beim Landbummel oder Einkauf nicht immer die Schwimmwesten mit sich herumtragen will, und wenn man sie im Dinghi liegen läßt, werden sie dort bestimmt nicht lange bleiben. Eine gute Maßnahme ist es jedoch, dafür zu sorgen, daß das Dinghi selbst unsinkbar ist. Danach muß man sich der potentiellen Gefahr bewußt sein und gesunden Menschenverstand walten lassen. Ehrlich gesagt liegt auch eine große Gefahr darin, ein Dinghi mit Leuten zu überladen, die alle schwimmen können, solange man sich tagsüber in einem relativ warmen, gezeitenfreien Gewässer befindet. Nachts, bei schlechtem Wetter, wenn jeder in sein Ölzeug vermummt ist, sieht das schon anders aus -

besonders, wenn es dann noch kalt ist und man eine starke Strömung hat, aber hier muß - und kann - jeder das Risiko für sich selbst einschätzen. Schwimmwesten können einem auch die Bewegungsfreiheit rauben und einen dadurch überhaupt erst in Schwierigkeiten bringen. Auch glaube ich, daß man hier wieder einer falschen Scheinsicherheit aufsitzen kann. Es nützt einem gar nichts, wenn man weiß, daß der eigene Kopf im richtigen Winkel über Wasser gehalten wird, während man gerade an Unterkühlung stirbt.

Sicherheit muß nicht viel Geld kosten. Ein gutes Grundgeschirr ist nicht so teuer wie man denkt, vor allem in Relation zu den Gesamtkosten des Bootes. Regelmäßige Wartung braucht mehr Zeit als Geld. Und eine ständige Vorsicht braucht einfach nur einen gewissen Geistesaufwand.

Jeder weiß, daß Ermüdung zu Fehlern und diese Fehler dann zu Gefahren führen können. Dies ist ein Sicherheitsaspekt, dem man auf verschiedene Weise begegnen kann. Ein elektronisches Navigationsgerät wird zwar nicht müde, aber es wäre doch besser, sich zu überlegen, wie man die Crew auf anderem Wege fit halten kann, statt sich auf teure Geräte zu verlassen, die einem erst dann wirklich helfen, wenn man schon müde ist.

Eine Selbststeueranlage ist ein ganz hervorragendes Stück Sicherheitsausrüstung. Diese Apparaturen können ganz billig selbst gebaut werden, Entwürfe dazu finden sich beispielsweise in dem Buch „Yacht Vind-Vane Steering“ von Bill Belcher. Wenn man eine Selbststeueranlage als Sicherheitsfeature betrachtet, erklärt sich wohl von selbst, daß man dann an eine mechanische Windfahnensteuerung denkt, statt an einen Autopiloten. Es ist jedoch hilfreich, zu erwähnen, daß die kleineren elektrischen Autopiloten auf langen Reisen nicht sehr zuverlässig sind. Ich weiß zwar auch, daß sie auf den Einhand-Ozeanrennen verwendet werden, doch dabei hat jeder Regattateilnehmer mehrere Ersatzgeräte an Bord, außerdem dreht es sich nur um ein Rennen, und nicht um Dutzende von Passagen, Jahr für Jahr. Außerdem funktionieren nur sehr wenige Autopiloten vor dem Wind besonders gut, dagegen gar nicht bei schwerem Wetter - genau dann, wenn man sie am nötigsten hat. Und dann hat man natürlich die ständige Sorge um die Batterien. Wenn man sich besonders große Batterien leisten kann und ansonsten sehr viel motort, lohnt sich vielleicht ein zusätzlicher elektrischer Autopilot, doch wenn man sich aus Kostengründen für das eine oder andere System entscheiden muß, ist eine Windfahnensteuerung immer die bessere Alternative.

Diese Selbststeueranlage erspart einem nicht nur die physisch anstrengende und ermüdende Arbeit des Steuerns, sondern trägt auch ganz entscheidend mit dazu bei, daß beide Personen an Bord genügend Schlaf bekommen - einer kann schon das Frühstück zubereiten, während der andere noch schläft. Eine andere, sehr brauchbare Eigenschaft von Selbststeueranlagen ist, daß sie immer Kurs halten und keine Konzentrationsschwächen zeigen, solange man sie einmal richtig eingestellt und der Wind nicht gedreht hat. Und ein exakt gesteuerter Kurs erleichtert einem natürlich auch die Navigation ganz erheblich. Auch wird die Windfahne niemals auf Wache einschlafen. Beim Küstensegeln ist sie ebenso nützlich, da sich dann einer alleine um die Navigation kümmern kann, beispielsweise Peilungen nehmen, Leuchtfeuer identifizieren und so weiter, während der andere noch ein paar Stunden schlafen kann. Überdies kann man einen besseren Ausguck halten, wenn man sich nicht auf das Steuern konzentrieren muß. Im Niedergang stehend kann man ganz gründlich den Horizont um 360 Grad absuchen, und es besteht nicht die Gefahr, daß sich ein Schiff von achtern anschleicht, während man steuernd, im Ölzeug vermummt, in einer Ecke des Cockpits Schutz sucht. Die meiste Zeit der Wache wird man statt dessen unter Deck verbringen können, wo man sich warm, ausgeruht und fit halten kann, um in einem eventuellen Notall auch sehr viel einsatzfähiger zu sein. Nicht zuletzt wird man dank all dieser Aspekte auch längere Reisen über See sehr viel mehr genießen, was auf den ersten Blick vielleicht nicht soviel mit der Sicherheit zu tun hat aber immerhin segeln wir ja, um Vergnügen dabei zu haben.

Sein Schiff so zu organisieren, daß es leicht zu handhaben ist, kostet meist weniger Geld als vielmehr Zeit, um darüber nachzudenken. Wie bereits erwähnt, wird das dazu beitragen, daß man tatsächlich an Bord bleibt, aber es wird einem auch helfen, die totale

Erschöpfung zu vermeiden. Die Bewegungen eines kleinen Schiffes - und in diesem Zusammenhang meine ich damit alle, die weniger als 25 Meter lang sind - in schwerem Wetter sind extrem ermüdend, auch ohne die zusätzliche Belastung, dauernd mit den Segeln oder dem Rigg hantieren zu müssen. Dabei kann nicht nur schweres Wetter ermüdend sein, auch leichte, umlaufende Winde können das Leben an Bord unglaublich erschweren. Und wenn der Wind dann endlich stetig und beständig weht, ist man vielleicht schon zu erschöpft, um sich noch um die beste Besegelung zu kümmern, so daß man dann mit zu kleiner Segelfläche durch die Seen zockelt. Einer der großen Vorteile unseres Dschunkenriggs liegt darin, daß wir so einfach und schnell die Segel wieder vergrößern können. Das zahlt sich besonders am Wind aus, wo ein untertakeltes Schiff in einer übriggebliebenen Restsee nicht voran kommt und dabei auch noch teuflisch unbequem sein wird.

Auch unter Deck sollte das Schiff gut durchorganisiert sein. Es kostet wirklich nicht viel, für alle Dinge einen sicheren Stauraum zu finden, oder die Schapptüren und Schubladen schwerwettersicher zu machen. Schiebebolzen oder Drehstopper sind billig, die letzteren kann man auch aus Holz selber bauen. Ein Schiff, das unter Deck bei schwerem Wetter aufgeräumt und übersichtlich bleibt, trägt sehr stark zum Wohlbefinden der Crew bei. Die Waschbecken sollten so tief sein, daß bei normaler Schräglage kein Wasser herausschwappt. Wenn die Abflüsse mit Seeventilen versehen sind, sollte man leicht an diese herankommen, so daß man sie bei Bedarf schließen kann, und sei es nur, um die typischen, gurgelnden Geräusche zu vermeiden. Flaschen und andere Dinge, die lose in Schapps verstaut sind und daher Lärm verursachen, können einem auch ganz gewaltig den Törn verderben. Solche kleinen Dinge können einem sogar vom Schlafen abhalten und sich dadurch zu einem wirklichen Problem auswachsen. Die Bordtoilette sollte auch auf See einigermaßen angenehm zu benutzen sein. Überall unter Deck kann man weitere Haltegriffe anbauen, stabile, vertikale „Säulen" sind hier besonders gut geeignet, da man sich mit einem Arm daran festhaken kann und dann immer noch beide Hände frei hat. Der Salontisch muß so stabil sein, daß man sich dort anlehnen und sogar dagegen geworfen werden kann, ohne daß er zerbricht. Gute Leesegel in allen Kojen sorgen dafür, daß man auch bei Seegang noch sicher und komfortabel schlafen kann. Ein Hüftgurt in der Pantry gibt Sicherheit und sorgt dafür, daß auch der Smutje immer beide Hände zum Kochen frei hat. Es sollte für die Freiwache mindestens eine Sitzgelegenheit in Lee geben, wo man sich erholen und lesen kann. Alle Lichtschalter sollten auch von der kleinsten Person leicht erreichbar sein, egal, wie weit das Schiff überliegt. Die Luken und Fenster müssen unbedingt wasserdicht sein, denn frierende und nasse Menschen sind nicht gerade auf der Höhe ihrer Leistungsfähigkeit, und amüsieren sich auch nicht besonders. Das Ölzeug sollte leicht anzuziehen sein, und es sollte an Deck einen Beschlag für den Lifegurt geben, den man schon aus dem Niedergang heraus erreichen kann.

Wenn man auf diese Weise die physischen Aspekte des Schiffes optimiert hat, kann man noch mehr für die Sicherheit tun. Dazu gehört, immer einen guten Ausguck zu halten, und wenn man eine Selbststeueranlage und einen bequemen Sitz hat, gibt es keinen Grund, daß beide Personen an Bord gleichzeitig schlafen. Auf der anderen Seite können drei Tage, die man von Hand steuert, auch beide Personen schon ganz schön auslaugen, und wenn man keinen gemütlichen Platz hat, von dem aus man seine Wache gehen kann, wird man bald Ausreden finden, es nicht mehr zu tun. Es ist mitten auf dem Ozean sicher nicht notwendig, daß man dauernd im Cockpit sitzt und in die Nacht starrt, doch mindestens alle Viertelstunde einmal sollte man einen gründlichen Blick rundum werfen, wobei man auch gleich den Kurs und die Segel kontrollieren kann. Die Wahrscheinlichkeit, überlaufen zu werden, mag auf hoher See klein sein, aber die Gefahr ist da. Auch wir mußten schon mehrfach mitten auf dem Ozean plötzlich den Kurs ändern, um großen Schiffen auszuweichen. Außerdem wird das Boot sehr viel effektiver gesegelt, wenn ständig eine der zwei Personen auf Wache ist.

Eines der am meisten diskutierten Themen ist die Frage nach der Rettungsinsel. Wer mit einem kleinen Einkommen unterwegs ist, wird sich nicht wirklich eine leisten können. Nicht nur ist der Anschaffungspreis sehr hoch, der eigentliche Killer sind die regelmäßigen Wartungskosten. Wer neben seinen engsten Angehörigen noch weitere Crew mit an Bord hat, wird diese Kosten wohl in Kauf nehmen müssen, doch in diesem Buch sprechen wir nicht von solch einer Konstellation. Wenn man eine Rettungsinsel nicht regelmäßig warten läßt, bringt sie nichts als wiederum nur eine trügerische Scheinsicherheit. Auf Badger haben wir ein wasserdichtes Kollisionsschott. Das ist das wasserdichte Schott hinter dem Kettenkasten. Diesen kann man durch zwei wasserdicht verschließbare Luken erreichen, ein weiterer Vorteil dieses Schotts ist, daß wir den Kettenkasten einfach mit Abflußlöchern versehen können und uns die Mühe ersparen können, die Ankerklüse abzudichten. Alle unsere Schotten sind an den Rumpf laminiert, und die Durchgänge zwischen dem Vorschiff und dem Salon sowie zwischen Salon und Achterschiff können wir mit Steckschotten soweit verschließen, daß wir das leckende Schiffssegment isolieren können, um Zeit zu gewinnen, das Leck mit einer aufgenagelten Sperrholzplatte oder dem Unterwasserepoxid abzudichten. Als wir in Grönland zwischen Eisschollen umhersegelten, ließen wir das vordere, untere Steckschott permanent drinnen, und auf einigen langen Passagen benutzen wir es auch als weitere Vorsichtsmaßnahme. Der hölzerne Rumpf und die Isolierung aus Kork haben ein gewisses Maß an natürlichem Auftrieb, so daß wir glauben, die meisten Lecks schwimmend überstehen zu können. Der berühmte Fahrtensegler und Bootsbauer Humphrey Barton sagte einmal, daß seiner Meinung nach ein gut gebautes Boot ein solides Objekt mit fünf Knoten Fahrt treffen können muß, ohne dabei ernsthaft beschädigt zu werden, und daß fünf Knoten daher eine gute Geschwindigkeit zum Fahrtensegeln seien. Man darf aber auch nicht vergessen, daß mehr Boote sinken, weil ein Seeventil versagt, als dadurch, daß sie bei einer Kollision ein Leck bekommen. Was ich mit all dem hier sagen möchte, ist, daß man mit sehr viel Nachdenken, etwas weniger Arbeit und noch weniger Geld dazu in der Lage sein sollte, sein Schiff so umzubauen, daß man es vermutlich nie wird aufgeben müssen.

Wenn dennoch alles andere schiefgegangen ist und wir bis zu den Knien im Wasser an Deck unseres sinkenden Bootes stehen, werden wir uns wohl mit dem Beiboot retten müssen. Wir werden uns dann mit dem Gedanken trösten, daß wir in ein Rettungsboot gehen, statt in eine Rettungsinsel, und daß wir daher aktiv irgend etwas tun können, beispielsweise an Land zu gelangen, statt nur steuer- und ziellos dahinzutreiben. Wir würden versuchen, ein Segel und einen Kompaß mit ins Dinghi zu nehmen, Bettdecken und Wasser, Sonnenschutzcreme und Angelhaken, sowie, falls wir dazu noch Zeit haben, Erdnußbutter und Honig in Gläsern. Dieses Mal werden wir auch unsere Schwimmwesten tragen und versuchen, noch weitere Kleidung mitzunehmen. Wir werden eine Signalpistole haben, aber keinen Seenotsender, weil, ebenso wie Eric Hiscock und Bill Tilman, wir der Auffassung sind, daß wir uns ja aus eigener, freier Entscheidung heraus auf See begeben haben und daher auch uns selber helfen müssen, statt von anderen zu erwarten, ihr Leben zu riskieren und große Ressourcen zu mobilisieren, um uns aus unserer selbstverschuldeten Lage zu befreien. Wir würden es allerdings erwarten, daß ein vorbeikommendes Schiff uns aufnimmt, weil das zu den Grundsätzen der Seefahrt gehört, doch wir würden es nicht wollen, daß nur für uns eine aufwendige Such- und Rettungsaktion mit den damit verbundenen, astronomischen Kosten in Gang gesetzt wird. Ganz ehrlich - falls wir nicht in Küstennähe oder mitten in einer Schiffahrtsroute wären, würde ich es nicht erwarten, solch eine Situation zu überleben. Und daher werden wir bis zu diesem fürchterlichen Moment all unsere Energien, Ideen und Ressourcen darauf verwenden, daß unser kleines Schiff schwimmen bleibt, denn das sind unsere besten Chancen, selber am Leben zu bleiben.

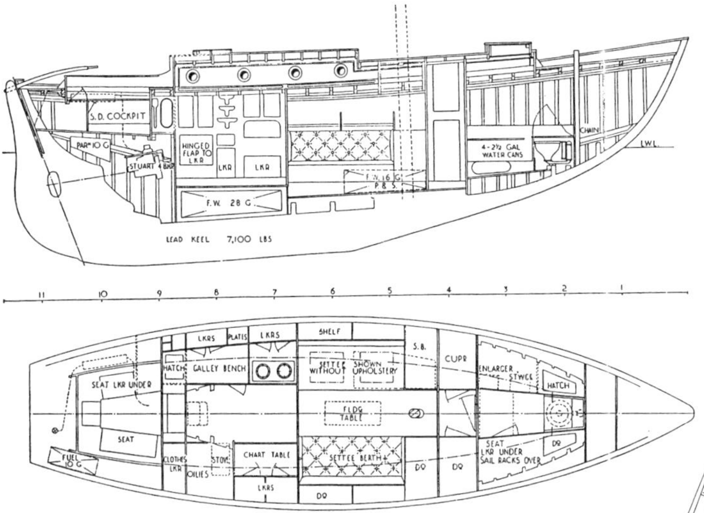

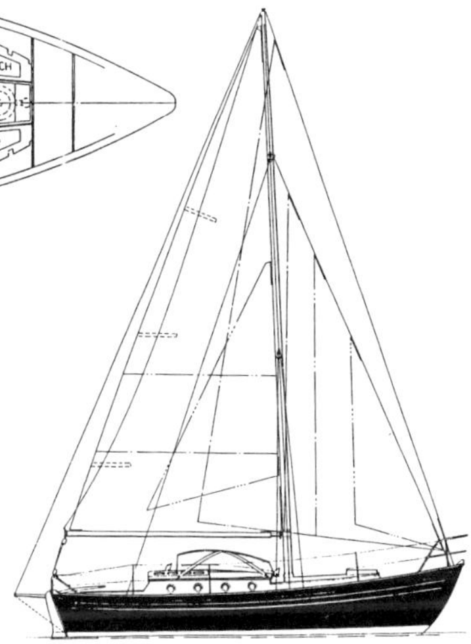

The Hiscock's ***Wanderer III,*** *Designed by Laurent Giles, LOA 30'-3", LWL 26'-5",Beam 8'-5", Draft 5'-0",Sail Area 423 square feet. Reprinted from* **Laurent Giles and His Yacht Designs** courtesy of Laurent Giles Ltd.

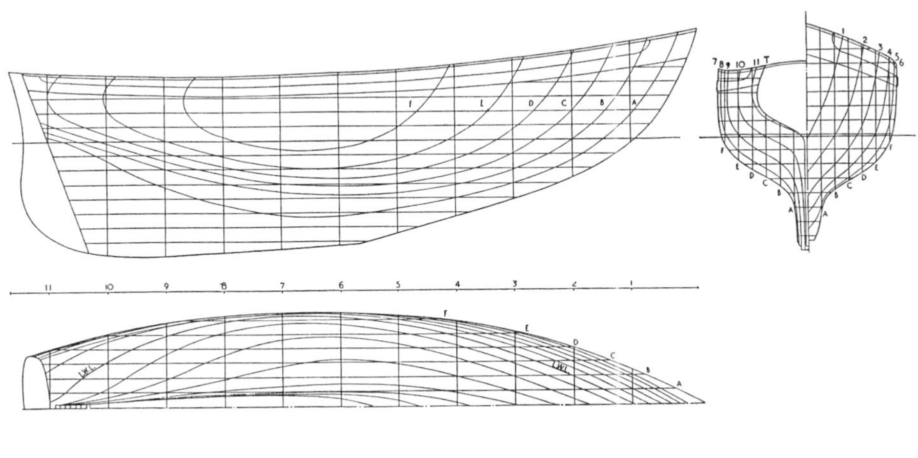

Kapitel 24

Landfall

Was für ein schönes Buch war das doch - wie schade, daß ich schon durch bin, und dennoch konnte ich ja kaum damit aufhören, Seite um Seite weiter zu lesen, um zu sehen, was jetzt als nächstes passiert. Dabei ist es eines dieser Bücher, die ich niemals selber gekauft hätte. Es ist doch ganz erstaunlich, wieviele der Bücher, die wir eintauschen, sich als gut herausstellen. Das ist schon anders als zu den Zeiten von Stormalong, wo wir alle unsere Taschenbücher hergaben und dafür nur Westernromane bekamen. All diese wohlhabenden Segler haben ganz eindeutig die Qualität der Bücher, die wir beim Tauschen bekommen, erhöht. Es muß schon traumhaft sein, einfach in einen Buchladen zu gehen und mal eben ein Dutzend neue Bücher zu kaufen - na ja, wir profitieren ja auch davon. Die letzte Ladung Bücher hat wieder einmal die Regale verstopft, die anderen waren froh, die Last los zu werden, ohne dafür überhaupt zu tauschen. Aber jetzt habe ich dieses Buch gerade zur rechten Zeit beendet, denn es wäre wohl eine ganz gute Idee, allmählich mal aus dem Niedergang zu schauen, wo wir doch dem Land näher kommen.

Ich denke, daß wir ganz gut waren, um diese Zeit hier anzukommen. Vielleicht drehen wir noch bis zum Tagesanbruch bei, obwohl wir wohl nicht mehr sehr lange darauf werden warten müssen. Es wäre auch sinnvoll, eben ein paar Reffs einzustecken, damit wir langsamer segeln - das werde ich mal eben erledigen. Es ist doch typisch, daß wir jetzt eine so perfekte Brise haben, wo wir tagelang zuvor noch nicht einmal den Kurs anlegen konnten. Und all dieser unbeständige Wind - Gott sei gedankt für unser Dschunkenrigg! Ich mag mir kaum vorstellen, wie erschöpft wir jetzt wären, wenn wir alle fünf Minuten ein Vorsegel gewechselt oder ein Reff ein- und wieder ausgebunden hätten. Apropos - selbst mit den zwei Reffs, die ich eben eingelegt habe, machen wir noch an die vier Knoten. Allerdings weiß ich auch nicht genau, wie weit wir es noch haben, und jetzt wird es sehr bald hell werden. Wenn wir eine nagelneue Seekarte hätten, könnten wir vielleicht direkt in den Hafen hineinsegeln, aber dann, so wie diese Leute hier sind, werden sie bestimmt in der Zwischenzeit schon wieder den Hafen umgebaut haben. Wie das letzte Mal, als wir um zwei Uhr morgens in Santa Cruz ankamen und erst in letzter Sekunde feststellten, daß sie die Mole verlängert hatten. Wie gut, daß der Hafen so hell beleuchtet war. Obwohl wir es sonst wohl gar nicht erst versucht hätten, nachts einzulaufen. Schon alleine, weil sicher mal wieder fast keine andere Yacht eine Ankerlaterne gesetzt hätte, und es ruiniert einfach eine schöne Reise, wenn man sie mit dem Versenken einer anderen Yacht beendet.

Wenn ich so an all die ungünstigen, teils auch sehr starken Winde denke, ist das hier wohl noch eine ganz anständige Passage gewesen. Trotz des Wetters habe ich sie richtig genossen. Sicher hat die Selbststeueranlage mehr als nur ein wenig damit zu tun - es ist so angenehm, daß ich nur alle Viertelstunde einmal meinen Kopf aus dem Niedergang stecken muß, um zu sehen, wie die Dinge so stehen, statt stundenlang frierend im Cockpit sitzen zu müssen. Leute wie die Pyes und die Hiscocks waren doch wirkliche Helden. Ich weiß nicht, ob ich ohne Selbststeuerung auf Langfahrt gehen würde, doch ich weiß, daß Pete es tun würde. Damit, daß wir nicht steuern müssen und alle Segelmanöver aus dem Niedergang heraus fahren können, sind wir wirklich ziemlich verwöhnt. Soviel zu dem gesunden Leben an der frischen Luft... laß mich mal nachrechnen: Auf Wache für 12 Stunden am Tag, davon viermal pro Stunde ausgucken, das macht 48 Mal zu, sagen wir, zwei Minuten, was ja schon großzügig gerechnet ist, also insgesamt 96 Minuten oder rund eineinhalb Stunden pro Tag. Ich würde wahrscheinlich mehr frische Luft bekommen, wenn ich jeden Tag zur Bushaltestelle und zurück laufen würde, um zur Arbeit zu fahren! Eines der Dinge, die ich bei der Selbststeuerung wirklich mag, ist es, daß wir zusammen essen können. Abwechselnd zu essen hat so etwas Unzivilisiertes an sich, und außerdem lohnt es sich ja kaum, das Gemüse zur Perfektion zu kochen, um es dann anschließend so lange warmzuhalten. Auf diesem Törn haben wir nun wirklich gut gegessen, fast nichts ist uns verdorben, und ich glaube, daß wir noch mindestens für eine Woche frische Lebensmittel übrig haben. Das hat den Vorteil, daß wir nicht gleich, wenn wir im Hafen sind, an Land zum Einkaufen müssen. Aber wir sollten hier alle möglichen leckeren Dinge einkaufen können, alles ist ja so billig, und die Auswahl ist auch groß. Hat uns nicht die Crew von Kittiwake erzählt, daß der Markt hier wirklich gut ist? Ich frage mich, ob die wohl noch da sind, denn eigentlich könnten sie auch schon weiter gesegelt sein, aber wahrscheinlich ist mindestens ein Schiff im Hafen, das wir kennen.

Was für eine wunderschöne Nacht es jetzt ist! Und da ist der Orion, mit seinem treuen Hund, der immer noch dem Bullen nachjagt. Es ist schon toll, die Sterne so klar und hell zu sehen - ich weiß noch, wie enttäuscht ich war, als wir das letzte Mal in England waren und ich die Sternbilder nicht immer erkennen konnte. Jetzt flaut der Wind etwas ab, das ist eigentlich ganz gut, solange es noch etwas weht und nicht ganz flau wird. Ich hasse es, wenn wir die letzten Meilen motoren müssen, das verdirbt einem irgendwie die ganze Reise, und es macht doch soviel Spaß, in einen neuen Hafen hinein zu segeln. Bald sollte ich das Leuchtfeuer erkennen, dann werde ich es mit der Kennung in der Liste vergleichen. Eigentlich ist das ein lächerliches kleines Spiel, und ich weiß gar nicht, was ich täte, wenn das Feuer nicht mit der angegebenen Kennung übereinstimmen würde - dabei wissen wir ganz genau, wo wir sind. Ich denke, ich würde einfach das Leuchtfeuerverzeichnis und die Leute an Land verfluchen, weil sie wieder einmal die Kennung verändert haben.

Es ist schon komisch, daß wir so genau wissen, wo wir sind. Wenn wir nicht daran gewöhnt wären, mit dem Sextanten zu navigieren, hätten wir wohl gesagt, daß wir seit einer Woche die Sonne nicht mehr gesehen haben - und dennoch, mit den Schattengläsern konnte man sie, auch durch die Bewölkung, ganz deutlich sehen. Jetzt, wo wir keinen blauen Himmel mehr brauchen, sind die Wolken natürlich weg. Aber es ist ja auch ganz nett, wenn das Wetter im Hafen schön ist. Immerhin ist es lästig, den Einkauf durch den strömenden Regen an Bord schleppen zu müssen, außerdem muß ich mal wieder so einige Klamotten waschen und die dann auch irgendwie trocknen. Gott, wie ich das ewige Waschen hasse - obwohl es jetzt schon etwas besser ist, mit dem flüssigen Waschmittel, dann brauche ich nicht alles dreimal auszuspülen. Wir könnten auch mal wieder etwas Frischwasser gebrauchen, denn es war zu ruppig, um Regenwasser vom Deck aufzufangen. Eines der positiven Dinge an einer rauhen Passage ist, daß ich Badger danach um so mehr schätze. Wir haben sie jetzt wirklich gut organisiert, aber immerhin ist es auch ein guter Entwurf, den wir in vielen kleinen Details noch optimiert haben. Das Flaschenschapp zum Beispiel ist doch ganz toll - ich habe noch nie jemanden gesehen, der die Flaschen in einer ehemaligen Schublade verstaut, oder auch noch nirgendwo davon gelesen. Vielleicht sollte ich diesen Tip mal an eine der Zeitschriften schicken. Ich wette, daß ich ein paar blaue Flecken am Hintern habe, vom Pantrygurt. Neulich hatte ich gerade fertig gekocht und alles auf die Teller gefüllt, als das Schiff einen Satz machte und das Essen abrutschte, halb auf die Bodenbretter und halb in die offene Cassettenschublade! Gut, daß der Boden immer sauber ist, und die Schublade habe ich seitdem auch nicht wieder offen gelassen. Ich hätte nicht soviel Soße auffüllen sollen, denn auf den Holztellern bleibt das Essen sonst immer ganz gut drauf. Ich frage mich, was für Teller man mit diesen Antirutschmatten benutzen soll. Ich kann es mir ganz bildlich vorstellen - das Schiff krängt, der Teller bleibt stehen und das Essen rutscht hinunter! Ich kann auch nicht einsehen, daß ein kardanisch aufgehängter Tisch viel besser sein soll, das Essen würde nur auf und ab fahren und man würde es entweder in Brusthöhe oder von den Knien essen.

Hallo - sind das die Lichter eines Schiffes da drüben? Ich denke, ja. Wahrscheinlich laufen wir auf den gleichen Hafen zu, doch ich möchte doch schon mal wissen, wo die herkommen, mit dem Kurs. Ich kann mich nicht daran entsinnen, wann wir zuletzt ein Schiff gesehen haben, doch vor einer Woche oder so war da plötzlich diese andere Yacht. Ob die wohl Ausguck gehalten und uns gesehen haben? Es ist merkwürdig, aber obwohl wir immer mal wieder andere Yachten sehen, haben wir noch nie eine mitten auf dem Ozean getroffen und für ein Plauderstündchen beigedreht, was man ja immer mal wieder irgendwo liest. Diejenigen, die wir sehen, versuchen vielleicht, uns über UKW anzurufen und denken, daß wir nicht mit ihnen reden wollen. Man sollte doch annehmen, daß jemand auch einmal auf den Gedanken kommen könnte, daß man gar kein UKW hat. Die Frau auf der Fairwinds, dieser 45-Fuß-Yacht, hat neulich den Vogel abgeschossen. „Aber ja, in der Karibik muß man jetzt unbedingt ein UKW haben", sagte sie uns. „Seit wann?", fragten wir, plötzlich ganz panisch. „Ach, das ist nun wirklich notwendig. Man kann ohne UKW keinen Tisch mehr buchen, die meisten Restaurants benutzen nicht einmal mehr ein Telefon!" Ach so - wieder eine Sorge weniger für uns.

Ich denke, daß es diese Art von Leuten ist, die Pete als Konsumsegler bezeichnet. Sie haben all die neueste Ausrüstung, egal, ob es nun elektronische Geräte sind, die Unterwasservideokamera oder Designerölzeug. Doch dabei war das Boot überhaupt nicht durchorganisiert. Wir haben sie in vier, fünf verschiedenen Häfen getroffen, und jedesmal ließen sie gerade irgendwas reparieren. Oh, und war sie nicht wütend, als sie merkte, daß es keine Wäscherei in dem Ort gab? Dann hatten sie immer Crewprobleme, dabei wirkten doch die Crews und auch sie selbst ganz umgänglich. Ich vermute, daß selbst ein Schiff dieser Größe ziemlich eng wird, wenn man sich wirklich nicht aus dem Weg gehen kann. Es ist doch schon irgendwie traurig, wenn man bedenkt, wie lange sie gearbeitet haben, um sich endlich ihr Traumschiff zu kaufen und davonzusegeln, und jetzt scheinen sie dabei gar nicht mal so viel Spaß zu haben. Sie haben ihr Leben einfach zu kompliziert eingerichtet, vielleicht haben sie auch einfach zuviel Geld. Alles, was sie haben wollen, können sie sich kaufen, sie essen abends immer in Restaurants, sie liegen in Marinas, sie nehmen sich einfach Taxis zu den größten und teuersten Supermärkten, und trotzdem haben sie nie wirklich Spaß. Vielleicht haben sie das nach 40 Jahren Arbeit einfach verlernt. Wir werden niemals reich sein, soviel ist sicher, aber auf jeden Fall haben wir jede Menge Spaß.

Der Wind scheint recht warm zu sein. Man könnte fast glauben, er käme vom Land, wenn er aus einer anderen Richtung wehen würde. Doch wenn wir erstmal um die Ecke der Insel herum sind, wird er wirklich vom Land kommen, und das wird dann wieder einmal ein Fest für meinen armen, verkümmerten Geruchssinn sein. Es gibt nichts Vergleichbares dazu, ein neues Land zu riechen, besonders in einem heißen Klima, wo die Brise sehr viel schwerere Düfte mit trägt. Ich kann mich aber auch gut an den Duft erinnern, wenn der Wind von der englischen Südküste weg weht, und die Blüten, im Sonnenlicht gebadet, fast wie Kokosnuß riechen. Wie wunderbar England im Sommer doch ist, und wie sehr ich das jetzt zu würdigen weiß, wo ich es mit anderen Ländern vergleichen kann. Diese Hecken aus blauen Hortensien auf den Azoren und diese wunderbaren, wiegenden Palmen der Karibik. Die Farben des Wassers in den Bahamas, fast so unwirklich, daß man es nicht glauben würde, wenn man das in einem Katalog sähe. Die klare Luft der Arktis mit dem blauen, blauen Himmel, der sich endlos erstreckt, während der Himmel im Süden viel dichter dran wirkt. Oder die Ufer der Lochs in Schottland, bestanden mit purpurnem Heidekraut, die Marschen in Carolina in blau und gold, die weißen Gletscher Islands, die beeindruckenden orangenen Klippen der Algarve und dann Laguna Grande mit drei Farben und hunderten von Zwischentönen. Das perfekte Blau der See und des Himmels, die dunklen Mangroven und grünen Kakteen, wo die Leguane umherhuschen, sowie das Rot, Orange und Ocker der Wüstenlandschaft mit den staubigen Hügeln. Das ist immer noch eine meiner stärksten Erinnerungen. Wir müssen dorthin zurück, und doch habe ich fast Angst davor, falls die Erinnerung die Realität übertrifft.

Wie seltsam, zu einem neuen Land zu segeln und dabei an all die bereits besuchten Länder zu denken. Und doch mag ich gar nicht zu sehr darüber spekulieren, wie ein neuer Ort wohl sein wird, weil ich ihn ganz unvoreingenommen für mich selbst entdecken möchte. Daher finde ich es wohl auch immer etwas irritierend, wenn Leute mir erzählen, wo ich unbedingt noch einmal hin muß und wo die besten

Ankerplätze sind. Ich weiß zwar, daß sie nur helfen wollen und daß sie wertvolle Informationen weitergeben, doch ich verschließe meine Ohren gegenüber ihren Beschreibungen und überlasse es Pete, die nützlichen Informationen zu behalten, die wir nach unserer Ankunft brauchen. Wie gut, daß er in dieser Hinsicht praktischer ist. In gewisser Weise denke ich ebenso über die vielen Hafenhandbücher - es ist zwar gut und nützlich, sie zu haben, aber sie verderben einem auch irgendwie das Gefühl des Abenteuers. Es muß in den Anfangszeiten des Langfahrtsegelns doch ganz herrlich gewesen sein, so in den fünfziger Jahren etwa, als Fahrtenschiffe noch Raritäten waren. Andererseits haben wir jetzt Selbststeueranlagen und Polyestertauwerk und Schiffe, die nicht mehr lecken, sowie Offizielle, die wissen, wie sie uns behandeln sollen, und wertvolle Informationen, die uns das Leben leichter machen. Wahrscheinlich haben wir jetzt das Beste aus beiden Welten, denn wenn wir auf eigene Faust etwas entdecken wollen, weichen wir nur von den üblichen Routen ab und sind dann in Gewässern ohne andere Yachten und müssen uns eben selber etwas mehr bemühen. Vielleicht liegt auch darin der große Reiz der hohen Breitengrade, obwohl Mr. John auch eine Insel im Pazifik gefunden hat, die noch nie zuvor von einer Yacht besucht wurde. Welche das wohl war? Ein weiser Mann, der das als sein Geheimnis bewahrt.

Noch schnell ein Rundblick, dann eine Tasse Tee. Earl Grey oder Assam? Es ist milde und warm heute Nacht - Earl Grey. Zu essen oder nicht zu essen, das ist hier die Frage. Wie schaffen es bloß all diese Leute mit ihren „Snack-Körben", nicht zu fettleibig zu werden? Einer der Vorteile unserer Finanzen ist es, daß wir uns es nicht leisten, die Schapps mit Marsriegeln, Chips und Schokolade zu füllen. Einige Yachten essen sich geradezu über den Atlantik, die Crews sind während ihrer Wachen dann nur am Naschen. Ich vermute, daß sie deswegen so arbeitsintensive Boote haben, um die vielen Kalorien dann wieder loszuwerden. Allerdings müssen sie dann auch viel Geld beim Zahnarzt lassen, denke ich. Ach was, es ist die letzte Nacht, also gönne ich mir jetzt auch einige der Mandeln, die ich noch habe, sonst verderben sie nur. Na ja, natürlich nicht, aber lieber esse ich jetzt einige davon, als daß sie im Hafen wieder als Tapas an alle anderen hungrigen Yachties verteilt werden. Der Tee ist aufgesetzt, zurück zum Niedergang. Wie schön, nicht erst eine Jacke anziehen zu müssen. Ich kann mich nie entscheiden, wann der Regen so stark wird, daß ich eine Jacke anziehen muß. Wenn es regnet, stecke ich eben nur den Kopf aus der Luke, aber dann passiert es fast immer, daß wir vom Kurs ab sind, oder daß ich die Lichter eines anderen Schiffes sehe, oder daß ich ein- oder ausreffen muß. Wenn ich dagegen erst meine Jacke anziehe, wird alles in Ordnung sein, und ich bin wieder unter Deck, bevor ich überhaupt feucht werde. Die vielen Gedanken, die ich ans Faulsein verschwende, sprechen vermutlich für sich.

Was ist das? Ja, ganz bestimmt der Schein des Leuchtfeuers. Ein Elefant, zwei Elefanten, drei Elefanten, vier Elefanten, fünf Elefanten... zwei Blitze alle fünf Sekunden. Den Tee abstellen (das passiert immer, wenn der Tee gerade fertig ist) und im Leuchtfeuerverzeichnis nachschauen. Tatsächlich, beide stimmen überein. Und wir sind schon näher als ich dachte, denn es ist ein schwaches Feuer, auch nicht besonders hoch. Bilde ich es mir ein, oder wird auch der Himmel schon heller? Jetzt wird der Wind wirklich schwach - bis wir beim Feuer sind, werden wir wohl alle drei Reffs wieder draußen haben, wenn ich mich nicht sehr täusche. Dann werde ich Pete wecken, damit er seine Navigationsübungen anstellen kann. Bis zum Frühstück sollten wir eigentlich im Hafen sein, und wir haben sogar noch einige Eier über. Wie wunderbar, wir werden den ganzen Tag haben. Wir können Einklarieren und uns ganz allmählich eingewöhnen und schließlich an Land gehen. Wie sehr ich solche langen Passagen doch liebe, dadurch wird der Landfall um so aufregender. Doch was für ein Idiot ich bin - schon ganz aufgeregt nur bei dem Gedanken, was wir heute noch alles anstellen können. Und dann freue ich mich auch wieder auf eine lange, ungestörte Nacht im Bett. Wie kann jemand, der nie abwechselnd alle paar Stunden Wache gegangen ist, den Luxus von acht Stunden ungestörtem Schlaf überhaupt genießen? Doch eine Wache wie heute Nacht mag ich auch sehr, wenn Badger so friedlich segelt, die Sterne funkeln und die Luft so milde ist. Wunderbar. Wunderbares Boot, wunderbare Nacht, wunderbare Passage, wunderbares Leben.

ANHANG I

LEBENSMITTEL FÜR EINE LANGFAHRT VORBEREITEN UND STAUEN

Die erste Regel, um Lebensmittel an Bord zu halten, ist, sie an einem kühlen und dunklen Platz zu verstauen. Wenn man in den Tropen unterwegs ist, wird es oftmals unmöglich sein, diese Wunschvorgabe zu erfüllen, aber man sollte doch daran denken, wenn man die Lebensmittel verstaut. Soweit wie möglich sollten Lebensmittel unterhalb der Wasserlinie verstaut werden, und zwar in dunklen Schapps. Wenn man das nicht erfüllen kann, gibt es doch viele Dinge, die sich trotzdem gut halten.

Konservendosen

Obwohl schon viel geschrieben wurde über den Umgang mit Konservendosen auf kleinen Booten, kann eine Wiederholung hier vielleicht nicht schaden. Sowie Dosen feucht werden, verlieren sie ihre Banderole und beginnen zu rosten. Es ist zwar einfach genug, eine Dose Corned Beef an ihrer Form zu erkennen, doch die meisten anderen werden einander sehr ähnlich sehen, und ein Menu auf gut Glück zusammenzustellen wird vielleicht etwas bunter als die Gäste es erwarten. Die beste und weitverbreitetste Methode ist es, die Dosen zu beschriften, oder den Code im Haushaltsbuch zu notieren, und erst dann die Banderole zu entfernen und die Dose zu lackieren. Das Wird die Konserven ziemlich gut schützen, solange sie nicht zu sehr umher rollen und dabei aneinander schamfilen können. Auf Badger ersparen wir uns diese Arbeit, weil unsere Schapps durchweg trocken sind. Es lohnt sich dennoch, in bestimmten Orten die Banderolen zu entfernen, wegen der allgegenwärtigen Kakerlaken, die leider eine Vorliebe für Papier haben. Konservendosen nehmen sehr viel Raum ein, und eine Idee, über die nachzudenken lohnt, ist es, die Dosenfrüchte in den Regalen der Supermärkte zu lassen. Viele Leute kaufen Dosenfrüchte als Desserts, doch es erscheint mir besser, statt dessen frische Früchte zu nehmen, die keinen zusätzlichen Zucker haben, die gesünder sind, außerdem billiger und die einfach besser schmecken.

Eine neuere Alternative zu Konservendosen, die sich mehr und mehr durchsetzt, sind vakuumverpackte Lebensmittel. Für Leute mit kleinem Einkommen ist das allerdings nur von akademischem Interesse, doch andererseits kann man sich ja auch einmal etwas Besonderes gönnen. Es gibt die verschiedensten Produkte, darunter Chilli con Carne, süßsaures Schweinefleisch, Erbsen in Blätterteig, Hot Dogs, oder verschiedene Fertiggerichte aus Fisch. Die meisten dieser Gerichte können einfach in kochendem Wasser zubereitet werden, doch diejenigen mit Blätterteig brauchen natürlich einen Backofen. Diese Gerichte sind leichter und kompakter als Dosen und schmecken in der Regel auch besser, eher wie tiefgefrorene statt eingedoste Lebensmittel. Allerdings sind sie, wie gesagt, nicht billig, und sie sind hier eher der Vollständigkeit halber aufgeführt.

Tetrapaks

Eine andere weitverbreitete Verpackungsart sind die Tetrapaks, in denen zum Beispiel verschiedene Säfte verkauft werden. Diese Behälter sind gut dazu geeignet, an Bord verstaut zu werden. Wir kaufen Milch, Säfte, Tomatenmark und sogar Wein in Tetrapacks und haben damit nur gute Erfahrungen gesammelt. Allerdings müssen sie so verstaut werden, daß sie möglichst nicht umher rutschen können, da sie sonst zu leicht beschädigt werden. Die Verpackungen sind auch nicht biologisch abbaubar, weil zwischen der äußeren Pappe und der inneren Metallschicht noch eine Lage Plastik ist.

Fleisch konservieren

Wenn man gerne Fleisch ißt, kann man es durchaus selber in guten Gläsern konservieren, jedoch in solchen mit Metall- und nicht mit Glasdeckeln. Dazu benötigt man außerdem einen Druckkochtopf guter Qualität, der auch genügend Druck aufbaut. Vielleicht sollte man zuerst eine neue Dichtung und ein neues Sicherheitsventil einbauen, bevor man mit dem Einmachen beginnt. Es ist ein relativ langwieriger Prozeß, der für ein Glas Fleisch etwa 45 Minuten dauert. Man muß dabei auch sehr sorgfältig vorgehen, denn wenn das Fleisch nicht mit einem perfekten Vakuum eingeschlossen wird, hat man einen exzellenten Brutplatz für tödliche Bakterien. Nordamerikanische Farmer dosen viel Fleisch selber ein und verkaufen auch Druckgeräte zum Eindosen, sowie einige Literatur zum Thema. Obwohl andere Leute auch ihren eigenen Fisch auf diese Weise konservieren, erscheint es mir persönlich doch als recht risikoreich. Man benötigt eigentlich ein Gerät mit einer eingebauten Druckskala, um sich der Methode vollkommen sicher zu sein.

Fleisch kann auch eingesalzen werden. Dazu füllt man einen Container, beispielsweise einen großen Eiscremebecher, mit Wasser und fügt solange Salz hinzu, bis eine Kartoffel in der Lake schwimmt. Dann wird das Fleisch in entsprechende Stücke geschnitten und in der Salzlake eingelegt. Dann wird die Dose verschlossen und mit einem Gewicht beschwert, damit das Fleisch in der Lake eingetaucht bleibt, und man läßt das Ganze einige Tage lang stehen. Dann würde ich das Gefäß noch einmal mit Salzlake auffüllen, bevor ich den Deckel endgültig verschließe. Viele Bücher sagen, daß man auf diese Weise konserviertes Fleisch nicht wärmer als etwa 18 Grad Celsius aufbewahren sollte, doch einer unserer Freunde hat einmal Salzfleisch in den Tropen hergestellt und das dann mehrere Wochen lang behalten. Nichts war davon schlecht geworden, bevor er es aufgegessen hatte, doch wie lange es sich letztendlich gehalten hätte, ist nicht zu sagen. Diese Methode wurde zu Nelsons Zeiten ausgiebig benutzt, und obwohl es viele Beschwerden über die Qualität des Fleisches gab, scheint sich die Methode der Konservierung bewährt zu haben.

Salzlake kann auch benutzt werden, um Bacon zu konservieren. Wenn man Bacon gerne mag, sollte man ein großes Stück kaufen, das in der alten Art gegart wurde, wie man es beispielsweise in Spanien und Portugal kaufen kann. Das kann man dann aufhängen, damit es trocken bleibt, und sich die Stücke entsprechend abschneiden. Leider ist solch ein ganzer Schinken nicht gerade billig, so daß auch dies für viele Segler mit kleinem Einkommen nicht wirklich in Frage kommt. Wenn man jedoch ein kleineres Stück Schinken bekommt, lohnt es sich, ihn in Salz einzulegen. Dazu benutze ich normalerweise eine flachere Plastikdose mit einer Lage Salz am Boden, auf die ich dann eine Lage Baconscheiben lege. Dann wieder eine Lage Salz, noch eine Lage Bacon und so weiter, bis der ganze Bacon in der Dose und mit Salz bedeckt ist. Wenn man das dann noch so kühl wie möglich aufbewahrt, wird es mehrere Wochen lang halten. Im Idealfall sollte man nur Einlegsalz benutzen, doch ich habe auch schon anderes benutzt und noch nie ein Problem gehabt. Moderne Garmethoden, wo Wasser in den Schinken injiziert wird, verschlechtern allerdings diese Konservierungsart, weil der Schinken dann einfach zu naß ist. Ich habe auch schon Bacon aus Dosen in Salz eingelegt, wenn nämlich die Dosen selbst für Pete und mich zu groß waren, um den gesamten Inhalt bei nur einer Mahlzeit zu essen. Bevor man das Fleisch ißt, spült man es kurz in Frischwasser ab, um das lose Salz zu entfernen. Von der Gesundheit her kann das zwar nicht allzu gut sein, mit all den Zusätzen im Fleisch und im Salz, doch gebratener Bacon duftet einfach zu verführerisch. Für alle diese Konservierungsmethoden kann ich ein amerikanisches Buch empfehlen, das auch in englischen Buchläden verkauft wird: „Putting Food By“ von Ruth Hertzberg, Beatrice Vaughan und Janet Greene.

Cracker und Kekse

Wir haben immer gerne einige Cracker und Knäckebrot an Bord, als Abwechslung vom Brot oder wenn wir keines mehr haben. Diese werden nur selten in feuchtigkeitsdichten Verpackungen angeboten, aber sie halten sich gut in Plastikdosen oder Keksdosen aus Blech, die, mit einer extra Schicht Lack, so gut wie rostfrei sind. Auf Stormalong hatten wir Ryvita Knäckebrot, und wie alles andere, wurde auch dies feucht. Allerdings war es ganz köstlich, nachdem wir es auf dem Toaster für einige Sekunden kurz aufgepeppt hatten. Das hatte auch noch einen zweiten Vorteil, weil dann nämlich kleine Maden, die wir bis dahin gar nicht entdeckt hatten, die plötzliche Hitze nicht mochten und aus den kleinen Löchern herauskamen, wo wir sie dann abschütteln konnten. Man wundert sich, an was man sich alles gewöhnen kann.

Mehl

Wenn man das kühle Klima verläßt und in den warmen Süden segelt, wird es unmöglich, Vollkornmehl für mehr als ein paar Monate an Bord zu lagern, denn danach wird es entweder schal oder ranzig. Wer gerne Vollkornmehl mag, hat nur die eine Alternative, es selbst zu mahlen. Weißes Mehl, auf der anderen Seite, hält sich ewig. Allerdings finde ich, daß Vollkornmehl besser schmeckt, außerdem ist es gesünder, vor allem für unseren vegetarischen Speiseplan. Trotzdem haben wir uns noch nicht dazu durchgerungen, Säcke voller Körner an Bord zu haben und daraus unser Mehl zu mahlen, also schummeln wir uns so irgendwie durch und kaufen dunkles Mehl, wo wir können. Auch haben wir viele Vollkorncracker an Bord und kaufen, wo immer es welches gibt, vorzugsweise dunkles Brot. Beides kann jedoch teuer werden, so daß wir uns, wie gesagt, so irgendwie durchschummeln.

Reis und Pasta

Wir bevorzugen braunen Reis, wo man beim Einkauf leider sehr vorsichtig sein muß, um nicht irgendwelche Exemplare des örtlichen Tierlebens mit an Bord zu schleppen. Was auch immer man tut, Plastik- oder Zellophanverpackungen kann man nicht trauen; sie schützen weder vor den kleinen Tierchen, noch vor Wasser oder Feuchtigkeit. Diese Materialien scheinen irgendwie porös zu sein. Wenn sie in Wasser getaucht werden, kommt es jedenfalls hinein. Und die Biester, die sich unerwünscht am Reis zu schaffen machen, fressen sich ohne die Spur eines Problems durch beide Verpackungsarten hindurch. Das ist vor allem bei Pasta ärgerlich, weil die normal verpackte Pasta sich sonst ewig halten würde. Wenn man also ein trocknes Schiff hat und keine unerwünschten Gäste an Bord, kann man die Pasta getrost in ihrer Originalverpackung belassen. Wir essen oft Spaghetti, die mit uns schon zweimal über den Atlantik gesegelt sind. Ansonsten muß Pasta in guten Plastikdosen verstaut werden. Wenn man reich ist, eignet sich Tupperware dazu am besten, doch wer reich ist, wird diese Zeilen vermutlich nicht lesen. Wie auch immer, man kann es sich ja auch mal schenken lassen. In England haben wir sehr robuste Plastikeimer gefunden, die uns extrem billig verkauft wurden. Offenbar waren sie eigentlich dafür gedacht, irgendwelche Chemikalien zu enthalten, also sind sie auch sehr gut, um alles Unerwünschte vom Inhalt fernzuhalten, mich selbst zuweilen eingeschlossen - es dauert bis zu fünf Minuten, bis ich einen verschlossenen Deckel von einem dieser Eimer gelöst habe. Also werden sie nur für langfristiges Stauen benutzt. Eiscremebehälter oder Margarinebecher waren früher einmal gut geeignet, heute scheinen deren Deckel immer dünner zu werden. In den USA sind auch die Produkte von Rubbermaid ganz gut, wenn auch nicht gerade billig.

Butter und Margarine

Susan Hiscock hat beschrieben, wie sie ihre Butter in saubere Gläser füllt und diese dann mit Salz bedeckt, was bestimmt gut funktioniert. Heute kann man Butter jedoch auch gleich in Dosen kaufen. Dabei sollte man gesalzene Butter wählen, die sich nach dem Öffnen länger hält als ungesalzene. Einmal haben wir in Venezuela sehr billig Butter in Dosen eingekauft, die vermutlich aus EG-Überschüssen stammte, und zwei Jahre später haben wir durch Zufall noch eine übriggebliebene Dose davon gefunden, die noch in einwandfreiem Zustand war. Auch in Gibraltar kann man solche Dosenbutter gut einkaufen, die billigste wird von Morenos unter deren eigenem Namen verkauft. Oft können wir uns jedoch keine Butter leisten und nehmen dann Margarine. Diese hält sich auch ganz gut, obwohl man keine zu großen Töpfe kaufen sollte, weil sie dann doch schimmelig wird, bevor man sie aufgebraucht hat. Ich kaufe normalerweise Sonnenblumenmargarine in 250- oder 500-Gramm Packungen, die etwas besser schmeckt als andere Margarine. Die habe ich dann schon bis zu mehrere Monate lang an Bord gehabt, und sie war immer noch OK, obwohl ich zuweilen etwas Schimmel von der Oberfläche entfernen mußte. Die französische Margarine ist besser verpackt, mit einem Stück Papier zwischen dem Deckel und der Margarine. Margarine ist normalerweise voll mit Konservierungsstoffen, und die Verfallsdaten auf den Packungen sind sehr konservativ angegeben.

Milch

Getrocknete, fettarme Milch (beispielsweise „Marvel") hält sich gut, schmeckt auch im Tee oder im Kaffee, ist aber sehr sperrig. Angerührt, um es über das Müsli zu schütten, ist sie genießbar. Getrocknete, fettarme Milch mit zusätzlichen pflanzlichen Fetten (wie „Five Pints") hält sich 18 Monate lang und ist recht kompakt, läßt sich aber nur schwer in heißem Tee oder Kaffee verrühren und schmeckt auf Müsli nicht sehr gut. Getrocknete Vollmilch wird in Ländern der

EU nicht verkauft, sie ist jedoch auf den Kanarischen Inseln und in der Karibik erhältlich. Sie ist normalerweise in Vakuumtüten verpackt, hält sich hervorragend, schmeckt gut auf dem Müsli, ist nicht zu teuer, muß jedoch eigentlich mit Wasser angerührt werden, bevor man sie im Tee oder Kaffee trinken kann. Das Verfallsdatum ist sehr konservativ angegeben. Haltbare Vollmilch (H-Milch, oder UHT-Milch in europäischen Ländern) hat zuweilen einen Nebengeschmack, den nicht alle mögen, und wird nach dem Öffnen sehr schnell schlecht. Haltbare, fettarme Milch schmeckt schon nicht mehr so eigenartig und hält sich auch nach dem Öffnen etwas länger. Beide Sorten werden entweder in Plastikflaschen (schwer zu entsorgen) oder Tetrapaks verkauft, der Preis schwankt enorm. Das Verfallsdatum ist eher konservativ. Dosenmilch kann man mit Wasser verdünnen und dann fast wie normale Milch benutzen, hat dann aber auch einen merkwürdigen Nebengeschmack. Kondensmilch taugt nur für Leute, die süße Getränke mögen.

Eier

Man kann sie in Vaseline einreiben oder sie fetten, um die Luft von den Eidottern fernzuhalten, man kann sie zum gleichen Zweck auch zehn Sekunden lang kochen oder sie sogar lackieren. Ich lege sie jedoch nur in Eierkartons aus Plastik und drehe diese Kartons einmal die Woche um 180 Grad um. Man sollte dabei Eierkartons haben, die auch große Eier aufnehmen, weil man sie an vielen Orten nicht in unterschiedlichen Größen bekommt. In jede Halbkugel der Eierkartons habe ich jeweils ein Loch gebohrt, weil sich sonst Kondenswasser darin fängt, das wiederum dazu führt, daß sich Schimmel auf den Eierschalen bildet, der dann auch allmählich ins Innere dringt und die Eier gänzlich ungenießbar werden läßt. Die Eierkartons drehe ich um, damit das Eidotter im Eiweiß schwimmen bleibt, denn wenn es erst gegen die Schale zu Liegen kommt, bekommt es Luft und wird schlecht. Auf diese Weise halten die Eier mindestens sechs Wochen lang. Man muß jedoch unbedingt sicherstellen, daß sie vorher nicht gekühlt worden sind. Wenn die Eier dann allmählich älter werden, verändert sich das Eiweiß in der Farbe, von durchsichtig zu gelblich bis leicht grünlich. Die Eier werden bald etwas schal schmecken, wenn man sie nur kocht, aber sie sind dann immer noch gut als Rühreier oder Omeletts, oder auch als Spiegeleier - obwohl das Eigelb, wenn es schon älter ist, sofort auseinander bricht, wenn es in die Pfanne kommt. Dann bleibt nur noch eines: Annies beliebte Sandwiches mit gebratenen Eiern und sehr viel Ketchup. An einigen Orten ist es allerdings nicht einfach, Eier zu kaufen, die nicht schon alt oder verdorben sind. Am schlimmsten haben wir das in den Supermärkten von Roadtown, Tortola, British Virgin Islands und in Südwestirland erlebt.

Käse

Da Pete sich nicht viel aus Käse macht, habe ich nicht soviel Erfahrung mit Käse an Bord, wie ich es gerne hätte. Doch weil Käse heutzutage recht teuer ist, vermute ich, daß wir so oder so nicht viel davon essen würden. Was sich jedoch gut hält, sind die fertig verpackten Käsescheiben aus den Supermärkten. Sie sind Vakuumverpackt, so daß sie keine Luft bekommen, um Schimmel zu entwickeln. Einige sondern etwas Öl ab, so daß sie dann nicht ganz so appetitlich aussehen, aber wenn man sie nach dem Öffnen für eine Stunde atmen läßt, sind sie ganz in Ordnung. Ich habe gehört, daß es helfen soll, Käse in ein mit Essig getränktes Tuch zu wickeln, aber als ich das ausprobiert habe, hat es nichts genützt - vielleicht habe ich auch zuwenig Essig genommen. Käse, der in Wachs verschlossen ist, hält sich auch - allerdings nur solange, bis man ihn anschneidet, also sollte man keine zu großen Laibe davon kaufen.

Joghurt

Ich liebe Joghurt und würde ihn jeden Tag essen, auch wenn ich hundert Jahre alt würde. Aber leider braucht Joghurt Milch, und diese ist oft teuer und nicht immer einfach zu bekommen. Man kann seinen eigenen Joghurt mit einer Joghurtmaschine herstellen (es gibt auch welche zu kaufen, die keinen elektrischen Strom benötigen), oder indem man Milch bis zu der entsprechenden Temperatur erhitzt und sie dann in eine Thermoskanne füllt, oder mit Hilfe von etwas Kefir, einer Joghurtkultur, die keine zusätzliche Hitze benötigt. Das Kefir bekommt man in den meisten Reformhäusern oder Health-Shops, einige Yachten haben auch welches an Bord. Da es beim Gebrauch wächst, werden sie bestimmt etwas über haben und abzweigen können. Ohne regelmäßige Zufuhr von Milch sterben diese Kulturen jedoch, obwohl sie es durchaus einige Wochen lang ohne Milch aushalten können.

Getrocknete Lebensmittel

Als ich in den USA war, hatte ich Zugang zu einem elektrischen Lebensmitteltrockner, einer Art sehr kühlen Ofen, in dem man die verschiedensten Dinge trocknen konnte. Ich muß jedoch sagen, daß ich von den Ergebnissen nicht sehr beeindruckt war. Ich habe auch damit experimentiert, Gemüse und Früchte zu trocknen, ebenfalls mit enttäuschenden Ergebnissen. Wenn man außerdem daran denkt, daß bei diesem Prozeß sehr viele Nährstoffe verlorengehen, glaube ich, daß es den Aufwand nicht lohnt.

Allerdings habe ich schon kleine Chilipfefferschoten und Champignons recht erfolgreich getrocknet. Die Pilze habe ich in sehr dünne Scheiben geschnitten und sie auf dem Backblech, allerdings oben auf dem Kocher, getrocknet, indem ich die niedrigste Hitze gegeben habe, die ich einstellen konnte. Als wir noch den Backofen hatten, war dieser immer zu heiß, selbst bei offener Tür, so daß sie statt dessen gebacken wurden. Wenn die Pilze dann komplett abgekühlt waren, habe ich sie in Gläser gefüllt, wo sie sich gut gehalten haben. Sie hatten einen kräftigeren Geschmack, als wenn sie frisch sind, und waren willkommene Zutaten zum Kochen. Kleine Pfefferschoten können in einem warmen und trockenen Teil des Bootes an ihren Stilen aufgehängt werden, wo sie allmählich schrumpelig werden und trocknen. Aber Vorsicht - einige Sorten werden nach dem trocknen extrem scharf. Faule Zeitgenossen können auch schon fertige Halsbänder von Pfefferschoten auf portugiesischen Märkten kaufen, die man dann nur noch irgendwo aufhängen muß. Wenn die Chilis keine Stile haben, kann man sie auch in Längsrichtung aufschneiden und mit mindestens viermal soviel Salz wie Pfefferschoten einlegen.

Ich kenne einige Leute, die regelmäßig frischen Fisch trocknen. Dazu werden die Fische ausgenommen, geköpft und filetiert und dann im Rigg aufgehängt. Allerdings muß man darauf achten, sie vor jedem Regenschauer hereinzunehmen, ebenfalls, bevor der Tau fällt. Ich persönlich glaube auch hier, daß sich der Aufwand nicht lohnt. Wir haben auch schon getrocknetes Rentierfleisch gegessen, das allerdings effektiv gefriergetrocknet war, weil es bei Temperaturen weit unter Null zum Trocknen aufgehängt wurde. Es war ganz köstlich. Allerdings hatte das französische Paar, das das Fleisch getrocknet hatte, dazu einen Winter in der Hudson Bay verbracht, und ich glaube nicht, daß unsere eigenen Ambitionen so weit gehen würden. Wir aßen unser Fleisch, bevor wir aus dem Labradorstrom hinaus waren, weil wir uns nicht sicher waren, ob es sich auch im Warmen lange halten würde.

Auch Bananen kann man erfolgreich an der Sonne trocknen, indem sie der Länge nach aufgeschnitten und ab und zu umgedreht werden. Dann werden sie braun und fest und man kann sie als Snack kauen, während man Wache hat.

Früchte einmachen

Die meisten Früchte ißt man natürlich am besten frisch, doch wenn man gerade eine größere Menge günstig bekommt, wird man sie vielleicht einmachen wollen. Wenn man sich dabei nicht umsonst abmühen will, schlage ich vor, neue Deckel für die Gläser zu nehmen. Das können auch Metalldeckel sein, die allerdings auf die Dauer durchrosten können. Es hilft, sie mit Vaseline einzufetten, um das zu verhindern. Beim Füllen der Gläser muß man darauf achten, daß sich keine Luftblasen darin bilden. Erst legt man die Früchte hinein, dann füllt man das Glas bis auf wenige Zentimeter unter den Rand mit Wasser. Anschließend werden sie im Druckkochtopf mit einigen Litern Frischwasser gekocht, und zwar für etwa 30 bis 40 Minuten. Dazu sollte man kein Seewasser nehmen, da dieses bei einer niedrigeren Temperatur kocht, und dann nicht alle Bakterien abgetötet werden. Es ist nicht unbedingt nötig, beim Einmachen Zucker zu den Früchten zu geben, obwohl das die Farbe der Früchte erhält. Man kann statt dessen auch Honig nehmen, was einen etwas interessanteren Geschmack ergibt. Wenn man sich nach einem Rezept richtet, nimmt man statt eines Teelöffels Zucker nur jeweils einen halben Teelöffel Honig, da dieser doppelt so süß ist. Honig ist an Bord auch einfacher zu verstauen als Zucker.

Anhang II

Früchte für eine Langfahrt vorbereiten und stauen

Die erste und wichtigste Regel dazu heißt: Niemals irgend etwas kaufen, das vorher gekühlt worden ist. Ich weiß nicht warum, aber ein Kühlschrank scheint die Fähigkeit zu überleben, in Früchten und Gemüsen völlig abzutöten. Wenn sie nur einmal im Kühlschrank aufbewahrt wurden, geht es anschließend mit ihnen besonders schnell bergab. An einigen Orten, wie in den Virgin Islands, scheint es kaum etwas zu geben, was nicht aus dem Kühlschrank kommt, und vieles ist sogar ganz oder halb gefroren. In solch einem Fall sollte man ernsthaft erwägen, zum Verproviantieren anderswo hin zu segeln. Alternativ beschränkt man sich auf die robusten Arten wie Zwiebeln, Kohl und Orangen und vergißt des Rest des Angebotes.

Die zweite, nicht minder wichtige Regel heißt: Alles genau überprüfen, bevor man es an Bord bringt. Dabei achtet man auf Insekten und ihre Eier - nicht nur, weil dies unangenehme Mitsegler sind, sondern auch, weil man es sich nicht erlauben kann, sie auch noch durchzufüttern. Wenn man Lebensmittel in Kisten kauft, besteht die zusätzliche Gefahr, Ratten und Mäuse an Bord zu importieren. Freunde von uns hatten einmal Ratten an Bord und haben bestätigt, daß es fast unmöglich ist, sie loszuwerden, bevor sie nicht erheblichen Schaden angerichtet haben.

Allgemein gesprochen sollte man versuchen, Früchte und Gemüse trocken und, soweit möglich, im Dunklen zu lagern. Dazu gibt es ein oder zwei Ausnahmen. Viele Produkte mögen es nicht, zu dicht an dicht verpackt zu werden, was man mit in Erwägung ziehen muß. Andere Früchte sollte man idealerweise in Papier wickeln, doch das ist einfach zu teuer und zu aufwendig, außerdem führt es zur Katastrophe, wenn das Papier einmal feucht wird. Wurzelgemüse scheint es zu bekommen, wenn noch etwas Erde dranbleibt, alles andere Gemüse sollte jedoch sauber sein. Man sollte fast alle Früchte und Gemüsearten in etwas Frischwasser waschen, dem man einen halben Teelöffel Haushaltsbleiche zugesetzt hat, denn dadurch werden alle Ansätze von Schimmel entfernt. Ausnahmen von dieser Regel werden weiter unten aufgeführt. Dann sollten sie getrocknet werden, entweder mit einem sauberen Tuch oder draußen in der Sonne, und schließlich sorgfältig weggestaut werden. Ich persönlich halte nicht so viel von den Netzen, die so viele Segler gerne unter Deck aufhängen. Abgesehen davon, daß das nicht gerade schön aussieht, werden die Früchte durch die dünnen Netze und das hin und her schaukeln häufig beschädigt, außerdem hängen sie im hellen Licht. Im Idealfall hätte man wohl ein Schapp für Früchte und Gemüse aus Holzlatten, am besten mit verstellbaren Holzleisten als Ablageflächen, wo man alles in jeweils nur einer Lage verstauen kann. Wenn man jedoch mit dem auskommen muß, was man als Stauraum an Bord hat, ist ein tiefes Schapp gut geeignet, das durch kleine Plastikkörbe ergänzt wird, die man in Haushaltwarengeschäften kaufen kann. Auch geflochtene Körbe sind nicht schlecht, außer, daß sie ein idealer Nistplatz für Insekten aller Art sind. Weichere Früchte mögen es nicht, unter anderen Arten begraben zu werden, also muß man hier etwas penibel vorgehen, und unten die Zwiebeln lagern, ganz obenauf dann etwa Tomaten. Wenn alles auf mehrere kleine Körbe verteilt ist, macht man es sich leichter, den Inhalt regelmäßig nachzusehen und auszusortieren. Dieses Aussortieren ist sehr wichtig, weil zum Beispiel nur eine schlechte Kartoffel alle anderen innerhalb von wenigen Tagen mit verderben kann, so daß alles, was vom Zustand her zweifelhaft erscheint, gleich entfernt werden muß. Je älter die Vorräte werden, oder je zweifelhafter deren Qualität, desto öfter muß man sie durchsehen und sortieren. Das ist zwar auf die Dauer ziemlich langweilig, aber wie mit so vielen langweiligen Dingen, die man eben einfach erledigen muß, fühlt man sich danach wie ein besonders ordentlicher Mensch. Außerdem kann man, wenn man wieder einmal gefragt wird: „Was macht ihr eigentlich die ganze Zeit auf See?" ganz ungerührt antworten: „Ich sortiere meine Früchte!", womit diese Unterhaltung dann garantiert beendet wäre. Außerdem kann man bei dieser Arbeit daran denken, daß frische Früchte sehr viel besser schmecken und obendrein meist billiger sind als solche aus der Dose.

Wie es sich mit dem Gehalt an Vitamin C verhält, kann ich nicht genau sagen. Ich habe gelesen, daß Früchte nach der Ernte ihren Anteil an Vitamin C mit alarmierender Geschwindigkeit verlieren, so daß ein Kohl nach einer Woche fast nichts mehr davon enthält. Weil das alle meine langgehegten Ideen und

Vorurteile torpediert, habe ich beschlossen, daß das nicht stimmen kann. Skorbut ist jedoch eine durchaus reale Gefahr - ich habe Leute getroffen, die unter den ersten Anzeichen davon litten, weil sie fast ausschließlich aus Konservendosen lebten. Pete und ich haben nie auch nur ein Anzeichen davon gehabt, und wir nehmen niemals Vitaminpillen, essen jedoch hauptsächlich frische Produkte. Daraus schließe ich, daß doch noch genug Vitamin C in den Früchten und Gemüsen verbleibt, um Skorbut zu vermeiden. Vitamin C wird durch Hitze, Wasser und Luft zerstört. Nur Dosentomaten und Fruchtsaft aus der Dose behalten ihr Vitamin C (ich weiß nicht, warum). Sein Gemüse sollte man nur so kurz wie eben nötig kochen und es nicht aufschneiden, bevor man es zubereitet. Wer sich dennoch Sorgen macht, sollte Vitamintabletten nehmen, denn die kann man sowieso an Bord haben, falls man einmal längere Zeit nichts Frisches bekommt.

Die folgende Aufzählung von Früchten erhebt keinerlei Anspruch auf Vollständigkeit. Es sollten jedoch ausreichend viele unterschiedliche Früchte darin genannt sein, daß man sich in etwa ausrechnen kann, wie lange sich die ungewöhnlichen Sorten, die man auf dem Markt gekauft hat, wohl in etwa halten könnten. Das hängt aber auch von dem Klima ab, in dem man gerade unterwegs ist, und auch davon, wie warm oder kalt das Wasser ist, wie gut die Stauräume belüftet sind und wie weit unten im Schiff sie sich befinden. Man sollte auch daran denken, daß, wenn man eine lange Strecke hauptsächlich auf einem Bug segelt, die eine Seite des Schiffes mehr Sonne bekommt als die andere, und entsprechend stauen. Wenn man gut auf seine frischen Früchte aufpaßt, wird man angenehm davon überrascht sein, wie lange sie sich an Bord halten können.

Äpfel

Diese halten sich im allgemeinen relativ gut. Vermeide beschädigte Äpfel, die besten für eine lange Lagerzeit sind die harten Sorten. Mit Bleiche waschen und trocknen, dann weit unten im Schiff verstauen, doch einmal die Woche durchsehen. In kühlen Breitengraden halten sie sich den ganzen Winter lang, im Sommer bis zu acht Wochen. In wirklich heißen Ländern kommen sie wahrscheinlich aus dem Kühlschrank, doch wenn nicht, halten sie sich auch hier zwei bis drei Wochen.

Aprikosen

Diese halten sich recht gut, wenn man sie kauft, solange sie noch fest sind. Dann werden sie allerdings auch nie ihren vollen Geschmack entwickeln. Auch hier beschädigte Früchte meiden, dann mit Bleiche waschen und trocknen, nicht mehr als drei Lagen übereinander stapeln, täglich durchsehen. Sie sind recht teuer in kühlen Ländern, dafür halten sie sich dort bis zu zwei Wochen, in heißen Ländern bis zu einer Woche. Gut für Vitamin A.

Bananen

Wenn man sie in unterschiedlichen Reifestadien kauft, reifen sie theoretisch nacheinander, so daß man einen ständigen Nachschub hat. Man muß sie sehr genau auf Kakerlaken und andere Tiere untersuchen. Wenn man nur kleine Mengen hat, sollte man sie voneinander trennen, mit Bleiche waschen und trocknen. Sie können sich bis zu vier Wochen halten, in kühlen Ländern ist es schwierig, grüne Bananen zu bekommen. In heißen Ländern brauchen sie ungefähr eine Woche, bis sie reif sind, dann halten sie noch zwei Tage. Wenn sie alle auf einmal reif werden, kann man sie schälen, entzwei schneiden, in der Sonne trocknen und anschließend wie Feigen oder Datteln essen. Dabei werden sie braun und klebrig und sehen ganz anders aus, als die kommerziell getrockneten Bananen.

Beeren

Außer Preiselbeeren, die sich monatelang halten können, halten andere Beeren nicht länger als zwei Tage. Man muß sie also genießen und essen, wenn man sie kauft. Wenn man sehr viele geschenkt bekommt, kann man sie einmachen (siehe Anhang I).

Kirschen

Wenn sie gekauft werden, solange sie noch nicht reif sind, halten sie einige Tage lang. Vorsichtig mit Bleiche waschen und trocknen.

Beeren

Außer Preiselbeeren, die sich monatelang halten können, halten andere Beeren nicht länger als zwei Tage. Man muß sie also genießen und essen, wenn man sie kauft. Wenn man sehr viele geschenkt bekommt, kann man sie einmachen (siehe Anhang I).

Birnen

Weiche Birnen halten sich unabhängig vom Klima nicht länger als einige Tage. Harte Birnen werden wie Äpfel behandelt und halten dann zwei bis drei Wochen in einem kühlen Klima. In heißen Ländern kommen sie vermutlich aus der Kühlung und halten dann nicht länger als drei oder vier Tage.

Datteln und Feigen

Diese können beide sehr gut in der Sonne getrocknet werden. Bei frischen Datteln weiß ich es nicht, aber frische Feigen halten sich nicht länger als zwei bis drei Tage in heißen Ländern, in einem kühlen Klima vielleicht etwas länger.

Dattelpflaumen

Falls man sie noch nie gesehen hat, sie sind wie große Tomaten, mit einem Blatt am oberen Ende. Sie werden gegessen, wenn sie sehr reif sind und die Haut schon fast durchsichtig ist, vorher sind sie ungenießbar. In kühlen Ländern sind sie teuer, werden jedoch unreif verkauft, dann halten sie sich etwa eine Woche lang. In einem heißen Klima halten sie, wenn unreif, drei bis vier Tage. Mit Bleiche waschen und unter dem Blatt nach Insekten sehen.

Granatäpfel

Dieses sind ideale Früchte, um sie auf langen und langweiligen Wachen zu essen, wo man mit einer Nadel einen Samen nach dem anderen herauspicken und essen kann. Ich habe nie versucht, sie in einem heißen Klima zu halten, in kühlen Ländern halten sie zwei bis drei Wochen, wenn sie luftig gestaut werden. Vor allem in heißen Klimazonen gut waschen und untersuchen, da sie ein Nistplatz für Insekten sind. Dort würden sie sich vielleicht eine Woche bis zehn Tage halten.

Grapefruit

Die besten Grapefruits haben wir in Venezuela gekauft. Sie sahen von außen ganz fürchterlich aus, doch innen waren sie so süß wie Orangen, so daß wir sie als Dessert gegessen haben. Etwas später haben wir welche in der Dominikanischen Republik gekauft. Die waren so sauer, daß wir sie nicht essen konnten und ich sie dann mit Honigsirup eingemacht habe. Selbst dann schmeckten sie noch so scheußlich, daß wir sie am Ende gar nicht gegessen haben. Danach sind wir Grapefruits nur noch mit sehr viel Vorsicht begegnet. Dabei halten sie sich gut. Mit Bleiche waschen und trocknen, dann kann man sie auch in mehrere Lagen übereinander stapeln, alle zwei Tage durchsortieren. In kühlen Ländern sind sie teuer, halten sich jedoch bis zu zwei Monaten, in heißen Klimazonen bis zu zwei oder drei Wochen.

Johannisbeeren

Wenn sie gekauft werden, solange sie noch nicht reif sind, werden sie vermutlich auch nicht mehr reifen. Sonst wie Beeren behandeln. Wenn sie sehr fest sind, mit Bleiche waschen und in einem Tuch trocken schleudern. Es gibt in fast jeder Traube einige schlechte, die man nicht entdeckt, so daß sie nicht länger als zwei oder drei Tage halten, unabhängig vom Klima.

Kirschen

Wenn sie gekauft werden, solange sie noch nicht reif sind, halten sie einige Tage lang. Vorsichtig mit Bleiche waschen und trocknen. Dann sollten sie eine Woche lang halten, weniger, wenn es heiß ist. Man kann auch sie einmachen.

Kiwis

Diese halten sich gut. Wenn es einigermaßen kühl ist, bis zu zehn Tagen, in sehr heißen Ländern sollte man sie jedoch innerhalb von drei Tagen essen.

Klementinen und Mandarinen

Wie alle anderen Zitrusfrüchte auch, sind diese gut zum Mitnehmen geeignet. Klementinen haben meist eine dünnere Schale und neigen weniger zu Schimmel als die dickhäutigeren Satsumas. Im Süden können sie unglaublich billig sein. Mit Bleiche waschen, drei oder vier Lagen stapeln. Alle drei Tage durchsehen. In einem kühlen Klima halten sich Klementinen bis zu vier Wochen, Satsumas zehn Tage bis zu zwei Wochen. In heißen Ländern drei bis zehn Tage, je nach Sorte.

Limonen

Dies ist der Grund, warum wir armen englischen Segler immer als „Limeys" bezeichnet werden: Früher war es vom Schiffahrtsministerium vorgeschrieben, daß jedes britische Schiff eine Mindestanzahl von Limonen an Bord hatte. Dabei war das alles umsonst, weil irgendein Dummkopf in seinem Büro Lime (Limone) mit Lemon (Zitrone) verwechselt hat, denn Limonen enthalten nicht annähernd soviel Vitamin C wie Zitronen. Allerdings sind sie köstlich, wenn man sie in ein Glas Rum ausdrückt, und das ist ja auch eine gute Art, die Vitamine, die sie dann doch enthalten, zu sich zu nehmen. Wie Zitronen behandeln und stauen.

Mangos

Wenn sie noch nicht reif sind, können Früchte wie Mangos bis zu drei oder vier Tage brauchen, um reif zu werden. Länger halten sie sich nicht, man muß sie essen, sowie sie reif sind. Gut für Vitamin A.

Melone

Wassermelonen sind zu groß, und wenn sie reif sind, muß man alles auf einmal aufessen. Die kleinen runden Melonen mit dem rosa Fruchtfleisch, die unter den verschiedensten Namen gehandelt werden, sind dagegen ausgesprochen köstlich. Man sollte sie kaufen, solange sie noch nicht reif sind, dann gründlich mit Bleiche waschen, da sie sehr zur Schimmelbildung neigen. Nicht übereinander stapeln. In kühlen Ländern halten sie zwei Wochen, in heißen Ländern eine Woche. Das Problem ist, wenn man sie in kühlen Klimazonen noch unreif kauft, werden sie vielleicht niemals reif werden.

Nektarinen

Eine Kreuzung zwischen Pflaumen und Pfirsichen, dabei halten sich Nektarinen eher wie Pflaumen. Selbst in England sind sie im Sommer manchmal recht billig. Wenn sie unreif gekauft werden, bekommt man nie den vollen Geschmack. Für eine längere Reise lohnt sich das aber dennoch. Mit Bleiche waschen und trocknen. Bis zu drei Lagen übereinander stapeln, bis sie reif sind dann nur noch eine Lage. Täglich durchsortieren und dabei umdrehen, denn wenn sie lange auf einer Stelle liegen, wird diese schlecht werden. In heißen Ländern drei bis sechs Tage haltbar, in kühleren Ländern vier bis 14 Tage.

Orangen

Das sind mit die besten Früchte zum Aufbewahren. Sie halten sich gut und haben viel Vitamin C. Auf dem Weg von Kanada nach Norwegen hielten sie sich zwei Monate lang, danach hatten wir sie aufgebraucht. Mit dünner Schale scheinen sie sich etwas länger zu halten als mit dicker Schale. In den Ländern, wo sie wachsen, halten sich die mit grüner Schale am besten. Sie sind anfällig für Schimmel, also gut mit Bleiche waschen und trocknen. Bis zu vier Lagen übereinander stapeln. Die ersten paar Wochen alle drei Tage durchsortieren, wenn sie älter werden, jeden zweiten Tag, ebenso in heißen Klimazonen. Dort halten sich gute Orangen bis zu drei oder vier Wochen, in kühlen Ländern mindestens zwei Monate.

Papaya (Pawpaw)

Diese können von einem kleinen Einkommen nur in den Tropen gekauft werden, wo man sie manchmal sogar umsonst bekommt. Dabei sind sie köstlich. Noch unreif halten sie sich bis zu einer Woche, doch selbst reife Papaya halten sich auch in den Tropen noch zwei Tage. Wenn man sie länger als nur einige Tage aufbewahren will, lohnt es sich vielleicht, sie mit Bleiche zu waschen. Können nur übereinander gestapelt werden, wenn sie noch sehr fest sind.

Pfirsiche

Diese können in vielen Ländern erstaunlich billig sein. Auch diese entwickeln nicht ihren vollen Geschmack, wenn man sie unreif kauft, halten sich dann aber besser. Mit Bleiche waschen, besonders die pelzigen Exemplare, die man in heißen Ländern bekommt. Nicht mehr als zwei Lagen stapeln. Täglich durchsortieren und dabei umdrehen. In einem heißen Klima halten sie sich bis zu drei Tagen, etwas länger, wenn sie unreif gekauft werden. In kühlen Ländern eine Woche bis zu zehn Tagen, wenn man Glück hat.

Pflaumen

Wenn sie zu unreif gekauft werden, reifen sie nicht mehr, also nur etwas unreif kaufen. Mit Bleiche waschen und trocknen, bis zu drei Lagen stapeln, täglich durchsehen. In einem kühlen Klima halten sie sich vier bis zehn Tage, zwei Tage in heißen Ländern. Man kann sie auch einmachen oder zu Marmelade verarbeiten (ein Pfund Früchte auf ein Pfund Zucker).

Rhabarber

Ich kann mir kaum vorstellen, daß jemand einen großen Vorrat davon an Bord nehmen möchte, aber wenn man es mag, hält sich Rhabarber etwa eine Woche in einem kühlen Klima. Kann auch eingemacht werden, wie Beeren.

Stachelbeeren

Weil härter und weniger süß als die meisten anderen Beeren sind, halten sie auch etwas länger. Mit Bleiche waschen und trocknen, in kleinen Dosen stauen, alle zwei Tage durchsortieren. In kühlen Klimazonen halten sie eine Woche. Sie können auch, gesüßt mit Honig, eingemacht oder zu einer köstlichen Marmelade verarbeitet werden.

Weintrauben

Nur sehr feste Trauben kaufen. Mit Bleiche waschen und in der Sonne trocknen. Dies ist die eine Frucht, bei der ich es empfehlen würde, sie aufzuhängen, man kann die Trauben über eine Leine hängen, die man beispielsweise im Vorschiff spannt. In kühlen Ländern können kleine Weintrauben sich bis zu zwei Wochen halten, in heißen Klimazonen vielleicht vier Tage.

Zitronen

Zitronen sind das beste Mittel gegen Skorbut - abgesehen noch von Erdbeeren - sind aber im Gegensatz dazu in rohem Zustand nicht sehr gut eßbar. Man kann Limonade daraus machen oder dicke Scheiben in den Gin Tonic, oder auch Rum Tonic geben und am Ende jedes Glases diese Scheiben auslutschen. Natürlich kann man sie auch beim Kochen für alle möglichen Dinge benutzen.

Man sollte nur feste Zitronen kaufen, egal, welcher Größe. Gut mit Bleiche waschen und dann an einem Faden, den man mit einer Nadel durch die Nippel zieht (Aua!), zum Trocknen aufhängen, dabei dafür sorgen, daß sie einander nicht berühren oder gegen etwas schaukeln. In kühlen Ländern halten sie dann für mehr als zwei Monate, in heißen Klimazonen etwa einen Monat. Wenn sie gestapelt werden, statt aufgehängt, sollte man sie alle drei Tage durchsortieren, denn dann halten sie auch nur noch etwa halb solange.

ANHANG III

GEMÜSE FÜR EINE LANGFAHRT VORBEREITEN UND STAUEN

Hier dreht es sich ums Gemüse. Ich würde vorschlagen, zuerst die Einleitung zum Anhang II zu lesen, wo alles über das Waschen, über Insekten und so weiter steht.

Unsere Grundnahrungsmittel sind Zwiebeln, Knoblauch, Karotten, Kohl, Kartoffeln und grüne Paprika, wenn wir sie billig bekommen. Mit dieser Auswahl kann man kaum etwas falsch machen.

Auberginen

Auberginen halten sich mehrere Tage lang. Wenn der Stil ohne zu schneiden herauskommt, sollte man ihn entfernen. Mit Bleiche waschen, nicht mehr als zwei Lagen übereinander stapeln. Alle drei Tage durchsortieren. Gute Auberginen halten sich bis zu einer Woche in heißem Wetter, sogar bis zu zwei Wochen in einem kühlen Klima.

Artischocken (Globus)

Für Segler mit einem kleinen Einkommen bestimmt nicht zu empfehlen. Diese sind teuer, beherbergen alle möglichen Arten von Insekten, sie nehmen viel Platz weg und sind nicht sehr nahrhaft. Sie sind allerdings auch köstlich, so daß ich von Zeit zu Zeit der Versuchung erliege und mich dann sorge, daß ich irgendwelches Getier damit an Bord einschleppe. In einem kühlen Klima halten sie sich etwa eine Woche, wenn es warm ist, zwei bis drei Tage. Man kann sie nicht waschen, weil sie die Feuchtigkeit behalten und schlecht werden würden. Wenn man sie also an Bord verstaut, kann das schon einmalschief gehen.

Artischocken (Jerusalem)

Die habe ich nie gegessen, kann also auch nichts dazu sagen. Ich denke jedoch, sie halten sich etwa so wie Karotten.

Avocados

Es ist kein Scherz - in Venezuela wachsen Avocados, die so groß sind wie Fußbälle. Die beste Art, diese Riesen zu verzehren, ist es, sie zu Guacamole zu verarbeiten: pürierte Avocado mit fein gehackten Zwiebeln, Tomaten, Chillischoten und etwas Limonensaft. Auf Crackern ist Guacamole einfach göttlich, und da die Avocados so groß sind, ist das schon eine volle Mahlzeit. Um ehrlich zu sein, waren sie selbst in Venezuela nicht besonders billig, aber wir haben sie dennoch gegessen. Wenn man welche in Normalgröße kauft, mit Bleiche waschen, trocknen und nicht mehr als zwei Lagen stapeln. Täglich durchsortieren, um die reifen Avocados zu finden. Wenn sie unreif gekauft werden, halten sie sogar in den Tropen drei oder vier Tage, in einem kühlen Klima eine Woche oder länger. Es gibt Dutzende von köstlichen Arten, Avocados zu essen, am besten einfach entkernt mit Mayonnaise oder French Dressing.

Blumenkohl

Leider hält sich auch dieser nicht sehr gut. In einem kühlen Klima kann man ihn eventuell für eine Woche halten, normalerweise jedoch eher drei Tage. Wenn es kalt genug ist, kann man ihn im Plastik lassen, aber nicht, wenn er schwitzt. Wenn er schon nicht mehr frisch ist, kann man aus Blumenkohl eine hervorragende Suppe machen, zusammen mit Kartoffeln und einer Zwiebel. Am Ende fügt man Milch hinzu, sowie reichlich schwarzen Pfeffer und Muskatnuß.

Bohnensprossen

Man wird vermutlich sowieso seine eigenen züchten, doch in einem heißen Klima muß man sie am selben Tag essen, in kühleren Gegenden halten sie sich bis zu drei Tage.

Brokkoli

Ein königliches Gemüse. Leider hält es sich nicht länger als einige Tage, außer man segelt in sehr kalten Gewässern.

Chicorée

Dieser ist gut für Salate in einem heißen Klima, kann aber etwas teuer werden. Dort hält er sich bis zu einer Woche, vielleicht nützt es etwas, den Chicorée locker in Plastik einzuwickeln. In einem kühlen Klima hält er sich etwa drei Wochen, doch dann werden schon viele Blätter ausgetrocknet sein, so daß ich eher sagen würde zehn Tage, in einer Plastiktüte.

Chinesische Blätter/Bok Choy

Die ersteren sind eine Art Kreuzung aus Salatblättern und Kohl, das Bok Choy hat die gleiche Form, jedoch mit einem breiten weißen Strunk und grünen Rändern am Blatt. Wenn man sie lagern will, darf man keine nehmen, wo die Spitzen der Blätter abgeschnitten wurden, weil sie dann von dort aus schlecht werden. Nicht waschen, aber sehr genau untersuchen. Wie beim Kohl die Blätter rundum von außen nach innen verbrauchen. Wenn es nicht zu heiß ist, kann man sie lose in Plastik einwickeln. Fünf Tage in einem heißen Klima, etwa 10 Tage im kalten.

Dicke Bohnen

Diese scheinen nur in kühlen Klimazonen vorzukommen. Sie halten sich sowieso nicht sehr gut, höchstens vier oder fünf Tage, und eignen sich daher nicht gut als Vorrat an Bord. Sie schmecken jedoch sehr gut und sind in der Saison billig. Man kann sie auch kalt mit French Dressing essen.

Erbsen

Frische Erbsen sind herrlich, halten sich jedoch nicht länger als drei oder vier Tage. Man sollte sie also innerhalb weniger Tage essen und das als Besonderheit genießen.

Fenchel

Dieser ist ganz gut, solange man feste Wurzeln kauft. Da er meist nicht billig ist, haben wir ihn nur selten an Bord, doch dabei habe ich festgestellt, daß Fenchel eines der wenigen Gemüse ist, das man lose in einer Plastiktüte einwickeln kann, damit es nicht vertrocknet. Die Tüte muß allerdings offen sein, denn sonst schwitzt der Fenchel, und falls das passiert, muß man ihn sofort heraus nehmen. Nicht waschen, da sich sonst Wasser darin sammelt, aber gut untersuchen, vor allem in den wärmeren Ländern. Wöchentlich durchsortieren und noch öfter, wenn es heiß ist. Hält sich eine Woche im Warmen, zwei Wochen im Kalten.

Gartenkürbis

Selbst als ich noch einen Backofen an Bord hatte, wußte ich nie so recht, was ich mit diesen Dingern anfangen sollte. Obwohl ich sie liebe, sind meine gefüllten Gemüse nie von großem Erfolg gekrönt, abgesehen vielleicht von gefüllten Kohlblättern, denn sonst fallen sie meistens auseinander und haben immer entweder zuviel oder zuwenig Füllung. Auch sind sie nicht besonders sättigend, vor allem für gesunde Esser wie uns. Sie schmecken obendrein recht fade, allerdings kann man sie oftmals in kühlen Gegenden unglaublich billig einkaufen, wo sie sich zwei bis drei Wochen halten. Mit Bleiche waschen, da sie zum Schimmeln neigen, und drei bis vier Lagen stapeln, wenn man so viele hat.

Grüne Bohnen

Dies sind die schönsten aller Bohnen, leider halten sie sich gar nicht gut. Mit Bleiche waschen, trocknen, nicht stapeln. Jeden zweiten Tag durchsortieren. In wirklich heißem Wetter habe ich es geschafft, sie vier Tage lang zu halten, doch auch im Kalten muß man schon Glück haben, um eine Woche zu schaffen. In Plastik schwitzen und verrotten sie, in Papier oder lose vertrocknen sie.

Karotten

Ein gutes Grundnahrungsmittel, das sich allerdings nicht so gut hält, wenn die Karotten gründlich gesäubert wurden. Am besten halten sich relativ dicke Karotten mit noch etwas Erde daran, das scheint sie am Austrocknen zu hindern. Wenn sie zu groß sind, verrotten sie, wenn sie zu klein sind, vertrocknen sie. Wenn man sie in Plastik aufbewahrt, fangen sie an zu schwitzen, und vergammeln. In einem kühlen Klima sollten sie, wenn man sie gut ausgewählt hat, etwa einen Monat halten (bis zu drei Monate, wenn es wirklich kalt ist), dabei müssen sie wöchentlich durchsortiert werden. In einem heißen Klima sollten sie jeden zweiten Tag durchsortiert werden, dann halten sie etwa zwei Wochen, mit Glück etwas länger. Sowie sie schlecht zu werden drohen, sollte man sie herausnehmen und sehr bald essen. Nur die schlechten Stellen herauszuschneiden, scheint nichts zu nützen. Das schmale Wurzelende abzuschneiden scheint jedoch dazu beizutragen, daß sie nicht so schnell schlecht werden.

Kartoffeln

Für jemanden, der eine normale nordeuropäische Küche bevorzugt, sind Kartoffeln ein Problem. Abgesehen von den Schwierigkeiten, sie zu lagern, nehmen sie auch viel Platz ein. Pete und ich sind durchaus dazu in der Lage, zusammen eineinhalb Pfund Kartoffeln zu essen, und selbst wenn man sie als Pellkartoffeln ißt und nicht die Hälfte beim Schälen verschwendet, ist das immer noch ein Haufen Kartoffeln. Mein erster Ratschlag ist daher, sich auch mit Reis und Pasta anzufreunden. Andererseits sind Kartoffeln sehr gut und nahrhaft, und ich würde sie nicht ganz missen wollen. Am besten kauft man sie, wenn sie noch etwas schmutzig sind. In großen Säcken sind sie meist noch nicht ganz sauber geschrubbt. Wenn noch etwas Erde an ihnen ist, verschrumpeln sie nicht so schnell. Man kann sie ruhig tief übereinander stapeln, doch möglichst nicht in einem Sack, weil man sie dann nur schwer durchsortieren kann. Man sollte sie an einem dunklen Ort verstauen, sonst werden sie grün. In kalten Gewässern reicht es, sie einmal die Woche durchzusortieren. Gute Kartoffeln halten sich, je nach der Jahreszeit und ob es neue oder alte Kartoffeln sind, von einem bis zu vier Monaten. Sehr neue Kartoffeln halten sich nicht so gut. In heißen Gegenden sollten sie sich zwei oder drei Wochen lang halten und mindestens einmal pro Woche durchsortiert werden. Eine schlechte Kartoffel wird ganz schnell auch die anderen verderben. Verdorbene Kartoffeln riechen außerdem scheußlich, vor allem, sobald die Schale beschädigt ist. Auch schlechte Karotten riechen übrigens ziemlich übel.

Wo man keine Kartoffeln bekommt, werden oft ähnliche Gewächse als Ersatz angeboten. Aus meiner Erfahrung habe ich mich statt dessen mit Reis und Pasta angefreundet.

Knoblauch

Ein Liebling aller Fahrtensegler, und das ganz zu recht. Es ist solch ein nützliches Gewürz. Am besten hängt man ihn auf an den Bändern, an denen man ihn zuweilen auch kaufen kann. Die Knollen mit großen Zehen halten sich besser, weil sie nicht so schnell vertrocknen. Wenn man lose Knoblauchknollen kauft, sollte man sie in die einzelnen Zehen zerlegen und in kleinen geflochtenen Körben aufbewahren. Dort werden sie keine Feuchtigkeit aufnehmen und nicht schimmeln. Wöchentlich durchsortieren. In heißen Klimazonen halten sie mindestens einen Monat, wenn es kalt ist, mehr als drei Monate. Knoblauch mag kein Licht und wird dann ausschießen, außer an den Bändern, die sehr viel sorgfältiger getrocknet sind. Übrigens benutze ich nie eine Knoblauchpresse, sondern schneide ihn mit einem scharfen Messer sehr klein. Für Aufstriche zerdrücke ich ihn dann mit der Klinge.

Knollensellerie

Auch dies scheint ein Lebensmittel für kühle Klimazonen zu sein. Da es ein Wurzelgemüse ist, sollte man den Schmutz nicht abwaschen, das Gemüse jedoch gründlich untersuchen. Dann hält er sich ganz gut, etwa drei Wochen. Wenn man ihn überhaupt in heißen Ländern kaufen kann, würde ich mit etwa einer Woche rechnen.

Kohl

Was würden wir ohne Kohl anfangen? Wir machen daraus zum Beispiel Coleslaw, mit Karotten, Mayonnaise oder Joghurt und braten oder kochen ihn als Gemüse. Die Blätter können gefüllt oder die Strünke in Eintöpfen verkocht werden. Kohl ist billig, man bekommt ihn überall und er hält sich gut. Diejenigen, die sich am besten halten, scheinen die harten weißen oder hellgrünen Kohlköpfe zu sein. Die mit mehr Blättern haben einen besseren Geschmack und enthalten mehr Eisen. Allerdings sind sie auch ein idealer Wohnort für Tiere aller Art, wenn man nicht besonders vorsichtig mit ihnen ist. Wenn man die weißen kauft, sollte man sie nicht waschen, da sich die Feuchtigkeit zwischen den Blättern hält und sie dann schlecht werden. Erst alle schlechten Blätter entfernen, dann kann man sie stapeln, wo immer man Platz hat. Kohlköpfe sind nicht gut, wenn man zu viele davon lagern will, weil sie schlecht werden, wenn es zu warm ist, doch wenn es zu kalt ist, werden die äußeren Blätter gelb. Am besten nimmt man immer ein paar von den äußeren Blättern für jede Mahlzeit, wobei man auch langsam den Strunk abschneiden kann, je mehr Blätter man entfernt. Sie werden meistens von unten her schlecht, mit dieser Methode bleibt man ihnen immer etwas voraus.

Wenn man ein halbes Dutzend Kohlköpfe hat, ist das ein ganz beträchtlicher Aufwand. Auf diese Weise halten sie sich jedoch zwei bis drei Wochen in einem heißen Klima und zwei bis drei Monate in einem kühlen Klima, je nachdem, wie kalt es letztendlich ist.

Kohlrabi

Wird wie Steckrüben behandelt und schmeckt auch in etwa so. Nicht gerade sehr aufregend!

Kürbisse

Dazu gilt mein Kommentar, den ich schon über Wassermelonen abgegeben habe - wo in aller Welt will man an Bord ein halbes Dutzend Kürbisse verstauen, und wie ißt man sich dann durch diesen Vorrat hindurch? Ich denke, die beste Verwendung liegt in der Kürbissuppe, auch mag ich Kürbispastete - doch wenn ich an all die anderen Zutaten denke, die dazu verwendet werden, frage ich mich, wozu man dann noch den Kürbis braucht. Ich betrachte sie daher nicht als ideale Lebensmittel für an Bord, obwohl sie sich außer in brütender Hitze gut halten.

Lauch

Lauch ist ein herrliches Gemüse, auch mit Bohnen zusammen in einer Soße oder in einer Kartoffelsuppe. Leider hält Lauch sich nicht lange und vertrocknet schnell. In heißen Ländern gibt es ihn gar nicht, außer aus dem Kühlschrank. In kühlen Ländern hält er sich maximal vier bis sieben Tage, einfach lose mit dem anderen Gemüse.

Oliven

Ich bin ziemlich sicher, daß dies Früchte sind und kein Gemüse, aber dann gilt das auch für Tomaten. Sie sind in Spanien und Portugal nicht teuer und extrem billig in Marokko. Obwohl die Experten behaupten, daß sie sich ohne Konservierungsstoffe nur an einem kühlen Ort halten, habe ich welche drei Monate lang an Bord gehabt, und in dieser Zeit waren wir nur in warmen Gewässern unterwegs. Ich hatte sie in Marokko gekauft, und ein Freund von uns hat mich ganz verrückt gemacht, indem er sagte, was für fürchterliche Krankheiten man sich einfangen könne, wenn man Lebensmittel ißt, die aus schmutzigen Händen stammen. Ich leide nicht gerade unter einem Sauberkeitsfimmel, doch diesmal hörte ich auf ihn, weil die Marokkaner wirklich schmutzige Hände haben. Also habe ich die Oliven abgegossen und mit kochendem Wasser blanchiert (wie er mir geraten hatte), was wohl alle Bakterien abgetötet hat. Dann habe ich eine sehr kräftige Salzlake angesetzt und die Oliven damit in Gläser gefüllt, wo sie sich drei Monate lang perfekt gehalten haben. Die Marokkaner haben etliche verschiedene Arten von Oliven, von ganz einfachen bis zu solchen, die mit exotischen Gewürzen gefüllt sind. Sie werden in riesigen Schüsseln dargeboten, die etwa einen Durchmesser von einem Meter haben, und von dort mit den Händen in Tüten gefüllt. Mit all den Fliegen, die uns dabei umschwirrten, wirkte das Ganze wirklich nicht sehr hygienisch, aber man muß schon etwas Schmutz essen, bevor man daran stirbt. Übrigens werden Oliven matschig und dunkel, wenn sie schlecht werden, und haben dann einen sehr unangenehmen Geschmack, so daß man wohl kaum welche aus Versehen ißt, die nicht mehr gut sind - denn davon kann man sich eine Lebensmittelvergiftung holen.

Paprikaschoten

Seltsamerweise halten diese sich sehr lange, wenn man sie sorgfältig behandelt. Vorsicht vor denen aus den USA und vielleicht auch einigen anderen Ländern, die gewachst sind. Bei unbehandelten Paprikaschoten halten diejenigen sich am besten, die noch ihre Stiele haben. An Bord sollte man sie mit Bleiche waschen und trocknen. Dann befestigt man einen Faden an den Stielen und hängt sie auf, so daß sie sich nicht berühren können - an diesen Stellen würden sie schlecht werden. Dazu sollte man keine Nadel nehmen, denn dadurch würden die Stiele splittern. In heißen Gegenden täglich untersuchen, in kühleren Gewässern jeden zweiten Tag. Mit der Zeit werden sie rot und schrumpelig werden. Ich habe sie während einer Atlantiküberquerung im Passat auf diese Weise fünf Wochen lang gehalten, dabei war es auch recht heiß. Nach vier oder fünf Tagen kann man sie nicht mehr roh essen, doch zum Kochen sind sie dann noch gut.

Pilze

Frische Pilze sind keine lagerfähigen Vorräte. Selbst in kühlen Gegenden wird man Glück haben, wenn man sie eine Woche lang halten kann. Ihre Lebensdauer wird sehr erhöht, wenn man sie konsequent von Plastik fernhält, das sie zum Schwitzen und Gammeln anregt. In einer flachen Schale im kühlsten Teil des Bootes halten sie am längsten. Manchmal wird man sie sehr billig angeboten bekommen und möchte sie dann irgendwie verwerten. Das ist gut möglich, weil man sie sehr einfach trocknen kann. Dazu wischt man den Schmutz ab, schneidet sie in möglichst dünne Scheiben und trocknet sie dann. Dies kann auf einem Backblech in einem nur lauwarmen Backofen geschehen, allerdings muß man darauf achten, sie nicht aus Versehen zu backen. Wahrscheinlich ist es sicherer, das Backblech oben auf den Herd zu stellen, in dem der Backofen angeheizt ist. Wenn man Flaute hat, kann man sie auch in der Sonne trocknen, sonst wehen sie weg. Auch kann man sie mit einer Nadel an einem langen Faden aufreihen und diesen dann in der Kajüte aufhängen. Sie trocknen sehr schnell und halten sich dann besonders gut in luftdichten Gläsern. Beim Kochen kann man sie entweder direkt aus dem Glas verwenden, oder sie zuvor in etwas Wasser einweichen.

Rosenkohl

In einem kühlen Klima hält er sich etwa eine Woche, unter perfekten Bedingungen. In einem heißen Klima hält er sich gar nicht und muß am gleichen Tag gegessen werden. Übrigens ist es ganz unnötig, beim Schälen die Hälfte davon wegzuwerfen. Man will dabei ja nur die äußeren, schmutzigen Blätter entfernen. Wenn man sich die Zeit nimmt, sie erst einzeln zu schälen und dann den Stil zu entfernen, anstatt es andersherum zu machen, bekommt man am Ende sehr viel mehr Rosenkohl für sein Geld.

Rote Beete

Rote Beete sind an einigen Orten billig zu bekommen. Mit Bleiche waschen und die Stengel gut untersuchen. In der Sonne trocknen. Drei bis vier Lagen tief stapeln. Alle fünf Tage durchsortieren. In den Bahamas, was ich als heißes Klima bezeichnen würde, hatten wir einmal welche für zehn Tage an Bord. In einem kühlen Klima würde ich erwarten, daß sie drei bis vier Wochen halten. Rote Beete kann man gut zu Bortsch verarbeiten, einer russischen Suppe aus zwei großen Zwiebeln, zwei großen Karotten, zwei Stück Sellerie, etwas Kohl, zwei Teelöffeln Olivenöl, einem Liter Wasser, einer kleinen Dose Tomaten, einem Pfund gekochter Roter Beete, etwas Sauerrahm oder Joghurt und etwas Dill. Alles rohes Gemüse wird in dem Olivenöl gebraten. Dann die gekochte Rote Beete pellen, wobei man scharlachrote Hände bekommt, und in kleine Würfel schneiden. Diese dann mit dem Wasser zum Gemüse geben, würzen und drei bis vier Minuten lang kochen. Dann alles etwas pürieren, um das Ganze anzudicken. Sauerrahm oder Joghurt in jeder Suppentasse dazu füllen und mit Dill bestreuen.

Eine Rote-Beete-Suppe, bei der man nicht die Hälfte seiner Vorräte verbraucht, besteht aus einer Zwiebel, einer großen Kartoffel, einem Pfund gekochter Roter Beete, gut einem Liter Wasser und etwas Zitronensaft. Die gewürfelte Zwiebel und Kartoffel anbraten, dann die gewürfelte, gekochte Rote Beete hinzugeben. Mit dem Wasser auffüllen und kochen, bis die Kartoffelstücke weich sind. Alles pürieren und mit Pfeffer, Salz und Zitronensaft würzen.

Wenn man die Rote Beete kocht, sollte man nichts davon abschneiden oder sie gar schälen, denn dann bluten sie aus. Erst kochen, dann schälen.

Rotkohl

Das ist auch so ein Gemüse, mit dem ich nicht so recht etwas anzufangen weiß. Man kann es wie Weißkohl anwenden, das gibt vielleicht etwas Abwechslung im Speiseplan.

Rüben

Dies ist wieder eine Wurzel, die eher in kühlen Gegenden vorkommt. Nicht jeder mag sie gerne, und in einigen Ländern wie in den USA sind auch Rüben und Steckrüben gewachst, und obwohl die Fachleute sagen, daß man sie trotzdem bedenkenlos essen kann, würde ich das persönlich nicht empfehlen. Im allgemeinen würde ich den gröbsten Schmutz abwaschen, sie aber nicht ganz reinigen. Einmal die Woche durchsortieren, dann halten sie sich einige Monate lang. Ich habe jedoch nie versucht, sie in heißen Gegenden an Bord zu lagern, doch sofern sie nicht aus irgendeiner Kühlung kommen, würde ich denken, daß sie sich zwei Wochen lang halten.

Salat

Die einzigen Salatköpfe, die man als Fahrtensegler kaufen sollte, sind die kompakten, harten Sorten wie beispielsweise Eisbergsalat. Nicht waschen, bevor man ihn ißt, sonst bleibt Wasser zwischen den Blättern, und auch dann nur die Blätter waschen, die man abgenommen hat. Solche Salatköpfe halten sich erstaunlich gut, wenn man sie wie Kohl behandelt und die Blätter von außen nach innen verbraucht. Salatköpfe nie durchschneiden, sonst vergammeln sie an der Schnittstelle mit einer ganz erstaunlichen Geschwindigkeit. In kalten Gegenden kann man sie in unverschlossenen Plastiktüten für etwa zwei bis drei Wochen aufbewahren, solange man täglich einige Blätter ißt. Ich habe es sogar einmal geschafft, einen Salat in den Tropen zehn Tage lang zu halten, was eigentlich lange genug sein sollte, um von einem Markt zum nächsten zu kommen, doch hier kann man ihn nicht in Plastik aufbewahren, wo er nur schwitzen und gammeln würde. Salatblätter haben übrigens nur sehr wenige Nährstoffe, aber ich habe sie trotzdem an Bord, weil sie so schön zu essen sind. Wenn Salat jedoch teuer ist, lohnt es nicht, ihn zu kaufen. Die losen Salatblätter halten sich gar nicht gut und sind auch nicht sehr knackig, aber sie enthalten wenigstens etwas Eisen, und das ist ja besser als gar nichts.

Salatgurken

Diese halten sich leider nicht sehr gut. Bei Wärme etwa drei Tage. Wenn es kalt ist, vielleicht eine Woche oder etwas länger. Vorsicht vor den Gurken aus den USA mit gewachster Schale. Ich mag keinen Wachs, doch esse ich gerne Gurkenschale.

Sellerie

Der hält sich nicht sehr gut, obwohl er gut in einer Plastiktüte aufbewahrt werden kann, solange es nicht zu warm ist. In einem kühlen Klima hält er sich bis zu zwei Wochen, wird dann aber etwas schlapp. In einem heißen Land gekauft, kommt er vermutlich aus der Kühlung und hält dann nicht länger als drei Tage.

Spargel

Das wäre schon ein Glücksfall - ich kann es mir einfach nicht vorstellen, jemals soviel Spargel zu haben, daß ich ihn irgendwo an Bord verstauen muß. Ich schätze, er hält sich etwa drei Tage, aber ich erwähne ihn hier nur wegen der Vollständigkeit.

Spinat

Wie man sich vielleicht vorstellen kann, hält Spinat sich nicht sehr gut. In heißen Gegenden empfehle ich, ihn am Tag des Einkaufs zu essen. Nur in kühlen Gegenden kann man ihn waschen, trocken schütteln und lose in einer Plastiktüte unterbringen. Dann so kühl wie möglich lagern, auf diese Weise sollte er sich drei oder vier Tage halten. Dosenspinat kann man mit Mehl, feingehacktem Ingwer, einer feingehackten Chilischote, Garam Masala und Knoblauch zu einer dicken Paste verarbeiten, die dann in Bällen fritiert wird, um Koftas herzustellen. Das ist ein köstliches indisches Gericht, das man mit Joghurt zu einem Curry ißt.

Stangenbohnen

Siehe unter Grüne Bohnen. Stangenbohnen mögen sich vielleicht etwas länger halten, neigen aber dazu, faserig zu werden.

Steckrüben
Siehe unter Rüben.

Süßkartoffeln

Diese werden immer populärer, obwohl ich selbst ungesüßte Kartoffeln bevorzuge. Sie sind oft dort erhältlich, wo man unsere europäischen Kartoffeln nicht bekommen kann. Ich würde sie wie „normale" Kartoffeln behandeln und stauen, dann halten sie sich ganz gut.

Tomaten

Auch diese halten sich erstaunlich gut. Als wir das erste Mal in den Bahamas waren, erzählte man uns vom Großmarkt in Nassau. Früchte und Gemüse sind in den Bahamas extrem teuer, doch die guten Frauen im Großmarkt in der Nähe der Brücke verkaufen manchmal einen „gemischten Karton" voller Früchte und Gemüse, wenn man Glück hat. Als wir dort waren, hatten sie nicht genügend Früchte, aber verkauften uns eine Kiste Gemüse für sechs Dollar. Unter anderem enthielt diese Kiste zwei große Kohlköpfe, die alleine schon zwei Dollar pro Kopf wert waren, Kartoffeln, Rote Beete, alle möglichen anderen Dinge und 45 Tomaten. Bis heute erinnere ich mich daran, wie ich diese 45 Tomaten sehr sorgfältig gewaschen und an Deck zum Trocknen ausgelegt habe. Noch besser war, daß die meisten von ihnen grün waren. Von dort segelten wir nach Bermuda, was drei Wochen gedauert hat, und wir hatten unterwegs während der ganzen Zeit frische Tomaten. Ich habe dann auch vor einer Atlantiküberquerung auf den Kanarischen Inseln welche gekauft, die sich drei Wochen lang gehalten haben. Also: Wenn sie noch grün gekauft werden, halten sie sich in heißen Gewässern drei Wochen, sonst eher vier Wochen lang. Wenn sie reif werden, darf man sie natürlich nicht stapeln, und man muß sie täglich durchsortieren, um die reifen herauszupicken. Und sie haben viel Vitamin C.

Zucchini

Diese wunderbaren kleinen Knochen halten sich leider nicht sehr lange. Mit Bleiche waschen und trocknen. Zwei oder drei Lagen stapeln. Täglich durchsortieren. Drei Tage in einem heißen Klima, maximal fünf, eine Woche im Kalten, maximal zwei, wenn sie wirklich frisch und fest sind.

Zuckererbsen

Diese können teilweise sehr günstig eingekauft werden, aber halten sich nicht gut. Sie haben eine große Oberfläche und vertrocknen schnell. In kühlem Wetter können sie vier oder fünf Tage halten, im heißen maximal zwei Tage.

Zwiebeln

Zwiebeln sind das Grundnahrungsmittel für uns - manchmal brate ich schon welche in der Pfanne an, während ich mir noch überlege, was ich denn kochen will. Die Anzahl der Tage, an denen wir keine Zwiebeln gegessen haben, ist wirklich sehr klein. Sie halten sich sehr lange, vorausgesetzt, man behandelt sie richtig. Zuerst muß man sichergehen, daß man die richtige Art von Zwiebeln kauft. Die mittelgroßen sind etwas besser als die ganz großen, auf keinen Fall darf man jedoch „Zwillinge" dabei haben. Das sind solche Zwiebeln, die, wenn man die Schale entfernt, sich als zwei zusammengewachsene entpuppen. Wenn man sich nicht sicher ist, ob die Sorte, die man einkaufen will, solche Zwillinge enthält, nimmt man erst wenige und sieht nach. Dort wo sie zusammen sind, sammelt sich Feuchtigkeit, und dann werden sie ganz schnell schlecht. Feuchtigkeit führt auch dazu, daß sie ausschießen, also darf man sie auch nicht waschen. Um zu verhindern, daß sie feucht werden, schält man die braune Schale ab, so daß sie atmen können. Nach einigen Wochen wird die äußere Haut langsam trocken und wieder braun werden, dann muß auch sie entfernt werden. Im Laufe der Zeit werden die Zwiebeln auf diese Art kleiner und kleiner, aber dafür halten sie sich lange. In heißen Ländern sollte man die äußere Schale sofort entfernen, wenn man die Zwiebeln an Bord bringt, weil damit auch uneingeladene Gäste aus dem Tierreich von Bord fliegen. Man kann sie übereinander stapeln, muß sie jedoch wöchentlich durchsortieren, und öfter, wenn die Reise sehr lange dauert. Sie sollten sich drei Wochen bis zu einem Monat halten, sogar etwas länger, wenn man eine wirklich gute Qualität erwischt hat. In kühlen Gewässern sollten sie auch einmal die Woche durchsortiert werden. Falls sie ausschießen, schneidet man sie ab und ißt die betreffenden Zwiebeln. Auf diese Weise sollten sie gut und gerne zwei bis drei Monate lang halten. Sie brauchen jedoch Luft und müssen trocken bleiben. Obwohl man sie fast überall kaufen kann, ist es doch gut zu wissen, wie lange sie sich halten können.

Anhang IV

Badger
Entworfen von Jay R. Benford

Obwohl an vielen Stellen in diesem Buch schon viel über Badger geschrieben wurde, denke ich doch, daß einige allgemeine Ausführungen dazu in diesem Anhang interessant sind. Die Frage ist ja nicht nur, warum Badger ein gutes Schiff ist, sondern warum sie sich so besonders gut zum Langfahrtsegeln mit einem kleinen Einkommen eignet.

Was mich an Badger besonders anspricht, ist das sie ganz bewußt für ein Paar entworfen wurde. Die meisten Boote ihrer Größe haben mindestens sechs Kojen, wobei der Rest der Einrichtung dann irgendwie darum herum gebaut wird. Auf vielen Fahrtenyachten werden die Hundekojen als Stauraum genutzt. Auf Badger jedoch kann man den Raum unter dem Cockpit sehr viel leichter erreichen, so daß man hier auch besser und effektiver stauen kann.

Badger wurde entworfen, um eine große und benutzbare Pantry zu haben, was eine absolute Notwendigkeit auf jedem Fahrtenschiff ist. Sie hat einen gemütlichen Salon mit vielen Bücherregalen und eine Doppelkabine. Der Waschraum ist groß genug, daß man die Tür schließen und darin duschen kann. Die Kajüte geht über die volle Schiffsbreite, vom Cockpit bis zur vorderen Kabine, was ein sehr großzügiges Raumgefühl vermittelt und strukturell stärker ist, als ein herkömmlicher Aufbau. Es ist genug Platz für einen Heizofen vorhanden. Der Doryrumpf gibt einen breiten, flachen Boden, wodurch die Einrichtung weiter an die Bordwände heran gebaut werden kann, ohne daß man dann auf den Rumpfseiten stehen muß. Auf ihr zu leben ist sowohl auf See als auch im Hafen sehr komfortabel.

Sperrholz ist ein einfaches, schnelles und starkes Bootsbaumaterial. Wenn man sich auf dem Markt umsieht, kann man es zu sehr günstigen Preisen bekommen, und wenn man das Schiff baut, während man noch arbeitet, kann man es nach und nach einkaufen. Wenn man mit Epoxidharz baut, ist es nicht notwendig, das teuerste Bootsbausperrholz zu verwenden, ein wetterfestes Sperrholz guter Qualität ist dann vollkommen ausreichend. Auch benötigt man beim Bauen mit Epoxidharz keine teuren Beschläge, was die etwas höheren Kosten des Epoxids wieder wettmacht. Geklebte Verbindungen haben den Vorteil, daß sie nicht lecken, ein Riesenvorteil für jedes Schiff. Diese Yacht hat eine gemäßigte Verdrängung, was bedeutet, daß auch die Baukosten nur mäßig sind. Ein nur selten erwähnter Vorteil von Sperrholz ist, daß man es sehr einfach reparieren kann, indem man die beschädigte Stelle herausschneidet und dort ein neues Stück Sperrholz hinein schäftet.

An Deck ist Badger simpel und übersichtlich. Es gibt ein sehr kleines Cockpit achtern, ein klares und breites Mitteldeck und ein etwas tiefer gelegtes Vordeck, welches das Spritzwasser vom Cockpit fernhält und wo ein festes Beiboot verstaut werden kann, ohne die Sicht des Steuermanns zu behindern. Sie hat viele Luken zum Lüften. In den Kisten an Deck, direkt achterlich der Kabine, kann man Benzin sicher verstauen, außerdem landen hier die losen Enden der Schoten und Fallen. Auch sind dies sehr bequeme Sitze. Das Ruder hängt außen am Schiff, damit man es leichter warten und reparieren kann.

Das Dschunkenrigg ist vielleicht das beste Rigg, welches jemals zum Segeln mit einer kleinen Crew entworfen wurde. Es ist außerdem sehr billig zu bauen und zu erhalten. Dadurch entsteht mehr freier Raum unter Deck, auch das Oberdeck bleibt klar und übersichtlich.

Badger kann ohne viel Aufwand und mit wenig Geld gebaut werden. Mit Epoxidharz und Glasfasermatten überzogen ist sie sehr pflegeleicht und kann ohne viele Ausgaben gut in Schuß gehalten werden - eine der wichtigsten Voraussetzungen für ein Schiff, das mit einem kleinen Einkommen betrieben wird.

Es folgen nun einige Zeichnungen von Badger und anderen Dories, sowie der Kommentar des Konstrukteurs zu diesem Entwurf.

Vor 25 Jahren, als ich noch ein junger Yachtdesigner war, entwarf ich die ersten Versionen der Boote, aus der dann diese ganze Reihe der Segeldories wurde. Meine Ziele bei den ursprünglichen Entwürfen waren den Beweggründen sehr ähnlich, aus denen Annie und Pete Hill sich schließlich für unseren 34-Fuß Entwurf entschieden haben. Ich wollte ein Boot entwerfen, daß für wenig Geld ein möglichst brauchbares und nützliches Fahrtenschiff sein kann. Da der potentielle Kunde für das erste Boot ich selbst war, konnte ich ganz rücksichtslos alles das wegstreichen, was das Boot verkompliziert oder verteuert hatte.

In den nachfolgenden Jahren haben wir mehrere hundert Pläne für diese Segeldories verkauft. Einige der davon gebauten Boote haben Ozeane überquert, und alle Eigner haben uns gesagt, wie sie den Entwurf lieben und wie seetüchtig diese Boote sind.

Die ursprünglich entwickelte Bauweise wurde für alle Entwürfe dieser Reihe beibehalten. Die Rumpfseiten bestehen aus Sperrholzplatten, die an die Schotten und die Einrichtung im Bootsinneren befestigt und geklebt werden, die dann wiederum die strukturelle Festigkeit ergeben, damit das Schiff seine Form behält.

Bodenwrangen laufen quer über den ganzen Boden, von einer Seite zur anderen, um die Kräfte der Kielbolzen aufzunehmen. Ein Kiel aus Altmetall, Eisen oder Blei wird dann von unten an das Schiff gebolzt. Das kann auch noch direkt vor dem Stapellauf geschehen, so daß das Boot dann wesentlich niedriger aufgebockt bleibt, was die Arbeit daran erheblich erleichtert.

Die Längsstringer verlaufen in den Knicks des Rumpfes, sowie der Stringer für das Backdeck oder den Aufbau. Es gibt keine Spanten zu beachten, auch keine Decksbalken, sondern nur ein provisorischer Rahmen während das Sperrholzdeck zusammengeklebt wird.

Die geraden, einfachen Linien des Rumpfes straken wie von alleine. Ein professioneller Bootsbauer könnte den Rumpf innerhalb weniger Stunden auf einem Schnürboden aufreißen und ausrichten. Weiterhin sorgen die geraden Linien dafür, daß man während des Ausbauens nicht so viele gebogene Teile einbauen muß, wodurch auch diese Arbeit schneller vonstatten geht, als bei einem Rundspanter.

Der erste der größeren, 36-Fuß Entwürfe wurde innerhalb von 13 Monaten von einem Schuster in Alberta gebaut. Er hatte noch nie zuvor ein Boot gebaut und hatte, 1200 Meilen von der nächsten Küste entfernt, auch keine Bootsbauer oder Werften in der Umgebung, die er um Rat hätte fragen können.

Professionelle Werften sagen uns, daß sie dies Boote in noch kürzerer Zeit bauen können, so daß man hier wirklich das Meiste an Boot für sein Geld bekommt.

Können diese Dories auch in anderen Werkstoffen gebaut werden? Ja, mit einigen Einschränkungen. Für einen Entwurf haben wir vorgesehen, daß er aus verschiedenen Holzlagen laminiert wird, zu der gleichen Stärke wie Sperrholz. Für die 36 und 37,5-Fuß-Boote haben wir auch Aluminiumversionen entworfen. Aus Aluminium haben sie etwa das gleiche strukturelle Gewicht. Sandwichbauweise aus Kunststoff ist auch eine Möglichkeit, auch hier gibt es entsprechende Pläne für die größeren Modelle.

Wir haben auch eine Stahlversion des 36-Füßers als Motorfischkutter entworfen, doch das zusätzliche Gewicht ist hier so hoch, daß man nicht mehr viel für den Ballast eines Segelbootes über hätte. Ich persönlich würde immer wieder Sperrholz wählen.

Mehrere der Dories haben andere Riggs, als die ursprünglich für sie entworfenen. Die Hills sind sehr überzeugte Fürsprecher ihres Dschunkenriggs. Das 34-Fuß-Boot und die größeren haben genug Stabilität, um das höhere Gewicht dieses Rigg zu verkraften, wodurch sich auch der Gewichtsschwerpunkt etwas nach oben verlagert.

Als die Hills uns besucht haben, machten wir einen Krängungstest mit Badger, der bestätigte, daß sie noch bei einem Krängungswinkel von 125 Grad positive Stabilität hatte, obwohl sie alle ihre Besitztümer an Bord gelassen hatten und obwohl das Schiff mit dem schwereren Rigg ausgestattet war. Wie sie es nun bewiesen haben, ist dies ein sehr tüchtiges Fahrtenschiff.

Die meisten Leute, die Dories nur als offene Ruderboote kennen, sind sehr überrascht über die Stabilität der Segelversionen mit einem externen Kiel.

Trotz des flachen Unterwasserschiffes knallen die Dories beim Segeln nicht in die Seen, da sie dann etwas krängen und unter Wasser eine V-Form bekommen. Ich habe nur einmal gehört, daß eines unserer Entwürfe in die Seen geknallt ist, und das war als Donna über eine Barre mit brechenden Seen an der Küste von Oregon motort ist. Dadurch war sie aufrecht, so daß es dann normal ist, während des Überquerens der Barre in die Brecher zu knallen.

Donna war die erste der 36-Füßer und erst als Gaffelketsch geriggt, dann, nach verschiedenen Ozeanüberquerungen, mit einem höheren Bermudaketsch-Rigg. Die Überlegung dabei war, daß sie mit dem höheren Rigg die leichten Passatwinde des Pazifiks besser ausnutzen könne. Dieses Rigg wurde unter einem erheblichen Kostenaufwand aufgestellt, doch es verbesserte die Segeleigenschaften auf See merkbar. Wenn dies ein wichtiger Punkt ist, würde ich das höhere Kutterrigg empfehlen.

Da Annie in ihrem Buch schon sehr ausführlich die Vorteile des Dschunkenriggs dargelegt hat, beschränke ich mich hier nur noch auf den einen Hinweis, daß Gaffelsegel mit dem Gewicht der Spiere schneller zu bergen sind, was in einigen Situationen durchaus ein Sicherheitsfaktor sein kann..

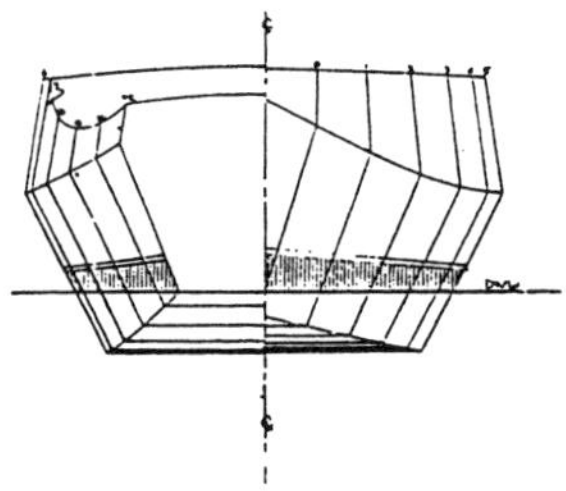

26' Backdeck-Kutter
Entwurf Nummer 274
1988

Dieser Entwurf kann die gleichen Reisen unternehmen, die Badger durchführt. Sie hat eine für ein an Bord lebendes Paar komfortable Einrichtung. Was sie nicht hat, sind die vielen Staumöglichkeiten und die Zuladefähigkeit für langfristige Vorräte, die Badger so sehr auszeichnen. Sie wurde mit einem ausgeschäumten Rumpf entworfen, so daß sie auch noch dann schwimmen würde, wenn sie total voll Wasser gelaufen ist. das Problem für Langfahrtsegler ist dabei, daß der Schaum sehr viel wertvollen Sauraum beansprucht, und wenn ich ein solches Boot für mich selbst bauen würde, würde ich auf den Schaum verzichten und lieber den Stauraum haben. Sie kann ganz problemlos trockenfallen, wo sie dann auf ihren Kimmkielen und dem Ruderskeg aufrecht steht. Dadurch kann man auch flache Gewässer erkunden, in der beruhigenden Gewißheit, daß man nicht eine volle Tide schräg auf der Seite liegend verbringen muß

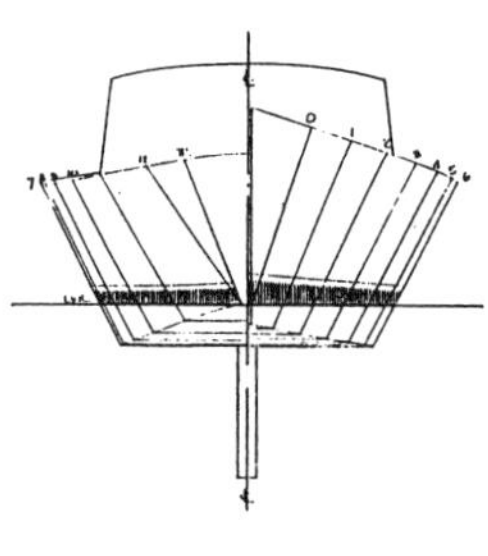

30' Segeldory
Entwurf Nummer 32
1967

Es gibt drei Versionen dieses Entwurfs, die auf den folgenden Seiten gezeigt werden. Die Gaffelketsch hat eine kleine Achterkabine für Gäste oder Kinder. Für eine Langfahrtyacht würde ich die Bermudasloop vorschlagen, mit einem Kartentisch wie auf der Gaffelketsch anstelle der Innensteuerposition. Es ist eine etwas kleinere Version von Badger mit ähnlicher Innenaufteilung.

Die Ketsch wird mit einem Bleikiel gezeigt, die Bermudasloop mit einem Altmetall- und Zementkiel. Die Gaffelsloop hat einen Langkiel, mit entweder Blei oder Zement und Altmetall als Ballast.

Die angegebene Verdrängung bezieht sich auf das Küstensegeln. Für Langfahrten wird sie relativ schwer beladen werden, etwa so wie Badger. Glücklicherweise können diese Dories das zusätzliche Gewicht gut vertragen, ganz ähnlich wie ihre Vorfahren, die leicht hinausfuhren und voll beladen mit Fisch zurückkehrten.

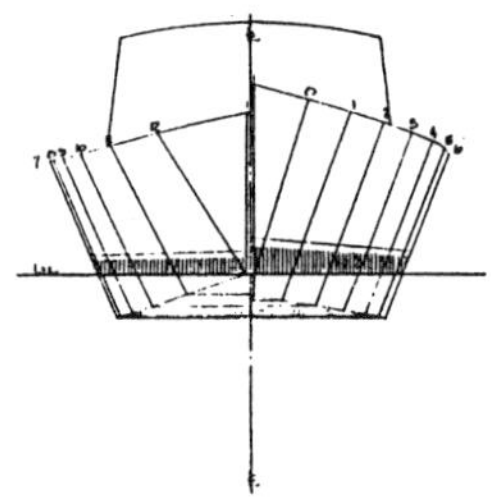

32' Segeldory Shoestring
Entwurf Nummer 36
1968

Dieser 32-Füßer wurde von ihrem ersten Eigner selbst gebaut und auf den Namen Shoestring getauft. Wir mochten diesen Namen so gerne, daß wir ihn für den Entwurf adoptierten.

Dies ist der schmalste der Doryentwürfe und reagiert daher sensibel auf Toppgewicht, so daß man hier kein zu schweres Rigg verwenden kann. Die Segeltragefähigkeit und damit auch die Möglichkeit, aus einer brenzligen Situation heraus zu segeln, hängt direkt von der Stabilität des Bootes ab. Alles was man tun kann um das Toppgewicht zu reduzieren, wird die Stabilität erhöhen. Die Querstabilität hängt von der Breite in der Wasserlinie ab, so daß ein breiteres

Schiff auch eher ein schweres Rigg tragen kann.

Das Ketschrigg und der Kiel sind dieselben, wie auf dem 30-Füßer, ebenso einige Zeichnungen. Ein Slooprigg aus Aluminium in den Abmessungen des 30-Füßers wäre für dieses Boot wohl das beste in Bezug auf die Stabilität.

Mit dem Slooprigg, wo der Mast bis in den Salon nach achtern wandert und nicht mehr zwischen den Vorderkojen steht, könnte man vorne eine schöne Doppelkoje über die volle Schiffsbreite einbauen.

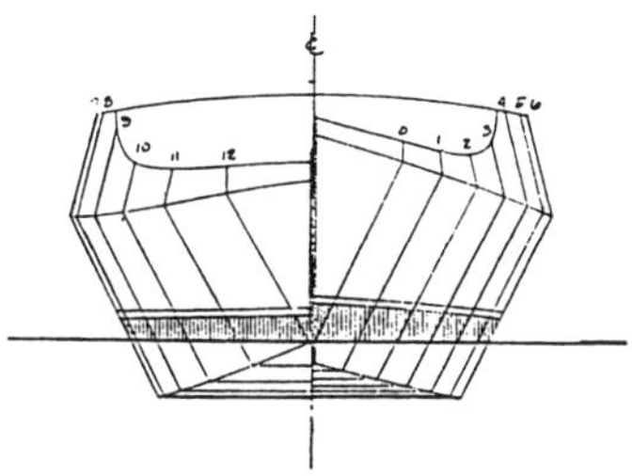

24' Segeldory Badger
Entwurf Nummer 170
1978

Das Konzept dieses Entwurfs war es, den bewährten Einrichtungsplan der 34-Fuß Ketsch Sunrise zu benutzen, der in den zehn Jahren, während der ich an Bord gelebt habe, immer weiter verbessert und verfeinert wurde. Ich wollte diese Einrichtung auf einem unserer Dories verwenden, um diese funktionale Einrichtung auf einem Schiff zu haben, das billig gebaut werden kann. Wir hatten schon zuvor mehrere Doryentwürfe gemacht, und bei dieser Version nutzten wir einige Erfahrungen aus den früheren Booten bezüglich der Rumpfform, um sowohl die Segeleigenschaften als auch die Stabilität zu verbessern.

Das ursprüngliche Kutterrigg wurde entworfen, da in einigen Gegenenden gewachsene Spieren günstig zu bekommen sind. Dazu entwarfen wir einige sehr einfache Beschläge, die man auch selber herstellen kann, und dieses Rigg hat sich auf einigen Schwesterschiffen gut bewährt.

Es gibt zwei Möglichkeiten, das Deck zu bauen, eine mit einem Aufbau die andere mit einem Backdeck, wie auf Badger. Das letztere macht viel Sinn und ich würde es für jedes Langfahrtschiff empfehlen. Es bringt mehr Platz unter Deck und macht gleichzeitig das Layout am Oberdeck einfacher und übersichtlicher. Schließlich bringt es im Falle einer Kenterung mehr positive Stabilität, da man hier dann mehr Auftrieb an der richtigen Stelle hat.

Wie Pete und Annie festgestellt haben, ist die Einrichtung für sie ideal. Wenn man auf diese Art Reisen möchte, wird dieses Schiff nur schwer zu übertreffen sein. Es hat genug Platz, daß ein Paar komfortabel darauf leben und segeln kann, und ist doch klein genug, um erschwinglich in der Anschaffung und in den Unterhaltskosten zu sein.

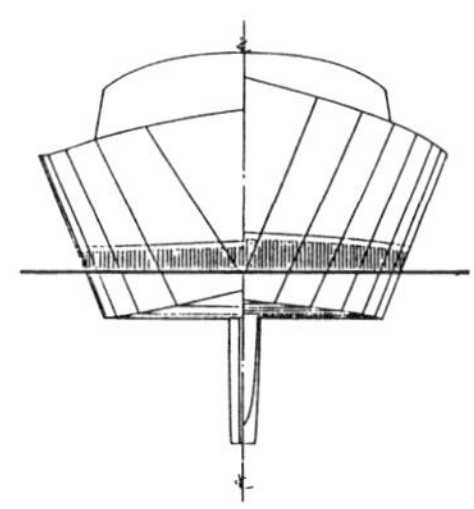

36' Segeldory Donna
Entwurf Nummer 127
1975

Dieser Entwurf hat die gleiche schöne Einrichtung wie Badger, jedoch noch mit zwei zusätzlichen Hundekojen. Dies ist eine ideale Aufteilung für eine vierköpfige Familie, die an Bord lebt wobei die Schlafräume gut voneinander getrennt sind. Ich würde auch hier eine Doppelkoje im Vorschiff haben, während man die Kojen im Salon und die Hundekojen unterwegs beim Segeln benutzen kann.

Einige dieser 36-Füßer haben sehr viele Ozeanreisen gemacht, und die Eigner haben berichtet, daß sie dabei sehr komfortabel sind. Auch haben sie gesagt, daß man mit diesen Booten schnelle Passagen machen kann und daß sie sogar unter bestimmten Bedingungen im Passatwind ins Surfen kommen.

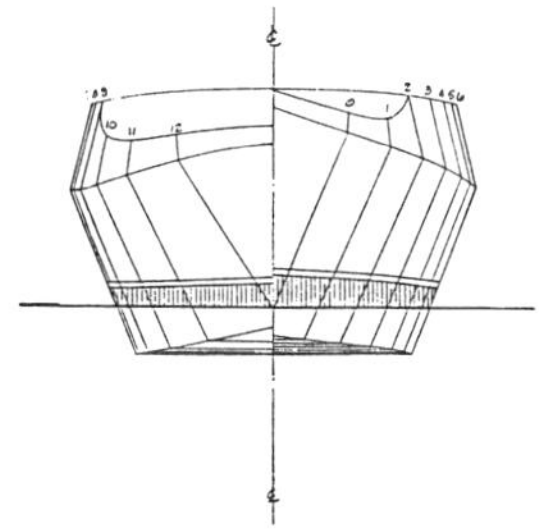

37,5' Segeldory
Entwurf Nummer 174
1978

Dieser Entwurf ist eine Variante des 36-Fußers, mit einem etwas schrägeren Bug. Kiel, Unterwasserschiff und die Basisstruktur sind die gleichen. Auch die Einrichtungen sind so gut wie austauschbar, so daß einige Ideen von dem einen auch für den anderen Entwurf genutzt werden können. Der Trick dabei ist darauf zu achten, daß die Masten nicht dort stehen, wo sie die Einrichtung stören, und daß die Verstärkungen dennoch an der richtigen Stelle angebracht sind. Auch hier würde ich den Backdecker empfehlen, aus den gleichen Gründen, wie schon bei Badger genannt.

Es wäre vielleicht ganz praktisch, ein festes Sprayhood oder sogar ein kleines Pilothouse am vorderen Ende des Cockpits einzubauen. Wenn man dies mit Achtercockpit und Hundekojen verbindet, könnte das Pilothouse diesen Teil der Einrichtung überdecken. Die Kabinenversion hat übrigens den gleichen Einrichtungsplan wie der 36-Füßer, mit Ausnahme der Doppelkoje im Bug.

Größere Dories

Während dieses Buch in Druck geht, arbeiten wir gerade an einem 45-Fuß Motorsegler. Vor etlichen Jahren haben wir auch einmal ein Konzept für ein 60-Fuß Dory gezeichnet, das als dreimastiger Dschunkenschoner getakelt werden sollte. Das wird hier erwähnt um zu zeigen, daß es keine Größenbeschränkung für Segeldories gibt.

Technische Daten der Segeldories:

Größe		**26'**	**30'**	**32'**	**34'**	**36'**	**37 1/2'**
Länge über Alles		26'-0"	30'-0"	32'-0"	34'-0"	36'-0"	37'-6"
Länge der Konstruktionswasserlinie		23'-1"	26'-0"	27'-0"	28'-0"	31'-0"	31'-0"
Breite über Alles		9'-9 3/4"	10'-0"	9'-0"	11'-0"	11'-0"	11'-0"
Tiefgang		3'-0"	4'-0"	4'-0"	4'-6"	4'-6"	4'-6"
Freibord:	Vorne	4'-6"	4'-6"	4'-2"	5'-0"	5'-0 3/4"	5'-2 1/2"
	Kleinster	4'-4 1/2"	2'-8 3/4"	2'-6 1/4"	2'-9"	3'-0 1/4"	3'-0 1/4"
	Achtern	3'-8 1/2"	3'-3 1/2"	3'-6 1/2"	4'-0"	4'-2 3/4"	4'-9"
Verdrängung im Fahrtentrimm*		8,000	6,700	6,900	10,400	13,425	13,425
Verhältnis von Verdrängung zur Länge		290	170	156	211	201	201
Segelfläche, Quadratfuß		419	500	500	600	700	700/725
Verhältnis von Segelfläche zur Verdrängung		16,76	22,5	22,1	20,15	19,83	19,83/20,54
Prismatischer Koeffizient (Völligkeitsgrad des Hauptspants)		.614	.58	.60	.56	.63	.63
Pfund pro Inch Eintauchtiefe		659			906	983	983
Hilfsmotor, PS		9	9	9	18	27	27
Wasserkapazität, Gallonen		40	25	25	100	110	110
Treibstoffkapazität, Gallonen		25	25	25	40	55	55
Stehhöhe in der Kajüte		5'-3"/6'-1"	6'-1"	6'-1"	6'-3 1/2"	6'-4"	6'-4"

* Anmerkung: Die hier angegebene Verdrängung bezieht sich auf das Boot im Fahrtentrimm zum Küstensegeln. Das bedeutet, mit vollen Wasser- und Treibstofftanks, mit der Mannschaft und ihrem Gepäck an Bord, sowie einiger Verpflegung in den Schapps. Dies sollte nicht mit dem „Shipping Weight", also dem Bootsgewicht ohne jegliche Ausrüstung verwechselt werden, das von einigen Herstellern als Verdrängung angegeben wird. Das sollte bedacht werden, wenn man Zahlen und Verhältnisse unterschiedlicher Entwürfe und Boote miteinander vergleicht. Wenn ein Schiff mit allen Vorräten, sämtlicher Ausrüstung und persönlichem Gepäck vollgeladen wird, weil die Crew permanent an Bord lebt, können diese Werte um bis zu 50 Prozent steigen. Entwürfe wie Badger, die eine große Zuladung verkraften und dennoch gute Segeleigenschaften bewahren, sind am besten als Langfahrtschiffe geeignet.

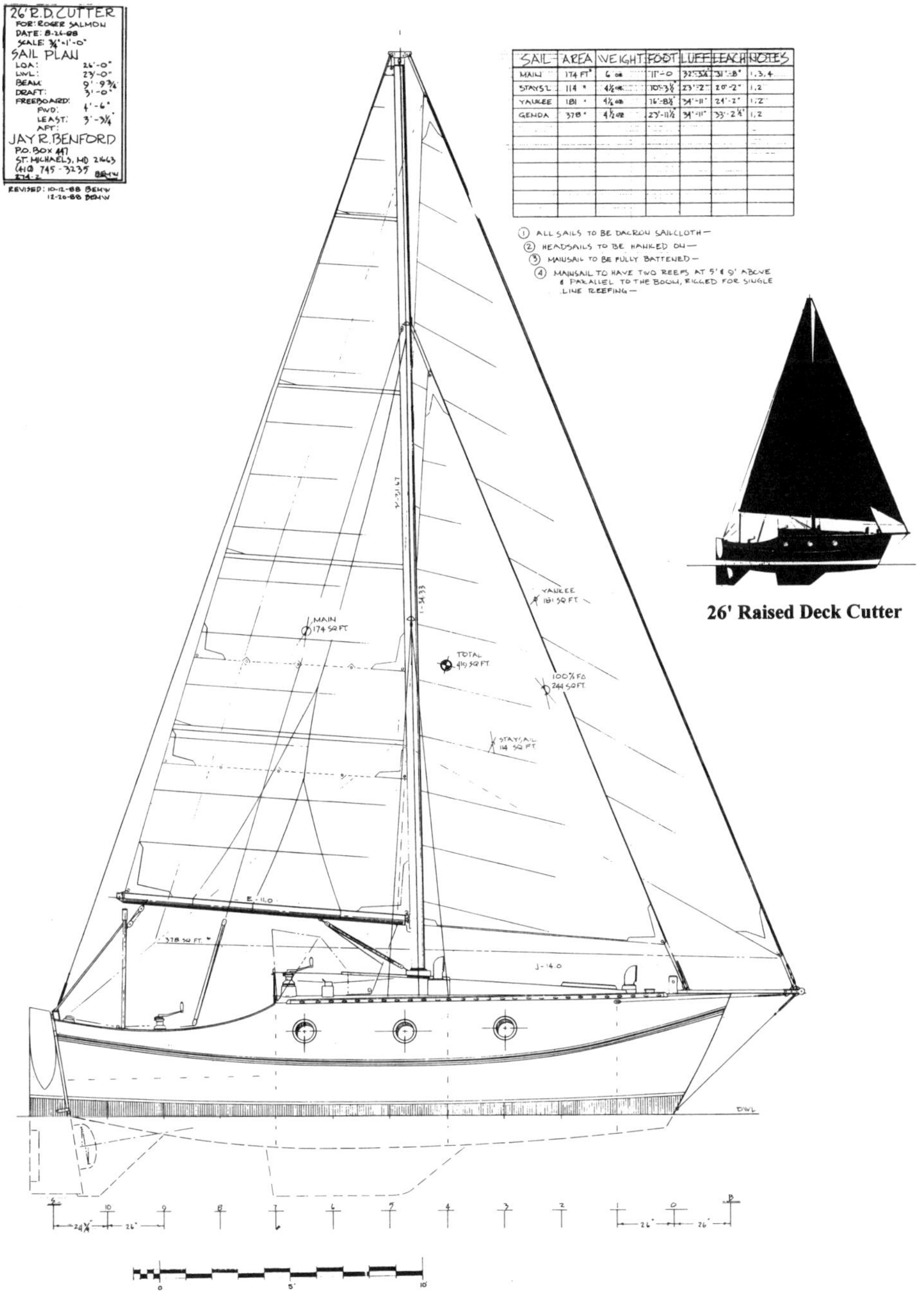

26' Raised Deck Cutter

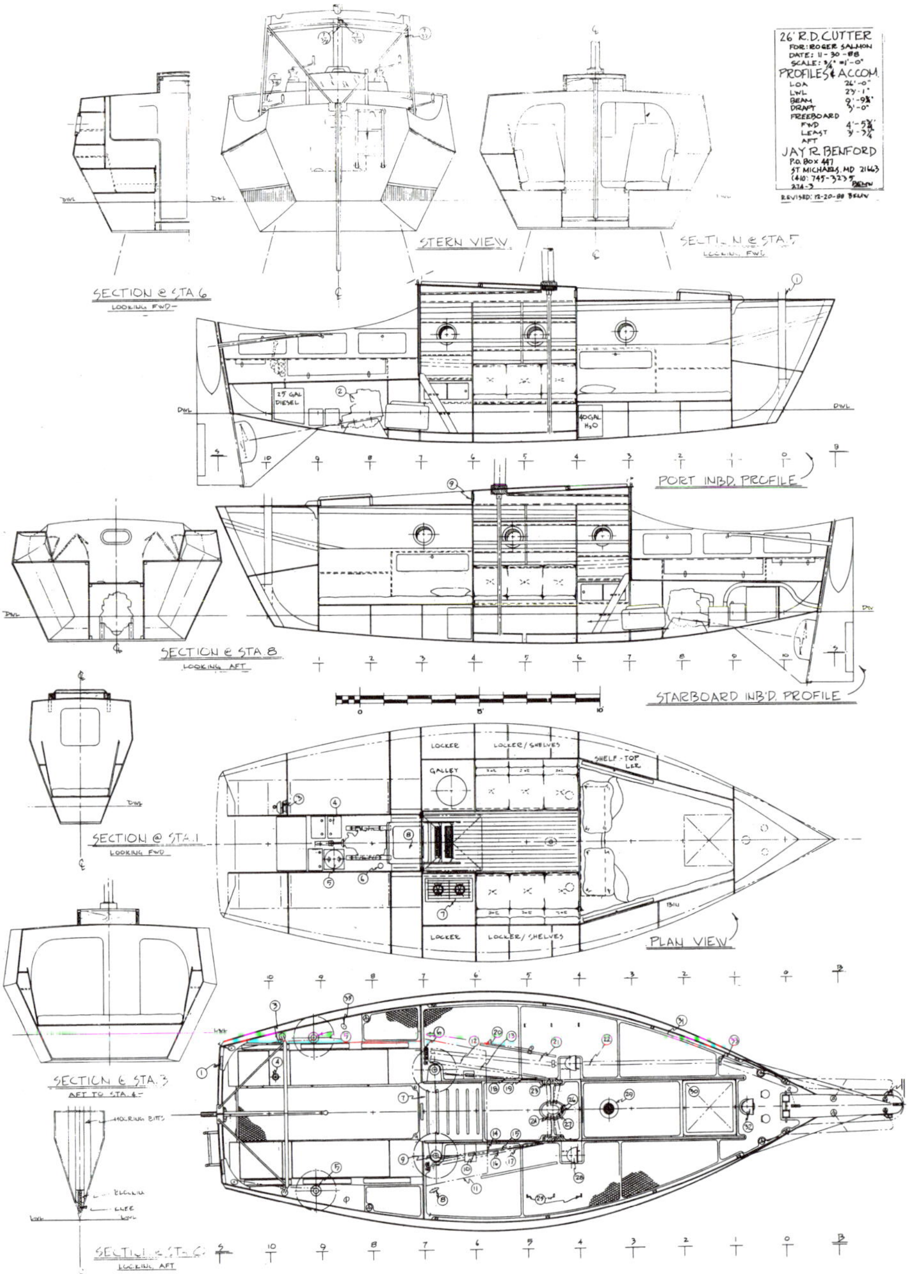
26' R.D. CUTTER
FOR: ROGER SALMON
PROFILES & ACCOM.
LOA 26'-0"
LWL 23'-1"
DRAFT 3'-0"
FREEBOARD
FWD
LEAST
AFT
JAY R. BENFORD
P.O. BOX 447
ST MICHAELS, MD 21663
STERN VIEW
SECTION @ STA. 6
LOOKING FWD
PORT INBD. PROFILE
25 GAL DIESEL
40 GAL H_2O
SECTION @ STA. 8
LOOKING AFT
STARBOARD INB'D. PROFILE
SECTION @ STA. 1
LOOKING FWD
LOCKER
LOCKER / SHELVES
GALLEY
PLAN VIEW
SECTION @ STA. 3
AFT TO STA. 4
MOORING BITTS
DWL

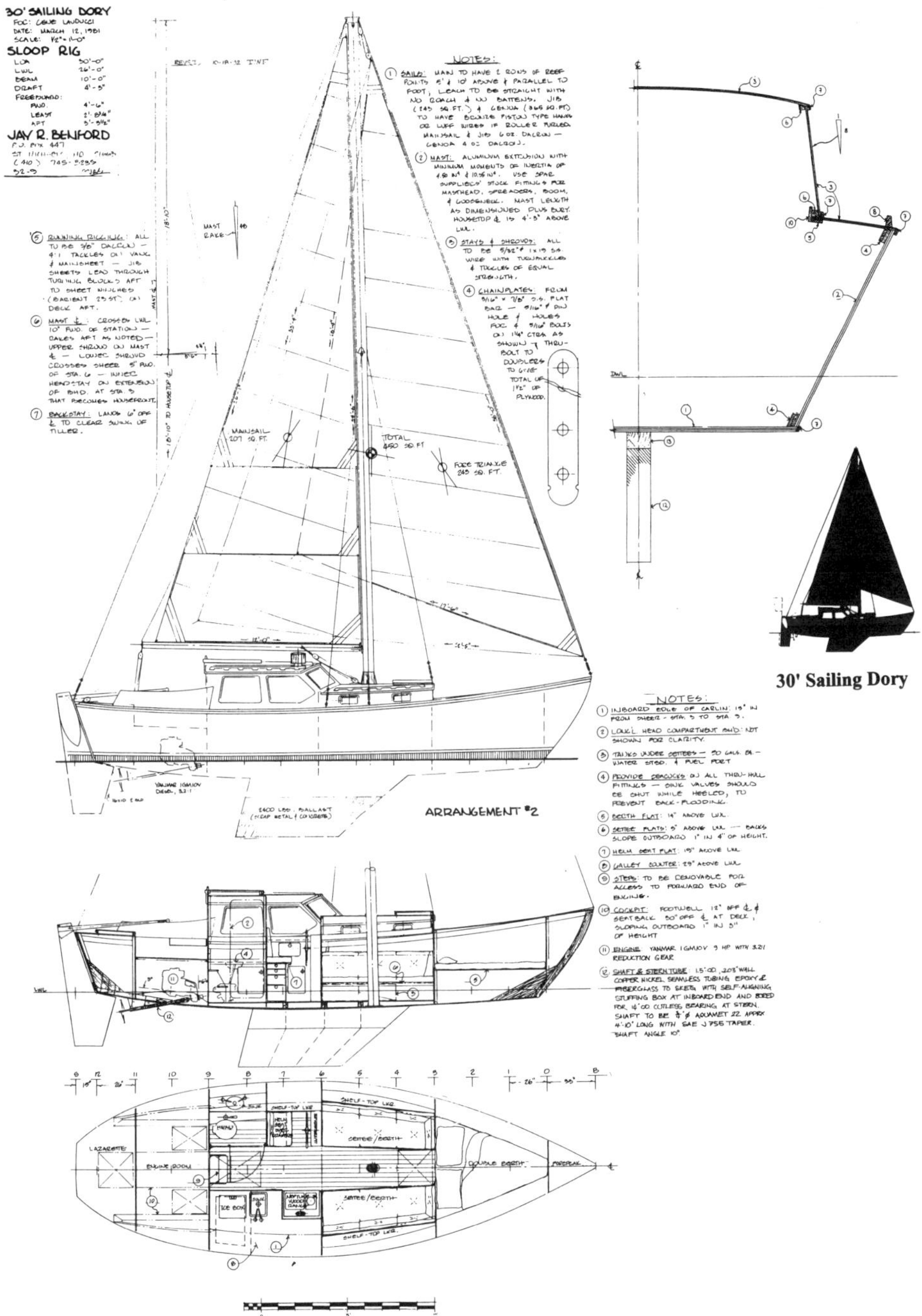

30' Sailing Dory

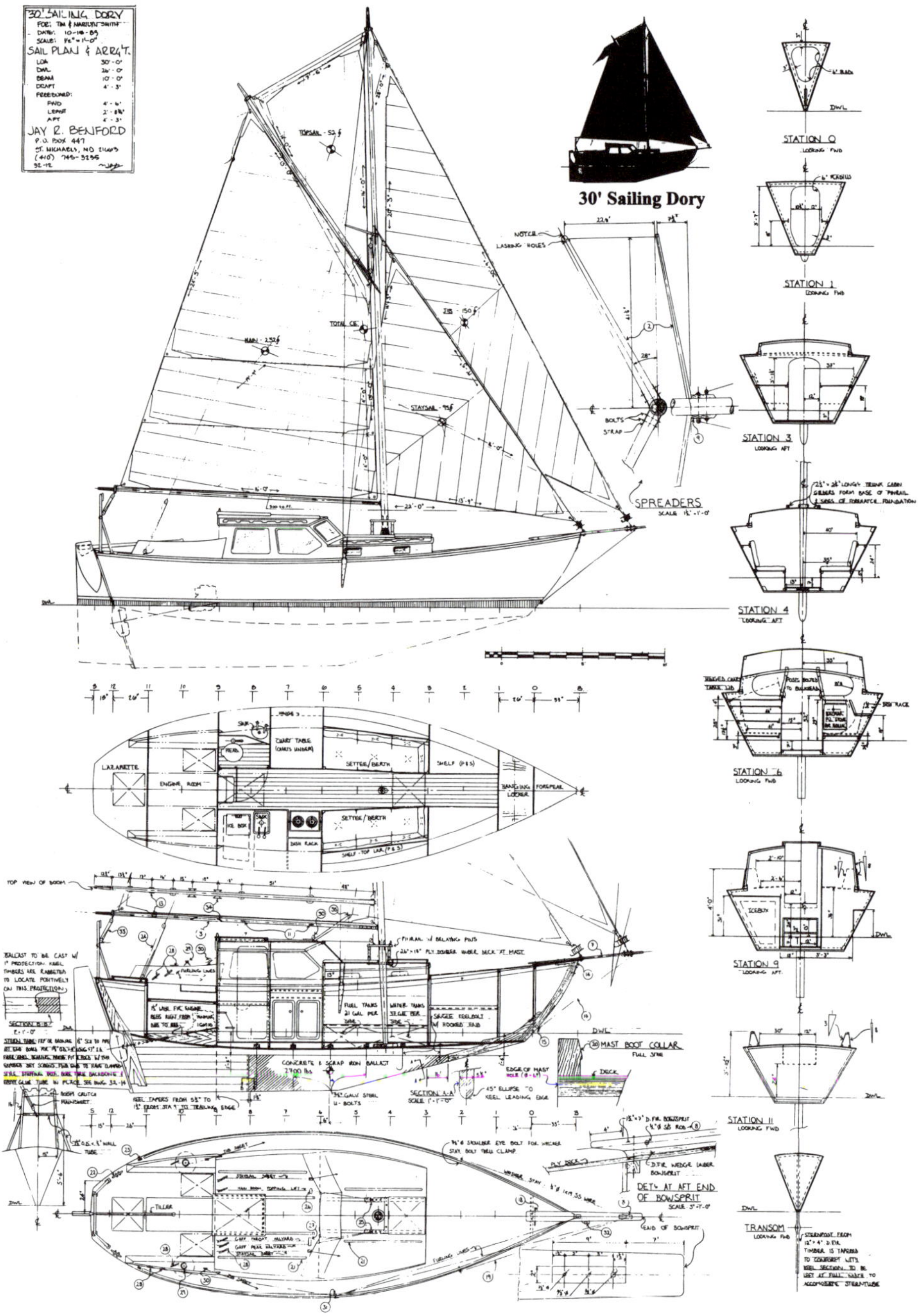
30' SAILING DORY
FOR: TIM & MARILYN SMITH
SAIL PLAN & ARRG'T.
LOA 30' - 0"
DWL 26' - 0"
BEAM 10' - 0"
DRAFT 4' - 3"
FREEBOARD:
JAY R. BENFORD
P.O. BOX 447
ST. MICHAELS, MD
30' Sailing Dory
TOPSAIL
MAIN
STAYSAIL
SPREADERS
STATION 0
STATION 1
STATION 3
STATION 4
STATION 6
STATION 9
STATION 11
TRANSOM
LAZARETTE
ENGINE ROOM
CHART TABLE
SETTEE/BERTH
SHELF
HANGING LOCKER
FOREPEAK
TOP VIEW OF BOOM
MAST BOOT COLLAR
CONCRETE & SCRAP IRON BALLAST
TILLER
DET'L AT AFT END OF BOWSPRIT

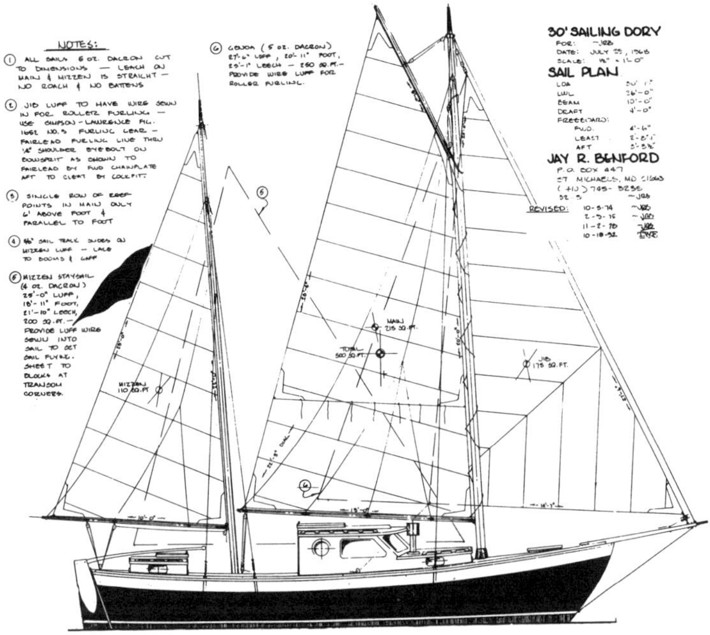

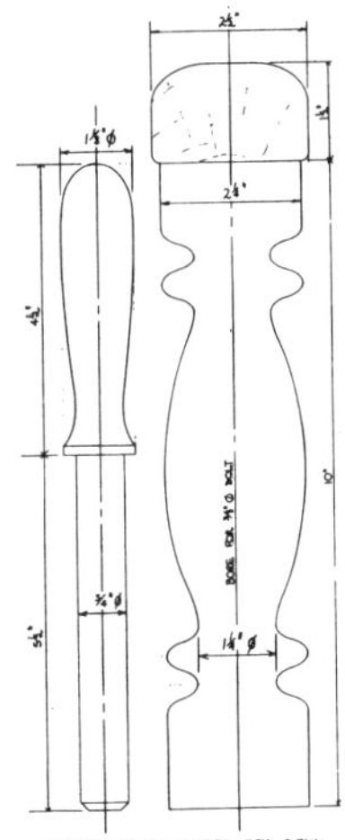

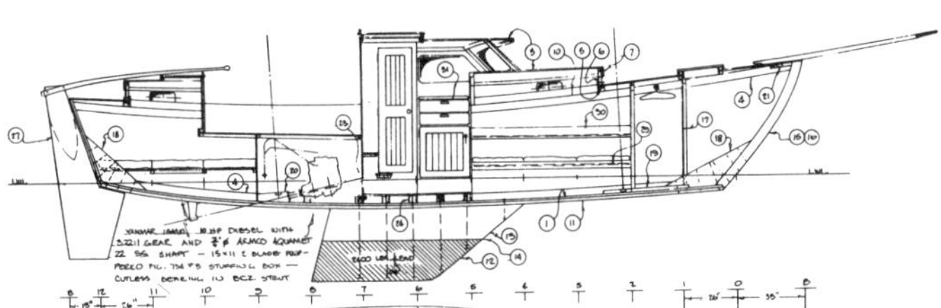

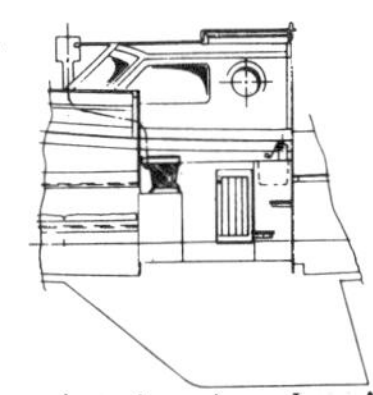

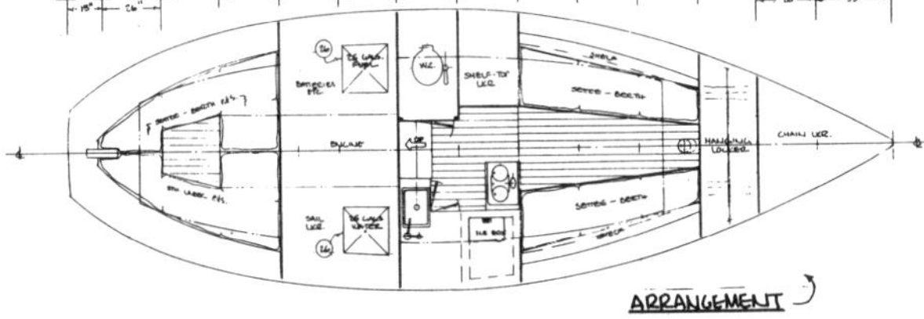

30' Sailing Dory

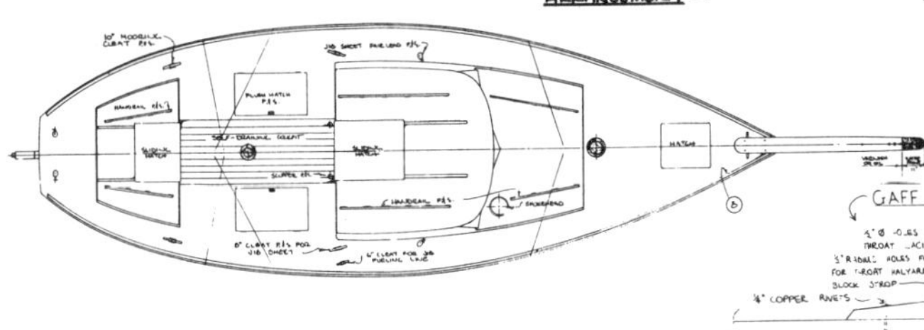

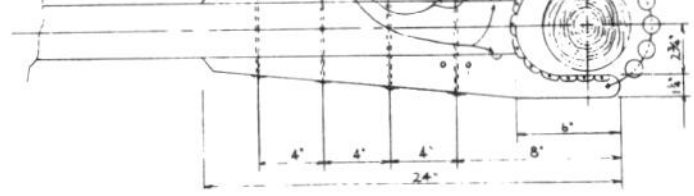

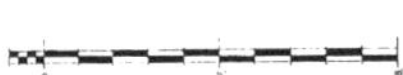

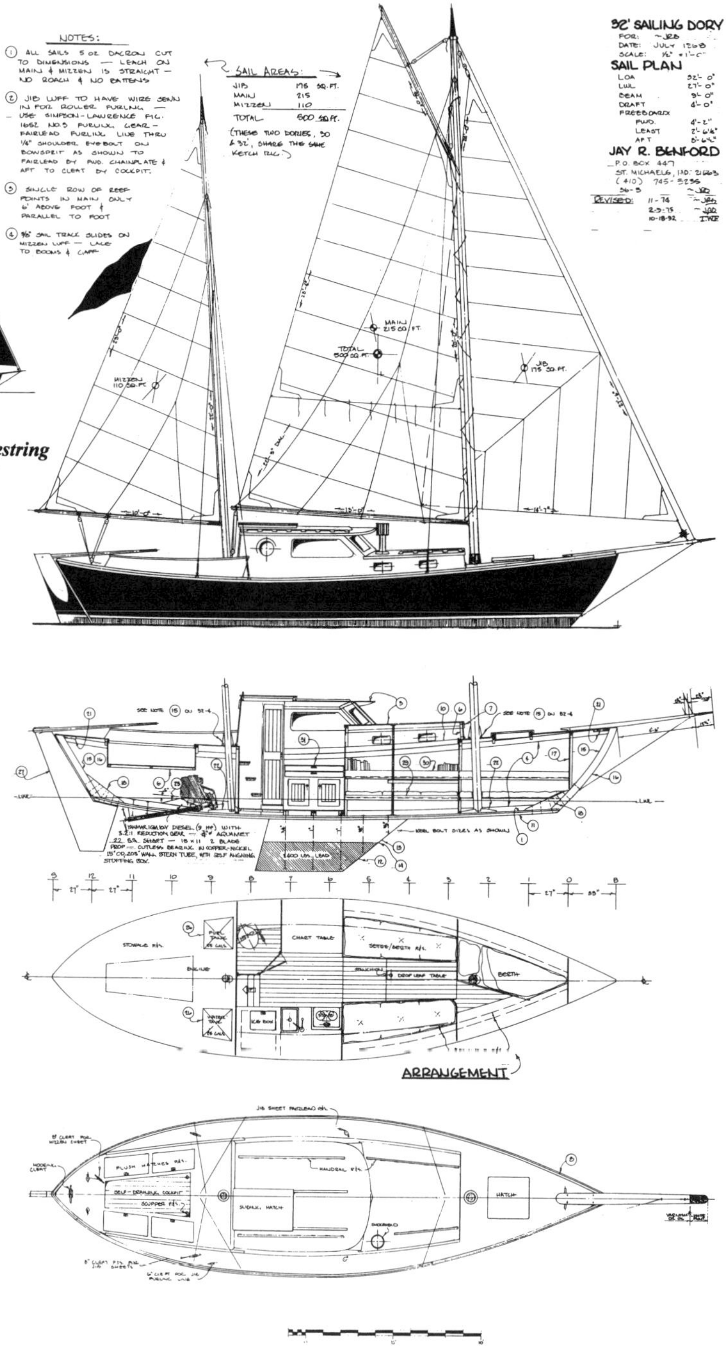

32' Sailing Dory *Shoestring*

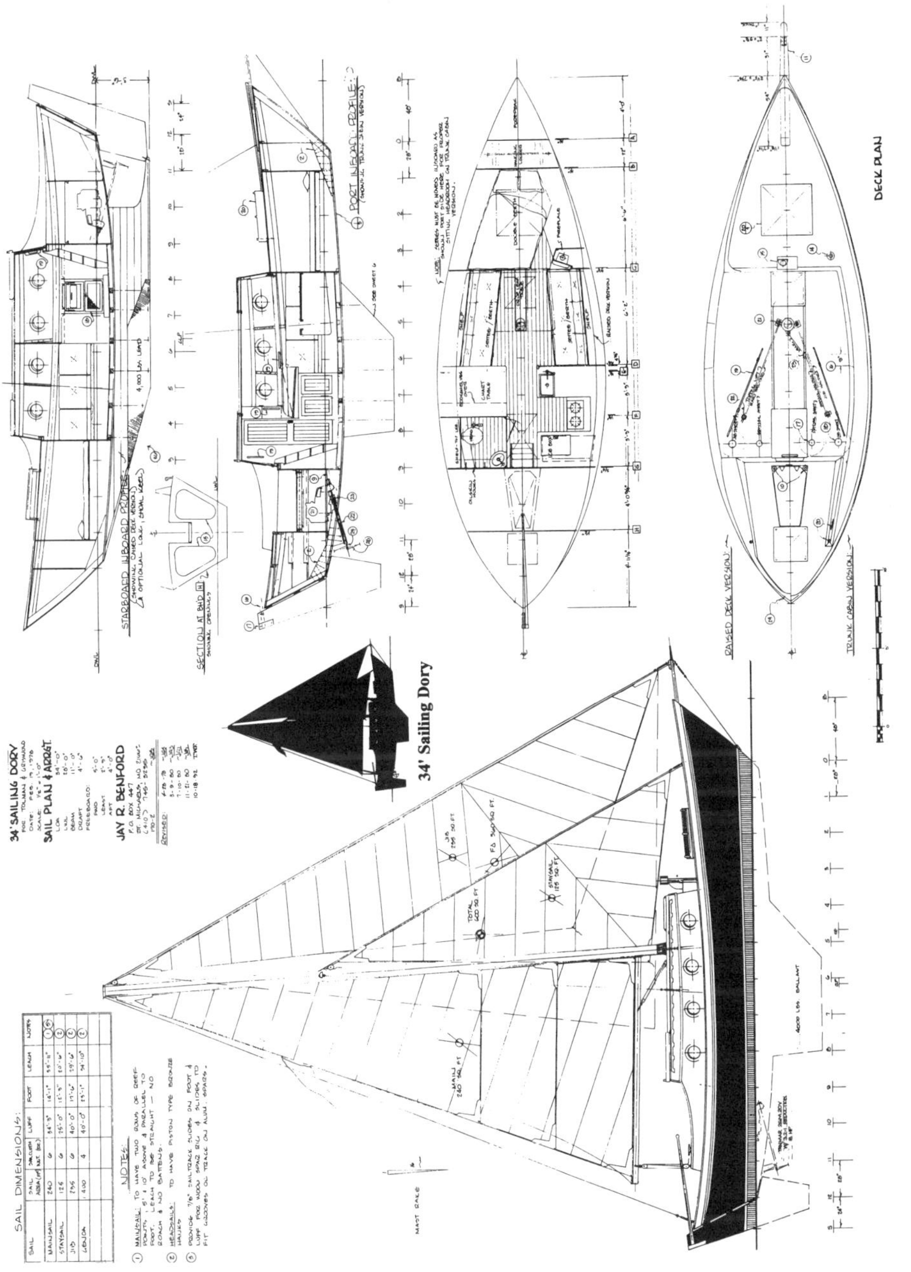

34' Sailing Dory
DECK PLAN
34' SAILING DORY
SAIL PLAN & ARRGT.
JAY R. BENFORD
SAIL DIMENSIONS
NOTES
STARBOARD INBOARD PROFILE
PORT INBOARD PROFILE
RAISED DECK VERSION
TRUNK CABIN VERSION

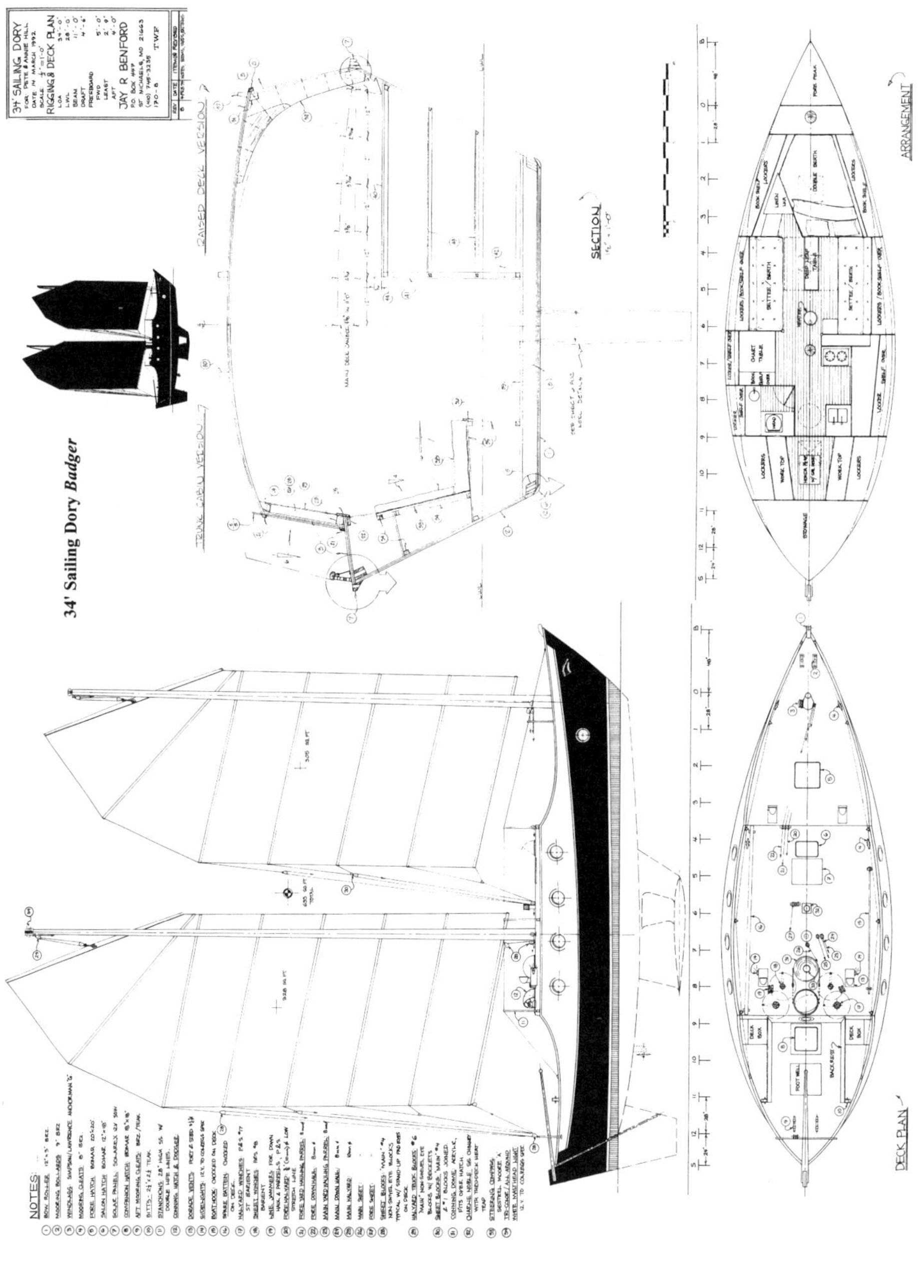

34' Sailing Dory *Badger*

36' Sailing Dory

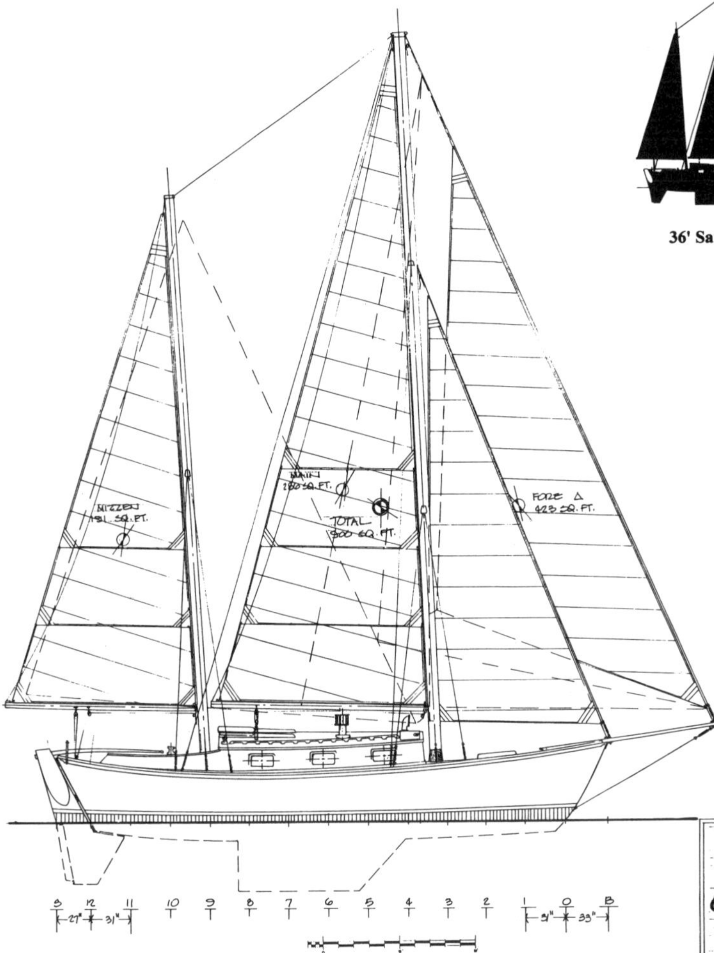

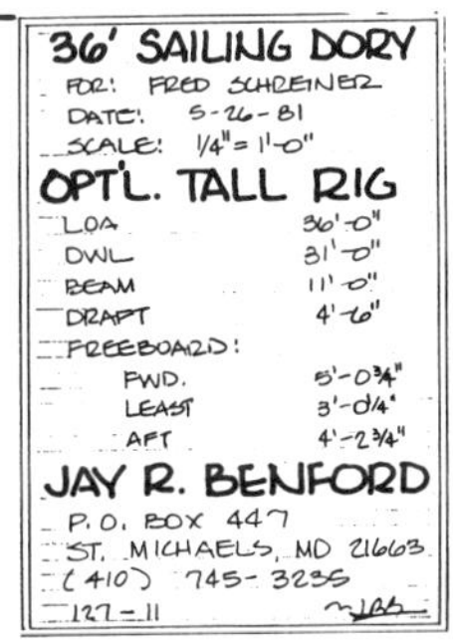

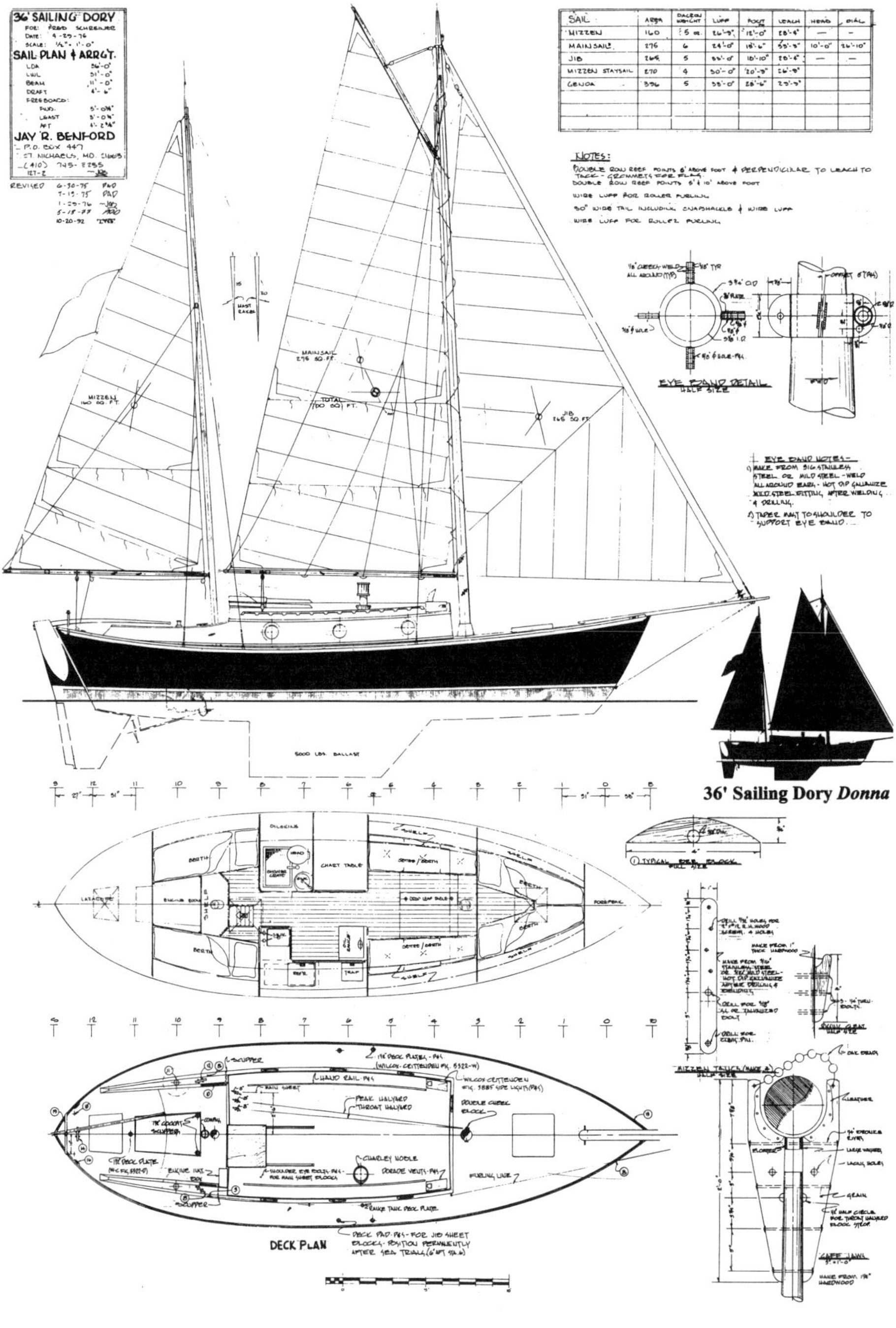

36' Sailing Dory *Donna*

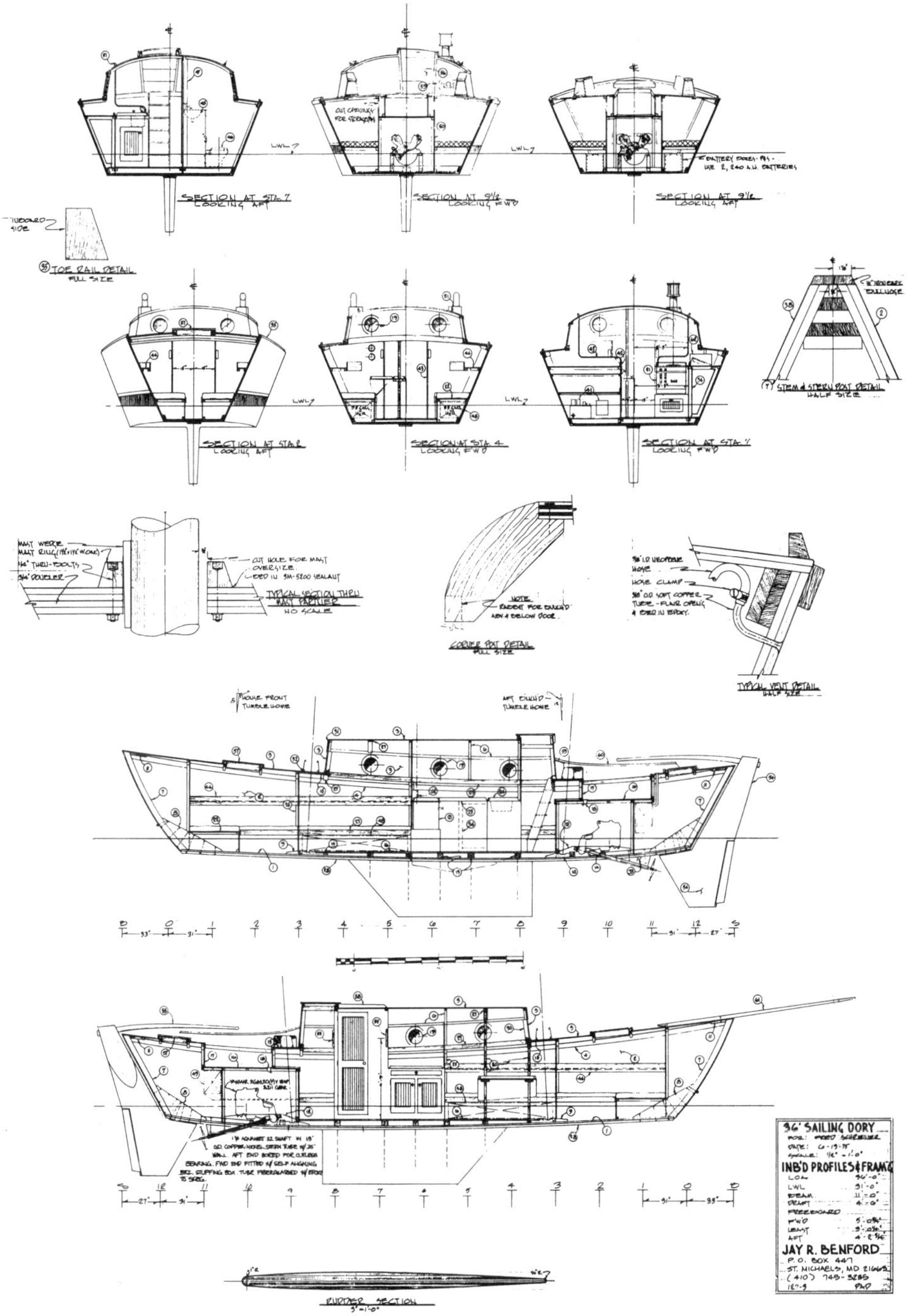
SECTION AT STA. 7
LOOKING AFT
SECTION AT 9½
LOOKING FWD
SECTION AT 9½
LOOKING AFT
TOE RAIL DETAIL
FULL SIZE
SECTION AT STA. 2
LOOKING AFT
SECTION AT STA. 4
LOOKING FWD
SECTION AT STA. ½
LOOKING FWD
STEM & STERN POST DETAIL
HALF SIZE
CUT HOLE FOR MAST
OVERSIZE.
TYPICAL SECTION THRU
MAST PARTNER
NO SCALE
CORNER POST DETAIL
FULL SIZE
HOSE CLAMP
TYPICAL VENT DETAIL
HALF SIZE
RUDDER SECTION
36' SAILING DORY
DATE: 6-19-75
INB'D PROFILES & FRAM'G
LOA 36'-0"
LWL 31'-0"
BEAM 11'-0"
DRAFT 4'-0"
FREEBOARD
FWD 5'-0¾"
LEAST 3'-0¾"
AFT 4'-2⅞"
JAY R. BENFORD
P.O. BOX 447
ST. MICHAELS, MD 21663
(410) 745-3235
167-9

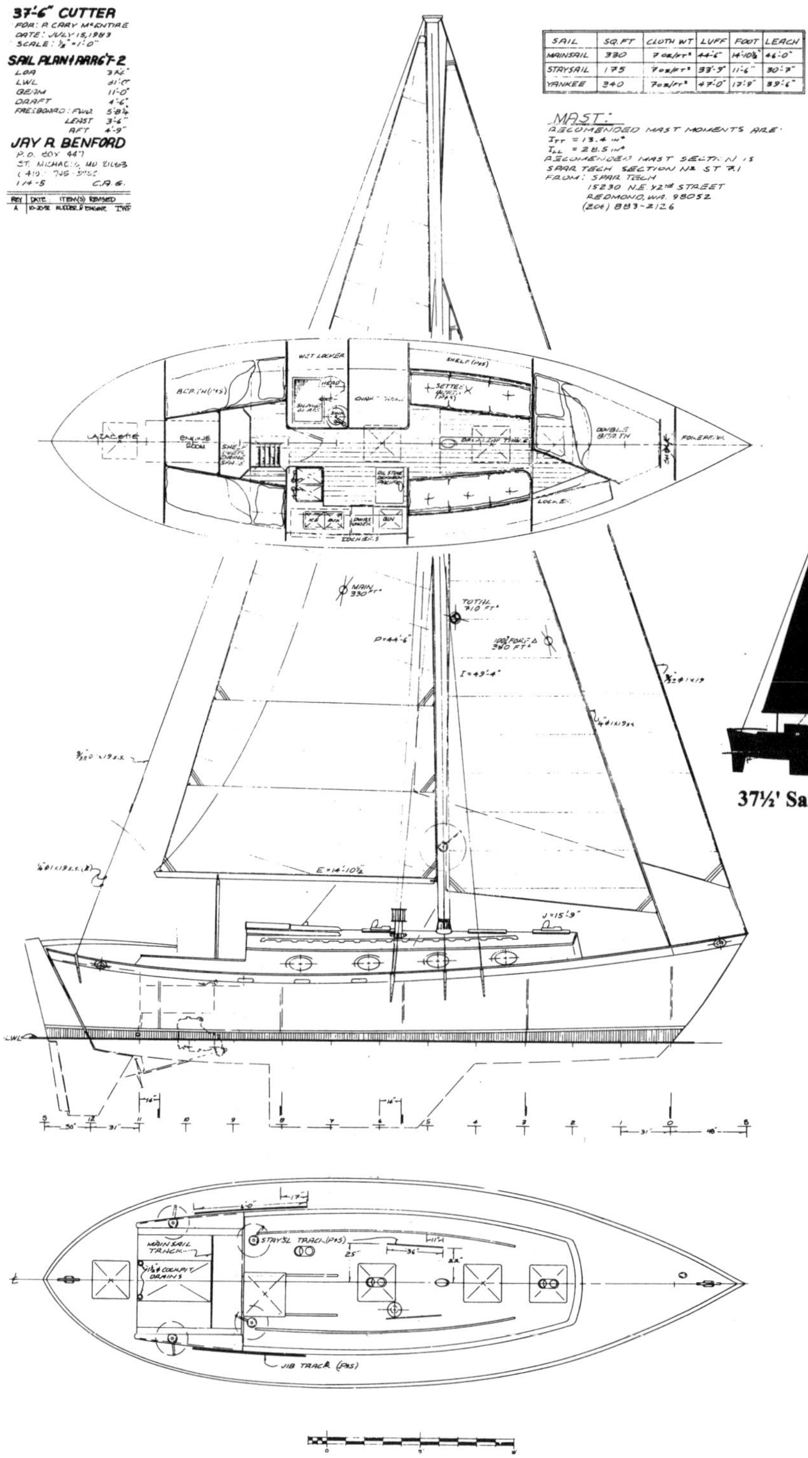

37½' Sailing Dory

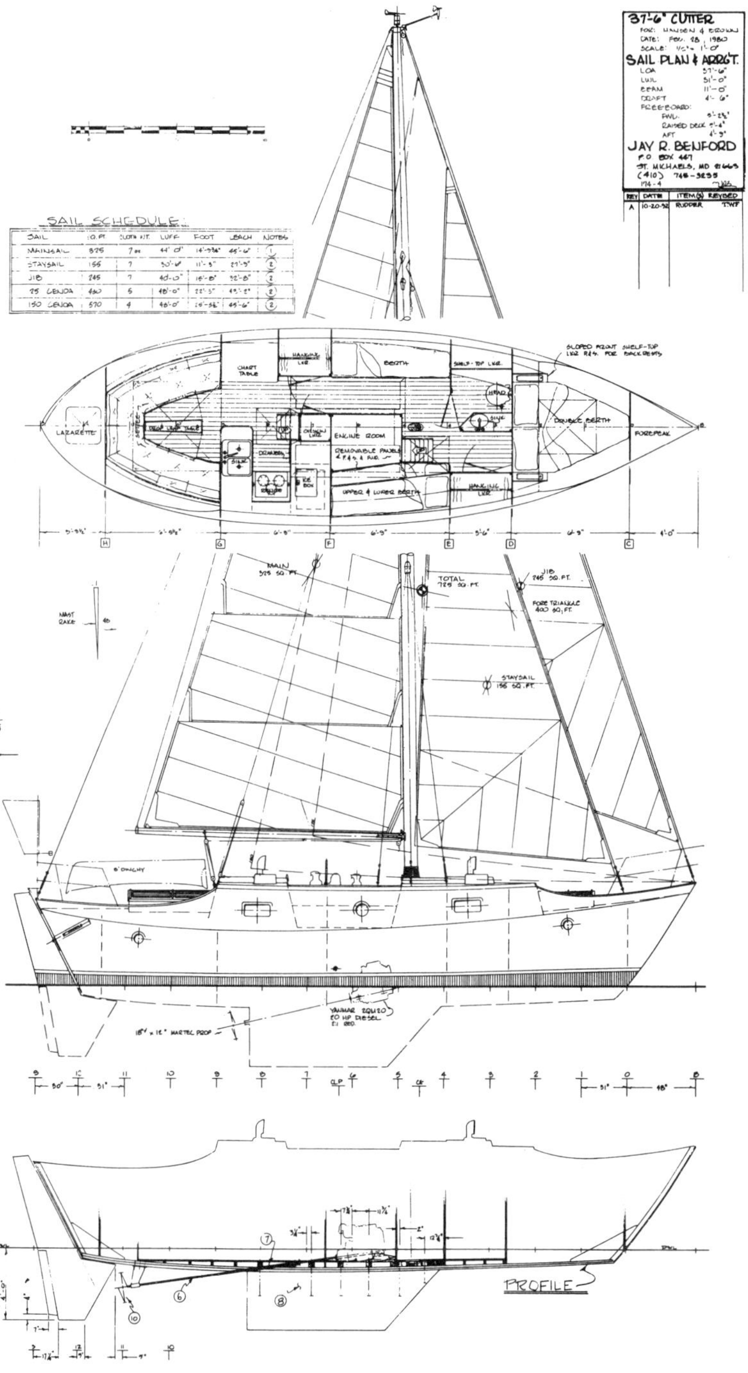

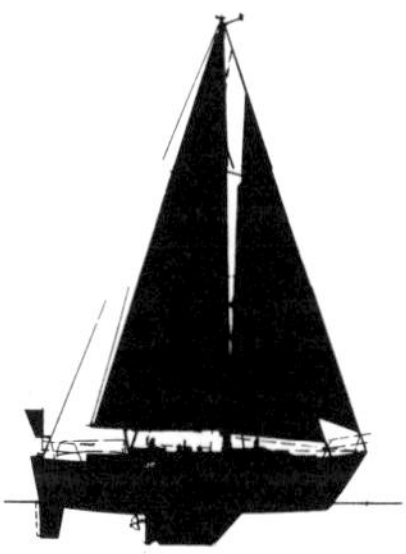

37½' Sailing Dory

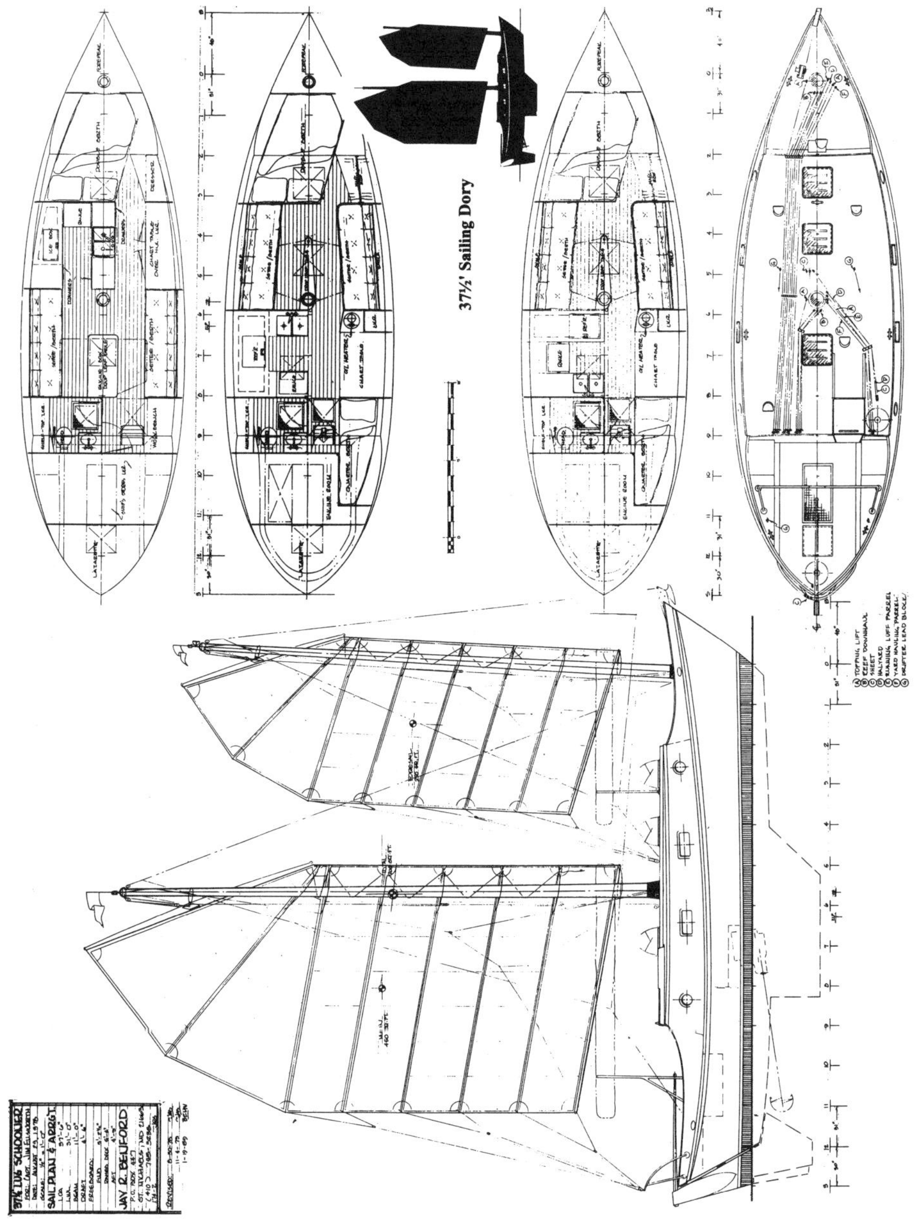
37½' Sailing Dory

Anhang V

Wylo II
Entworfen von Nick Skeates

Wylo II wurde von Nick Skeates speziell als eine Yacht zum Fahrtensegeln mit nur einer oder zwei Personen an Bord entworfen. Außerdem sollte sie für wenig Geld gebaut werden können.

Das Schiff hat eine praktische Einrichtung für ein Paar sowie eine zweite Doppelkoje achtern, aber Nick hat diese nicht eingebaut und benutzt diesen Raum zum Verstauen von Vorräten und Ersatzteilen. Die vordere Kabine hat am hinteren Ende noch volle Stehhöhe, und weil Wylo II sehr viel voller im Vorschiff ist, als beispielsweise Badger, ist hier sogar noch Platz für eine Werkbank und zwei Fahrräder. Als wir Nick trafen, hatte er sogar ein ausgewachsenes Motorrad in dieser Kabine untergebracht, allerdings mit abmontierten Rädern! Die Schotten sind strukturell nicht notwendig und der Einrichtungsplan ist damit flexibel, solange die Haltestangen, im Plan durch ein kleines „o" gekennzeichnet, an den entsprechenden Stellen verbleiben, da diese einige Kräfte aufnehmen. Die Pantry ist kleiner als auf Badger. Der Salon ist sehr angenehm mit ausreichendem Platz für Bücher, und es gibt einen gut dimensionierten Toilettenraum.

Auch Wylo II hat ein Backdeck, von dem Nick sagt, daß es „einfach logisch ist, im Hinblick auf die Festigkeit sowie den Platz an und unter Deck." Er segelt zwar nicht so gerne in hohen Breitengraden, hat aber dennoch einen Ofen installiert. Obwohl der Doppelknickspant den Fußboden etwas verschmälert, hat Wylo II immer noch einen größeren Salon, als die meisten anderen Boote auf denen ich gewesen bin.

Das Schiff ist entworfen, um aus Stahl gebaut zu werden, entweder als Kielschwerter oder mit einem festen Kiel, wobei es auch noch die Option eines Flügelkiels gibt. Der Kielschwerter hat Sperrholzdecks, doch die Kielversion hat genug Stabilität, um das Gewicht eines Stahldecks zu verkraften. Ich persönlich würde mich sowieso lieber für ein Holzdeck entscheiden, da es angenehmer und einfacher in der langfristigen Pflege ist, als ein Stahldeck. Ich würde es mit Epoxidharz versiegeln, es mit Glasfasermatten überziehen oder ein Teakdeck nach den Anweisungen der Gougeons verlegen. Stahl ist sowohl billig als auch stark. Nick hat eine sehr einfache Einrichtung auf Wylo II und empfindet sie innen wie außen sehr pflegeleicht. Um das zu erreichen, muß man auch von innen an alle Stellen des Rumpfes herankommen. Solange man Zugang zu einem Schweißgerät hat, ist Stahl auch sehr einfach zu reparieren.

An Deck ist Wylo II sehr einfach, ganz ohne Cockpit, obwohl in den Plänen eines eingezeichnet ist. Nick meint dazu, daß die meiste Zeit die Selbststeueranlage die Arbeit tut und daß man diesen Raum besser als Stauraum nutzen kann. Das Beiboot kann in Davits gefahren werden, außerdem ist auf dem Mitteldeck hinter dem Mast noch Platz für ein weiteres Dinghi.

Wylo II hat ein Gaffelrigg mit einem Mastkoker an Deck, wobei der gelegte Mast das Schiff an beiden Enden kaum überragt. Nicks Mast ist einteilig, ohne einen getrennten Toppmast für das Toppsegel, weil er ihn geschenkt bekommen hat und ihn nicht absägen wollte. Die Vorsegel haben alle die gleiche Vorliecksländge, damit sie auswechselbar sind, wenn eines einmal beschädigt ist. Die Gaffel ist kurz und leicht. Die Segel werden gesetzt, gerefft oder geborgen, aber nicht gewechselt.

Wylo II ist einfach und es sollte möglich sein, sie für wenig Geld zu bauen. Es gibt mehrere Exemplare dieses Entwurfs, die alle sehr zufrieden gesegelt werden. Sie sind steif am Wind und schnell (Etmale bis zu 190 Seemeilen wurden geloggt), wenn sie entsprechend gesegelt werden. Wylo II hat ihren gerechten Anteil an Stürmen erlebt und alle ohne Schaden überstanden.

Es gibt diesen Entwurf auch mit einem Bermuda- oder einem Dschunkenrigg. Auch gibt es eine 35-Fuß Version, doch Nick sagt, daß 32 Fuß die bessere Größe ist - wobei ich ihm zustimme.

Technische Daten:

Länge über Alles		32'-0"
Länge Wasserlinie		28'-0"
Breite	10'-0"	
Tiefgang	Kielschwerter	3'-3"/6'-3"
	Kielversion	4'-3"
	Flügelkiel	3'-9"
Segelfläche	Gaffelkutter	660 Sq. Ft.
	Dschunkenrigg	650 Sq. Ft.
Verdrängung		14,000 lbs
Prismatischer Koeffizient		0.53
Verhältnis Verdrängung/Länge		285
Verhältnis Segelfläche/Verdrängung		18.2
Ballastanteil		39%

STOWAGE
GALLEY
BOOKS
SINGLE BERTH
HEADS
DOUBLE BERTH
COCKPIT WELL
ENGINE BOX, STEPS OVER
FOLDING TABLE
CHAIN
DOUBLE BERTH
FULL SIZE CHART TABLE
SINGLE BERTH
BOOKS
WORKSHOP BENCH
BICYCLES AND STOWAGE
WYLO II

Anhang VI

Quellen

In diesem Anhang sind die Adressen von Firmen und Ausrüstungsherstellern genannt, die im Text erwähnt wurden.

Yachtkonstrukteure
Dies ist eine Liste von Adressen, wo man Entwürfe für gute Langfahrtschiffe bekommt, sowie Pläne für Selbstbauboote und Beratung für Fahrtenriggs.

Jay R. Benford
P.O. Box 447, 605 Talbot Street
St. Michaels, MD 21663 USA
Tel. (410)745-3235, Fax (410)745-9743
Dies ist der Designer von Badger, der jedoch auch viele andere Schiffe entworfen hat, von kleinen Dinghies bis zur 131-Fuß Yacht. Viele seiner Entwürfe dienen als permanent bewohnte Langfahrtyachten, auch sind viele seiner Boote speziell für den Selbstbauer konzipiert.

Philip C. Bolger
29 Ferry Street, Gloucester, MA 01930 USA
Dies ist der Konstrukteur unseres Beibootes. Phil hat viele andere Dinghies und etliche Fahrtenyachten entworfen. Seine Spezialität sind Boote mit wenig Tiefgang, viele davon können auch von Amateuren gebaut werden.

Warwick Collins
23 Kingston Park
Lymington, Hampshire, SO41 8ES, England
Tel. (0)1590-79088, Fax (0)1590-72720
Der Konstrukteur des Tandem-Kiels, einer Art Flügelkiel mit einem Schlitz darin. Wir statteten Badger mit einem dieser Kiele aus und waren sehr zufrieden. Warwick Collins entwirft auch Boote, allerdings eher keine Fahrtenschiffe.

Eventide Owners Association
David Wight, Plans Secretary
18 Mayland Close, Haybridqe, Maldon
Essex GM9 7YR, England
Diese Klassenvereinigung verkauft auch die Pläne der Eventide, die ursprünglich einmal in Yachting Monthly veröffentlicht wurden. Außerdem gibt es auch Pläne der Mouette (Erik the Red) und die einiger Maurice Grifiths Entwürfe für Selbstbauer.

Danny Greene
P.O. Box 245, Paget PBBX
Bermuda
Konstrukteur von Two Bits, unserem letzten Beiboot, welches sich in zwei Teilen verstauen läßt.

Maurice Griffiths Plans
P.G. Sheaf
„Orchards"
School Lane, Easton
Woodbridge, Suffolk, IP13 0ES, England
Tel (0)1728-747427, Fax (0)1728-747663
Diese Entwürfe sind bekannt dafür, daß sie besonders wohnliche, bequeme Fahrtenschiffe mit wenig Tiefgang sind. Viele seiner Boote sind als tüchtige Fahrtenschiffe berühmt geworden, beispielsweise der Entwurf „Lone Gull II".

Nick Skeates
21 The Avenue, Brockham
Bletchworth, Surrey RH3 7EN, England
Konstrukteur von Wylo II

Sunbird Marine
373 Hunts Pond Road, Titchfield
Fareham, Hampshire PO14 4PB, England
Tel (0)1329-42613
Diese bauen die Sunbird 32, ein GFK-Boot mit Dschunkenrigg, auf Anfrage. Auch entwerfen und bauen sie Dschunkenriggs für bestehende Yachten. Schließlich gibt es noch eine Maklerabteilung, die sich auf Gebrauchtyachten mit Dschunkenriggs oder anderen Fahrtenriggs spezialisiert hat.

James Wharram Designs
Greenbank Road, Devoran
Truro, Cornwall, TR3 6PJ, England
Der Konstrukteur von Stormalong. Jim und seine Mitarbeiter haben auch viele andere polynesische Katamarane entworfen, besonders für Selbstbauer.

Hersteller von Bootszubehör und Ausrüstung
Dies ist eine Adressenliste derjenigen Firmen, die Ausrüstung oder Zubehör besonders für Fahrtenyachten herstellen. Die einzelnen Produkte sind jeweils in den entsprechenden Kapiteln des Buches beschrieben.

Ampair
P.O. Box 416
Poole, Dorset BH12 3LZ, England
Tel. (0)1202-749994, Fax (0)1202-736653
Hersteller von Wind- und Wassergeneratoren.

Davey and Company
4 Oak Industrial Park
Chelmsford Road
Great Dunmow
Essex CM6 1XN, England
Tel. (0)1371-6361
Hersteller und Vertreiber hochwertiger und traditioneller Beschläge, z.B. Wykeham-Martin Fockroller und anderen Dingen.

Dickinson USA, Inc.
11324 Mukilteo Speedway
Lynnwood, WA 98037
Tel. (206)347-4028,
(800)659-9768 US/Kanada
(206)742-3699 Seattle
Fax (206)347-8502

The Dickinson Manufacturing Co., Ltd.
#407-204 Cayer Street
Coquitlam, B.C.
Kanada V3K 5B1
Tel (604)525-6444, Fax (604)525-6417
Hersteller von Dieselkochern und Dieselheizungen.

Force 10 Marine Ltd.
23080 Hamilton Road
Richmond, B.C.
Kanada V6V 1C9

Tel. (604)522-7741, Fax (604)522-9608
Hersteller von Kochern und Heizungen für Gas oder Petroleum.

Guy Cotton (UK) Ltd.
Heathlands Road Industrial Estate
Liskeard, Cornwall, PL14 4DH, England
Tel. (0)1579-47115
Fax (0)1579-47119
Hersteller von Ölzeug. Obwohl sie nun auch „Yachtie"-Ölzeug herstellen, verkaufen sie trotzdem noch einfaches, haltbares und preiswertes Ölzeug.

Refleks Olieovne A-S
Lrupvej 17
5750 Ringe
Dänemark
Tel. 09 67 12 68
Hersteller von Dieselheizungen.

Rutland MARLEC Engineering C., Ltd.
Unit K
Cavendish Courtyard
Sallow Road, Corby
Northamptonshire NN17 1DZ, England
Tel. (0)1536-201588
Fax (0)1536-400211
Hersteller von Windgeneratoren.

Shipmate Stoves UK
14 Hillview Road
London NW7 1AJ, England
Tel. (0)181-9594203
Vertreiber von Gas- und Petroleumöfen, Kochern und Heizungen.

Shipmate Stove Division
Richmond Ring Company
P.O.Box 375
Souderton, PA 18964 USA
Tel (215)855-2609
Hersteller von Gas- und Petroleumöfen, Kochern und Heizungen.

Simpson-Lawrence
218/228 Edmiston Drive
Glasgow G51 2YT
Schottland
Tel. (0)41-427 5331, Fax (0)41-427 5419
Hersteller von Ankerwinden, CQR-Ankern und anderer Ausrüstung.

Stowe Marine Equipment, Ltd.
Parklands Business Park
Forest Road
Denmead, Hampshire PO7 6XP, England
Tel (0)1705-241313, Fax (0)1705-261304
Hersteller von Schlepplogs und elektronischer Ausrüstung.

Taylor Cookers and Heaters
Blakes of Gosport
Harbour Road
Gosport, Hampshire PO12 1BQ, England
Tel (0)1705-510045, Fax (0)1705-510481
Hersteller von Petroleumkochern und Heizungen, sowie Seeventilen und Yachttoiletten.

Thetford (Aqua) Products Ltd.
(Porta Potti)
Centrovell Industrial Estate
Caldwell Road
Nuneaton, Warwickshire CV11 4UD, England
Tel (0)1203-341941
Hersteller von transportablen Toiletten.

Tinker Tramp
Henshaw Inflatables, Ltd.
Bennetts Field Trading Estate
Wincanton, Somerset BA9 9DT, England
Tel (0)1963-33267, Fax (0)1963-34578
Hersteller von Schlauchbooten und einem Modell, welches sich auch als Rettungsinsel eignet.

Walker Logs
Thos. Walker & Son, Ltd.
Bissell Street, Birmingham
B5 7HR, England
Tel (0)121-622 4475, Fax (0)121-622 4478
Hersteller der berühmten Walker-Schlepploggen.

The Yacht Leg Company
30 Crosier Road
Ickenham
Uxbridge, Middlesex
UB10 8RR, England
Hersteller von Wattstützen, auch auf Maß, aus Aluminium.

Verschiedene nützliche Adressen

Junk (and adavanced crusing) Rig Association
373 Hunts Pond Road
Titchfield
Fareham, Hampshire PO14 4PB, England
Tel. (0)1329-42613

Weltweite Vereinigung derjenigen, die sich für Dschunken- oder andere ungewöhnliche Fahrtenriggs interessieren.

Vega Instruments
74 Main Avenue
Bush Hill Park
Enfield, Middlesex, England

Herausgeber von „Cook's Sextant Tables", einem Langzeit-Almanach, der die Deklination der Sonne und 38 ausgewählter Himmelskörper enthält, sowie weitere astronomische Daten bis zum Jahr 2004 - sollte auf jeder Fahrtenyacht vorhanden sein.

Anhang VII

Der Millionär mit 200 Pfund
Von Weston Martyr, 1932

Letzten Sommer segelten meine Frau und ich ein Mietboot durch die Wasserwege von Zeeland, als uns eines Tages ein Weststurm dazu trieb, als Schutz den Hafen von Dintelsas anzulaufen. Eine kleine grüne Sloop mit einer britischen Flagge folgte uns in den Hafen. Sie wurde von einem älteren Herren ganz alleine gesegelt, doch es fiel uns auf, wie er sein Schiff mit Können und Leichtigkeit beherrschte. Es wehte heftig, und die Sloop rauschte mit hoher Fahrt durch den Hafen, doch dann machte sie einen Aufschießer, die schlagenden Segel wurden schnell geborgen und das Boot glitt so sanft längsseits an uns heran, daß sie dabei nicht einmal ein rohes Ei zerdrückt hätte. Wir nahmen die Leinen an und belegten sie, während ihr Eigner die Fender heraushängte und sich dann daran machte, die Segel aufzutuchen. Ein vielsagender Blick von meiner Frau, der soviel ausdrückte wie: er ist alt und alleine, hilf ihm, brachte mich dazu, dem einsamen Seefahrer eine helfende Hand anzubieten. Doch er lehnte ab, indem er sagte: „Danke schön, aber bemühen Sie sich nicht. Ich mag es gerne, alles selbst an Bord zu erledigen, das gehört für mich mit zum Spaß dazu. Aber kommen Sie doch an Bord, wenn Sie möchten, und Sie werden nichts entdecken, was nicht ein Mann alleine ganz problemlos erledigen kann."

Wir gingen also an Bord und erkannten, daß die kleine Sloop eines der durchdachtesten Boote war, die wir je gesehen hatten. Es ist nicht möglich, ihre Ausrüstung an Deck und im Rigg zu beschreiben, ohne ins Fachsimpeln zu geraten. Daher mag es genügen zu sagen, daß wirklich alles auf geniale Weise einfach gelöst war. Die Segel waren so eingerichtet, daß sie von einem Mann alleine aus dem Cockpit heraus gesetzt oder geborgen werden konnten, ohne dabei die Pinne verlassen zu müssen. Das Boot war rund neun Meter lang und knapp drei Meter breit, und wenigstens meine etwas kurz geratene Frau konnte in der Kabine überall aufrecht stehen. Im Vorschiff befand sich ein Stauraum, voll mit praktischen Schapps, Regalen und einem kleinen, aber ausreichenden WC. Dahinter kam die etwa vier Meter lange Kabine, mit einer breiten Koje auf der einen und einem bequemen Sofa auf der anderen Seite. In der Mitte stand ein Klapptisch, in den vier Ecken befanden sich jeweils ein Schrank, ein Schreibtisch, eine Pantry und ein Abwaschbecken. Noch dahinter war der Motor, unter dem Cockpitboden versteckt. An einem Schott tickte eine Uhr, ein Bücherregal zierte das andere, auf dem Tisch lag ein Tablett voller Pfeifen, und der Wasserkessel sang leise zu sich selbst auf dem kleinen Herd.

„Was halten Sie von ihr?", fragte unser Gastgeber, als er den Niedergang herabkam. „Doch bevor Sie antworten, muß ich Sie warnen, denn ich bin sehr Stolz auf mein Heim. Ich habe dieses Boot seit zehn Jahren, und ich arbeite ständig an ihr - kleine Dinge, die es immer wieder zu verbessern gibt. Das macht einen Riesenspaß. Zum Beispiel habe ich diese Halterung für eine Streichholzschachtel in der Pantry gerade letzte Woche gemacht. Es hört sich etwas Trivial an, aber ich wünschte, ich wäre schon zehn Jahre früher auf diese Idee gekommen. Während all dieser Jahre brauchte ich beide Hände, um ein Streichholz zu entzünden, jetzt geht es mit einer Hand. Was das auf einem kleinen Boot bedeutet, muß ich Ihnen bestimmt nicht erklären, besonders dann, wenn sie durch die Seen tobt und man sich gleichzeitig festhalten muß und kochen will und den Primuskocher anzünden möchte. Dann hat es unglaublich viel Spaß gemacht, die Halterung aus einem Stück Holz, das ich zufällig gefunden habe, heraus zu schnitzen. Gar nicht zu sprechen von der Zufriedenheit, die mich überkommt, wenn ich dieses kleine, aber sehr nützliche Ding betrachte, das ich selber angefertigt habe. Das Schnitzen hat doch die Maserung des Holzes ganz gut hervorgehoben, finden Sie nicht? Jetzt werde ich Tee aufsetzen, und Sie müssen bleiben und ihn mit mir trinken."

Wir sind also zum Tee an Bord geblieben. Und wir sind sehr froh darüber. Zum einen war es ein sehr guter Tee, doch zum anderen hörten wir dem unterhaltsamsten, anregendsten Diskurs unserer Leben zu. Dieses Erlebnis war so anregend und provozierend, daß es so aussieht, als hätte es unser Leben vollkommen verändert. So sagte unser Gastgeber: „Ich hoffe Sie mögen diesen Tee. Er kommt aus Odessa, wo er ganz absurd billig war. Das ist einer der Vorteile von dieser Art zu leben. Indem ich in meinem eigenen Boot durch ganz Europa fahre, kann ich alle Luxusgüter sozusagen an der Quelle einkaufen, zu sehr günstigen Preisen. Zum Beispiel liegen in der Bilge unter Ihren Füßen vier Flaschen hervorragendsten Burgunders, die Reste eines Dutzend dieser Flaschen, die ich in Cadaujac gekauft habe, während ich auf dem Garonne Kanal unterwegs war. Das Dutzend hat mich weniger als 20 Shilling gekostet, in London zahlt man dafür über ein Pfund pro Flasche. Wenn ich solche Gelegenheiten sehe, wünsche ich mir zuweilen, dieses Boot wäre etwas größer, damit ich mehr einkaufen und verstauen kann. Wenn ich den Platz hätte, würde ich hier genügend Zigarren kaufen, um mich durch den Winter zu bringen, denn hier sind sie gut und billig. Doch ich mag die Sonne und folge ihr, und in zwei Monaten werde ich die Rhone hinabfahren, um den Winter in Südfrankreich zu verbringen, wo Tabak scheußlich und teuer ist."

„Leben Sie hier an Bord, immer und ganz alleine?" fragte meine Frau mit großen, runden Augen.

„Aber sicher", erwiderte unser Gastgeber. „Probieren Sie doch einmal etwas von dieser Fischpastete aus Macassar auf Ihrem Toast. Ich habe sie in Rotterdam dem Zahlmeister eines Postschiffes aus Java abgekauft, sie ist so frisch, wie man sie überhaupt nur bekommen kann. Dabei ist es wirklich schade, dieses Brot zu toasten. Es ist zwar nur das einfache Brot, was auch die Binnenschiffer kaufen, aber für mich ist das holländische Brot das beste in ganz Europa. Das französische Brot ist auch nicht schlecht, aber es hält sich nicht so lange. Als ich vor einem Jahr oder so die Donau hinabfuhr, bekam ich hervorragendes Brot in Wien, aber es war mir etwas zu süß. Das schlechteste Brot überhaupt mußte ich in Polen ertragen. Ich war auf den Ostdeutschen Kanälen unterwegs und hatte vor, über Krakau auf die Weichsel zu gelangen, und dann am Ende des schiffbaren Teils der Weichsel das Schiff auf eine Eisenbahn zu verladen, um es die paar Meilen zum Klodnitz Kanal zu bringen, von wo aus ich durch Schlesien und Brandenburg über Breslau zur Oder fahren wollte. Es war ein guter und machbarer Plan, und die Fahrt wäre bestimmt sehr interessant geworden. Doch dieses scheußliche polnische Brot hat mich vollkommen in die Flucht geschlagen. Ich bekam einfach nichts anderes, und es schmeckte hauptsächlich nach Stroh und Kartoffeln. Also drehte ich hinter Warschau um und flüchtete die Weichsel, den Bromberg Kanal und die Neiße entlang bis nach Frankfurt. Aber nehmen Sie doch noch etwas Tee."

Es war ein ausgezeichneter Tee, fast so stimulierend wie Wein, und während wir tranken, überkam uns die Wißbegierde über unseren ungewöhnlichen Gastgeber und seine Art, zu leben. Die Neugierde besiegte alle unsere guten Manieren und bahnte sich einer Flut von Fragen ihren Weg.

„Stimmt es wirklich", fragten wir noch einmal, „daß Sie ständig hier an Bord leben? Rund ums Jahr? Und ganz alleine? Und wie sind Sie zur Donau gekommen? Und nach Warschau? Und in das Schwarze Meer? Und...? Und...?" So ging es weiter, doch der Ausdruck in seinen Augen verriet uns, daß wir einen neuen Freund gewonnen hatten.

„Ich sage es Ihnen" meinte er, als wir endlich eine Atempause einlegten. „Sie verstehen etwas von Booten und dem Leben auf dem Wasser, denke ich, und so werden Sie auch mich verstehen. Ich lebe nun seit zehn Jahren auf diesem Boot und hoffe, daß ich nie wieder woanders werde leben müssen. Es ist ein gutes Leben. Es ist das beste Leben, was ein Mann - oder eine Frau - führen kann. Dies ist wirklich das Leben, verstehen Sie? Und ich denke, ich weiß einiges davon. Die sechzig werde ich nicht wiedersehen, und ich habe viel erlebt. Ich bin Arzt, oder besser gesagt, war einer. Und ich habe mein Leben lang hart daran gearbeitet, ein guter Arzt zu sein. Insgesamt befürchte ich jedoch, daß mir das eher nicht gelungen ist. Ich heiratete und wir hatten fünf Kinder, und es war einfach harte Arbeit, sie großzuziehen und ihnen Ausbildungen zu verschaffen. Aber ich arbeitete und habe es getan. Dann zog ich nach London, um mehr zu verdienen, und das war die härteste Arbeit von allem. Bald kam der Krieg, und es gab mehr harte Arbeit in einem Millitärhospital. Der Krieg tötete zwei meiner Söhne - und meine Frau. Als das alles vorbei war, sah ich mich um, doch das, was ich sah, gefiel mit überhaupt nicht mehr. Es schien, als bliebe mir nichts anderes, als weiterhin hart zu arbeiten, doch meine Arbeit hatte ihren Schwung verloren. Meine Töchter waren verheiratet und mein einzig verbliebener Sohn hatte selber eine gutgehende Praxis. Ich stellte also fest, daß meine Kinder sehr gut ohne mich auskämen. Also gab es auch niemanden mehr, für den ich noch arbeiten konnte, und plötzlich fühlte ich mich sehr müde."

„Also verkaufte ich meine Praxis und ging in den Ruhestand - nach Harwich, wo ich geboren worden war. Und dort stellte ich sehr schnell fest, daß es weitaus schlimmer ist gar nichts zu tun zu haben, als für etwas zu arbeiten was einen nicht mehr interessiert. Sechs Monate lang tat ich nichts - ich denke, daß weitere sechs Monate Nichtstun mich umgebracht hätten. Ich war schon fast zum Sterben bereit. Dann rettete mich dieses kleine Boot. Es begann damit, daß ich sie von einem Bootsmann für ein Wochenende mietete. Wir segelten von Harwich den Fluß Orwell hinauf und wieder zurück. Das Wetter war herrlich, der Orwell ist ein hübscher Fluß, und ich genoß meine kleine Segeltour. Also mietete ich das Boot abermals, diesmal für eine Woche, und diesmal ließ ich den Bootsmann an Land zurück. Natürlich hatte ich schon früher einmal Boote gesegelt. Schon als Junge nutzte ich jede Gelegenheit, aufs Wasser zu gehen, und als junger Mann verbrachte ich fast all meinen Urlaub auf Segelyachten. Und jetzt merkte ich, daß ich immer noch mit einem Boot umgehen konnte, vor allem mit diesem kleinen Ding in den geschützten Gewässers des Flusses. Ich segelte nach Pin Mill, und dann den Fluß Stour hinauf bis nach Mannigtree und Mistley. Danach wurde ich mutiger, und eines Tages, als der Wind dafür günstig stand, segelte ich an der Küste entlang bis Brightlingsea. Dort erforschte ich den Colne und seine Nebenflüsse, und am Ende der Woche war ich in West Mersea, von wo aus ich an den Bootsmann schrieb um meinen Mietvertrag zu verlängern. Wo ich schon einmal dabei war, charterte ich das Boot gleich für einen vollen Monat. Sehen Sie, plötzlich merkte ich, daß ich glücklich war, und dieses Gefühl hatte ich schon eine sehr, sehr lange Zeit nicht mehr gehabt. Die körperliche Arbeit und die frische Luft und das einfache Essen taten mir auch sehr gut. Ich hatte vorher Gewicht angesetzt und begann dick zu werden, doch auf dem Boot änderte sich das schnell wieder. Jeden abend fiel ich müde in meine Koje, in der Gewißheit, fast sofort darauf einzuschlafen, voller Vorfreude auf einen weiteren Tag, an dem ich mich um mein Boot und mich selbst kümmern und dabei unsere zahlreichen kleinen Abenteuer genießen würde. Dieses Leben machte mich wieder jünger. Sowie das erste Tageslicht in die Kabine fiel, stand ich auf und wusch und rasierte mich und kochte mir mein Frühstück. In jenen Tagen hielt ich mich dabei fast ausschließlich an Kaffee, Spiegeleier mit Speck, Brot und Marmelade. Damals war ich noch kein sehr guter Koch, und ich mußte erst noch erfahren, wie gut es einem tut ein wirklich köstliches Gericht zu kochen, vom Essen gar nicht zu reden. Dann räumte ich das Frühstück weg, machte die Kajüte sauber, und wusch das Deck. Hausmädchenarbeit? Aber es braucht nicht viel, dieses kleine Boot sauber und ordentlich zu halten. Nachdem ich damit fertig war, saß ich gewöhnlich im Cockpit und rauchte meine Pfeife und fühlte mich stolz und zufrieden beim Anblick des Bootes. Das ist übrigens noch immer so. Es freut mich, mein kleines Heim in perfektem Zustand zu sehen in der Gewißheit, daß ich das alles selber getan habe. Würde ich jemanden für diese Arbeiten bezahlen, würde ich mich um einen großen Teil des Charmes dieser Lebensart bringen."

„Wenn meine morgendlichen Arbeiten erledigt waren und falls das Wetter schön war und ich mich danach fühlte, hievte ich den Anker hoch und segelte weiter. Im Verlaufe jenes ersten Monats muß ich wohl fast alle Nebenflüsse der Themsemündung erforscht haben. Die meisten von ihnen, wie Sie vermutlich wissen, sind reizend. Wenn mir nach menschlicher Gesellschaft war, machte ich an einer der Thames Barges fest, oder ankerte zwischen anderen Yachten. Es gibt einen wunderbaren Zusammenhalt zwischen Seeleuten, egal, ob von den Yachten oder den Frachtenseglern der Themse, und zu solchen Gelegenheiten fand ich mich gemeinsam mit gleichgesinnten Seglern rauchend und klönend in meiner eigenen oder einer anderen Kajüte sitzend, bis es Zeit war, schlafen zu gehen. An anderen Abenden ankerte ich in irgendeinem kleinen, ruhigen Nebenflüßchen, ohne einer anderen Menschenseele im Umkreis von vielen Meilen. Das gefiel mir am besten. Ich brauchte Ruhe und Frieden und fand beides in diesen kleinen Flüssen der Grafschaft Essex."

„Falls das Wetter schlecht war, oder Wind und Tide ungünstig standen, würde ich mein Boot gründlich aufräumen, oder mich nur mit irgendwelchen Kleinigkeiten beschäftigen, die an Bord immer anfallen. Oder ich lud meinen Wasserkanister und einen Einkaufskorb ins Beiboot und ruderte an Land zur nächsten Ortschaft, um meine Vorräte aufzustocken. Doch eines ist sicher - nicht für einen einzigen Moment wurde mir die Zeit zu lang. Es gab immer etwas, womit ich mich beschäftigen konnte, und immer etwas interessantes zu sehen. Dieses Leben paßte gut zu mir, und ich fühlte, wie Körper und Geist davon auflebten. Und die Art, wie ich die Jahre abschüttelte und fast wieder wie ein kleiner Junge wurde, war einfach faszinierend."

„Mein Monat war vorbei, bevor ich es so richtig gefaßt hatte. Als es Zeit wurde, nach Harwich und zu dem zurückzukehren, was mich dort erwartete, konnte ich den Gedanken einfach nicht ertragen. Das leere Leben an Land kam mir fast so schlimm vor, wie eine lebenslange Haftstrafe im Gefängnis. Doch sowenig ich es mochte, sowenig schien ich etwas daran ändern zu können. Ich habe nicht sehr viel Geld. Ich hatte gerade genug, um mir ein sehr einfaches Leben zu finanzieren, und selbst die Ausgabe dieses Boot zu mieten ging eigentlich schon über meine Verhältnisse. Natürlich wollte ich am liebsten weiterhin hier an Bord leben, aber damals erschien mir das als vollkommen unmöglich."

„Dann setzte ich mich eines Abends in diese Kajüte und dachte noch einmal sehr genau darüber nach. Zuerst die Frage der Finanzen. Ich will Sie nicht mit meinen Privatangelegenheiten langweilen, aber die Zahlen sind wichtig weil sie zeigen, wieviel man auch mit wenig Geld erreichen kann. Mein Kapital betrug eben über 4000 Pfund, mein Jahreseinkommen daraus reichte an knapp 200 Pfund heran. Das Problem, welches es zu lösen galt, war eine Rechenaufgabe: Könnte ich dieses Boot von meinem Kapital kaufen und immer noch genug übrig haben, um mich selbst und das Boot rund ums Jahr finanziell über Wasser halten zu können? Den Preis für das Boot kannte ich bereits, es stand für 200 Pfund zum Verkauf. Damit würde sich mein Jahreseinkommen auf 190 Pfund reduzieren, also weniger als 16 Pfund monatlich. Wäre das genug? Auf den ersten Blick gefiel mir diese Zahl ganz und gar nicht. Es würden mir pro Woche lediglich drei Pfund und 17 Shilling bleiben, mit denen ich Lebensmittel, Kleidung, Licht und Heizung bezahlen konnte, sowie den Unterhalt und etwaige Reparaturen am Boot, noch gar nicht gesprochen von der Versicherung und dem Wertverlust. So gesehen erschien das Ganze vollkommen absurd, und ich war nahe am Verzweifeln."

„Glücklicherweise bin ich jedoch ein sehr methodischer Mensch, und so hatte ich meine Ausgaben während meiner Zeit an Bord genau notiert. Diese Aufstellung analysierte ich und fand dabei heraus, daß meine Ausgaben für Lebensmittel und Öl für die Lampen und den Kocher nur sieben Pfund, 15 Shilling pro Monat betragen hatten. Außerdem hatte ich 30 Shilling für verschiedene Dinge für das Boot ausgegeben, so wie etwa Farbe, Tauwerk, Schäkel und dergleichen. Für Benzin und Schmieröl brauchte ich nur 15 Shilling auszugeben, da ich so viel wie möglich segelte. Ohne die Miete für das Boot zu berücksichtigen, hatte ich also nur zehn Pfund pro Monat ausgegeben, auf das Jahr umgerechnet 120 Pfund. Damit würden noch 70 Pfund übrig bleiben für Reparaturen, Notfälle, Wertminderung und Versicherung. Soweit es die Finanzen betraf, sah es nun doch machbar aus.

„Ich war hocherfreut über diese Entdeckung und fragte mich dann: Kannst du auf diesem kleinen Boot rund um das Jahr weiterleben, fröhlich und gesund in Körper und Geist? Für den Sommer konnte ich das mit einem „Ja!" aus vollem Herzen beantworten, aber die Winter? Würde ich es ertragen, in dieser kleinen Kajüte eingesperrt zu sein, während draußen die Winterstürme toben und die Nächte lang und kalt sind? Wenn ich ehrlich zu mir war, mußte ich widerwillig zugeben, daß ich das vielleicht doch nicht mochte. Ich erinnere mich noch, wie ich danach ins Bett ging, sehr deprimiert. Doch am nächsten Morgen erwachte ich mit dem naheliegenden Gedanken: Warum mußte ich denn im Winter in England bleiben? Warum sollte ich kalt und naß werden wenn ich doch nur mein Boot - mein Zuhause - der Sonne folgend in den Süden segeln brauchte?

„Um diese ganze lange Geschichte etwas abzukürzen: ich segelte nach Harwich zurück, fuhr nach London und kaufte eine Karte der französischen Binnenwasserstraßen. Darauf erkannte ich, daß es durchaus möglich war, der Sonne nach Süden zu folgen. Alles, was ich tun brauchte, war einen ruhigen Tag im Spätsommer zu wählen, an dem ich den Sprung von Dover nach Calais wagen würde. Von Calais aus zeigte die Karte ein weitverzweigtes Netz von Kanälen und schiffbaren Flüssen. Ein kleines Boot wie dieses könnte ganz problemlos quer durch Frankreich bis in das Mittelmeer gelangen. Noch am gleichen Tag kaufte ich dieses Boot. Ich ließ einige kleine Änderungen durchführen, und in der folgenden Woche begann ich, gen Süden zu segeln - über Ramsgate, Dover, Calais, Paris, Lyon zur Côte d'Azur.

„Gut gemacht!", rief ich voll Begeisterung. Meine Frau sagte: „Psst. Und dann?"

Unser neuer Freund lächelte uns an. „Ja", sagte er, „Sie haben ganz recht, das war alles etwas überstürzt. Aber ich habe es niemals bereut. Dieser erste Törn war ganz wundervoll und sehr einfach. Natürlich hatte ich auch meine kleinen Abenteuer und Probleme. Bis Dover kam ich problemlos, da ich die Küste entlang segelte und jeden Abend in einem geschützten Hafen festmachte. Doch in Dover selbst blieb ich zehn Tage lang, bis ich das Wetter endlich für stabil genug hielt, um nach Calais herüber segeln zu können. Um ehrlich zu sein, hatte ich ziemliche Angst davor. Die Strecke beträgt nur 21 Seemeilen, aber ich fühlte mich wie Kolumbus persönlich, als ich endlich losfuhr. Es war ein schöner Tag, mit einem leichten Nordostwind, und unter Segel und Motor gelangte ich in vier Stunden nach Calais. Als ich dort ankam, fühlte ich mich ganz unbeschreiblich - als hätte ich ein wirklich großes Abenteuer bestanden, und entsprechend stolz war ich auch. Ich kann Ihnen versichern, daß schon etwas sehr Außergewöhnliches passieren muß, um solche Gefühle in einem alten, zynischen und desillusionierten Mann hervorzurufen.

Ab Calais ging es durch Kanäle und Flüsse weiter. Ich brauchte zwei Monate bis Marseille, weil ich mir unterwegs viel Zeit ließ. Ich hatte ja keine Eile, und das Land, durch das ich fuhr, war einfach herrlich. Ich driftete die Oise bis Paris hinauf, wo ich eine Woche blieb - festgemacht in der Seine fast im Schatten der Bäume der Champs-Elysées. Es war schon ganz bemerkenswert, so im Zentrum von Paris zu wohnen. Ich konnte abends in der Stadt essen oder ein Theater besuchen und dann zu Fuß zu meinem schwimmenden Hotel zurückkehren, und als mir die große Stadt auf die Nerven ging, fuhr ich einfach weiter. Ich fuhr die Marne bis Chalons entlang, durch die Kanäle bis Bar-le-Duc und Epinal, dann durch die Haute Saône und die Côte d'Or nach Macon und Lyon. Die größeren Städte erwähne ich, um die Route zu verdeutlichen, doch meist blieb ich in den kleinen, weltvergessenen Ortschaften irgendwo entlang der Ufer. Ich traf alle möglichen Leute, und alle waren hilfsbereit und freundlich. Als ich nach Lyon kam, konnte ich schon vier verschiedene französische Dialekte ganz gut sprechen.

Die Fahrt die Rhone entlang bis nach Arles war ziemlich anstrengend. Die Strömung ist dort sehr stark, und ich mußte einen Lotsen an Bord nehmen, was mir den Spaß verdarb, aber es war dann auch wieder schnell vorbei. Von Arles nach Marseille kam ich wieder alleine weiter, ohne Probleme. Ich war an meinem Ziel angekommen und verbrachte den Winter in den wundervollen kleinen Häfen an der Küste zwischen Marseille und Frejus. Dieser Abschnitt der Küste ist, in meinen Augen, viel schöner als die eigentliche Côte d'Azur. Falls Sie jemals in jenem Teil der Welt segeln, kann ich Porquerolles empfehlen, und Port Cros muß sicherlich einer der schönsten Häfen der Welt sein. In genoß jede Minute dieses ersten Winters, und als der Frühling kam, war ich mir sicher, daß ich das perfekte Leben entdeckt hatte. Ich war glücklicher, als ich es je gewagt hatte, zu hoffen, und dazu kerngesund. Das Leben war, ohne Übertreibung, fast perfekt. Jeder Tag brachte etwas Neues und Interessantes, und wenn ich irgendwo unter Leuten war, die mir nicht gefielen, brauchte ich nur meinen Anker zu lichten und ein Stück weiter zu segeln. Das ist einer der Vorteile, wenn man an Bord lebt - wenn man verreist, muß man nicht erst packen! Außerdem muß man sich am Zielort nicht um eine Unterkunft bemühen, da man dann ja auch wieder Zuhause ist.

Ich war außerdem sehr beruhigt, daß ich mit meinem Einkommen sehr gut auskam. Und das, obwohl ich sehr gut lebte und mir mehr gönnte, als ich es in Harwich getan hatte, wo ich noch an Land lebte. Natürlich achtete ich auf meine Ausgaben, aber ich lebte so, wie ich es wollte, und es überraschte sogar mich selbst, wie wenig Geld dazu nötig ist. Falls es Sie interessiert, zeige ich Ihnen mein Ausgabenbuch, doch zuerst zeige ich Ihnen, wo ich in den letzten zehn Jahren überall gewesen bin.

„Sehen Sie hier! Das ist die offizielle Karte der französischen Kanäle und schiffbaren Flüsse. Man sieht, daß es nur wenige Stellen in Frankreich gibt, die man nicht auf dem Wasserwege erreichen kann. Es ist schon fast unglaublich, daß man überall hinkommt, außer vielleicht in das Hochgebirge. Das Gleiche gilt für Holland, Belgien und Deutschland, denn die Binnenwasserstraßen sind kreuz und quer durch ganz Europa hervorragend ausgebaut. Man kann von Calais aus mit einer kleinen Yacht auf diese Weise jedes Land Europas besuchen, ausgenommen Spanien und Italien. Und ich habe es selbst getan - einschließlich der Schweiz!"

„Die Schweiz!", rief meine Frau ungläubig. „Wie geht denn das?"

„Es gibt zwei Wege dorthin", sagte unser außergewöhnlicher Freund. „Den Rhein-Lateral-Kanal entlang, oder so, wie ich fuhr - den Rhein-Rhone-Kanal von Straßburg nach Mulhouse und dann nach Basel. Das war soweit, wie ich in die Schweiz kommen konnte, aber ich glaube, daß es jetzt einen neuen Kanal gibt, der bis in den Bodensee und nach Bregenz führt. Aber ich eile meiner Geschichte voraus. Im Frühling jenes ersten Jahres fuhr ich durch die Kanäle von Marseille bis Bordeaux. Den Sommer verbrachte ich entlang der Küste bis nach L'Orient segelnd, dann nahm ich wieder die Kanäle, diesmal quer durch die Bretagne, von Brest nach Nantes. Dort wandte ich mich wieder gen Süden, und verbrachte den zweiten Winter in Südwestfrankreich, entlang der Dordogne und ihrer Nebenflüsse. Ich habe fast all das herrliche Land zwischen Perigueux und Bordeaux im Norden, Floirac und Albi im Osten, und von Carcassonne bis nach Lacave im Süden erforscht, was schon fast an der spanischen Grenze liegt. Die ganze Gegend dort ist einfach wunderbar, denn Milch und Honig fließen, um den Wein gar nicht zu erwähnen.

„Dann fuhr ich wieder in den Norden, durch den Canal du Midi und die Rhone zum Rhein, diesen Fluß hinab bis Rotterdam und verbrachte den Sommer in Holland. Ich mochte dieses Land und seine Bewohner so sehr, daß ich auch den Winter über blieb. Dann erkannte ich all die Möglichkeiten, innerhalb Europas zu reisen, und schmiedete neue Pläne, denn ich hatte nun auch sehr viel Vertrauen in mich selbst und in mein kleines Boot gewonnen. Ich werde Sie nicht mit allen Einzelheiten meiner Reisen langweilen, nur soviel: Ich fuhr durch Norddeutschland bis zu den Seen in Mecklenburg - dort sollten Sie einmal hin. Es gibt dort mehr Seen, als man sie in zwei Jahren alle kennenlernen könnte, in einer parkartigen Landschaft. Dann ging es weiter nach Süden, bis Dresden und Prag, dann wieder nach Norden zu den dänischen und schwedischen Inseln der Ostsee. Ich überwinterte im Tal der Mosel, erforschte Zentralfrankreich und wollte die Loire befahren, hatte aber Probleme wegen eines zu geringen Wasserstandes. Danach trieb ich mich in Belgien herum, fuhr dann langsam den Rhein entlang bis Mainz, von dort durch den Main und den Ludwig-Kanal zu den Nebengewässern der Donau. Ich kann auch Bayern empfehlen, dort ist es wie im Mittelalter. Und als ich erst einmal die Donau erreicht hatte, mußte ich sie natürlich auch befahren! Sie ist ein wundervoller Fluß, und die Landschaft ist einfach grandios. Ich ließ mich langsam hinabtreiben, vielleicht so bis Wien oder auch Budapest - dachte ich. Aber der Fluß ging ja immer noch weiter, quer durch Osteuropa, also ließ auch ich mich weiter treiben, über Belgrad bis zum Schwarzen Meer.

„Dort drehte ich um, weil ich nicht gerne in russische Gewässer geraten mochte. Also fuhr ich die Donau wieder hinauf. Ich brauchte zwei Jahre, um bis Passau in Deutschland zu kommen. Die Strömung ist stark, und mein Vorankommen war entsprechend langsam. Außerdem machte ich viele Abstecher in das umlegende Land. Ich könnte alleine darüber ein Buch schreiben, und eines Tages werde ich es auch tun, doch bis jetzt war ich einfach zu beschäftigt damit, zu reisen und meinen Spaß zu haben, daß ich gar nicht zum Schreiben komme. Außerdem weiß ich nicht, ob mein Buch wirklich ein Erfolg wäre, denn ich hatte keine spektakulären Abenteuer zu bestehen. Einmal verirrte ich mich in den Sümpfen und fing mir dort auch noch ein hohes Fieber ein. In Bulgarien wurde ich einmal beschossen, doch dann stellte sich heraus, daß es Zollbeamte waren, die mich für einen Schmuggler hielten. Am Ende waren wir die besten Freunde. Abgesehen davon, und mit einem unangenehmen Zusammentreffen mit einem Herren, der unbedingt mein Beiboot klauen wollte, sind mir keine unangenehmen Dinge passiert. Dafür traf ich viele sehr fremde und sehr interessante Menschen. Diese Gegenden entlang der Donau haben mich derart fasziniert, daß ich, nachdem ich eine Weile in Ostdeutschland und Polen umhergesegelt war, wieder dorthin zurückkehrte. Diesmal fuhr ich ganz bis Odessa. Ich wollte noch weiter nach Rußland hinein, bekam jedoch leider keine Erlaubnis dazu. Vielleicht war das aber auch ganz gut so, da es dort tatsächlich sehr unruhig war und ich wirklich hätte Ärger bekommen können.

Irgendwann während dieser Erzählung unterbrach ich unseren Freund ganz spontan, indem ich mit der Faust auf den Tisch hieb und laut ausrief: „Mein Gott!" Meine Frau sagte nichts, aber sie sah mich in einer Art an, die mich davon überzeugte, daß sie verstand, ebenso wie unser Freund. Denn er sagte einfach: „Ja. Warum nicht? Alles, was Sie brauchen, ist ein Boot mit einem Tiefgang von weniger als vier Fuß, mit einer Hilfsmaschine und einem Mast, der in einem Koker an Deck steht. Das und - sagen wir, die Courage. Man braucht Mut, um aus seinem eingefahren Gleis herauszuscheren. Es sieht fast unmöglich aus, aber ein einziger Schritt reicht dazu. Natürlich kostet es Geld. Den Jahreszeiten quer durch Europa in seinem eigenen Haus zu folgen, ist das Leben eines Millionärs. Ich habe dieses Millionärsleben in den vergangenen zehn Jahren mit durchschnittlich 150 Pfund pro Jahr gelebt. Sehen Sie einmal das hier!"

Mit diesen Worten legte er ein offenes Buch vor uns auf den Tisch. Es war sein Ausgabenbuch, in dem in allen Einzelheiten seine sämtlichen Ausgaben jedes Tages genauestens verzeichnet waren, seit er an Bord lebte. Es war ein Mammutwerk und voller Einträge wie der folgende, die ich einfach aus nur einer Seite abgeschrieben habe:

„5. September: Capdenac. 8 Enteneier und eine Ente (gekocht), 3 Shilling 1 Pence. 7. September: 10 Pfund Weintrauben in einem herrlichen Weidenkorb, umsonst. 6 Schachteln Streichhölzer, 2 Shilling! Anmerkung: Nächstes Mal bei der Einreise nach Frankreich einen großen Vorrat an Streichhölzern einschmuggeln. 8. September: Sehr harter Käse, ein Fuß Durchmesser, ein Korb Pfirsiche, eine große Flasche Pfirsichbrandy und ein Kuß auf jede Wange, umsonst, oder vielleicht als Belohnung dafür, einen Splitter aus dem Auge eines Bauern entfernt zu haben. 9. September: Muli gemietet, 10 Pence. 15. September, Castets: 6 Fuß Brot, 1 Shilling. 2. Oktober, Castelsarrasin: Bestechung des Gendarmen, 5 Pence." Ich würde dieses Ausgabenbuch gerne veröffentlichen, so, wie es dort geschrieben ist, denn es würde auch ganz ohne Kommentar oder Erklärung faszinierend sein, es zu lesen.

„Sehen Sie", sagte unser Freund erneut. „Das ist die Zusammenfassung meiner ersten 12 Monate an Bord:

Einkommen: 190 Pfund.
Ausgaben:
Schiffspflege (9 Shilling pro Woche) - 23 Pfund 8 Shilling.
Benzin und Schmieröl (für 1220 Meilen unter Motor) - 10 Pfund, 4 Shilling.
Karten und Kanalgebühren - 13 Pfund, 8 Shilling.
Lebensmittel, Bekleidung, Licht und Heizung (eben unter 2 Pfund pro Woche) - 100 Pfund.
Summe der Ausgaben: 147 Pfund.
Überschuß: 43 Pfund.

„Wie Sie sehen, schaffte ich es schon im ersten Jahr, 43 Pfund zu sparen. Das ist genug, um, alle fünf Jahre, ein neues kleines Boot wie dieses kaufen zu können. Allerdings war ich in jenem ersten Jahr auch besonders vorsichtig. Ich gab nur sehr wenig für mich selbst aus, aber hielt das Boot in einem erstklassigen Zustand. Ich habe sie einmal von innen und dreimal von außen gestrichen. Alle Segel wurden eingefärbt, um sie gegen die Sonne haltbarer zu machen, das wurde von einem befreundeten Fischer in

Toulon erledigt. Er weigerte sich am Ende, irgendeine Bezahlung außer den Materialkosten anzunehmen, weil er sagte, wir seien Freunde und weil er englische Segler allgemein mochte. Eines Tages kreuzte ich den Kurs eines treibenden Motorbootes vor Cap Camarat und schleppte es in den Hafen hinein. Der Eigner hatte sich zu Tode gefürchtet und war dementsprechend dankbar. Er war kein Segler, aber ein sehr guter Mechaniker und bestand darauf, aus Dankbarkeit meine Maschine von Grund auf zu überholen.

„Meine Treibstoffkosten sind sehr gering, weil ich den Motor nie benutze, wenn ich auch segeln kann. Die runden 13 Pfund für Karten und Gebühren sind hauptsächlich für Karten ausgegeben, weil ich nun einmal Karten liebe und Stunden damit verbringen kann, sie zu studieren und neue Reisen zu planen. Die Kanal- und Hafengebühren sind fast überall grotesk billig, meist den Bruchteil eines Pennies pro Tonne Schiffsgewicht, und dieses Boot wiegt eben nur zwei Tonnen. Das einzig teure Stück Wasserweg in Europa ist die Rhone. Lotsen sind vorgeschrieben, und Flußaufwärts muß man sich, wegen der starken Strömung, schleppen lassen. Überall woanders ist das einzige Problem mit den Gebühren, daß man das passende Kleingeld hat, um sie zu bezahlen!

Zwei Pfund pro Woche für Lebensmittel hört sich nach sehr wenig an aber ich lebe gut damit. Wenn ich zum Beispiel Gemüse brauche, kaufe ich das nicht in der Stadt ein, sondern direkt von einem Bauernhof irgendwo entlang des Ufers. Dort halte ich an, halte ein Schwätzchen mit dem Besitzer, und dann fahre ich weiter, um einen Korb mit Gemüse und Früchten, einigen Eiern und vielleicht einem Huhn reicher, während der Bauer einen guten Preis für seine Erzeugnisse bekommen hat und eine schöne Geschichte dazu. So sind wir beide zufrieden, denn ich habe weniger bezahlt, als ich es in einem Laden getan hätte, und er hat mehr bekommen, als von seinem Händler.

Um Kleidung kümmere ich mich nicht sehr viel. Für dieses Leben muß man sich wahrhaftig nicht nach der neuesten Mode kleiden. Ich habe einen Satz Landgangskleidung, die ich in einem Blechkoffer bewahre, und wenn ich in einer Stadt die Sehenswürdigkeiten betrachten möchte, ziehe ich mich zivilisiert an. Sonst laufe ich ganz leger herum. Waschen tue ich selbst, eine halbe Stunde alle zwei Wochen reicht dazu aus. Im Sommer verbrauche ich Petroleum für das Licht und den Kocher, im Winter beheize ich den Ofen dort mit Kohlen und Holz. Am liebsten verbrenne ich Holz, denn ich habe es mir angewöhnt, alles Treibholz einzusammeln. Ich habe meist einen größeren Holzvorrat an Deck, als ich ihn jemals verbrennen könnte.

„Auf diese Weise sind meine Ausgaben eben sehr gering. Die 30 bis 40 Pfund, die ich jedes Jahr spare, lege ich an für Notfälle, große Reparaturen und als eine Art eigener Versicherung. Aus diesem Betrag habe ich im Laufe der Zeit einen neuen Satz Segel gekauft, das Boot komplett überholen und die Maschine praktisch erneuern lassen, und habe immer noch genug, um ein neues Boot kaufen zu können, falls ich das möchte oder muß. Tatsächlich werde ich allmählich so reich, daß ich gar nicht mehr weiß, wohin mit all dem Geld. Ich versuchte, etwas davon zu verbrauchen, indem ich besonders gute und teure Ausrüstung für das Boot anschaffte, aber langfristig sparte mir das nur noch mehr Geld ein. Ich ersetzte mein laufendes Gut aus Manila mit dem besten Hanftauwerk zum doppelten Preis, aber dafür hat das neue Tauwerk auch bereits viermal so lange gehalten, wie es das alte Manila getan hätte. Und um es noch schlimmer zu machen, die guten Leute an Land bestehen immer wieder darauf, mir Sachen zu schenken, Gott segne sie. Ich habe viele Freunde in praktisch allen Ecken Europas, und die meisten von ihnen glauben, mich irgendwie unterstützen zu müssen: Ein alter Mann, ganz alleine auf seinem kleinen Boot lebend, das erweckt offenbar Mitgefühl. Überall wo ich meine Freunde treffe, kommen sie mit Geschenken beladen an Bord. Das ist schon fast beschämend! Zuweilen wird es auch fast lästig. Den Middelburg Kanal kann ich nicht mehr befahren, weil der Schleusenwärter darauf besteht, jedes Mal wenn ich vorbeikomme, mich mit einer Kiste Zigarren und einem Fäßchen Schnaps zu versorgen - beides Dinge, die er sich selber eigentlich gar nicht leisten kann. Er macht es trotzdem, glaube ich, weil er gerne meine Art des Lebens leben würde, hätte er nicht Frau, Schwiegermutter und neun Kinder zu versorgen. Auch muß ich immer bei nacht durch Straßburg fahren, um einem netten alten Herren auszuweichen, der mir jedesmal einen riesigen, unglaublich streng riechenden

Käse aufnötigt, wenn er mich erspäht. Er nennt mich seinen einsamen Freund. Einsam! Ich glaube, ich habe mehr und unterschiedlichere Freunde, als jeder andere Europäer. Und es kommen ständig neue hinzu - ich hoffe, daß ich auch heute zwei dazugewonnen habe!"

Er hatte, und wir waren froh, daß er an diesem Abend bei uns aß und wir uns bis spät in die Nacht unterhielten. Er sprach von sanften Flüssen in friedlichen Tälern, einem ruhigen Kanal, verloren zwischen Schilfufern und bedeckt mit Seerosen, einer Kette kleiner Seen, dessen blaue Gewässer von dichtem grünen Nadelwald umstanden sind, oder von einem schmalen Kanal aus den Zeiten der Römer, immer noch schiffbar, der sich in die Berge hinaufwindet. Er sprach von Aquädukten, von denen aus man weit in das umliegende Land hinausschauen kann, von Adlern im Schwarzwald und von einem Bürgermeister in Kroatien, der noch nie von diesem exotischen England gehört hatte, von Tausenden Quadratkilometern blutroten Sumpflandes, von wallonischen Wasserzigeunern und deren Katzen, die Fische fangen, von dem einer Seemeile langen Floß unter dem Befehl eines russischen Ex-Admirals, von einer Pickelhaube, die er mit seinem Anker aus der Meuse gefischt hat, von Packeis und Eisbrechern im Herzen von Amsterdam, von lebhaften Kanalverkehr und den eigenartigen Menschen auf dem Wasser, von dem Flämischen Binnenschiff mit dem Namen 27 Park Lane, weil die Wunden des Skippers im Jahre 1914 eben dort geheilt worden waren, von dem anderen Schiff mit einer Decksladung unglaublich duftender Hyazinthen; von all den schönen und merkwürdigen Dingen dieser alten Erde und dem Spaß, damit zu leben, wenn man nur weiß, wie. So sagte unser Freund: „Ich habe eine gute Art gefunden, um zu leben und glücklich zu sein. Sicher gibt es auch noch viele andere Arten, aber ich kenne nur dies und werde dabei bleiben. Das Geheimnis liegt vielleicht darin, daß man alles, soweit es geht, selber macht. Zum Beispiel das Reisen an sich. Laßt euch in Schlafwagen und Luxuskabinen um die Welt tragen, und was hat man davon? Man langweilt sich schon bald zu Tode. Alles wird für einen erledigt, man muß nicht einmal mehr denken, nur noch bezahlen. Man wird von der Welt isoliert wie ein Baby, das in den Armen der Amme liegt. Kein Wunder, daß einen das langweilt! Aber dann sorge dich selbst darum, zu reisen, auf deinen eigenen Füßen oder eben in deinem eigenen Boot, und du wirst zwangsläufig dein Leben mit interessanten Dingen, ungewöhnlichen Erfahrungen, Spaß und Schönheit füllen. Natürlich wird man auch seine ungemütlichen und deprimierenden Zeiten erleben, aber diese dienen letztendlich nur dazu, die schönen Zeiten noch besser werden zu lassen: „Schlaf nach harter Arbeit, ein Hafen nach dem Sturm..." - der alte Spenser wußte es schon. Er hat es ja auch selbst durchgemacht. Segele einen Tag im Nassen und Kalten, laufe dann einen Hafen an und trockne deine Füße vor dem warmen Ofen unter Deck, und du weißt, was Glück heißt. Reise jedoch in einem beheizten Zug, kehre dann im Ritz ein und frage dich dann, ob du dort ebensoviel Glück findest."

Am nächsten Morgen muß unser Freund mit der Sonne aufgestanden sein, denn wir lagen noch unter unseren Decken, als uns der Duft von Kaffee und gebratenem Speck erreichte. Dann hörten wir, daß er gerade losmachte, und wir standen endlich auf, um ihm Lebewohl zu sagen. „Guten Morgen", sagte er. „Es tut mir leid, daß ich so früh störe, aber ich möchte die erste Flut erwischen. Mit etwas Glück trägt sie mich bis zum Rhein, so daß ich heute abend vielleicht schon in Deutschland sein kann. Jetzt lege ich ab und schaue einmal, was dieser neue Tag für mich bereit hält. Eine gute Tide und ein günstiger Wind sind jedenfalls ein vielversprechender Anfang. Auf Wiedersehen - wir werden uns bestimmt irgendwann, irgendwo wiedersehen, wenn ihr dem Impuls folgt, den ihr gestern Abend hattet. Denkt daran: Nur ein Schritt führt euch aus der festgefügten Bahn heraus. Viel Glück!"

Er setzte dann seine Fock, und die kleine grüne Yacht fiel ab und segelte zur Hafeneinfahrt hinaus. Als sie davonsegelte, schien die Sonne auf sie, und die rote englische Flagge wehte wie eine helle Flamme im Wind. Dann war sie am breiten Fluß angekommen, und unser Freund drehte sich noch einmal um und winkte uns einen letzten Gruß zu.

Dies scheint das Ende der Geschichte zu sein - aber ich bin mir da gar nicht so sicher. Ich bin mir nicht sicher, weil die Worte dieses ältlichen Abenteurers uns zum nachdenken gebracht haben. Wir sprechen nicht viel, denken dafür umso intensiver. Während des kalten und

nebligen Winters in England haben meine Frau und ich immer mal wieder kleine, aber signifikante Bemerkungen ausgetauscht, etwa:
„Ich kann gar nicht einsehen, warum ich nicht ebensogut auf einem Boot wie hier in dieser Wohnung schreiben könnte."
„Nur 200 Pfund im Jahr - warte mal - zusammen müßten wir doch soviel verdienen können, oder etwa nicht?"
„Ich glaube, Liebling, einer dieser Dampftöpfe wäre sehr brauchbar wenn wir - für jemanden, der auf einem Boot lebt!"
„Welch ein scheußlicher Nebel! Ich wette, in Südfrankreich scheint jetzt die Sonne!"
„Dieser ewige Krach von den Nachbarn. Wenn diese Wohnung doch nur ein Boot wäre, dann könnten wir jetzt einfach weiter segeln."
„Wenn ich nächsten Winter wieder meine Bronchitis bekommen, glaube ich nicht, daß ich noch einen weiteren Winter hier ertragen möchte."

Auch haben wir ein umfangreiches Buch gekauft, mit dem Titel „Guide Officiel de la Navigation Interieure", ein wunderbares Werk, sehr zu empfehlen, mit einer schönen Übersichtskarte.

Und wir haben gerade von einem kleinen Boot gehört. Eigentlich haben wir es uns auch schon angesehen. Sie ist gesund und stark. Sie hat zwei gute Kojen und eine Pantry und sehr viel Stauraum. Und einen Hilfsmotor. Und ihr Mast steht an Deck in einem Koker. Und sie ist zu verkaufen. Und wir haben uns in sie verliebt. Also ist dies wohl doch noch nicht das Ende dieser Geschichte. Ich hoffe eigentlich eher, daß sie jetzt gerade erst beginnt.